ESTRATEGIAS DOCENTES

Enseñanza de contenidos curriculares
y desarrollo de habilidades de pensamiento

Traducción de
DAFNE MEHAUDY

Revisión técnica de
MARTA LIBEDINSKY

PAUL D. EGGEN y DONALD P. KAUCHAK

ESTRATEGIAS DOCENTES

Enseñanza de contenidos curriculares y desarrollo de habilidades de pensamiento

Fondo de Cultura Económica

México - Argentina - Brasil - Colombia - Chile - España
Estados Unidos de América - Perú - Venezuela

Primera edición en inglés, 1996
Primera edición en español, 1999
Primera reimpresión, 2000.

Título original: *Strategies for Teachers. Teaching Content and Thinking Skills*
© 1996, Allyn & Bacon
Todos los derechos reservados.
Publicado con el acuerdo del editor original, Prentice-Hall, Inc.
ISBN de la edición original: 0-205-15011-X

D. R. © 1999, Fondo de Cultura Económica de Argentina, S.A.
    El Salvador 5665; 1414, Buenos Aires
    Av. Picacho Ajusco 227; 14200 México D. F.

ISBN: 950-557-304-9

IMPRESO EN ARGENTINA - *PRINTED IN ARGENTINA*
Hecho el depósito que marca la Ley 11.723

Prefacio

Importantes cambios tuvieron lugar desde que fue escrita la segunda edición de *Estrategias docentes* y continuamos inmersos en uno de los períodos más excitantes de la historia reciente de la educación. La "revolución cognitiva" está adquiriendo creciente impulso y nuestra comprensión del proceso de aprendizaje se refleja en una mayor comprensión de la naturaleza social del aprendizaje, del impacto del contexto en los procesos de pensamiento de los jóvenes, de la necesidad de dominar conocimiento específico en el pensamiento de nivel superior; está presente también en la percepción de las diferencias que existen entre las habilidades de pensamiento y resolución de problemas que poseen novatos y expertos, y en la convicción de que los alumnos construyen una comprensión propia de los temas que estudian. Los docentes usan ahora la bibliografía sobre la enseñanza eficaz, ya popular en los años setenta y los ochenta, como base de su práctica, y van más allá aun para centrarse en ayudar a sus alumnos en la adquisición de una comprensión profunda de los conceptos, al mismo tiempo que desarrollan sus habilidades de pensamiento superior y crítico. Tratamos de reflejar estos avances cuando revisamos el texto.

Cuando escribimos la tercera edición confiamos en tres fuentes. La primera es el continuo avance de la psicología cognitiva al que nos referimos en el párrafo anterior, que tiene importantes implicancias para los docentes, como se refleja en las actitudes docentes sugeridas para los modelos de enseñanza que proponemos en este texto. La segunda es la bibliografía acerca de la enseñanza eficaz, que continúa constituyendo las bases de conocimiento que todos los docentes deben poseer: las habilidades y disposiciones básicas para la enseñanza.

La tercera fuente es la experiencia. Desde que escribimos la segunda edición, pasamos mucho tiempo en las aulas, observando docentes, trabajando con los alumnos y estudiando las complejas interacciones que tienen lugar en las actividades de enseñanza y aprendizaje. Esta experiencia también nos ayudó a entender que, si bien la revolución cognitiva está en todo su esplendor, la enseñanza continúa siendo ecléctica y los métodos revelan una enorme variedad de concepciones acerca de lo que es realmente la eficacia. Nuestra experiencia aparece reflejada a través de todo el espacio de este libro.

Al igual que en la segunda edición, este libro hace foco en la enseñanza, usando el *enfoque de los modelos*. Estos enfoques combinan estrategias prescriptivas con contenidos específicos y objetivos de conocimiento, admitiendo que ningún modelo reemplaza la habilidad y la sabiduría de un docente eficaz. Conscientemente hemos evitado desarrollar todos los temas que aparecen generalmente en los textos de este tipo, porque creemos, tal como la investigación sugiere, que un tratamiento en profundidad de contenidos cuidadosamente seleccionados es preferible a la cobertura amplia pero superficial de toda una materia. En lugar de abordar todos los temas, intentamos presentar e ilustrar los modelos en detalle, incluyendo sugerencias para modificarlos y hacerlos más flexibles, para permitir que los docentes expresen sus propios estilos y preferencias.

El libro está ordenado en dos grandes partes. Los dos primeros capítulos proveen un marco de referencia, describiendo los avances en la enseñanza eficaz y en los métodos para enseñar a pensar. Los capítulos restantes están dedicados a realizar una cobertura detallada de modelos individuales, incluyendo sugerencias que los hacen adaptables a diferentes situaciones de enseñanza-aprendizaje.

En la preparación de esta tercera edición hicimos tres cambios importantes. Primero, el campo de acción fue ampliado para incluir modelos que abarcaran tanto visiones constructivistas del aprendizaje como modelos de enseñanza directa y exposición-recitación. Los lectores que usen el libro partirán ahora con un espectro incluso mayor de estrategias que en la segunda edición, entre las que pueden elegir las más apropiadas para satisfacer sus necesidades y preferencias.

En segundo lugar, además de comenzar cada capítulo con uno o más estudios de casos detallados, la discusión incluye resúmenes y esquemas para ilustrar completamente la información del capítulo. Todos los casos y ejemplos fueron tomados de clases que dictamos u observamos, acortando los episodios sólo cuando las necesidades de espacio y claridad lo requirieron.

En tercer término, también se hicieron cambios en la presentación de cada modelo. El *modelo inductivo* del capítulo 3 y el *modelo integrativo* del capítulo 5 están ahora enmarcados en visiones constructivistas del aprendizaje. En el capítulo 4, el *modelo de adquisición de conceptos* refleja el creciente énfasis en desarrollar en los alumnos la habilidad para probar hipótesis y el uso del método científico en diferentes contextos. El capítulo 6, un nuevo capítulo, presenta el *modelo de enseñanza directa*, que refleja una alternativa, basada en la investigación, a los *modelos de orientación inductiva* que se desarrollan en los capítulos 3, 4 y 5. El *modelo de exposición y discusión* del capítulo 7 también es nuevo y proporciona una segunda alternativa a los modelos de orientación inductiva, manteniendo niveles altos de interacción entre estudiantes y docentes. El *modelo de indagación* del capítulo 8 fue ampliado para incluir una gran variedad de aplicaciones. El capítulo 9 fue también incorporado en esta edición y describe tres *modelos cooperativos* que se basan en nuestra comprensión de la naturaleza social del aprendizaje. El libro se cierra con el capítulo 10, en el que se hacen sugerencias de combinaciones y síntesis de los modelos.

Al hacer nuestra revisión, intentamos fundamentar los modelos con los aportes de la teoría y la investigación más recientes, lo que lo hace un texto conceptualmente profundo y, aun así, altamente aplicable. Esperamos que proporcione a todos los docentes la oportunidad de crecimiento profesional.

Queremos agradecer a las personas que apoyaron el desarrollo de este original, particularmente, Virginia Lanigan, Nihad Farooq y Kelly Bechen. Queremos agradecer especialmente a los muchos docentes cuyas clases visitamos y en las que incluso trabajamos, prácticas que constituyen gran parte de los ejemplos y estudios de caso en que se basa este texto. Esta experiencia le dio al libro una autenticidad que de otra manera hubiera sido imposible.

1. Procesamiento de la información y modelos de enseñanza

Éste es un libro sobre estrategias para la enseñanza. Aquí se examinarán un número de estrategias conceptualmente relacionadas, diseñadas para incrementar los logros de los alumnos en sus habilidades de pensamiento de nivel superior y pensamiento crítico. Las estrategias se basan en la premisa de que los alumnos aprenden con mayor efectividad cuando participan activamente en la organización y búsqueda de relaciones en la información que cuando pasivamente reciben cuerpos de conocimiento dados por el docente. Esta participación activa resulta tanto en una comprensión más profunda del contenido estudiado, como en el mejoramiento de la habilidad de pensar. Los modelos de enseñanza presentados en este libro tienen por finalidad hacer participar activamente a los alumnos en el proceso de tomar la información y transformarla mentalmente en formas organizadas y comprensibles.

Al finalizar el estudio de este capítulo se habrán alcanzado los siguientes objetivos:

• Identificar los elementos significativos en la investigación de la eficacia del docente.

- Describir qué se quiere decir con enseñanza activa.
- Describrir las diferencias entre el enfoque de modelos para la enseñanza y otros enfoques.
- Identificar los tres factores principales que influencian la elección de un modelo de enseñanza.
- Destacar las diferencias entre el enfoque conductista y el enfoque de procesamiento de la información para la enseñanza.
- Describir los dos enfoques más importantes para organizar el conocimiento interno.

Para presentar estas estrategias, veamos a dos docentes que participan de actividades de aprendizaje con sus alumnos.

Carol Rand comenzó su clase de Lengua para estudiantes del tercer ciclo de la E.G.B. dando la bienvenida a los alumnos y diciendo:
—Hoy vamos a ver la manera en que pensamos las cosas que leemos de un modo un poco diferente. Para ver lo que quiero decir, miren la pantalla y describan los dos pasajes que ven.
Entonces puso en el retroproyector la siguiente información:

1. El viernes 13 de septiembre de 1973 nací, hijo de Ann y Bob Cheever. Mi madre dijo que sonreí cuando me trajeron.
2. Robert H. Cheever nació, hijo de Ann y Bob Cheever, el viernes 13 de septiembre de 1973. La enfermera dijo a su madre que sonrió después de un llanto dubitativo.
3. Mientras coloco el paquete cuidadosamente envuelto sobre el banco de la plaza, levanto la vista y veo a Molly caminando en la vereda de enfrente. Espero que no me vea.
4. Mientras George colocó el paquete cuidadosamente envuelto sobre el banco de la plaza, levantó la vista y vio a Molly caminando en la vereda de enfrente. Deseó que no lo hubiera visto.

Luego, Carol pidió a los alumnos que miraran los cuatro pasajes y dijeran en qué se parecían y se diferenciaban el segundo y el cuarto del primero y el tercero.
—Digan simplemente algunas de las cosas que son iguales o que son diferentes —ordenó.
Algunos alumnos, en forma individual, realizaron un número de afirmaciones como:
—En la uno y en la tres usaron "yo", en cambio en la dos y en la cuatro está el nombre de la persona en lugar del "yo".
—En los cuatro pasajes participan personas.
Basándose en las observaciones de los alumnos, Carol formuló un número de preguntas dirigidas que los guiaron a la comprensión de la primera y la tercera persona en los textos. Les mostró dos o más ejemplos de cada una, discutieron acerca de ellos y como tarea Carol les pidió que escribieran un párrafo narrativo corto en la primera y en la tercera persona.

Veamos otra área y otro tema:

Dan Harris comenzaba una unidad sobre la inmigración y sus efectos en el desarrollo de los Estados Unidos. Recordaba experiencias pasadas con este tema en su clase de Historia, en la que a veces resultaba difícil hacer que se apreciara y comprendiera que la inmigración es un proceso dinámico y que ha dado forma y continúa dándole forma a la experiencia estadounidense. Para intentar captar su naturaleza siempre cambiante, comenzó la primera clase de la unidad diciendo:

—Muy bien, pensé que podríamos intentar un enfoque levemente diferente para comenzar nuestra unidad acerca de la inmigración a los Estados Unidos. En vez de leer simplemente sobre la historia de la inmigración y los diferentes grupos de inmigrantes, me gustaría que busquen a alguien en sus barrios que haya inmigrado. Si les resulta difícil de encontrar, yo los ayudaré. Cuando ubiquen a esa persona, háganle las siguientes preguntas:

1. ¿Por qué decidió venir a los Estados Unidos?
2. ¿Cuáles fueron los problemas más importantes que surgieron en el traslado?
3. ¿Cuál es la diferencia más grande entre este país y el que dejó?

—Anoten las respuestas que encuentren, resúmanlas y tráiganlas a clase; las pondremos en el cuadro que coloqué en el pizarrón—. El cuadro es el que muestra la tabla 1.1.

Tras detenerse por un minuto para permitir que los alumnos leyeran, continuó:

—Cuando tengamos toda la información en el cuadro, analizaremos los datos, las similitudes y las diferencias que encontramos y veremos si podemos explicar las diferencias.

TABLA 1.1.

	Razones para venir	Dificultades que encontró	Diferencias entre los Estados Unidos y el país de origen
Inmigrantes europeos			
Inmigrantes de América del Sur y América Central			
Inmigrantes asiáticos			

¿Qué características tienen en común estas dos clases? ¿Hay diferencias importantes entre ellas? A lo largo de este capítulo tendremos en cuenta estas dos clases y veremos cómo se relacionan con los temas del texto.

Aprendizaje: una perspectiva cognitiva

Pensemos sobre las dos clases nuevamente. Primero, la enseñanza en cada caso se basó en descripciones cognitivas del aprendizaje, que consideran a los alumnos investigadores activos de su medio (Resnick y Klopfer, 1989). Esta visión se fundamenta en la premisa de que las personas instintivamente tienden a dar sentido al mundo que los rodea. En el esfuerzo por lograr el orden que necesitan, investigan y estructuran las experiencias que tienen. Como ejemplo simple, imaginemos que al caminar por el pasillo de un colegio nos encontramos con alguien y decimos "Hola" o "Buenos días". Por nuestras experiencias pasadas, esperamos una contestación similar. Si la persona pasa al lado de nosotros sin decir nada, tenderemos a preguntarnos "¿Qué pasa con ella?" o a pensar "¡Qué antipática!" (Probablemente no pase nada con ella. Veremos nuevamente este ejemplo en el capítulo 2.) Nuestra comprensión acerca de cómo funciona el mundo -particularmente, los buenos modos sociales en el mundo profesional- es que esperamos respuesta cuando saludamos a la gente. De esta manera hemos estructurado mentalmente nuestras experiencias pasadas.

En las experiencias académicas de aprendizaje tienen lugar procesos similares, lo que implica que las estrategias de enseñanza basadas en esta concepción requieren que los alumnos participen activamente en el proceso de aprendizaje. Estas estrategias hacen que los alumnos examinen la información que están estudiando, que encuentren relaciones y que construyan una comprensión basada en ellas. Estas relaciones pueden ser tan simples como ver una regularidad en la formación del plural de los sustantivos o tan complejas como comprender la manera en que la dominación musulmana contribuyó con el viaje de Colón a América.

Si se conduce a los alumnos y se los hace participar en el proceso de significar, debe brindárseles información, lo que es una segunda característica de este enfoque de enseñanza. Los alumnos no pueden pensar en un vacío. Tanto Carol Rand como Dan Harris expusieron información a los alumnos para ser usada como base para el análisis.

Una tercera similitud entre las dos actividades es que ambas se basaron por completo en la investigación. Carol empleó ejemplos para ilustrar los puntos de vista de la primera y la tercera persona, que son ideas potencialmente difíciles para alumnos de nivel intermedio de la E.G.B. Trató el problema, en primer término, dando ejemplos de estas ideas y luego pidiendo a los alumnos que dieran los suyos. El valor de esta práctica en el aprendizaje del alumno está bien documentado en una investigación en literatura (Tennyson y Cocciarella, 1996). Dan resolvió la necesidad de ilustración y representación pidiendo a los miembros de la clase que trajeran datos de casos de la realidad para ser analizados. Estos estudios de casos sirvieron luego de base para seguir analizando y discutiendo.

En cuarto lugar, Carol y Dan dirigieron y guiaron activamente el análisis que los alumnos hicieron de la información. Good (1983) acuñó el término **enseñanza activa**, *que es un enfoque positivo y proactivo de la enseñanza, en el que los docentes participan directamente guiando el aprendizaje mediante preguntas y discusiones.* Describe una filosofía y una orientación básicas en las que los docentes desempeñan un rol fundamental en alentar a los alumnos a analizar y pesar acerca del contenido que están aprendiendo.

Finalmente, ambos episodios se orientaban a resolver problemas. En ambos ejemplos se les pedía a los alumnos que encontraran patrones en la información mediante su propia investigación y análisis. Con la práctica de estos procesos, los alumnos no sólo aprenden el contenido de la clase sino que también desarrollan la capacidad de resolver problemas académicos (Bransford, 1993).

Las similitudes entre las clases se resumen de la siguiente manera:

- La enseñanza estaba basada en descripciones cognitivas del aprendizaje que consideran que el alumno se compromete activamente en dar sentido a sus experiencias.
- Los docentes brindaron información que los alumnos analizaron durante la clase.

- Las estrategias se basaban en la investigación.
- Los docentes orientaron activamente el análisis que los alumnos hicieron de la información que estaban estudiando.
- Las clases estaban orientadas a resolver problemas.

Por último, aunque las clases estaban emparentadas de muchas maneras, la estrategia específica que cada docente empleó era diferente. Los objetivos de cada clase eran diferentes y cada docente eligió la estrategia más apropiada para cada objetivo. Este texto se basa en la idea de que no hay un único método más apropiado para alcanzar cada objetivo educacional, por lo que las estrategias que presentamos en los siguientes capítulos las desarrollamos teniendo en cuenta esta premisa como marco conceptual.

Hasta este punto hemos sugerido que el texto se desarrolla desde una base fundada en la investigación de la teoría cognitiva del aprendizaje, que requiere de la guía directa y activa por parte del docente en el aprendizaje del alumno. Mediante estas actividades de aprendizaje, los alumnos adquieren una comprensión profunda de los temas que están estudiando mientras que al mismo tiempo desarrollan el pensamiento de nivel superior y la capacidad para resolver problemas. Sin embargo, las estrategias varían de acuerdo con los objetivos y el estilo del docente. Examinemos cada uno de estos temas con mayor detalle.

La investigación y el rol del docente en el aprendizaje

Una gran cantidad de investigaciones realizadas en el campo de la educación acentúan la importancia del docente para ayudar a que los alumnos aprendan (Gage, 1985; Brophy y Good, 1986). Las conclusiones indican firmemente que el docente es el factor más importante, fuera de la casa, que afecta el aprendizaje y el desarrollo del alumno. Los docentes que tienen objetivos claros procuran activamente el aprendizaje y usan métodos eficientes que producen resultados. Esta investigación también refuerza la idea de que enseñar y aprender es enormemente complejo y que los docentes deben tener gran cantidad de conocimiento, comprensión y capacidad. En esta sección del capítulo exploramos tal investigación, la ubicamos en una perspectiva histórica y discutimos sus implicancias para que las estrategias en la enseñanza sean más eficaces.

Los educadores no siempre fueron optimistas en cuanto a la capacidad de la investigación para guiar la práctica en la clase. De hecho, durante el período de los años sesenta y los setenta, a la investigación y a los docentes mismos se les daba poco crédito de que contribuyeran al aprendizaje del alumno. Este pesimismo tiene por causa un número de factores entre los que se incluyen planes de investigación mal hechos y procedimientos para la investigación ineficaces (Rosenshine, 1979; Gage y Giaconia, 1981).

Una de las tradiciones más antiguas en la investigación acerca de la enseñanza se centraba en las características del docente y se basaba en que se asumía implícitamente que "docente se nace y no se hace" (esta idea está muriendo, aunque actualmente no está muerta del todo). La estrategia que seguía a esta idea tenía en cuenta las características del docente, tales como calidez y humor, e investigaba si la presencia o la ausencia de esas características hacía diferencias en el aprendizaje del alumno. Sin embargo, los investigadores a menudo no lograban determinar si esas características, típicamente medidas en pruebas de papel y lápiz, producían alguna diferencia en la conducta real del docente, mucho menos diferencias en los logros del alumno. Como era de esperarse, este enfoque probó ser improductivo y fue abandonado finalmente.

Otra línea de investigación que tuvo origen en los años sesenta y que se extendió a los setenta se centraba en la relación entre los factores interrelacionados entre la casa y el colegio y el aprendizaje del alumno (Coleman y otros, 1966; Jencks y otros, 1972). Mejorando trabajos anteriores, estos estudios buscaban factores que se relacionaran con los logros del alumno. Sugerían que las variables más importantes que impactaban sobre el aprendizaje en el colegio estaban fuera de la clase y aun fuera del colegio; incluían factores como el ingreso de los padres y el medio educacional, que eran inalterables y estaban fuera de la esfera de la influencia de la educación. No es necesario decirlo, tanto investigadores como docentes se desanimaron con los resultados. Los datos parecían sugerir que las variables más importantes en el aprendizaje estaban más allá del control de los educadores. Y además, estos resultados conllevaron una reducción drástica en los fondos nacionales y estatales para la investigación educacional. Con menos apoyo económico, los esfuerzos por investigar se hicieron todavía más difíciles.

Los docentes hacen la diferencia:
la investigación sobre la eficacia docente

Sin embargo, desde este estado de desánimo surgió un nuevo paradigma –centrado en las acciones del docente en el aula–. Resultó de la convergencia de dos líneas de investigación diferentes. Una fue un reanálisis de Coleman y otros (1966) que ya hemos descripto. Este trabajo se centraba en colegios individuales y docentes individuales y encontraba que había grandes diferencias en la eficacia de ambos. Cuando los efectos de las variables del hogar permanecían estadísticamente constantes, los investigadores encontraron diferencias sorprendentes en los logros de los alumnos, debido tanto a los niveles del colegio como del docente. Ciertos colegios y docentes eran mucho más eficientes en lograr el aprendizaje del alumno que otros (Brophy y Good, 1986; Good y Brophy, 1986). Las preguntas lógicas a formularse eran "¿Por qué?" y "¿Cómo?".

Las respuestas provinieron de la investigación subsiguiente y se centraron en la observación de los docentes. Estos estudios observacionales llevaron a los investigadores a las aulas e intentaron unir las acciones del docente con el aprendizaje del alumno. Por desgracia, los primeros estudios estuvieron guiados por la especulación y las creencias de los investigadores acerca de la buena enseñanza. Por ejemplo, un tema que generó literalmente cientos de estudios se basaba en la idea de que cuanto más indirecto era el docente al formular preguntas y al emplear ideas de los alumnos, más aprendían (Dunkin y Biddle, 1974). Sin embargo, las realidades de las aulas, como se midió por los datos obtenidos, no se correspondían con las hipótesis de los investigadores.

Solamente cuando los estudios observacionales se combinaron con un modelo, los esfuerzos se volvieron productivos. Este modelo de investigación, que intentó documentar los efectos de la conducta del docente en el aprendizaje del alumno, se llama investigación de la eficacia y se volvió un importante foco de atención en educación. Un factor muy importante que establece el paradigma de eficacia, además de los primeros esfuerzos, fue la ausencia de cualquier predisposición o nociones preconcebidas por parte de los investigadores mientras conducían sus investigaciones.

Esta investigación comenzó con investigadores que identificaban muestras de docentes cuyos alumnos tuvieran notas más altas que las esperables para su año con respecto a niveles de capacidad de logros estandarizados, comparándolos con docentes cuyos alumnos tuvieran un puntaje dentro de lo esperable o más bajo. Luego analizaron los dos grupos para ver si aparecían diferencias. Los resultados fueron sorprendentes. Los investigadores encontraron gran variedad en las acciones de ambos grupos y *una descripción de estos patrones –los patrones de la conducta del docente que tienen influencia en el aprendizaje– conforma el cuerpo de conocimiento que ahora llamamos* **investigación de la eficacia del docente.**

Si bien al principio era de naturaleza correlacional, el modelo se mejoró posteriormente y se incluyeron investigaciones experimentales en las que las conductas eficientes en la enseñanza, identificadas por los estudios correlacionales, luego eran enseñadas a nuevos grupos de docentes y eran medidos sus efectos (Gage y Giaconia, 1981; Gage, 1985). La conducta de estos docentes y, lo que es más importante, los logros de sus alumnos fueron comparados al controlar los grupos de docentes y de alumnos. Los resultados indicaron que los docentes eficientes actuaban de una manera diferente y que sus alumnos aprendían más. Estos estudios acerca de la eficacia del docente se centraron en un diverso espectro de conductas que van desde las estrategias para manejar una clase hasta tareas para el hogar y prácticas de escritorio. La conclusión avasalladora de esta investigación es que los docentes realmente hacen la diferencia. (Examinaremos conductas específicas de eficacia del docente en el capítulo 2.)

Más allá de la enseñanza eficaz

El material acerca de la enseñanza eficaz hizo una contribución invalorable a la educación porque confirmó el rol crítico que los docentes desempeñan en el aprendizaje del alumno y brindó una "educación con un conocimiento básico capaz de hacer funcionar el campo, más allá de los testimonios y las afirmaciones sin respaldo, hacia afirmaciones científicas basadas en datos creíbles" (Brophy, 1992, p. 5). No obstante, proporciona sólo un umbral o una línea basal acerca de lo que los docentes deben ser. Los docentes bien capacitados van más allá de este umbral para construir clases que ayuden a los alumnos a aprender contenidos de manera significativa. Otras críticas aducen que las conductas especificadas en la investigación de la eficacia del docente están demasiado fragmentadas y son demasiado simplistas en su orientación, ya que se centran en habilidades aisladas que los alumnos deben demostrar, en lugar de apuntar a un crecimiento conceptual. La comprensión real puede darse o no.

Enseñar para la comprensión

¿Cómo saber si estamos enseñando para la comprensión y qué queremos decir con "comprensión"? La respuesta no es tan fácil como parece. Perkins y Blythe (1994) describen la comprensión como "poder hacer con un tema diferentes cosas que requieran del pensamiento –como dar explicaciones, encontrar pruebas y ejemplos, generalizar, aplicar, analogizar y representar el tópico de una nueva forma" (pp. 5-6). Los modelos de enseñanza descriptos en este texto están diseñados para ayudar a los docentes a asegurarse de que el aprendizaje de sus alumnos esté al nivel de la comprensión y no al nivel de la memorización, que prevalece actualmente en los colegios.

Las preguntas del docente dan comienzo a este proceso y podrían ser:

—¿Por qué?

—¿Cómo se comparan? (¿En qué son iguales o diferentes?)

—¿Qué pasaría si...?

Y particularmente:

—¿Cómo lo sabes?

Estas preguntas pueden contribuir en gran medida a la comprensión por parte del alumno. Es sorprendente que los docentes hagan preguntas como éstas en menos del 1% del tiempo (Boyer, 1983).

La enseñanza para la comprensión requiere de un concepto que está en relación con la investigación de la eficacia del docente y con los movimientos que ampliaron esta investigación. Esto se llama enseñanza activa y vamos a verla a continuación.

Enseñanza activa

El término enseñanza activa fue creado por Thomas Good para referirse no sólo a una categoría de conductas docentes sino también a una orientación filosófica en la enseñanza. Como el nombre lo sugiere, un docente activo está comprometido directamente con el aprendizaje del alumno mediante el proceso de dar ejemplos y otras representaciones, haciendo preguntas que requieren más que la mera memorización, dando explicaciones y monitoreando el progreso del alumno. Se basa en la premisa documentada de que los docentes tienen realmente un impacto importante en el aprendizaje de los alumnos.

La enseñanza activa puede resumirse de la siguiente manera. Los docentes activos:

• Identifican metas claras para sus alumnos.

• Seleccionan estrategias en la enseñanza que permiten alcanzar más efectivamente las metas de aprendizaje.

• Proveen ejemplos y representaciones que pueden ayudar a los alumnos a adquirir una comprensión profunda de los temas que están estudiando.

• Exigen que los alumnos se comprometan activamente en el proceso de aprendizaje.

• Guían a los alumnos cuando construyen la comprensión de los temas que se estudian.

• Monitorean cuidadosamente a los alumnos para obtener evidencias del aprendizaje.

El hilo que une todas estas características es el compromiso central del docente en el proceso del aprendizaje.

Es esencial para los docentes activos tener un repertorio de estrategias de enseñanza eficaces. Éste es el tema de la próxima sección del capítulo. Si los docentes van a ayudar a los alumnos a aprender, deben poder seleccionar y emplear estrategias de enseñanza que produzcan el aprendizaje. Al hacer esto, surge el tema inevitable de cuál es la mejor manera de enseñar.

La necesidad de alternativas para la enseñanza

Las discusiones sobre la mejor manera de enseñar han absorbido las energías de los educadores desde el comienzo de la educación formal. Los intentos de responder esta pregunta se centraron en técnicas autoritarias contra técnicas democráticas (Anderson, 1959); enfoques orientados hacia el descubrimiento contra enfoques expositivos (Keislar y Shulman, 1966); enfoques centrados en el alumno contra enfoques centrados en el docente (Dunkin y Biddle, 1974) y enfoques de enseñanza directa contra enfoques de enseñanza indirecta (Peterson y Walberg, 1979). Se han realizado miles de estudios en un intento de responder a esa pregunta en sus diferentes aspectos. La conclusión avasalladora de esta investigación es: *no hay una manera de enseñar que sea la mejor.*

Bruce Joyce y Marsha Weil fueron los primeros en formalizar la noción de variación de los procedimientos según diferentes situaciones de enseñanza, cuando su libro *Modelos de enseñanza* fue publicado en 1972.

En aquel momento, la idea era bastante nueva y tal vez hasta controversial. Sin embargo, desde entonces, la lógica de que los docentes puedan usar diferentes estrategias de enseñanza para lograr distintos objetivos ha sido tan ampliamente aceptada que nadie la discute. De hecho, la necesidad de que los docentes puedan usar diferentes estrategias es actualmente más importante ya que los alumnos son más variados (Villegas, 1991).

La enseñanza puede ser considerada como una tarea en la cual alguien (el docente) intenta ayudar a una o más personas (los alumnos) a adquirir comprensión, habilidades o actitudes (la materia). Cada uno de estos componentes afecta la forma del acto de enseñar. El enfoque basado en modelos reconoce la importancia de estos componentes y los integra en un marco conceptual que contempla la toma de decisiones y que se basa en tres factores:

- el docente,
- los alumnos,
- el contenido.

Discutiremos acerca de estos factores en las siguientes secciones.

Seleccionar estrategias de enseñanza: el rol del docente

Probablemente, los docentes sean el factor más importante entre los que atañen a la cuestión de cómo enseñar. Guiar al alumno en el aprendizaje, en cualquier nivel, es una empresa muy individual y personal. Cómo enseñamos depende en gran medida de quiénes somos (Kagan, 1992b). Los objetivos que elegimos, las estrategias que usamos para alcanzar esos objetivos, la manera de relacionarnos con los alumnos, todo depende de lo que traemos al aula como seres humanos.

Está probado que los intentos de identificar un prototipo ideal de docente son inútiles. Cientos de investigaciones que indagaron acerca de los diferentes tipos de docentes indicaron que no hay un patrón de personalidad ideal. Nuestra propia experiencia en el aula confirma esta conclusión. Docentes enérgicos, pensativos, simpáticos, serios, tradicionales, no ortodoxos probaron ser eficaces en diferentes situaciones. Gran parte de la eficacia de los docentes radica en la comprensión de sus propias fortalezas y preferencias personales y en la adopción de estrategias compatibles.

Seleccionar estrategias de enseñanza: el impacto en los alumnos

Los alumnos son un segundo factor que influye en la elección de una estrategia particular de enseñanza. Alumnos individuales responden de manera diferente a las diversas estrategias de enseñanza (Corno y Snow, 1986). Este efecto fue llamado por algunos investigadores una "interacción en el tratamiento de la aptitud". *Aptitud* refleja lo que los alumnos traen a la situación del aprendizaje y *tratamiento* describe nuestros intentos de acomodar estas diferencias (Cronbach y Snow, 1977). Los estudios indican que en algunos casos las prácticas que fueron eficaces con un tipo de alumnos son ineficaces con otros (Coker y otros, 1980). Los investigadores en esta área han concluido que aquello que un alumno trae al aula puede ser tan importante como cualquier otro factor en el momento de determinar la eficacia de un método dado. En gran medida, los alumnos son diferentes: difieren sus habilidades académicas, su medio, su interés y motivación. Además, la cultura de los alumnos, incluyendo los valores, las actitudes y las tradiciones de un grupo en particular, pueden influenciar en gran parte el aprendizaje (Cushner y otros, 1992). Todas estas diferencias individuales tienen influencia en la eficacia de una estrategia de enseñanza en particular.

Contenidos y estrategias de enseñanza

Un tercer factor que afecta la elección de la estrategia de enseñanza por parte del docente es el contenido a enseñar. Por ejemplo, un docente de Estudios Sociales puede querer que los alumnos recuerden hechos básicos en relación con la Revolución de los Estados Unidos en una clase; que comprendan luego, en una unidad posterior, los problemas de asimilación con que se encontraron los inmigrantes en un nuevo país y que analicen las virtudes de una democracia comparada con una sociedad comunista, en un tercer caso. Aunque estas tareas tienen en común su relación con la historia de los Estados Unidos, el objetivo en cada caso es diferente. El docente está tratando de enseñar información fáctica en una clase, hacer que los alumnos comprendan el proceso de asimilación en la segunda y hacer que desarrollen capacidades analíticas en la tercera. Como los objetivos son diferentes, las estrategias necesarias para alcanzarlos también lo son; no se enseña información fáctica de la misma manera en que se enseñan capacidades analíticas.

Las metas docentes varían incluso en el período de una sola clase. Un docente de Literatura que, por ejemplo, está discutiendo acerca de "El cuervo",[*] tal vez quiera que los alumnos recuerden el autor del poema, que relacionen el poema con la vida del autor y que aprendan los conceptos de *métrica, rima e imágenes*. Estos objetivos están relacionados, pero son diferentes y cada uno requiere una estrategia de enseñanza diferente.

Se dan situaciones similares en la E.G.B. Al enseñar lectura, por ejemplo, el docente querrá que los alumnos puedan pronunciar las palabras correctamente, identificar el tema principal de un cuento, explicar relaciones de causa-efecto y predecir las consecuencias de ciertos hechos en el cuento.

Nuevamente, los objetivos del docente están relacionados pero son diferentes. Intentar alcanzar todos los objetivos al mismo tiempo es imposible.

---

[*] Se trata del poema más famoso de Edgar Allan Poe. (N. de la T.)

Este texto se basa en la premisa de que no hay un único enfoque de enseñanza apropiado para todas las situaciones y, en consecuencia, una enseñanza eficaz requiere de diferentes estrategias para alcanzar diferentes objetivos. La mejor estrategia es aquella que resulta más efectiva para alcanzar un objetivo determinado en una situación específica. Solamente cuando los docentes tienen conciencia de los diferentes tipos de contenido, pueden identificar la estrategia más efectiva, y la selección y el uso de una estrategia solamente puede ocurrir si el docente posee un repertorio de técnicas. El uso de estrategias óptimas demanda el conocimiento de alternativas. Este libro está diseñado para brindar las alternativas en la forma de modelos de enseñanza.

El enfoque de modelos para la enseñanza

Los **modelos de enseñanza** *son estrategias prescriptivas diseñadas para cumplir metas de enseñanza particulares*. Son prescriptivas porque las responsabilidades del docente durante las etapas de planificación, implementación y evaluación de la enseñanza están claramente definidas. Los modelos que se describen en este libro están diseñados para una enseñanza activa, aunque también pueden usarse como guía para diseñar programas o para elegir y construir material para la enseñanza.

Las estrategias generales de enseñanza difieren de los modelos en que éstos están diseñados para alcanzar objetivos específicos. El empleo de modelos requiere de una capacidad para especificar los resultados precisos del alumno; así, un modelo específico puede ser elegido para alcanzar una meta particular.

Para entender mejor este proceso y cómo se relaciona con el modelo de enseñanza, comparemos el rol del docente usando el modelo con el de un ingeniero. Cuando examina un proyecto, un ingeniero primero identifica el tipo de estructura a construir, como ser un edificio, un puente o una calle. Una vez hecho esto, se elige un diseño o un proyecto adecuado. Las especificaciones del proyecto determinan las acciones que el constructor realizará y el tipo de construcción que resultará. La clase de proyecto depende del tipo de estructura a construirse. De la misma manera, cuando los docentes consideran un modelo, primero identifican lo que van a enseñar y luego eligen la estrategia para alcanzar ese objetivo. El modelo está diseñado específicamente para lograr un objetivo particular y determinará gran parte de las acciones del docente.

Un modelo de enseñanza, entonces, es una especie de proyecto para enseñar. Si extendemos esta analogía, se pueden ver otras similitudes entre un modelo de enseñanza y un proyecto. Varias disciplinas como la física, la ingeniería civil y la arquitectura actúan en el diseño de un edificio. De la misma manera, muchas disciplinas actúan en el diseño de modelos de enseñanza. La antropología, la sociología, la lingüística y la psicología han influenciado los modelos actualmente empleados en los colegios. Probablemente, la psicología sea la influencia más significativa.

Cada uno de los modelos que se discuten en este texto está basado en una teoría del aprendizaje. Y cada una de estas teorías hacen foco en determinados aspectos del alumno, desarrollando diferentes implicaciones para la enseñanza. Las implicaciones son, entonces, trasladadas al docente mediante el modelo de enseñanza que proponen. De manera similar, los procedimientos a seguir en la estructura de una construcción son trasladados al ingeniero que la desarrolla, a través de un proyecto basado en las teorías arquitectónicas del diseño.

El docente desempeña un rol análogo al del constructor; de la misma manera en que el constructor es el último responsable de la estructura, el docente es el último responsable de cumplir los objetivos de la clase. Además, de la misma manera en que el proyecto proporciona al constructor estructura e indicaciones, el modelo proporciona estructura e indicaciones para el docente. Sin embargo, ni un proyecto indica todas las acciones del constructor ni un modelo puede indicar todas las acciones del docente.

Un proyecto no es un sustituto de los conocimientos y habilidades básicas en la ingeniería así como un modelo de enseñanza tampoco es un sustituto de los conocimientos y habilidades básicos de la enseñanza. Un modelo no puede tomar el lugar de las cualidades fundamentales de un docente, como el conocimiento del tema, la creatividad y la sensibilidad con la gente. Es, en lugar de eso, una herramienta para ayudar a los buenos docentes a enseñar más eficazmente, haciendo que su forma de enseñar sea más sistemática y efectiva. Los modelos proporcionan flexibilidad suficiente para dar lugar a que los docentes usen su propia creatividad, de la misma manera en que el constructor usa su creatividad en el acto de la construcción. Como con el proyecto, el modelo de enseñanza es un diseño para enseñar en el que el docente usa toda su capacidad y los conocimientos de que dispone.

El número de posibles objetivos de enseñanza es tan grande y diverso que resulta imposible discutirlos todos en profundidad en un libro. Como se ha indicado en la sección introductoria de este capítulo, este texto se centrará en un conjunto de tareas relacionadas denominadas procesamiento de la información. Pasaremos ahora a discutir acerca de estas estrategias.

Procesamiento de la información

Los objetivos educacionales se han dividido típicamente entre familias o dominios: el afectivo, el psicomotriz y el cognitivo. Los objetivos de desarrollo emocional y social están en el dominio afectivo; la adquisición de habilidades de destreza manual y de movimiento se clasifican como psicomotrices y los objetivos cognitivos se refieren al desarrollo intelectual del alumno. Cada dominio es importante y será brevemente descripto en los párrafos que siguen.

El dominio de lo afectivo considera el concepto que el alumno tiene de sí mismo, el crecimiento personal y el desarrollo emocional. Los docentes que trabajan en esta área necesitan tener la capacidad para ayudar a los alumnos a diagnosticar y a encontrar soluciones a los problemas personales y sociales. Objetivos como "capacidad de trabajar con pares", "considerar a la gente mayor" o "la posibilidad de escuchar las ideas de otras personas" están en esta esfera. La naturaleza de los objetivos afectivos está relacionada con las actitudes y no tiene por centro primario el crecimiento intelectual de los alumnos.

El dominio psicomotriz, en comparación, está relacionado con el desarrollo de las habilidades musculares y la coordinación. Esta área incluye objetivos como "aprender a coser un botón", "desarrollar un buen saque de tenis" o "aprender a manejar un torno". Aunque las capacidades intelectuales forman parte de cada una de las tareas psicomotrices, el centro primario está en el desarrollo de habilidades de destreza manual más que en el crecimiento de la capacidad intelectual.

Los objetivos cognitivos se centran en el crecimiento intelectual del individuo. El crecimiento en esta esfera incluye la adquisición de habilidades básicas como la lectura, la escritura y las matemáticas, así como también el aprendizaje de hechos, conceptos y generalizaciones. La actividad explícita de los colegios se centra fundamentalmente en esta esfera.

Dentro del dominio cognitivo hay un importante conjunto de objetivos llamados de **procesamiento de la información**. Aunque de una manera muy simplificada, lo admitimos, *el procesamiento de la información puede ser enseñado como la manera en que las personas unen y organizan la información del medio a fin de formar patrones útiles que puedan emplearse para explicar y predecir hechos de nuestra experiencia*. Los objetivos del procesamiento de la información se centran en la adquisición de conocimiento mediante un análisis de la información del mundo que nos rodea. Apuntan al crecimiento intelectual que se logra mediante la investigación activa por parte de los alumnos más que al desarrollo emocional o social del individuo.

Los docentes que se centran en objetivos de procesamiento de la información tienen dos grupos de objetivos. Uno ayuda a los alumnos a desarrollar una profunda comprensión de temas específicos enseñados en el colegio; el otro los ayuda a desarrollar las habilidades cognitivas que les posibilitarán aprender por sí mismos. Las estrategias de procesamiento de la información diseñadas para enseñar temas específicos y desarrollar habilidades cognitivas del alumno ayudan a los docentes a alcanzar los dos grupos de objetivos.

Las estrategias de enseñanza de procesamiento de la información están basadas en un movimiento del pensamiento psicológico que considera al alumno como un investigador activo del medio más que un recipiente pasivo de estímulos y recompensas. Este énfasis puede describirse como "una visión que trata al hombre como a un investigador de, un procesador de y de hecho un creador de información" (Farnham-Diggory, 1972, p. xiii). El cerebro es considerado un órgano cuya función primaria es buscar, seleccionar, adquirir, organizar, almacenar activamente y, en el momento apropiado, recuperar y utilizar la información acerca del mundo (Smith, 1975, p. 2).

En una cita más reciente, Brophy (1992) ubica al alumno en el centro del proceso de aprendizaje afirmando:

> La investigación actual [...] se centra en el rol del alumno. Reconoce que los alumnos no reciben o copian meramente en una forma pasiva información del docente, sino que la mediatizan activamente, tratando de darle sentido y de relacionarla con lo que ya saben (o piensan que saben) acerca del tema. Así, los alumnos desarrollan nuevos conocimientos mediante un proceso de creación activa (p. 5).

Ésta es la esencia del procesamiento de la información. Acentúa la importancia de un aprendizaje significativo contra la memorización de los contenidos.

Disconformidad con el conductismo.
El crecimiento de las estrategias de procesamiento de la información

La psicología del procesamiento de la información se desarrolló desde una disconformidad con el conductismo (Mayer, 1987). El enfoque conductista describe el aprendizaje en términos de condicionamiento y del par estímulo-respuesta. Por ejemplo, la pregunta del docente es un estímulo y una contestación memorizada es la respuesta. Un procedimiento común en la investigación del aprendizaje según la tradición conductista era la tarea de aprendizaje de series (Murdock, 1992). Como ejemplo de aprendizaje de series, consideremos el siguiente ejercicio:

Examinen la siguiente lista de palabras durante aproximadamente tres segundos cada una, luego cubran la lista con un papel. Después cuenten hacia atrás empezando por veinte, de dos en dos. (En estudios de aprendizaje formal las palabras se presentarían de una vez por un período de tiempo fijo. Otros aspectos del estudio, como contar hacia atrás –diseñados para evitar que se ensaye la información– y la tarea de memorizar en sí misma, estarían más controlados.) Cuando hayan terminado de contar, traten de recordar las palabras en cualquier orden y comparen su lista con la original.

Lista seriada de aprendizaje

Manzana	Martillo	Banana
Gato	Pera	Hámster
Pala	Loro	Prensa
Perro	Serrucho	Naranja

En el paradigma de aprendizaje conductista, la lista seriada era el estímulo (o estímulos) y la lista que se recordaba era la respuesta.

Sin embargo, cuando los investigadores estudiaron el proceso de aprendizaje, se encontraron con algo que no habían anticipado; los alumnos no reproducían las listas de la manera en que se las habían presentado. En lugar de eso, cuando se les daba la libertad de recordar estas listas en la forma que prefirieran, a menudo producían listas reorganizadas como la siguiente:

Manzana	Pala	Gato
Pera	Martillo	Perro
Banana	Serrucho	Loro
Naranja	Prensa	Hámster

Al mirar las listas, resulta obvio que algo estaba pasando por las cabezas de los alumnos mientras trataban de memorizar estas palabras. Estaban utilizando una estrategia de memorización que unía el material nuevo con la información que ya estaba almacenada en sus memorias. Los alumnos agruparon las palabras en categorías, como frutas o animales, y usaron estas categorías para recordar la información. En vez de encarar *pasivamente* las tareas de aprendizaje, reestructuraron *activamente* la información para sacar provecho de las categorías de conocimiento que ya tenían.

Estos experimentos condujeron a los psicólogos a pensar que los componentes más interesantes en un experimento de aprendizaje no eran los estímulos y las respuestas, sino qué pasaba en las cabezas de los alumnos con las tareas. Este énfasis en los procesos mentales y en las estructuras cognitivas acentuaba la importancia del modo en que las personas procesan la información. El objetivo primordial de este procesamiento es hacer que el mundo sea más comprensible.

Los psicólogos que siguen la tendencia del procesamiento de la información piensan que las estructuras cognitivas en las mentes de los alumnos pueden describirse de dos maneras diferentes: pueden pensarse como marcos conceptuales o como esquemas. Veamos ahora cómo son estas dos modalidades.

Estructuras cognitivas como marcos conceptuales

Una manera de considerar la información que hemos almacenado es pensarla como *una red de ideas organizada e interconectada, llamada, a menudo*, **marco conceptual**. Por ejemplo, el marco para el concepto que tiene un niño de "perro" puede representarse como muestra la figura 1.1.

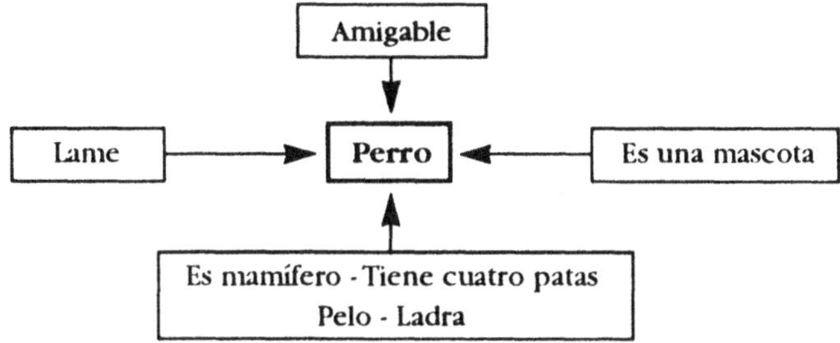

FIGURA 1.1. *Un marco conceptual*

El marco conceptual de cada persona acerca de una idea es personal y peculiar y refleja la exposición de esa persona al concepto. El marco de un niño que cría o tiene un perro es diferente del de un niño que no tiene ninguno cerca.

Más importante aun es el hecho de que el marco conceptual de cada persona determina de qué manera la información nueva será codificada. Una red compleja tiene muchos puntos a los que se les puede conectar nueva información y, como resultado, se almacena más información en la memoria; el número de puntos en una red simple es limitado, por eso se almacena menos información. Los patrones de éxito que vemos en los colegios respaldan esta noción. Los alumnos que vienen con gran riqueza de experiencias pasadas, ciertamente, aprenden más y más rápido que aquellos que no han tenido esas experiencias. Tienen redes mentales más elaboradas a las que se les puede agregar nueva información y así lograr que su aprendizaje sea más profundo. Esta premisa es un principio fundamental que apuntala los programas de enriquecimiento para alumnos en riesgo.

Estructuras cognitivas como esquemas

Una segunda forma de pensar acerca de las estructuras cognitivas es describirlas como escritura a mano o **esquemas**, *que describen el conocimiento como conjuntos de ideas, relaciones y procedimientos interconectados, dinámicos y útiles*. Los esquemas no sólo organizan la información y nos dicen qué esperar del mundo; también nos dicen cómo manejarlo. Cada uno de nosotros tiene un esquema de cómo conducir autos, por ejemplo. Nuestros esquemas nos permiten entrar en un auto extraño, poner la llave en el encendido y con un mínimo de tensión, arrancar y comenzar a manejar. Los esquemas nos permiten almacenar información pasada en forma utilizable e integrar la nueva información a la ya existente. Por ejemplo, si comprendemos cómo conducir un auto con cambios automáticos, aprender a hacerlo con cambios manuales es mucho más fácil que si no tenemos ninguna experiencia de manejo. Nueva información acerca de los cambios se incorpora al esquema existente del manejo.

Almacenar conocimiento: el rol del procesamiento de la información

Cuando nueva información se agrega al conocimiento ya existente en nuestra memoria, visto éste como redes o como esquemas, tanto la memoria a corto plazo como la memoria a largo plazo entran en juego. La memoria a corto plazo es limitada en capacidad y duración. Funciona, por ejemplo, cuando buscamos un número de teléfono. Lo retenemos el tiempo suficiente para discarlo y luego lo olvidamos. En cambio, la memoria a largo plazo es virtualmente ilimitada en capacidad y duración; por ella podemos recordar cosas que pasaron hace años (Eggen y Kauchak, 1994).

El procesamiento de la información la lleva desde la memoria a corto plazo hacia la memoria a largo plazo. La calidad de este procesamiento determina con cuánta efectividad la información está almacenada en la memoria a largo plazo y con cuánta facilidad podemos recobrarla un tiempo después. Para ilustrar este proceso, observemos a un alumno de cuarto año de la E.G.B. que desarrolla su comprensión de los conceptos de *masa, volumen* y *densidad*. Supongamos que el niño ve una balanza con bloques de igual volumen, como lo muestra la figura 1.2.

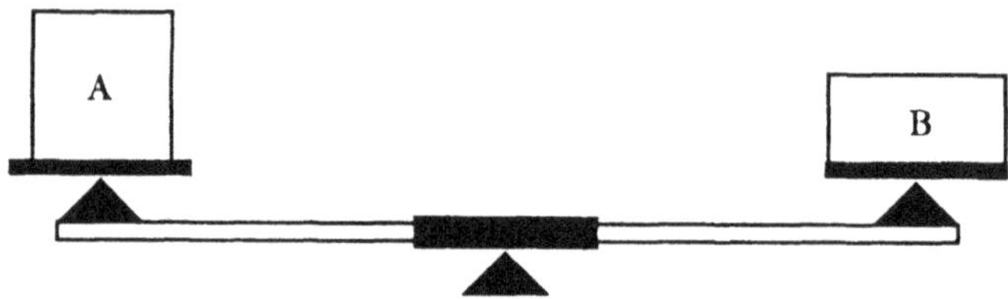

FIGURA 1.2. *Balanza con bloques de diferente volumen*

Las observaciones que hace el niño sobre la balanza y los bloques entran en su memoria a corto plazo. Si su pensamiento es el típico de los niños de cuarto año, inicialmente concluirá en que la masa del bloque A es mayor que la masa del bloque B (Eggen y McDonald, 1987). Si no se lo corrige, la información acerca de los bloques entrará en la memoria a largo plazo de esta manera, con el común error de que los objetos grandes (objetos de mayor volumen) tienen más masa que los objetos pequeños (objetos de menor volumen).

Con la guía del docente, no obstante, el niño verá que la balanza está equilibrada y que por ese motivo la masa de los dos bloques debe ser la misma. Con mayor guía y discusión, el niño advertirá que el bloque A debe ser menos denso que el bloque B, ya que su volumen es mayor que el volumen del bloque B, y que las masas de los dos bloques son iguales. Para desarrollar esta comprensión, el niño ha *procesado la información*. (Debemos señalar que, sin embargo, un error no quiere decir que la información no ha sido procesada. Los resultados del procesamiento son simplemente inválidos.)

Lo importante de este ejemplo es que el alumno tomó información del medio, la transformó en ideas que tenían sentido para él y almacenó esta información en su memoria a largo plazo. Este proceso de transformar la información en ideas significativas es la esencia del procesamiento de la información. Las estrategias descriptas en este texto están diseñadas para sacar provecho de nuestra habilidad como estudiantes para investigar activamente el medio y dar sentido a nuestras experiencias.

El procesamiento que enfatiza la significación es superior como forma de almacenar información que la simple memorización (Eggen y Kauchak, 1994; Rosenshine y Stevens, 1986). La **significatividad**, término excesivamente usado en la bibliografía sobre educación, tiene una definición precisa: *se refiere a un número de conexiones o asociaciones entre una idea y otras ideas.* Cuantas más conexiones haya, más significativa será la idea. Por ejemplo, hemos hecho el esfuerzo de hacer que el concepto de *modelo de enseñanza* sea más significativo, asociándolo con la ingeniería. Al continuar el estudio de este texto, esperamos que la significación aumente en la medida en que cada docente comience a hacer asociaciones entre los modelos y las diversas formas de contenido, habilidades de pensamiento, tipos de razonamiento y modificaciones.

Como lo hemos notado antes en esta sección, el procesamiento de la información implica una doble relación que incluye la adquisición de cuerpos organizados de conocimiento y las habilidades intelectuales necesarias para aprender independientemente. Ahora pasaremos a discutir estas habilidades.

Habilidades cognitivas en la clase

En los últimos años se ha puesto considerable énfasis en el papel de la escuela en el desarrollo del pensamiento de nivel superior y del pensamiento crítico del alumno (Bransford y otros 1991; Nickerson, 1988; Resnick y Klopfer, 1989). Los educadores reconocen que ya no es suficiente enseñar a los alumnos simplemente *qué* deben saber, sino que también debe enseñárseles *cómo* saber. La psicología en general y el procesamiento de la información específicamente proporcionan un marco conceptual para emprender el desarrollo de las capacidades y habilidades de pensamiento de los alumnos (Steinberg, 1985; Rosenshine y Stevens, 1986).

Las habilidades de pensamiento de nivel superior y crítico de los alumnos se desarrollan cuando se les brindan oportunidades de practicar estas habilidades en las diferentes áreas del programa. Los que siguen son ejemplos de actividades que desarrollan las habilidades cognitivas de los alumnos:

- Un docente quiere que en su clase se comprenda el concepto de *democracia participativa.* Para comenzar la clase da a los alumnos descripciones que van desde el Centro de estudiantes hasta Naciones Unidas. También incluye casos de gobiernos no participativos para comparar. Los alumnos examinan y discuten las similitudes en los ejemplos e identifican la forma en que son diferentes de los gobiernos no participativos. Continúan hasta que pueden especificar las características de la democracia participativa que se desprende de los ejemplos.
- Después de un paseo al zoológico, el docente pide a los alumnos que hagan una lista de todos los animales que vieron. Entonces agrupan los miembros de la lista por similitudes y discuten los criterios de agrupamiento.
- Un docente de Biología quiere que los estudiantes sepan cómo funciona el aparato circulatorio humano. Para reforzar la idea, se les pide a los estudiantes que hagan una analogía con el sistema sanitario de una ciudad. Los estudiantes hacen comparaciones en-

tre partes análogas como las grandes tuberías maestras de agua, las estaciones de bombeo y las plantas de tratamiento de drenaje.

- Como actividad introductoria para la lectura de *Silas Marner*,[*] a una clase de Literatura de primer año de la universidad se le entrega un apunte que describe dos personajes aparentemente diferentes. Cuando se les dice que las descripciones son de la misma persona, los estudiantes intentan explicar las diferencias. El docente usa estas explicaciones como base para discutir la obra.

Veamos ahora las similitudes en los ejemplos. Primero, cada docente quería que sus alumnos adquirieran una comprensión profunda de un tema particular. Los temas iban desde comprender la democracia participativa y el sistema circulatorio hasta identificar las similitudes entre los animales del zoológico y los personajes de una novela. Comprender era el objetivo central en cada una de las clases. No se apuntaba al desarrollo del pensamiento crítico y de nivel superior a costa del contenido.

Una segunda similitud es la *manera* en que los alumnos desarrollaban la comprensión de los temas. Se les presentaba información y se comprometían con la tarea haciendo comparaciones, encontrando patrones, llegando y documentando conclusiones y desarrollando generalizaciones. En lugar de ser escuchas pasivos, encontraron sus propias relaciones en los temas que estudiaban con la guía activa del docente. Es nuestra opinión, así como la opinión de otros que trabajan en esta área (Bransford y otros, 1991) que la forma más lógica y más productiva de enseñar a los alumnos habilidades cognitivas es darles continuas oportunidades de práctica. Se les da a los alumnos enormes cantidades de experiencias para desarrollar las habilidades básicas de lectura, escritura y varios componentes de la matemática. No se debe hacer menos con las habilidades cognitivas y las estrategias.

La manera más eficiente de dar estas experiencias es integrar las habilidades al programa regular. Este enfoque permite que los docentes ayuden a los alumnos a desarrollar estrategias cognitivas sin sacrificar contenido.

Un enfoque alternativo es considerar el pensamiento como una parte separada del programa, como un curso de "pensamiento". Este enfoque tiene dos desventajas importantes. Primero, el pensamiento y el contenido son literalmente inseparables (Bransford, 1993). Cuando los alumnos practican las habilidades, deben hacerlo sobre alguna forma de conocimiento. Como dijimos anteriormente en este capítulo, el pensamiento no tiene lugar en el vacío. Segundo, es menos probable tener éxito con un enfoque que separa las habilidades de pensamiento. Como las habilidades de pensamiento compiten con otras áreas por el tiempo, se genera una relación de ganancia y pérdida. Cuanto más tiempo se dedique a un área, menos tiempo se dedica a la otra. Los modelos que se presentan en este libro evitan este escollo e integran el contenido con el desarrollo de estrategias cognitivas en modelos de enseñanza completos.

Examinaremos con más detalle el pensamiento crítico y el pensamiento de nivel superior en el capítulo 2.

---

[*] *Silas Marner* (1861) es una de las novelas más famosas de George Eliot, seudónimo de la escritora inglesa Anne Evans (1819-1880). (N. de la T.)

Resumen

En este capítulo discutimos cuatro temas diferentes pero interrelacionados. Tal vez, el más importante de ellos sea la idea, desarrollada por la investigación de la eficacia del docente, de que el desempeño de ellos es lo que marca la diferencia en el desarrollo del aprendizaje y en los logros del alumno. Este libro se basa en la idea de que un docente activo es un factor primario en el aprendizaje en la clase. Un objetivo importante del texto es brindar a los docentes el conocimiento, la comprensión y las estrategias que les permitirán primero adquirir e ir luego más allá de una enseñanza eficaz para adquirir una pericia genuina en el proceso de la educación.

También se introdujeron en este capítulo dos temas más acerca del procesamiento de la información y del pensamiento crítico y el pensamiento de nivel superior. El procesamiento de la información como una importante escuela de la psicología cognitiva brinda un marco conceptual para el diseño de estrategias de enseñanza eficaces descriptas en los capítulos 3-9 de este texto.

El pensamiento crítico y el pensamiento de nivel superior implican la capacidad de usar la información para encontrar un orden en el mundo y para resolver problemas. Estos objetivos son una parte esencial en el programa de una escuela moderna. Las estrategias de enseñanza de procesamiento de la información brindan un medio eficaz para enseñar estos objetivos cognitivos sin sacrificar contenido.

El cuarto tema presentado fue el enfoque de modelos para la enseñanza. Los modelos de enseñanza son estrategias de enseñanza específicas diseñadas para alcanzar objetivos específicos. Los modelos descriptos en este texto fueron desarrollados para ayudar a los alumnos a adquirir una comprensión profunda del contenido, mientras simultáneamente practican el pensamiento de nivel superior y el pensamiento crítico. Estos dos objetivos interrelacionados son el tema central del capítulo 2.

Los temas y la organización del texto están representados en el esquema de la figura 1.3. Desarrollaremos estas ideas a medida que se desarrolle el texto.

Conceptos importantes

Enseñanza activa (p. 12)	Modelos de enseñanza (p. 19)
Esquemas (p. 23)	Procesamiento de la información (p. 21)
Investigación de la eficacia del docente (p. 15)	Significatividad (p. 25)
Marco conceptual (p. 23)	

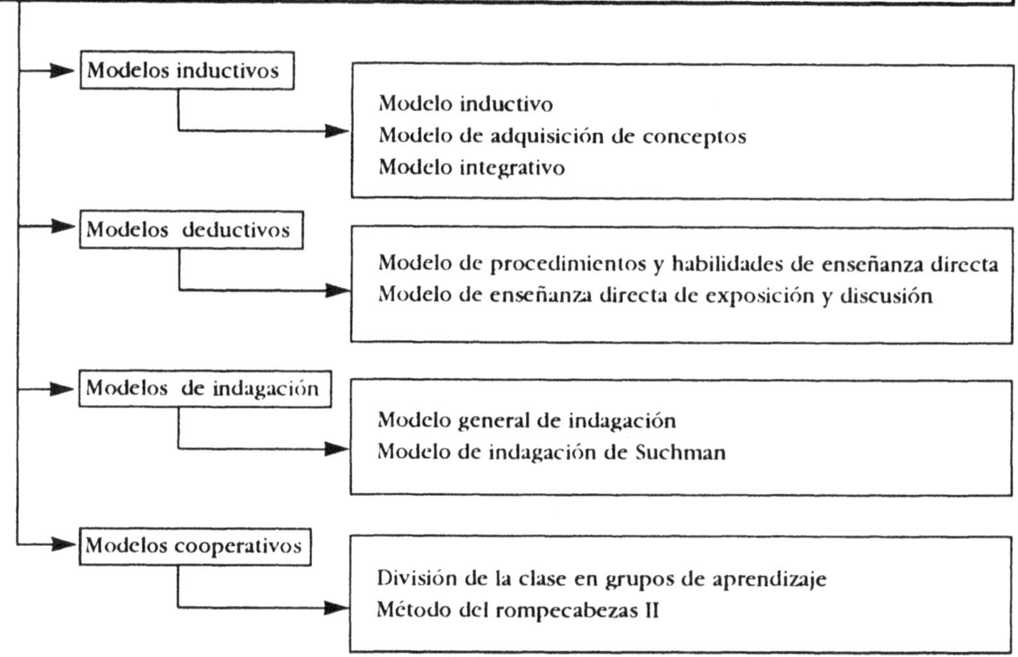

FIGURA 1.3. *Organización de los modelos de procesamiento de la información*

Preguntas para la discusión

1. Lea las breves situaciones de enseñanza que se presentan al comienzo del capítulo. ¿De qué otra manera podría ser enseñado el mismo contenido? ¿Cuáles son las ventajas y desventajas de los enfoques alternativos?

2. Describa una clase en particular en la que haya participado y en la que hayan utilizado un enfoque de procesamiento de la información. En la descripción explique si estuvieron ausentes o presentes las tres características del procesamiento de la información que se discutieron en la primera sección del capítulo.

3. Una de las críticas que se le hicieron a la investigación de la eficacia es que la eficacia de la enseñanza fue definida en términos del desempeño del alumno en pruebas estandarizadas. ¿Qué otros resultados importantes de la escuela no fueron tenidos en cuenta o fueron ignorados por estas pruebas?

4. Describa un docente particularmente eficaz que usted haya tenido en términos de enseñanza activa tal como fue descripta en este capítulo. ¿Son pertinentes todas las carac-

terísticas? ¿Hay algunas conductas por parte del docente que no fueron descriptas en la definición de docente activo?

5. ¿Hay veces en que el docente no quiere desempeñar un rol de enseñanza activa? Si esto sucede, ¿cuándo sucede y cuál sería el rol alternativo que desempeña?

6. Elija dos áreas diferentes de contenidos. Discuta cómo el contenido de cada área puede tener que ver con la elección de los métodos de enseñanza (por ejemplo, Ciencia frente a Lengua).

7. Describa brevemente sus objetivos de enseñanza personales y discuta acerca de la forma en que influyen en la elección de métodos de enseñanza.

8. ¿Cómo influyen la edad o la habilidad de un alumno en la selección de una estrategia de enseñanza? Imagine que es responsable de enseñar el mismo contenido básico a tres tipos diferentes de clase que van desde clases de apoyo hasta cursos acelerados. ¿En qué diferirían sus métodos de enseñanza? (Véase Corno y Snow, 1986 y Rosenshine y Stevens, 1986 para discusiones excelentes sobre este problema).

9. Describa un tipo de pensamiento de nivel superior o de pensamiento crítico que crea que es importante para su ciclo escolar o su área del currículum. ¿Cómo encararía el desarrollo de este tipo de pensamiento? ¿Cómo mediría si los alumnos lo adoptaron o no?

2. Habilidades esenciales para enseñar y para enseñar a pensar

En el capítulo 1 se examinó la historia de la investigación de la eficacia del docente y su conclusión más importante: los docentes tienen un impacto fundamental en la cantidad que aprenden sus alumnos. La investigación describe las habilidades que todos los docentes deben tener; identifica los fundamentos de su pericia. Construimos sobre esos fundamentos, nos vamos más allá de la enseñanza eficaz para examinar la enseñanza que resulta en una profunda comprensión del contenido por parte del alumno y la adquisición de las habilidades de pensamiento crítico y de nivel superior.

Los años ochenta y los noventa han marcado un interés sin precedentes en el pensamiento del alumno y en la habilidad de enseñar a pensar (Presseisen, 1986). El pobre desempeño de los estudiantes estadounidenses en pruebas estandarizadas comparado con estudiantes de otros países, preocupaciones expresadas por líderes de negocios y predicciones de rápidos cambios tecnológicos en el futuro contribuyeron a aumentar el interés.

En los últimos quince años se aprendió mucho acerca de enseñar a pensar. Las concepciones acerca de la inteligencia y la naturaleza del desarrollo del alumno cambiaron. Actualmente se acepta la significación del conocimiento básico en el pensamiento y la importancia de la participación activa del alumno se enfatiza más que nunca. Estos factores han contribuido a visiones mejor informadas sobre cómo enseñar a pensar. Nuestro objetivo en este capítulo es explicar estas visiones y examinar sus implicancias para la enseñanza.

Al finalizar el estudio de este capítulo se habrán alcanzado los siguientes objetivos:

- Identificar en estudios de casos ejemplos de docentes con habilidades esenciales de enseñanza.
- Manifestar las habilidades esenciales de enseñanza en la enseñanza propia.
- Describir los factores que contribuyeron al continuo interés en la enseñanza de habilidades de pensamiento.
- Identificar las características del pensamiento de nivel superior
- Identificar las características del pensamiento crítico.
- Describir el rol que desempeña la metacognición al utilizar el pensamiento de nivel superior y el pensamiento crítico.
- Describir el impacto de actitudes y disposición en la aplicación del pensamiento de nivel superior y crítico.

Para comenzar nuestra discusión acerca de las habilidades esenciales para la enseñanza y los pensamientos de nivel superior y crítico, observemos una clase de historia de los Estados Unidos.

Teri Bowden comienza una unidad acerca de la colonización de América del Norte con sus estudiantes de Historia. Entramos a su clase, ella está parada en la puerta saludando a los alumnos, a las 10:13 AM, que entran en fila para la tercera hora de clase.

—Buenos días Suzanne, bonito corte de pelo... Ey, José, te va a ir hoy tan bien como te fue ayer —interviene cuando Suzanne y José pasan al aula.

—David, eso va en tu casillero... Apúrate. Tienes dos minutos —ordena cuando él va a entrar con una pelota de básquet en la mano.

—Ufa, Srta. Bowden —protesta David, alejándose con una sonrisita en la cara.

—Siéntense pronto —les recuerda Teri—. Tienen cinco minutos para responder las preguntas que están adelante.

Cuando el timbre deja de sonar a las 10:16, los alumnos miran adelante y se acurrucan en sus escritorios mientras Teri toma lista.

A las 10:20, Teri pregunta: —¿Cómo les está yendo? Entre distintas respuestas ("Bien", "OK", "Casi termino"), Teri dice:

—Está bien, un minuto más.

Los alumnos terminan y pasan las hojas hacia delante. Teri examina rápidamente los ejercicios y dice:

—Ténganlos a mano mañana por la mañana cuando lleguen a clase. Ahora —anuncia, dirigiéndose a la clase y sacudiendo el dedo para enfatizar—. Ahora cambiemos un poquito nuestro pensamiento y comencemos a concentrarnos en el período colonial, que comenzó en el siglo XVII. Ésta es una parte muy importante de la historia de los Estados Unidos, pero lo más interesante de todo es que lo que estamos estudiando tiene consecuencias en el mundo entero, incluso en nuestros días. El tema de hoy es una de las ideas más importantes de todo el período colonial, entonces veamos qué clase de trabajo podemos hacer para comprenderlo.

Damon sonríe irónicamente y le susurra a Charlene: —Bowden piensa que *todo* es interesante.

Entonces Teri continúa: —Para comenzar quiero que miren tres pasajes cortos que voy a mostrar y quiero que los lean con cuidado y que busquen cualquier patrón que pueda existir en ellos. Entonces... nuestro objetivo en esta clase es buscar patrones y luego vamos a relacionar esos patrones con los hechos que hemos estado estudiando en la historia de los Estados Unidos.

Entonces muestra la siguiente información:

A mediados de 1600 se alentó a los colonos estadounidenses a que plantasen tabaco, ya que no se plantaba en Inglaterra. Los colonos querían venderlo a Francia y a otros países pero se les prohibía que lo hicieran. En cambio, se les permitía importar telas de Inglaterra, pero se les prohibía hacer las propias. Todas las mercancías eran cargadas en barcos ingleses.

Los primeros colonos franceses en el Nuevo Mundo eran ávidos cazadores y comerciantes de pieles. Tuvieron problemas con la monarquía francesa, sin embargo, cuando intentaron hacer ropa de piel y venderla a España, Inglaterra y otros, se les dijo que en lugar de eso, la ropa se la enviarían desde París. La monarquía también les dijo que las trampas y las armas debían estar hechas en Francia y que también se las enviarían. Jean Forge cumplió con los deseos de la monarquía pero fue multado cuando contrató un barco holandés para transportar algunos de los cueros de vuelta a Niza.

India era una "joya de la Corona" del Imperio Británico del siglo xix. India producía gran cantidad de materiales como telas crudas, alimentos y sal. Cuando los hindúes se volvieron más nacionalistas, sin embargo, comenzó el problema. Inglaterra quería producir las telas de la materia prima en su propio territorio y cuando los hindúes trataron de establecer lazos más fuertes con otros países para ampliar el espectro de comercio, sus esfuerzos fueron aplastados rápidamente. Inglaterra aducía que el suelo patrio británico era de sobra capaz de satisfacer las necesidades de India y que además tenían una flota grande y eficiente. Esta política eventualmente llevó a la protesta hindú y por último a la independencia.

—Ahora, veamos —continúa Teri—. ¿Qué se les ocurre? ¿Ann?
Ann comienza dubitativa: —Ambos ejemplos tratan sobre algún tipo de colonia.
—Buen comienzo, Ann —sonríe Teri—. ¿Y qué eran las colonias, específicamente...? ¿Leonore?
—En América del Norte estaban las colonias francesas y británicas y en India, la colonia británica.
—Parece que tuvieron algunos problemas —dice Rufus voluntariamente.
—Buena observación, Rufus. ¿Qué quieres decir?
—En cada caso la colonia quería hacer algo, pero Inglaterra y Francia no dejaban que los colonos lo hicieran.
—Eric, danos algunos ejemplos específicos si puedes...
—Los colonos producían algo que la madre patria quería, como tabaco o pieles o telas crudas.
—¡Muy buena observación, Eric! —dice Teri con entusiasmo—. Continúa, Pam.
—Mandaban las mercancías a su madre patria —responde Pam después de examinar cuidadosamente la información.
—¡Y no podían mandarlas a ningún otro lado! —interrumpe Steve, aportando a la idea.
—Muy bien, los dos. ¿De dónde crees que Steve sacó la idea? ¿Connie?

—Lo dice en los dos primeros ejemplos —responde Connie—. Y en el tercero dice que cuando India trató de establecer lazos más fuertes con otros países para ampliar su comercio, los colonos tuvieron problemas.

—¡Excelente para todos! Connie, buen uso de la información para justificar tus ideas. Todos mejoraron mucho en ese aspecto. Sigamos... ¿Mary?

—...

—¿Qué obtuvieron a cambio en cada caso?

—...Obtuvieron telas de Inglaterra,... y ropa de piel, trampas y otras cosas de Francia... y ropa de Inglaterra —responde Mary mientras miraba caso por caso.

—¿Y qué obtenían a cambio de otros países?

—...Nada.

—No se lo permitían —interrumpe Bob.

—¿Qué te hizo decir eso, Bob?

—En el segundo ejemplo dice que les dijeron que las trampas y las armas las enviarían desde Francia, y en el tercer ejemplo dice que los británicos adujeron que la madre patria era más que capaz de satisfacer las necesidades de la India.

—¿Dice con certeza que no se les permitía importar bienes de otros países?

—No, exactamente —agrega Jill—. Lo suponemos de la información, aunque está realmente dado a entender en la descripción.

—Muy bien, Jill. Chicos, fíjense que Jill empleó la palabra "suponemos". En realidad, ella llegó a una conclusión y el término que usamos para esta clase de conclusiones es *inferir*. Aquí la información no estaba directamente en los datos; ella tuvo que ir más allá de los datos para llegar a su conclusión. Eso es una inferencia. Buen trabajo —sonríe Teri haciendo un gesto con los brazos a la clase.

—Ahora sigamos viendo. ¿Qué otros patrones ven en las descripciones? ¿Kim?

—...

—¿Cómo se embarcaban los bienes, Kim?

—En barcos —responde, causando la risa de sus compañeros.

—¡Sí, bien Kim! —Teri se ríe con ellos. —¿Cuáles barcos o los barcos de quién?

—En cada caso fueron los barcos de la madre patria. Lo dice directamente en el primer caso y en el segundo dice que Jean Forge tuvo problemas cuando contrató un barco holandés para llevar algunas pieles a Niza.

—¿Qué pruebas hay en el tercer caso? ¿Melinda?

—Argumentaron que tenían una flota grande y eficiente —respondió Melinda rápidamente.

—Está bien, Melinda. ¿Algo más? ¿Qué piensan? ¿Cherrie?

—...Creo que tampoco podían hacer sus propias manufacturas. Dice en cada caso que cuando los colonos intentaban hacer sus propios materiales de materia prima, no podían hacerlo.

—No podían hacer ninguna manufactura, no solamente las de la materia prima que ellos procurasen —agrega Kathy.

—¿Qué te ha hecho decir eso? —pregunta Teri.

—Los colonos británicos plantaban tabaco, pero no se les permitía manufacturar nada, ni siquiera algo que se pueda fabricar del tabaco. —responde Kathy.

—Pero no puedes hacer nada con el tabaco —replica Gregg.

—Claro que puedes —contesta Kathy—. Podrían haber hecho cigarros y otras cosas.

—Ésas son dos buenas observaciones —dice Teri—. Todos recuerden —remarcó Teri, levantando la voz—. Esto es importante. ¿Ven cómo Kathy y Gregg usaron información para fundamentar sus argumentos? ¡Buen trabajo!

Ella continúa: —¿Tenemos alguna otra prueba que fundamente la posición de Kathy o de Gregg, aunque no estén realmente en desacuerdo?

—Creo que sí —se ofrece Jack—. En el segundo caso se les dijo a los colonos franceses que no fabricasen trampas ni armas y ellos producían pieles, por lo tanto no se les prohibía producir solamente sacos de piel.

—¡Eso es excelente! Muy buen análisis de la información que tenemos aquí. Ahora volvamos hacia atrás y veamos a qué conclusiones hemos llegado.

En ese momento, Teri les pidió que volviesen a lo que habían hecho y resumieran las características comunes. Luego continuaron.

—Examinamos los tres casos y ahora queremos dar una mirada más amplia a la información en general. Comencemos. ¿Tenemos una situación donde...? ¿Toni?

—...Los colonos tenían una relación con un país produciendo sólo materia prima y no cosas manufacturadas —comienza Toni dubitativo.

—Bien —sonríe Teri y escribe lo que dijo Toni en el pizarrón—. Continúa.

—...Y solamente podían ser vendidos a la madre patria.

—Quienes a su vez proveían productos manufacturados y transporte por barco —interrumpe Gregg.

—Excelente —los alienta Teri—. Una descripción muy clara y sucinta de lo que estuvimos discutiendo.

—Ahora sabemos las características de esta política —continúa ella—. ¿Alguien sabe cómo se llama?

—...

—Esto se llama *mercantilismo*. Era una política económica colonial diseñada para hacer dinero para la madre patria, llevando materia prima de la colonia a cambio de productos manufacturados.

Continúa ella: —¿Qué otros países además de Inglaterra y Francia fueron culpables de *mercantilismo*? ¿Qué podemos suponer a partir de esa pregunta?

—...Parece que está sugiriendo que el mercantilismo es malo —replica Anthony vacilante.

—Bien pensado —sonríe Teri y hace un gesto para enfatizar—. Eso es exactamente lo que sugiere. El mercantilismo muy bien pudo ser malo... explotación de las tierras colonizadas y cosas así. Sin embargo, la pregunta que hice tiene en sí una suposición implícita. Reconocer suposiciones implícitas es parte del proceso de pensamiento, y todos tenemos que estar atentos a esta clase de cosas... Otra vez, bien pensado, Anthony.

Ella continúa: —Ahora examinemos otro caso y veamos si ilustra el mercantilismo o no. Recuerden, estén listos para explicar por qué sí o por qué no cuando hayan tomado la decisión. Luego mostró la siguiente descripción en la pantalla:

Canadá es un miembro de la comunidad de naciones británicas. Canadá es un gran productor y exportador de granos y deriva parte considerable de las ganancias de la venta de los granos a Gran Bretaña, Francia, Rusia y otros países. Este comercio también ha mejorado el negocio del transporte por barco para Grecia, Noruega y Liberia, ya que cargan la mayoría de los productos. Canadá, sin embargo, no depende solamente del grano. Ahora es un importante productor de ropa, equipos de alta tecnología y equipos de industria pesada.

—¿Qué piensan? ¿Es mercantilismo?... ¿Alguien? Amy, no te hemos escuchado —continúa.

—...Yo diría que no —responde Amy después de unos segundos de estudiar la descripción.

—Está bien, ahora dinos por qué.

—...Bueno, hay varias razones —continúa Amy—. Canadá comercia con varios países de acuerdo con la información, usa diferentes barcos para cargar la mercancía y produce mucho más que solamente materia prima.

—Excelente análisis, Amy —sonríe Teri—. Ahora que estamos cómodos con esa parte, demos un paso más y examinemos nuestro pensamiento en esta actividad. ¿Qué cosas tuvieron que hacer para llegar a la conclusión? Comienza, Conchita.

—...Primero tuvimos que observar, hasta eventualmente reconocer las características esenciales —responde ella.

—¡Buen comienzo! ¿Qué más? ¿Bob?

—Buscamos un patrón para los tres párrafos.

—Y tuvimos que hacer comparaciones antes de poder encontrar los patrones —agrega Amy.

—¡Bien, todos! ¿Qué más? ¿Jack?

—Tuvimos que separar la información relevante de la irrelevante —responde Jack.

—¿Por ejemplo? —tantea Teri.

—Bueno, que sean armas o trampas o ropa o lo que sea realmente no importa. Lo que importa es que a los colonos no se les permitía manufacturar nada.

—¡Excelente Jack! Ahora, continúen. ¿Patty?

—...No está todo en los ejemplos, por eso tuvimos que inferir de ellos y luego nos pidió pruebas que respaldasen nuestra inferencia.

—Muy bien Patty. ¿Recuerdan algún ejemplo en el que hayamos hecho esto?

—...

—¿Alguien puede darme un ejemplo en el que hayamos hecho una inferencia y luego hayamos tenido que respaldarla?

—Creo... que sí —respondió Patty—. Bob dijo que a las colonias no se les permitía comprar materiales de otros países, y luego usó el ejemplo en que Francia dijo que las trampas y las armas serían enviadas desde allí.

—...Jill también dijo que no era algo que decía seguro, pero que estaba dado a entender y que nosotros lo inferimos de la información que nos fue dada —agrega Becky.

—También generalizamos cuando dimos una definición de mercantilismo —agrega Lisa Jo—. Hablamos de aquellas cosas del mercantilismo que se aplican a todos los casos, por lo tanto, generalizamos, ¿no?

—Sí, claro. Lo que dices está bien; la generalización es una forma de inferencia. Muy bien, Lisa Jo —responde Teri.

—Vayamos a otra cosa —continúa Teri—. Ahora vamos a examinar el impacto que tuvo el mercantilismo en otros hechos durante el período colonial y vamos a pensar acerca del mercantilismo en otras partes del mundo, como en África... Entonces, para mañana, quiero que lean este artículo que copié de una revista de noticias de hace algún tiempo. Cuando lean el artículo, piensen cómo se relaciona la información con lo que hemos discutido hoy. En la actividad de calentamiento al comienzo de la clase les preguntaré acerca de la información del artículo.

Entonces ella concluyó: —Hicieron un muy buen trabajo hoy. El análisis de su propio pensamiento mejora cada día. Estoy orgullosa.

Para comenzar nuestra discusión, volvamos a la clase de Teri Bowden y examinemos sus implicancias para la enseñanza. Se demostraron tres características importantes en la clase:

1. Empleó habilidades de enseñanza que todos los docentes -más allá del área de contenido, del nivel o grado o del tema- deben poder demostrar. Llamamos a estas habilidades "habilidades esenciales de enseñanza".
2. Sus objetivos de desarrollar el pensamiento de nivel superior y el pensamiento crítico estaban integrados. Ninguno de los dos quedaba relegado por el otro y la enseñanza durante toda la clase estaba dirigida a ambos objetivos simultáneamente.
3. Su clase se centraba en la comprensión profunda de un tema en particular -el rol del mercantilismo en la colonización-.

Examinaremos en detalle cada uno de estos elementos en las siguientes secciones del capítulo. Comenzamos con la discusión acerca de las habilidades esenciales de enseñanza que todos los docentes deben tener.

Habilidades esenciales para enseñar: las bases de la eficacia del docente

Observemos imaginariamente una clase cualquiera. Puede ser una clase de primer año que estudia Matemática básica enseñada por un docente veterano o la clase de un docente en su primer año de ejercicio que dicta Ciencia en el nivel intermedio de la E.G.B. y estudia diferentes tipos de gusanos o una clase de la escuela secundaria que está leyendo y discutiendo acerca de una de las obras de teatro de Shakespeare, guiada por un docente con varios años de experiencia. Más allá de la personalidad o el medio del docente, el nivel de los alumnos o el tema que se esté estudiando, algunas conductas del docente aumentan lo que el alumno aprende más que otras. Llamamos a estos patrones "habilidades esenciales de enseñanza" y derivan de la investigación de la eficacia del docente descripta en el capítulo 1. Veamos estos patrones.

Habilidades esenciales para enseñar: ¿qué son?

Ya estamos familiarizados con la noción *habilidades básicas*. Éstas son las habilidades esenciales de leer, escribir y realizar operaciones matemáticas que todos los alumnos deben poseer para manejarse bien en el mundo. (Cada vez hay más pruebas de que para manejarse bien en los años noventa y en el futuro, las habilidades básicas deberían incluir pensamiento de nivel superior y pensamiento crítico -Bransford y otros, 1991-. Discutiremos esto luego, más adelante en este capítulo.) Las **habilidades esenciales de enseñanza** son análogas a las habilidades básicas y se las puede describir como *las actitudes, habilidades y estrategias decisivas del docente necesarias para fomentar el aprendizaje del alumno.*

Aunque discutiremos las habilidades por separado para ser más claros, éstas son interdependientes y ninguna es tan efectiva sola como lo es en conjunto con las otras. La mezcla y la aplicación adecuada de las habilidades -en el contexto de clases en particular- son decisivas.

Estas habilidades esenciales de enseñanza están ilustradas en la figura 2.1.

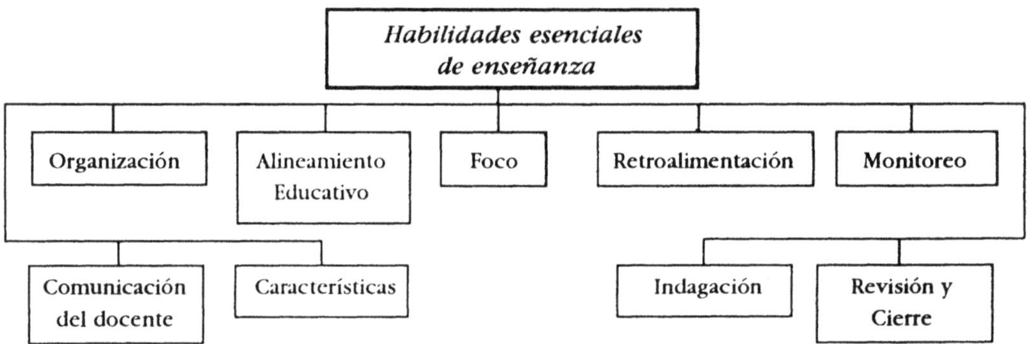

FIGURA 2.1. *Habilidades esenciales de enseñanza*

Características del docente

Aunque las características del docente no son habilidades, de cualquier manera queremos comenzar por ellas para enfatizar lo importantes que son para la enseñanza. Los docentes ponen el tono emocional a la clase, diseñan la enseñanza, implementan actividades de aprendizaje y evalúan el progreso de los alumnos. Su orientación en la enseñanza es decisiva en este proceso.

Con esto como marco de referencia, volvamos a Teri Bowden y su modo de enseñar. Ella identificó objetivos claros y una estrategia efectiva para alcanzar los objetivos, dio ejemplos para ayudar a los alumnos a adquirir una comprensión profunda del tema (los casos que ilustran el mercantilismo) y alentó y guió a los alumnos a comprometerse activamente durante el aprendizaje. La suya es una orientación positiva y proactiva basada en la convicción de que todos los alumnos pueden aprender y de que es su responsabilidad hacer todo lo posible para asegurar que todos alcancen su máximo potencial. Éstas son características de la enseñanza activa (Good, 1983) que describimos en el capítulo 1.

Además, Teri reveló otras cuatro características esenciales para fomentar un clima que incremente el aprendizaje y la motivación. Estas características son:

- Entusiasmo.
- Modelización.
- Calidez y empatía.
- Expectativas positivas.

Entusiasmo del docente. Una de las características de los docentes eficaces es el entusiasmo.

Les interesa lo que enseñan y les comunican a los alumnos que lo que están aprendiendo es importante. Estos docentes son la prueba viviente de esto y son buenos modelos cuya intensidad promueve la identificación y la inspiración (Wlodkowsky y Jaynes, 1990, p. 19).

Vemos el efecto del entusiasmo de Teri en el comentario de Damon, "Bowden piensa que *todo* es interesante". A pesar de que nadie puede afirmar que el entusiasmo de un docente hará que alumnos desinteresados pasen a ser alumnos ávidos por aprender, no tenemos nada que perder. Si aun unos pocos alumnos están más motivados y aprenden más debido a nuestro entusiasmo, estamos un paso más delante de donde estaríamos si fuéramos neutrales o apáticos.

Los docentes muestran entusiasmo en la manera en que usan la voz, los ojos, los gestos con las manos y los movimientos corporales, además de las palabras que seleccionan (Collins, 1978). Son algunos ejemplos:

- Variaciones en la forma de hablar en el tono, en el volumen y en la velocidad.
- Contacto visual con los alumnos; mantener la animación en la mirada.
- Gestos frecuentes con la cabeza y con los brazos.
- Moverse de un lugar a otro; tener una actitud enérgica.
- Uso de lenguaje descriptivo; variar la selección de palabras.

Teri demostró tener todas esas características en su manera de enseñar.

El docente como modelo. *Un* **modelo** *se constituye como tal cuando las personas imitan conductas que observan en otros* (Bandura, 1986). Los docentes comunican muchas cosas acerca de lo que están enseñando y acerca de qué es importante mediante el modelo que plantean. Es casi imposible ser efectivos si el docente como modelo disgusta o no despierta interés por los temas que enseña. Si, por el contrario, los docentes despliegan un patrón de afirmaciones tales como la de Teri: "...pero lo más interesante de todo esto es que lo que estuvimos estudiando tiene consecuencias en todo el mundo incluso en la actualidad", el aprendizaje y la motivación -con el tiempo- pueden aumentar.

Calidez y empatía del docente. Volvamos a examinar cómo Teri empezó su período de clase. Hizo el intento de saludar a sus alumnos personalmente en la entrada, e incluso cuando le dijo a David que tenía que llevar su pelota de básquet a su casillero, no lo hizo de una manera punitiva. **Calidez** *alude a la capacidad del docente para demostrar que se interesa por el alumno como persona;* **empatía** *es la capacidad del docente para comprender cómo se siente el alumno, cuáles podrían ser sus puntos de vista o de "dónde vienen".*

La investigación documenta la importancia de estas cualidades (Blumenfeld, 1992; Wlodkowsky y Jaynes, 1990). Es difícil ser un docente verdaderamente eficaz sin interesarse por los alumnos. Hasta los niños más pequeños pueden percibir diferencias en el interés de sus docentes (Robinson y otros, 1981), y un clima emocional negativo está asociado con un bajo rendimiento (Soar y Soar, 1978).

Uno de los mejores indicadores de un docente interesado es la voluntad de dar tiempo. Examinemos una carta que una alumna de noveno año escribió a su docente de Geografía para ver un ejemplo sacado de una clase de la realidad. (El nombre de la docente fue cambiado pero la nota de la alumna es textual.)

Sra. Hanson:

Quiero agradecerle todo lo que ha hecho por mí este año. Creo que usted es la única profesora que tuve que creyó en mí y me dio la confianza que yo realmente necesitaba.

De alguna manera, acudí a usted cuando no pude recurrir a mi propia familia y quiero agradecerle por siempre tener tiempo para mí y para mis problemas.

No quiero que esta carta parezca "vulgar" u "obsecuente". Es que simplemente no hubiese podido pasar el año sin usted y sin su consejo.

Usted nunca me trató como a una simple alumna sino como a una persona, a diferencia de lo que han hecho la mayoría de los docentes y eso es lo que hace a los grandes docentes y usted, Sra. Hanson, es una gran docente.

La saluda

Lisa Zahorchak

Todos los alumnos necesitan el apoyo y el interés de los docentes y los alumnos con problemas personales, de adaptación o de conducta lo necesitan aun más. La voluntad del docente de tomarse unos minutos con los alumnos comunica calidez y empatía.

Expectativas positivas por parte del docente. Veamos un ejemplo:

La Sra. Cummings miraba mientras su clase de quinto año entraba en fila al aula. Vio a una niña llamada Nicole y recordó que había tenido al hermano de Nicole, Mike, dos años antes. Mike había sido un estudiante con un nivel más alto que el promedio con excelentes hábitos de estudio y era un placer trabajar con él en la clase. Sus padres se comprometían mucho en el trabajo escolar de sus hijos y el ambiente de la casa era positivo.

Sin embargo, la Sra. Cummings no sabía que Nicole no tenía los mismos hábitos de estudio que su hermano. Era una niña irresponsable, interesada en sociabilizarse y ya estaba desarrollando el interés por los niños. El trabajo escolar no era una prioridad para ella.

La Sra. Cummings saludó a Nicole con una gran sonrisa, le dijo que era agradable tenerla en la clase y que estaba segura de que tendrían un año muy bueno.

Cuando llegó el período de evaluaciones, la Sra. Cummings estaba calificando unos trabajos de Matemática y vio que faltaba el de Nicole. Al mirar su libro, se encontró con que faltaban otras dos tareas y que las notas en otras pruebas de Nicole eran más bajas de lo que la Sra. Cummings había anticipado.

Al día siguiente llamó a Nicole a su escritorio antes de la clase, la abrazó y le dijo: —Cariño, no me imagino qué le pasó a tu tarea. Por favor, encuéntrala y tráela. Si la tienes para mañana, te lo reconoceré.

Para estar más segura, esa tarde llamó a los padres de Nicole. Ellos no estaban al tanto de la tarea que faltaba y comentaron que Nicole había respondido de manera confusa cuando le preguntaron si tenía tarea para el día siguiente.

Los padres de Nicole entraron en acción inmediatamente. Pospusieron la TV y las conversaciones telefónicas hasta ver que toda la tarea estuviera terminada y correcta y llamaron a la Sra. Cummings -a pedido de ella- para chequear el progreso de Nicole. La Sra. Cummings informó que las cosas estaban mucho mejor y que Nicole había mejorado considerablemente en la última prueba (adaptado de Kauchak y Eggen, 1993).

Examinemos las respuestas de la Sra. Cummings a Nicole. Debido a la experiencia positiva con el hermano de Nicole, ella tenía expectativas positivas similares con Nicole y su conducta. Por esa experiencia saludó a Nicole cálidamente y cuando la conducta de Nicole fue menos colaboradora que la de Mike, ella actuó inmediatamente. Como resultado, el trabajo de Nicole mejoró. La Sra. Cummings esperaba que Nicole aprendiera y se comportó de manera tendiente a promover ese aprendizaje.

Las **expectativas** **del docente** *son inferencias que los docentes hacen acerca de la conducta futura o de los logros académicos de sus alumnos, basados en lo que saben ahora de ellos* (Good y Brophy, 1994, p. 83). Éstas ejercen gran influencia sobre la conducta de los docentes. Creer que los alumnos pueden aprender y aprenderán (expectativas positivas del docente) es una variable clave que separa a los docentes que producen en sus alumnos logros de alto nivel de aquellos que no lo hacen (Good, 1987).

Por desgracia, a menudo los docentes son discriminatorios y tratan de mejor manera a los alumnos que perceptiblemente lograrán un alto rendimiento que a aquellos de los cuales perciben un futuro bajo rendimiento. Los alumnos reconocen rápidamente estas diferencias. "Después de diez segundos de ver y/u oír a un docente, hasta un alumno muy pequeño podría detectar si un docente está hablando de, o a un alumno excelente o de o a uno flojo y podrían determinar en qué medida el docente quiere al alumno" (Babad y otros, 1991, p. 230).

El trato diferenciado tiene cuatro dimensiones: apoyo emocional, esfuerzo y exigencia del docente, preguntas y retroalimentación y evaluación. Estas cuatro áreas están resumidas en la tabla 2.1. (basada en artículos de Good, 1987 y Good y Brophy, 1994. Adaptado de Eggen y Kauchak, 1994)

Característica	Conducta del docente tendiente a favorecer a alumnos de alto rendimiento
Apoyo emocional	Más interacción; más interacción positiva; más contacto visual y de sonrisas; pararse cerca; orientación más directa para el alumno.
Esfuerzo del docente y exigencias	Ofrecer explicaciones más claras y completas y enseñanza más entusiasta; requerir respuestas más completas y más adecuadas por parte del alumno.
Preguntas	Llamar a los alumnos más seguido; dar más tiempo para responder; motivarlos más.
Retroalimentación y evaluación	Hacer más elogios y menos críticas; procurar una retroalimentación más completa y prolongada; más evaluaciones conceptuales.

TABLA 2.1. *Características del trato diferenciado*

Good y Brophy (1994) observan, "A veces nuestras expectativas sobre la gente hacen que la tratemos de diferentes maneras, maneras que provocan las respuestas que nosotros esperábamos" (p. 87). Esta afirmación ilustra la naturaleza autocumplidora de las expectativas del docente.

El ser tratado de una manera diferente afecta la forma en que el alumno se siente consigo mismo. Los alumnos "perciben" que tienen menos habilidad o mérito si continuamente se los deja afuera de las discusiones o tienen interacciones con el docente que son breves o superficiales. Los alumnos perciben muy claramente las diferencias en el trato y esas diferencias pueden tener un efecto muy fuerte tanto en la motivación como en los logros. Las expectativas altas comunican que el docente cree que los alumnos pueden aprender y que se interesa lo suficiente como para hacer el esfuerzo de promover el aprendizaje. Con el tiempo, se incrementa el aprendizaje.

Comunicación

Se puede intuir fácilmente la importancia de que los docentes logren comunicarse con claridad, y la investigación documenta una fuerte conexión entre la comunicación y los logros del alumno (Cruickshank, 1985; Snyder y otros, 1991) así como la satisfacción del alumno con la enseñanza que recibe (Snyder y otros, 1991).

La comunicación clara puede clasificarse en cuatro elementos:

* Terminología precisa.
* Discurso conectado.
* Señales de transición.
* Énfasis.

Terminología precisa. Si examinamos nuevamente la forma de enseñar de Teri Bowden, vemos que ella describía sus ideas claramente y que sus explicaciones y respuestas evitaban el uso de *tal vez, quizás, puede ser, probablemente* y *usualmente*. Estas frases vagas dejan al alumno con una sensación de incertidumbre y derivan en una disminución del rendimiento (Smith y Cotten, 1980).

Terminología precisa *significa que los docentes definen las ideas claramente y eliminan términos vagos en las presentaciones y en las respuestas a las preguntas de los alumnos.* Si bien es imposible eliminar todos los términos vagos de las presentaciones, con esfuerzo, los docentes pueden hacer su lenguaje mucho más preciso y, a su vez, contribuir a un mejor rendimiento por parte del alumno.

Discurso conectado. **Discurso conectado** *significa que la clase del docente es temática y conduce a un punto.* La clase de Teri Bowden es un claro ejemplo de discurso conectado. El tema de la clase era el concepto de *mercantilismo*, y toda la clase se desarrolló en torno a este tema.

Contrariamente, veamos otro ejemplo.

Una docente va a comenzar una clase sobre la Guerra Civil con un grupo de quinto año. Les dice a los alumnos que los objetivos de la clase son comprender la dinámica de la guerra, comprender qué la causó y por qué ganó el Norte. Antes de comenzar la clase, escribe en el pizarrón una lista con varios términos como "Appomattox", "enmienda", "estado libre", "Tren subterráneo", "regionalismo", "abolicionistas" y "secesión".

Después de enunciar el objetivo, comienza por explicar el concepto de regionalismo y les muestra a los alumnos diferentes secciones de los Estados Unidos en un mapa pequeño. Luego continúa con una actividad de preguntas y respuestas en la que ella les pregunta a los alumnos cómo piensan que sería ser esclavo, sigue con una discusión breve acerca de Abraham Lincoln y otra discusión igualmente breve acerca de por qué piensan que el Norte ganó la guerra y algo de información acerca de la reorganización.

Aquí vemos que la docente abordó el regionalismo, cómo sería ser esclavo, Abraham Lincoln, por qué el Norte ganó la guerra y la reorganización, todo en la misma clase. La clase no era temática y no conducía a un punto determinado. Su manera de enseñar podría describirse como discurso desconectado o "confuso".

Hay dos obstáculos principales ante el objetivo de dar clases conectadas: la presentación puede seguir una secuencia inapropiada o puede que se le agregue información a la discusión sin indicar con claridad cómo se relaciona con el tema. Ambos problemas se dieron en la clase sobre la Guerra Civil, mientras que ninguno de los dos fue un problema en la clase de Teri Bowden.

Señales de transición. Las señales de transición también contribuyen a una comunicación clara. Una **señal de transición** *es una afirmación verbal que comunica que una idea termina y otra comienza*. Como ilustración, veamos nuevamente el comentario de Teri Bowden: "Ahora cambiemos nuestro pensamiento un poquito y comencemos a concentrarnos en el período colonial, que comenzó en el siglo XVII." Este comentario preparó a los alumnos para pasar de los ejercicios de calentamiento a la clase del día.

Durante cualquier clase sucede que los alumnos están mentalmente en diferentes lugares. Las señales de transición llaman la atención del alumno, aumentando la probabilidad de que se concentre en el tema apropiado.

Énfasis. Un cuarto aspecto para la comunicación clara en el aula es el énfasis. El **énfasis** *alerta a los alumnos acerca de información importante en una clase y puede ocurrir mediante una conducta verbal u oral o por repetición* (Eggen y Kauchak, 1994). La investigación indica que cada forma de énfasis aumenta los logros, ya que centra la atención del alumno en la información importante (Mayer, 1983). Cuando Teri dijo "Ésas son dos buenas observaciones. Todos recuerden. (levantando la voz) Esto es importante. ¿Ven cómo Kathy y Gregg emplearon la información para respaldar sus argumentos? ¡Buen trabajo!", estaba enfatizando el hecho de que proveer evidencia era importante para la clase. El uso de esta clase de énfasis incrementa la claridad en la comunicación y ayuda a los alumnos a seguir el tema de la clase.

Repetir una idea también es señal de su importancia. Por ejemplo, afirmaciones tales como "¿Recuerdan cuando Juanita dijo que los anfibios tienen un corazón con cuatro cámaras? Esto nos habla de su posición en la cadena evolutiva" o "¿Qué dijo Juanita acerca de la estructura del corazón de los anfibios?" Tanto la afirmación como la pregunta son formas de repetición, que a su vez son una forma de énfasis.

Lenguaje y conocimiento del contenido. Nuestra discusión acerca de la claridad del lenguaje tiene dos implicaciones importantes para los docentes. Primero, debemos tratar de verificar nuestro discurso para asegurar que nuestras presentaciones sean tan claras y lógicas como sea posible. Grabar las clases en una videocasetera y desarrollarlas con muchas preguntas son formas simples y efectivas de constatar la claridad de nuestro discurso. Segundo, debemos comprender perfectamente el contenido que enseñamos. Si el contenido no es familiar o nuestra comprensión es incierta, debemos dedicar más tiempo al estudio y a la preparación. Los docentes cuya comprensión de los temas es completa emplean lenguaje más claro y dan mejores explicaciones que aquellos cuyos conocimientos están más flojos (Carlsen, 1987; Cruickshank, 1985).

Una comprensión clara es particularmente importante cuando se usan modelos de enseñanza que enfatizan la guía de los docentes a los alumnos en lugar de exponer para ellos. La guía para la enseñanza requiere que los docentes tengan constantemente sus objetivos en mente, mantengan a los alumnos comprometidos con la tarea y que hagan las preguntas apropiadas en los momentos apropiados. Éstas son habilidades sofisticadas que requieren que el docente comprenda los temas con profundidad y acabadamente.

Organización

La organización se intuye fácilmente. Todos nos hemos quejado alguna vez de nuestra falta de organización, y muchos de nosotros hemos hecho esfuerzos conscientes para mejorarla. Afecta la manera en que vivimos y por supuesto también nuestra manera de enseñar. Los docentes que son "organizados" tienen alumnos que aprenden más que sus colegas menos organizados (Bennet, 1978; Rutter y otros, 1979).

Un factor clave en la organización es el tiempo. Los docentes eficaces logran aprovechar cada minuto del tiempo que tienen asignado, más que los docentes menos eficaces. Además, la organización es un factor clave para un buen uso del tiempo.

La tabla 2.2. ilustra y delinea importantes características de una organización eficiente.

TABLA 2.2. *Características de organización efectiva*

Característica	Ejemplo
Comienzo a tiempo	Los alumnos de Teri estaban en sus bancos y trabajando en su "actividad de calentamiento" cuando sonó el timbre para comenzar el período.
Materiales preparados de antemano	Los materiales de Teri estaban expuestos para sus alumnos cuando ellos entraron. Los ejemplos para su clase los tenía en la mano.
Rutinas establecidas	Los alumnos sabían que tenían que tomar las hojas de sus carpetas sin que se les indicara.

Cada característica mencionada en la tabla 2.2. permite que los docentes maximicen el tiempo disponible para enseñar. Comenzar las clases pronto, tener el material preparado de antemano, hacer "actividades de calentamiento" al comienzo de las clases y tener a los alumnos entrenados para realizar tareas de rutina sin que se les pida, ayuda a los docentes a usar bien el tiempo.

Organización y orden en la clase. Gran cantidad de investigación indica que la capacidad del docente para mantener clases ordenadas es uno de los factores más importantes en relación con los logros del alumno (Blumenfeld y otros, 1987; Evertson, 1987). Good (1979), en una revisión de esta investigación, observó, "Las habilidades directivas de los docentes se relacionan positivamente con los logros en cada estudio de proceso-producto realizados hasta el momento" (p.54).

El orden de la clase también está muy relacionado con la calidad de enseñanza -a lo que está dedicado el resto de los capítulos de este libro- y con la organización del docente. Mirando otra vez la organización de Teri Bowden, vemos que los alumnos tenían una tarea esperándolos cuando entraron al aula, que realizaron mientras Teri tomaba lista. Esto evita "la pérdida de tiempo" al comienzo del período -uno de los momentos en que es más probable que surjan problemas de manejo-. Además, sus rutinas bien establecidas le permitían dedicar más energía a enseñar, en lugar de usar tanto la energía física como la mental en mantener el orden.

Debe enfatizarse que el orden en el aula no significa que el docente exponga para alumnos pasivos. Vimos que la clase de Teri era muy ordenada, pero que a lo largo de la clase tuvo lugar gran cantidad de interacción. Orden significa que los alumnos pasen tanto tiempo como sea posible concentrados en aprender; no significa que se sienten callados mientras un docente habla.

El orden en el aula también aumenta la motivación del alumno. Brophy (1987), al describir a qué llama "precondiciones esenciales para motivar a los alumnos", concluyó, "Es poco probable que tal motivación tenga lugar en un aula caótica. Por lo tanto presumimos que: [...] el docente usa su capacidad de manejar y organizar la clase de forma tal que la consolida como un medio de aprendizaje eficiente" (p. 208). El orden en el aula es un ingrediente esencial para una enseñanza efectiva, y es casi imposible ser un docente realmente efectivo sin saber manejar la clase de manera eficaz.

Alineamiento de la enseñanza

El **alineamiento de la enseñanza** *se refiere a la coherencia entre los objetivos y las actividades de aprendizaje* (Cohen, 1987). Al mirar nuevamente la forma de enseñar de Teri Bowden, vemos que sus objetivos son claros y concisos; ella quería que sus alumnos comprendieran el concepto de *mercantilismo* y que, al mismo tiempo, practicaran el pensamiento de nivel superior y el pensamiento crítico. Su enseñanza apuntaba directamente a esos objetivos y su tarea para el día siguiente -leer un artículo de noticias y relacionar la información con el mercantilismo- también estaba directamente relacionada con sus objetivos.

Aunque la noción de alineamiento de la enseñanza parece simple, un número sorprendente de docentes tienen objetivos y actividades para el aprendizaje que no son congruentes. Y, lo que es peor, en algunos casos, la enseñanza parece no apuntar a ningún objetivo.

Como ejemplo contrastante, volvamos a examinar a la docente de la clase sobre la Guerra Civil. Ya hemos dicho que ella había descripto sus objetivos como "comprender la dinámica de la guerra; comprender qué la causó y por qué ganó el Norte". También vimos que escribió una lista en el pizarrón con varios vocablos y luego discutieron acerca del regionalismo, de cómo pensaban los alumnos que era ser esclavo, de Abraham Lincoln, de por qué piensan los alumnos que el Norte ganó la guerra y alguna información acerca de la reorganización. Después de la discusión, la docente pidió un ensayo para hacer en clase empleando los vocablos que ella había escrito en el pizarrón. Finalmente dio a los alumnos una tarea, en la que se suponía que debían escribir un párrafo que describiera lo que el término *indivisible* significaba para ellos y dio por terminada la clase.

Éste es un caso de enseñanza que carece casi completamente de alineamiento. La única parte de la actividad de aprendizaje que se relacionaba con su objetivo era la discusión breve acerca de las razones de por qué el Norte había ganado la guerra. En ningún momento de la clase utilizó o se refirió a ninguno de los vocablos que había escrito en el pizarrón y, sin embargo, la tarea de escritorio que asignó se centraba en esos vocablos. Además, la tarea trataba sobre el término *indivisible*, al que no se había referido en ningún momento.

El alineamiento en la enseñanza es más sofisticado y sutil que lo que parece. Por ejemplo, superficialmente, el modo de enseñar del docente parecía aceptable, tal vez hasta bueno. Sus alumnos estaban en orden y la docente hacía participar a los alumnos en una actividad de preguntas y respuestas. La falta de alineación no era obvia ni aparente. De hecho, en una investigación que examinaba los conceptos de una enseñanza eficaz de docentes que todavía no habían comenzado a dar clase, docentes en su primer año de ejercicio y docentes veteranos, la mayoría de los docentes que no habían comenzado a dar clase y los del primer año de ejercicio no identificaron el hecho de que esa clase –que estaba grabada en video– no estaba alineada, mientras que los docentes veteranos se percataron del problema de alineamiento (Harris y Eggen, 1993).

Foco

Al revisar los temas de nuestra discusión hasta ahora, vemos que examinamos la actitud del docente, la comunicación eficaz, la organización por parte del docente y la necesidad de que la enseñanza esté alineada para que los logros del alumno sean lo más altos posible.

Para que estos elementos de la enseñanza sean más efectivos, los alumnos deben tomar parte o estar "con nosotros" en la clase. El **foco** de la clase atrae y mantiene la atención de los alumnos a lo largo de la actividad de aprendizaje.

El aprendizaje comienza con la atención y la atención debe sostenerse para un aprendizaje continuo.

El foco tiene dos formas:

- El foco introductorio.
- El foco sensorial.

Si bien ambas formas están interrelacionadas, las discutiremos por separado para mayor claridad.

El foco introductorio. Para ayudar a comprender el foco introductorio, volvamos a la clase de Teri Bowden. Tan pronto como terminaron su "actividad de calentamiento", ella dijo:

Cambiemos un poquito nuestro pensamiento y comencemos a concentrarnos en el período colonial, que comenzó en el siglo XVII. Ésta es una parte muy importante de la historia de los Estados Unidos, pero lo más interesante de todo es que lo que estamos estudiando tiene consecuencias en todo el mundo, incluso en la actualidad. El tema de hoy es una de las ideas más importantes de todo el período colonial, entonces veamos qué clase de trabajo podemos hacer para comprenderlo.

Teri usó este enunciado como **foco introductorio**, *que es el conjunto de acciones que el docente efectúa al comienzo de la clase, diseñado para atraer la atención de los alumnos y hacerlos entrar a la clase*. Similar al "organizador avanzado" (Ausubel, 1968; Corkill, 1992), la función del foco introductorio es más motivacional y está destinada a lograr la atención, mientras que la función del organizador avanzado es más una introducción conceptual. El foco introductorio está diseñado para mejorar la motivación, despertando la curiosidad y haciendo que el contenido de la clase sea atractivo.

El foco sensorial. *El* **foco sensorial** *es el empleo de estímulos-objetos concretos, figuras, modelos, materiales expuestos en retroproyector e incluso información escrita en el pizarrón para mantener la atención*. Cuanto más concretos y atractivos sean los materiales, mejor servirán como formas de foco sensorial. Además de complementar el foco introductorio, los ejemplos que Teri exhibió en la pantalla ayudaron a mantener la atención, dando a los alumnos elementos visuales para atender.

El pizarrón es probablemente la forma más simple de foco sensorial que existe. Sin embargo, se lo usa poco, particularmente en la E.G.B. A menudo, los docentes dan sus clases verbalmente en lugar de usar el pizarrón como complemento; como resultado, las clases pierden foco y los alumnos dejan de prestar atención. Éste es un problema para alumnos con necesidades especiales o para aquellos que tienen problemas en focalizar su atención en información verbal.

Retroalimentación

La **retroalimentación** *es información acerca de la conducta actual que puede emplearse para mejorar el desempeño futuro* (Eggen y Kauchak, 1994). Se han realizado investigaciones muy completas acerca de la retroalimentación y es clara su importancia en el mejoramiento del aprendizaje (Good y Brophy, 1994; Rosenshine y Stevens, 1986). La retroalimentación es tan importante que a veces se la cita como un principio del aprendizaje. Más allá del tema, del nivel o de la tarea, los alumnos necesitan información acerca de su desempeño.

La retroalimentación efectiva tiene cinco características, que están ilustradas en la figura 2.2. Estas características son igualmente importantes tanto para la retroalimentación verbal como escrita.

Para dar una retroalimentación verbal, es crucial el valor informativo de la respuesta del docente. Examinemos el siguiente ejemplo:

Un docente trabaja con alumnos en simplificar expresiones de aritmética y exhibe la siguiente expresión en el pizarrón:

$$4 + 3 (6 - 2) - 5$$

El docente pregunta:
—¿Qué debemos hacer primero para simplificar la expresión?¿Leroy?
—Sumar el cuatro y el tres.
—No precisamente, Leroy. ¿Alguien puede ayudar?

Aunque la retroalimentación fue inmediata, no fue específica y no le brindó a Leroy más información. Compárese esa respuesta con el siguiente intercambio:

—¿Cuál es el primer paso para simplificar la expresión? ¿Emilio?
—Sumar el cuatro y el tres.
—Míralo de nuevo, Emilio. Si sumáramos el cuatro y el tres primero, tendríamos siete veces el seis menos dos entre paréntesis. ¿Qué implica esa expresión?
—Que es tres veces los números entre paréntesis.

En el segundo ejemplo, el docente dio una respuesta específica basada en la respuesta de Emilio y proveyó información que le posibilitara responder correctamente, ambas cosas mejoraron el aprendizaje mediante una retroalimentación eficaz. A diferencia de Leroy, Emilio no sólo comprende por qué su primera respuesta era incorrecta, sino que también tiene la oportunidad de responder correctamente. (Como vimos en nuestra discusión acerca de las expectativas del docente, la calidad de la retroalimentación del docente depende a menudo de las expectativas con el alumno en cuestión. Es fácil caer en la actitud de tener bajas expectativas, lo que resulta en una retroalimentación superficial, que a la larga baja los logros.)

Además de las características que ya hemos descripto, el tono emocional de la retroalimentación es importante. Para estar motivados, los alumnos deben sentirse seguros. La retroalimentación en forma de críticas, sarcasmos o ridículo aparta de esta seguridad, destruye la motivación y disminuye el aprendizaje (Murphy y otros, 1986).

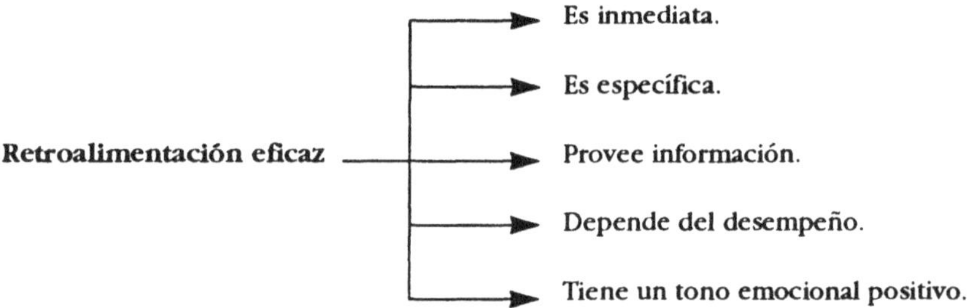

FIGURA 2.2. *Características de la retroalimentación eficaz*

Monitoreo

El **monitoreo** *es el proceso de chequeo constante de la conducta verbal y no verbal para obtener evidencias de progreso en el aprendizaje.* Es importante durante todas las actividades del aprendizaje y especialmente en los trabajos de escritorio, cuando los alumnos pueden estar repitiendo errores.

Sin embargo, el monitoreo trasciende el trabajo de escritorio y también incluye estar al tanto de las reacciones de los alumnos durante las actividades de aprendizaje. El monitoreo, en suma, es la habilidad de ser flexibles y sensibles a los alumnos (O' Keefe y Johnston, 1987).

Los docentes cuidadosos se dan cuenta inmediatamente cuando los alumnos están desatentos; se acercan a ellos o los llaman para que vuelvan a la clase. Los docentes menos cuidadosos no reconocen la falta de atención. Un docente sensible también responde a las conductas no verbales de los alumnos y hace comentarios (o preguntas) como "José, veo que frunces los ojos. ¿Quieres que repita lo que acabo de decir?".

Un monitoreo cuidadoso, seguido de respuestas apropiadas puede contribuir en gran medida a un clima de apoyo y simultáneamente demostrar altas expectativas tanto en la conducta como en el aprendizaje. A menos que los docentes estén constantemente al tanto de la conducta de sus alumnos, la eficacia de otras habilidades esenciales se reduce en gran medida.

Revisión y cierre

*La **revisión** resume el trabajo anterior y forma una conexión entre lo que se aprendió y lo que viene. El **cierre** es una forma de revisión que tiene lugar al final de la clase.* La revisión enfatiza los puntos importantes y puede promoverse en cualquier momento de la actividad de aprendizaje, aunque ocurre con más frecuencia al comienzo y al final de la clase.

El valor de la revisión está bien documentado por la investigación (Emmer y otros, 1979; Rosenshine y Stevens, 1986). Dempster (1991) va más allá y dice "las revisiones pueden hacer más que simplemente aumentar lo aprendido; pueden sacar la atención del alumno de detalles memorizados del material estudiado para llevarla a su estructura conceptual profunda" (p. 71). Esta estructura conceptual profunda es especialmente importante cuando enseñamos para la comprensión.

Cuando un tema llega al cierre, se lo resume, se lo estructura y se lo completa. La noción de cierre es fácil de comprender y es a menudo usada en discusiones diarias, por ejemplo, "Tratemos de cerrar esto". En actividades de enseñanza, organiza el contenido de la clase y da la señal de que la clase termina.

El cierre de Teri fue completo y extensivo. Volvamos a ver ese trozo de diálogo de la clase.

TERI: ¡Eso es excelente! Muy buen análisis de la información que tenemos aquí. Ahora volvamos atrás y veamos a qué conclusiones hemos llegado. (Ella continúa) Examinamos los tres casos y ahora queremos echar un vistazo más amplio a la información en general. Comencemos. Tenemos una situación en que... ¿Tony?

TONY: ...Los colonos tenían una relación con un país produciendo sólo materia prima y no cosas manufacturadas.

TERI: Bien... Continúa.

TONI: Y solamente se la podían vender a la madre patria.

GREGG: Que a su vez proveían los productos manufacturados y el transporte por barco.

TERI: ¡Excelente! Es una descripción muy clara y sucinta de lo que estuvimos discutiendo... Ahora sabemos las características de esta política. ¿Alguien sabe cómo se llama?

Sólo en este momento, Teri dió el término *mercantilismo*, cuando los alumnos ya habían identificado las características esenciales del concepto.

El proceso de llegar a un cierre al final de la clase es importante. Ésta es la última información que los alumnos se llevan de la clase y si las ideas no están claras, pueden desarrollar concepciones erróneas difíciles de eliminar.

Preguntas

Hacer preguntas es una de las habilidades más importantes para enseñar eficazmente. (Es la habilidad más importante, aunque esto es discutible.) Mediante las preguntas, un docente puede ayudar a los alumnos a establecer relaciones, asegurar el éxito, hacer participar a un alumno con pocas ganas, inducir a la participación a estudiantes desatentos y mejorar la autoestima de los alumnos.

Llegar a tener habilidad para hacer preguntas es difícil porque implica manejar varias cosas a la vez (Eggen y Kauchak, 1994):

- Recordar los objetivos de la clase.
- Monitorear las conductas verbales y no verbales de los alumnos.
- Mantener la fluidez y el desarrollo de la clase.
- Preparar la próxima pregunta.

Con práctica, sin embargo, los docentes pueden adiestrarse en hacer preguntas y esta habilidad está altamente desarrollada en los docentes expertos. Las preguntas eficaces tienen cuatro características:

- Frecuencia.
- Distribución equitativa.
- Apuntalamiento.
- Tiempo de espera.

Frecuencia. Si volvemos a pensar en la clase de Teri Bowden, vemos que ella hizo un largo número de preguntas. De hecho, desarrolló gran parte de su clase con preguntas.

La **frecuencia de las preguntas** *se refiere al número de preguntas que hace el docente* y la investigación indica que los docentes eficaces formulan un gran número de preguntas (Brophy y Evertson, 1976; Coker y otros, 1980). El que se le hagan preguntas aumenta el compromiso del alumno y a su vez aumenta los logros (Morine-Dershimer, 1985; Pratton y Hales, 1986).

Las preguntas también contribuyen a mantener el foco sensorial, a la comunicación de conceptos importantes mediante la repetición y es un modo efectivo de evaluar informalmente la comprensión del alumno.

Distribución equitativa. Formular meramente una gran cantidad de preguntas no es suficiente, sin embargo. Si los mismos alumnos son los que responden todas las preguntas, los otros no atienden y los logros generales bajan. Kerman (1979) empleó el término **distribución equitativa** *para describir un patrón de preguntas en el que todos los alumnos de la clase son llamados de manera tan equitativa como sea posible*. Hemos visto antes en este capítulo que los docentes a veces discriminan a los alumnos, basándose en sus expectativas de las habilidades que el alumno tiene para responder. Debido a que el docente espera menos de los alumnos de bajo rendimiento que de los de alto rendimiento, los llama menos a menudo, aunque esto sea inconscientemente. Además, las preguntas de los docentes no están dirigidas a alumnos en particular (McGreal, 1985). Esto significa que el alumno que quiera ofrecerse voluntariamente, o hasta vociferar la respuesta, puede hacerlo; y aquellos que no quieren pueden permanecer pasivos. Esta práctica deriva en un rendimiento más bajo (Brophy y Evertson, 1974), lo que es fácil de comprender. Los alumnos caen en el patrón de no responder, desatienden y el rendimiento baja.

Una solución es llamar a todos los alumnos tan equitativamente como sea posible y dirigir las preguntas a los alumnos llamándolos por sus nombres. Este método promueve concurrentemente una distribución equitativa y evita que una minoría clamorosa domine la actividad. Una distribución equitativa comunica a los alumnos que el docente espera que participen activamente y que puedan responder. Cuando esto se vuelve un patrón, mejoran tanto los logros como la motivación (Kerman, 1979).

Para hacer funcionar este proceso, sin embargo, debe manejarse la clase de manera tal de prevenir las **intervenciones espontáneas** de los alumnos, *que son respuestas dadas antes que los alumnos hayan sido convocados por el docente*. Estas intervenciones usualmente provienen de los alumnos con mejor rendimiento o de los alumnos más agresivos de la clase, y si esto se vuelve un patrón, los alumnos con menor rendimiento o los menos agresivos a menudo quedan afuera, se reduce la distribución equitativa y el rendimiento general baja.

Al examinar nuevamente la manera de enseñar de Teri Bowden vemos que ella fue eficaz al aplicar esta investigación en su clase. Dirigía sus preguntas a alumnos específicos llamándolos por el nombre y su manera de enseñar nunca se desviaba del objetivo de su clase.

La distribución equitativa es una idea simple, aunque a veces difícil de llevar a la práctica. Requiere un cuidadoso monitoreo de los alumnos y una gran cantidad de energía por parte del docente. Por desgracia, a menudo vemos que no se la practica en clase. Sin embargo, sus efectos pueden ser muy poderosos tanto para el aprendizaje como para la motivación y nosotros alentamos enérgicamente a todos los docentes para que perseveren y lo hagan rigurosamente.

Apuntalamiento. En este punto, surge una cuestión importante. En un esfuerzo por lograr una distribución equitativa, ¿qué hacer cuando el alumno que uno llama no responde o responde incorrectamente? La respuesta es apuntalar. Un **apuntalamiento** *es una pregunta o consigna del docente que sonsaca la respuesta del alumno si éste no ha respondido o ha dado una respuesta incorrecta o incompleta*.

Como ilustración, volvamos a un diálogo de la clase de Teri.

TERI: Eso está muy bien. ¿De dónde suponen que Steve sacó la idea (que los colonos no podían enviar bienes a ningún otro lugar que no fuera a la madre patria)? ¿Connie?

CONNIE: Lo dice en los dos primeros ejemplos y en el tercero dice que cuando India trató de establecer lazos más estrechos con otros países para expandir su comercio, tuvo problemas.

TERI: ¡Excelente, todos! Connie, buen uso de la información para respaldar tus ideas. Todos han mejorado mucho en ese aspecto. Continúen... ¿Mary?

MARY: (No hay respuesta)

TERI: ¿Qué obtuvieron a cambio en cada caso?

> MARY: ...Obtuvieron tejidos de Inglaterra... y ropa de piel, trampas y otras cosas de Francia...
> y ropa de Inglaterra.

Cuando Mary no pudo responder, Teri hizo otra pregunta que ayudó a que Mary respondiera correctamente. Veamos otro ejemplo.

> TERI: Vayamos un poco más allá. ¿Qué otros patrones ves en las descripciones? ¿Kim?
> KIM: (No responde).
> TERI: ¿Cómo se embarcaban los bienes, Kim?
> KIM: En barcos.
> TERI: ¡Sí, bien, Kim! ¿Cuáles barcos o los barcos de quién?
> KIM: ...En todos los casos en los barcos de la madre patria.

Como lo hizo con Mary en el primer intercambio, cuando Kim no podía responder correctamente, Teri le dio una pista con la forma de otra pregunta y después le pidió a Kim que ampliara su respuesta con otra pregunta más. Ésta es la esencia del apuntalamiento.

El apuntalamiento y el clima de la clase. Considérense los efectos en el alumno si se establece un modelo de apuntalamiento. Éste comunica que el docente espera una respuesta correcta y que va a brindar ayuda para asegurarla. Como resultado, con respuestas correctas es probable que los alumnos incrementen su esfuerzo.

Por el contrario, considérese nuevamente la respuesta de Kim ("en barcos"), que causó la risa de sus compañeros. Si no se hubiese establecido un clima de explicación y apoyo, Kim se podría haber sentido avergonzada. Sin embargo, como se llamaba a todos en la clase y Teri daba una consigna a cada alumno que no respondía correctamente, Kim no era la única que estaba "en peligro"; por lo tanto, la probabilidad de sentirse avergonzado aminoraba en gran medida.

Tiempo de espera. Volvamos a la clase de Teri. Si bien es difícil de ver en un estudio escrito, después de hacer una pregunta a un alumno, Teri esperaba la respuesta por unos segundos, dando a los alumnos la posibilidad de pensar. *Este período de silencio, tanto antes como después de la respuesta del alumno, se llama* **tiempo de espera**, y la investigación indica que en la mayoría de las clases es demasiado breve, generalmente de menos de un segundo (Rowe, 1986).

Tal vez, un rótulo más adecuado para el tiempo de espera sería el de "tiempo para pensar", porque, en realidad, esperar le da al alumno un poco de tiempo –idealmente, entre tres y cinco segundos– para pensar. Hay al menos tres beneficios en esta práctica (Rowe, 1974, 1986):

- Mejora la distribución equitativa y las respuestas de las minorías culturales aumentan cuando los docentes se vuelven más sensibles a las necesidades los alumnos.
- Los alumnos dan respuestas más largas y mejores.
- La participación voluntaria aumenta y pocos alumnos fallan al responder.

Sin embargo, el tiempo de espera debe implementarse juiciosamente. Por ejemplo, si los alumnos están desarrollando una forma de entrenamiento y práctica, como con multiplicaciones, son deseables las respuestas rápidas y los tiempos de espera deben ser cortos (Rosenshine y

Stevens, 1986). También, si un alumno se pone incómodo, podemos elegir intervenir antes. Además, los chicos necesitan tiempo para responder preguntas que demandan aplicación, análisis y evaluación de la información. En general, el aumento del tiempo de espera reduce la ansiedad del alumno en lugar de aumentarla, porque se establece un clima de apoyo. Se espera que todos los alumnos participen, se les da tiempo para pensar sus respuestas y ellos saben que el docente los ayudará si no pueden responder.

Habilidades esenciales para enseñar: una perspectiva teórica

En la sección anterior describimos las habilidades de enseñanza esenciales como aquellas que todos los docentes deben poseer -una base esencial sobre la cual se apoyan todas las' otras habilidades-. Esto implica que un docente, aun en su primer año de ejercicio, debe poseer cada una de esas habilidades, lo que no es tarea sencilla.

Para comprender los desafíos que los docentes enfrentan, es necesario que comprendamos cómo tomamos la información del medio, la procesamos y la guardamos en nuestra memoria. Nuestros sistemas de procesamiento incluyen dos almacenamientos de memoria principales: **memoria operativa**, *que es la porción de nuestra memoria en la que ocurre el proceso de información consciente, y la* **memoria a largo plazo**, *que es nuestro almacenamiento permanente de memoria* (Eggen y Kauchak, 1994). La memoria operativa es nuestra consciencia; es nuestra mesa de trabajo o el espacio que empleamos para considerar la información del medio y resolver problemas.

Un aspecto importante de nuestro sistema de procesamiento es que la memoria operativa es limitada en su capacidad. Esta limitación significa que podemos procesar conscientemente sólo una cierta cantidad de información y si tratamos de manejar demasiada al mismo tiempo, una parte se perderá o se ignorará, en un esfuerzo por simplificar la cantidad que debemos procesar.

Éste es un problema común en colegios con alumnos que no alcanzaron a aprender, por ejemplo, las operaciones básicas de matemática o las habilidades básicas en la lectura. Cuando se les pide que resuelvan un problema de matemática con enunciado, se requiere una parte demasiado grande de la capacidad limitada de la memoria operativa simplemente para leer el problema o para realizar las operaciones básicas, dejando una cantidad inadecuada de espacio de pensamiento para resolver los aspectos más sofisticados del problema. Como resultado, los alumnos no pueden resolverlo.

Automaticidad: guardar memoria para tomar decisiones

La solución para este problema es la **automaticidad** (Bloom, 1986; Case, 1978), *que es "sobreaprender" la información y las habilidades hasta el punto de que se pueda acceder a ellas o se las pueda usar con poco esfuerzo mental.* Las habilidades que son automáticas, virtualmente, no ocupan lugar en la memoria operativa. Por ejemplo, aprender a manejar con cambios manuales. Inicialmente, una gran cantidad de esfuerzo consciente se invierte simplemente en apretar el embrague, hacer el cambio y soltar el embrague sin que se apague el motor. Con el tiempo, sin embargo, el proceso se hace casi sin esfuerzo y la gente puede conversar mientras suavemente hace los cambios; el proceso de manejar y de hacer los cambios se ha vuelto "automático".

Entonces, ¿qué tiene que ver esto con las habilidades de enseñanza esenciales? El proceso de enseñanza es muy complejo y exigente. Se espera que los docentes mantengan el orden, que haya un alto nivel de compromiso con las actividades de enseñanza, que enseñen creativamente, que traten a los alumnos como individuos y corrijan una cantidad aparentemente infinita de ejercicios. Esto es difícil, si no imposible, a menos que las habilidades básicas de enseñanza sean virtualmente automáticas. A menos que las habilidades de preguntar del docente se vuelvan automáticas, por ejemplo, los modelos que se presentan en el capítulo 3 hasta el capítulo 9, serán difíciles si no imposibles de usar. Como otro ejemplo, si los docentes están utilizando gran cantidad de su memoria de trabajo simplemente para mantener el orden en el aula, les será difícil implementar estas estrategias.

La falta de automaticidad ayuda a explicar por qué vemos tanta exposición y tanto trabajo de escritorio en los colegios. Exponer es simple; el docente tiene que concentrarse solamente en organizar y en dar el contenido. Como los alumnos son pasivos, los problemas de manejo generalmente son mínimos. Con el trabajo de escritorio ocurre algo similar. Sólo hace falta que el docente monitoree a los alumnos, viendo signos de confusión y desorganización; así, las demandas de memoria operativa y de energía son bajas.

En cambio, hacer participar a los alumnos mediante preguntas interactivas es mucho más complejo y exigente. El docente no sólo debe organizar el contenido; él o ella deben poder formular la pregunta adecuada, en el momento adecuado para ayudar a un alumno que perdió el hilo o para encauzar la clase cuando se ha desviado del objetivo original. Todo esto debe hacerse mientras se llama a los alumnos equitativamente, se hacen las preguntas antes de identificar al alumno que va a responderlas, se buscan señales de confusión y se mantiene el orden en el aula.

La solución es conceptualmente simple, pero, en realidad, exigente. Desarrollar automaticidad es una cuestión de práctica. Estas habilidades son fáciles de aprender si el docente quiere hacer el esfuerzo. Los resultados pueden ser enormemente gratificantes. Tanto la motivación como el aprendizaje aumentan y el sentimiento de satisfacción de guiar verdaderamente a los alumnos en el aprendizaje puede ser inmenso.

Esto completa nuestra discusión acerca de las habilidades esenciales en la enseñanza. Ahora queremos ir más allá de la enseñanza eficaz para examinar el pensamiento de nivel superior y el pensamiento crítico y ver qué pueden hacer los docentes para desarrollar estas capacidades en los alumnos.

Más allá de una enseñanza eficaz: enseñar para el pensamiento y la comprensión

En el capítulo 1, y anteriormente en éste, dijimos que una enseñanza eficaz provee sólo las bases sobre las cuales se construye la excelencia y que los docentes expertos van más allá de este umbral para construir clases que ayuden a los alumnos a adquirir una comprensión profunda y completa de los temas que estudian. Resnick y Klopfer (1989) usan el término **conocimiento generativo**, *que es "el conocimiento que puede ser usado para interpretar nuevas situaciones, para resolver problemas, para pensar y razonar y para aprender"* (p.5), para describir esta comprensión profunda.

El conocimiento generativo implica aprender tanto contenidos como habilidades de pensamiento. Adquirir conocimiento generativo significa, "enseñar contenidos y habilidades de pensamiento al mismo tiempo. No se trata de enfatizar el contenido o enfatizar la habilidad de pensamiento. No se puede profundizar ninguno de los dos sin el otro" (Resnick y Klopfer, 1989, p. 6). David Perkins (1992) remarca la relación entre el pensamiento y el conocimiento del contenido, diciendo *"Aprender es una consecuencia de pensar. La retención, la comprensión y el uso activo del conocimiento sólo pueden lograrse mediante experiencias de aprendizaje, en las que los alumnos piensan acerca de y con lo que están aprendiendo"* (p. 8). La interrelación entre el pensamiento y la comprensión se refleja en la siguiente cita:

La investigación cognitiva revela que incluso con lo que se considera buena enseñanza, muchos alumnos, aun con talento académico, comprenden menos de lo que creemos. Con determinación, si los alumnos dan un examen, normalmente pueden identificar lo que les dijeron o lo que leyeron; una prueba más cuidadosa, sin embargo, a menudo muestra que la comprensión es limitada o está distorsionada, si no es directamente errónea. Este dato sugiere que la cautela es esencial para establecer los objetivos educativos: Las escuelas deben elegir los conceptos y las habilidades más importantes para luego enfatizar esos puntos, de manera que se puedan concentrar en la calidad de la comprensión más que en la cantidad de información presentada (*Ciencia para todos los estadounidenses*, 1989, p. 145).

Las implicancias de la enseñanza son claras: si la comprensión profunda de un contenido es un objetivo, el énfasis en el pensamiento también debe ser un objetivo. Los modelos presentados en los capítulos 3 al 9 de este libro fueron diseñados para sacar provecho de estos dos objetivos interrelacionados.

Enseñar a pensar: una cuestión duradera

La educación tiende a ser una profesión "de modas" y todos nosotros hemos visto ir y venir "lo último". Comentarios como el siguiente expresan la preocupación de si enseñar a pensar podría ser un ejemplo más de esas tendencias breves y transitorias: "Era fácil creer que el espíritu de 'enseñemos a pensar' podría ser una novedad que pronto cambiaría por otra noción de moda" (Bransford y otros, 1991, p. 148). Sin embargo, el interés en enseñar a pensar durante los años ochenta no tuvo precedentes (Presseisen, 1986), y las tendencias de los noventa sugieren, aún una mayor atención al tema.

Varios factores han contribuido a este interés duradero. Están esbozados en la tabla 2.3. (basada en el trabajo de Bransford y otros, 1991).

La necesidad crucial de la enseñanza surge de la práctica actual en los colegios de hoy. Un estudio completo concluyó:

Solamente en raras ocasiones encontramos pruebas que sugirieran que probablemente la enseñanza (en lectura y en matemática) vaya mucho más allá de la mera posesión de la información, hacia la comprensión de sus implicancias y la posibilidad de aplicarla o explorar sus posibles aplicaciones. Tampoco vimos actividades que pudiesen despertar la curiosidad de los alumnos o que los comprometiesen en la búsqueda de soluciones a problemas que no hubieran sido revelados de antemano por el docente o por el libro de texto.

Y esta preocupación acerca de procesos de bajo rendimiento intelectual invade los estudios sociales y también los naturales. Un análisis de los temas estudiados y de los materiales empleados no da la impresión de estudiantes explorando y aprendiendo adaptaciones humanas, sino de hechos para ser aprendidos (Goodlad, 1984, p. 236).

Otro estudio concluyó:

Hay muchos alumnos que no pueden dar evidencia de más que de una comprensión superficial de los conceptos y relaciones que son fundamentales en las materias que estudian o de más que una habilidad para aplicar el conocimiento del contenido que han aprendido a problemas del mundo real. La situación general de la habilidad de pensar de los alumnos de los Estados Unidos que presentan estos informes [evaluaciones nacionales de progreso en la educación y estudios de la Comisión Nacional en Excelencia en Educación] es preocupante (Nickerson, 1988, p. 5).

TABLA 2.3. *Factores que contribuyen al interés en enseñar a pensar*

Factor	Descripción
Notas bajas en las pruebas.	Los alumnos estadounidenses tienen notas bajas en pruebas que requieren del pensamiento (por ejemplo: escribir ensayos convincentes, resolver problemas con enunciados en matemática, emplear el razonamiento formal e informal).
Preocupaciones de líderes en negocios.	Los líderes en negocios perciben que los alumnos graduados en el Polimodal y en la Universidad no pueden hablar ni escribir correctamente, aprender a hacer el trabajo y usar habilidades cuantitativas.
La creciente necesidad de pensar en el futuro próximo.	Muchos empleos futuros requerirán habilidades de aprendizaje complejas y la habilidad de adaptarse a un cambio. Pensar dejará de ser para unos pocos selectos.
Necesidades nacionales y derechos personales.	La primera arma contra la explotación por parte de líderes egoístas es la habilidad de pensar (Machado, 1980). El principal impedimento para la paz en el mundo es la conducta irracional (Nickerson, 1986).

Enseñar a pensar: incrementar la motivación del alumno

La necesidad de enseñar a pensar está bien documentada. Sin poner el acento en el pensamiento es casi imposible la comprensión profunda del contenido. Lo inverso también es verdadero. Para pensar eficazmente en un área, se debe tener una gran cantidad de conocimiento generativo acerca de ella (Bransford y otros, 1991; Nickerson, 1988; Resnick y Klopfer, 1989).

Lo que se enfatiza mucho menos, sin embargo, es el hecho de que los objetivos que incrementan el pensamiento crítico y de nivel superior también conducen a una mayor motivación (Brown, 1988; Stipek, 1993). La enseñanza para el pensamiento de nivel superior enfatiza la autonomía del alumno y la investigación independiente. Debido a este énfasis, es probable que se satisfagan más las necesidades de los estudiantes de control, competencia y logros, que cuando se usan enfoques pasivos centrados en la exposición del docente y la memorización del alumno. La autonomía, la auto-dirección y el aprendizaje auto-regulado son factores que aumentan la motivación para aprender (Atkinson, 1983; Deci, 1981; White, 1959).

Para ver los efectos motivacionales de la enseñanza a pensar podemos ver nuevamente la clase de Teri Bowden. Los alumnos estaban en un medio de aprendizaje donde sus respuestas se basaban en sus propias conclusiones, en la medida en que interpretaban la información. Teri no quería escuchar lo que ellos opinaran ni lo que hubieran memorizado. Dar la libertad de decir lo que realmente se piensa en lugar de lo que se cree que se espera de uno es intelectualmente liberador. Esta libertad, combinada con aprender a defender la propia posición basándose en pruebas, puede llevar a un sentimiento personal de poder y de satisfacción. La combinación puede ser intelectualmente excitante y motivadora.

Un clima para pensar

Al igual que otros aspectos de la enseñanza, enseñar a pensar requiere elementos que lo respalden. Para ilustrar esos elementos, volvamos a Teri Bowden y el clima intelectual que ella estableció con sus alumnos:

- Proveyó información a sus alumnos y comenzó la clase de una forma abierta y nada amenazadora.
- Promovió un espíritu de cooperación más que de competencia y evitó las comparaciones de desempeño entre los alumnos.
- Se centró más en mejorar que en demostrar habilidad, como lo indican sus comentarios. ("¡Excelente, todos! Connie, buen uso de la información para respaldar tus ideas. Todos mejoraron en gran medida en este aspecto...")
- Acentuó la idea de que el éxito radicaba en el mejoramiento y en el progreso más que en las notas altas y en el desempeño inidividual de cada alumno.

Estos factores crearon un clima en que los alumnos se sintieron seguros y estuvieron dispuestos a correr riesgos. Este tipo de clima en la clase es fundamental tanto para pensar como para la motivación del alumno (Maehr, 1992).

Pensamiento de nivel superior y pensamiento crítico

Hemos discutido la necesidad de enseñar a pensar y las relaciones entre este tipo de enseñanza, la comprensión profunda del contenido, y la motivación del alumno. Ahora queremos ver qué significan *pensamiento de nivel superior* y *pensamiento crítico*. Como muchos otros aspectos del funcionamiento humano, el pensamiento es complejo y reconocemos que lo que exponemos a continuación tal vez sea una simplificación del proceso. Sin embargo, ofrecemos esta descripción del pensamiento como punto de partida y como base para que los docentes crezcan en esta área.

Veamos ahora el pensamiento de nivel superior y el pensamiento crítico.

Pensamiento de nivel superior

El **pensamiento de nivel superior** es la generación de conclusiones basadas en la evidencia. *Las conclusiones existen en dos formas primarias: encontrar patrones (conclusiones inductivas) y dar opiniones basadas en esos patrones (conclusiones deductivas).* Esas formas están esbozadas en la figura 2.3.

La evidencia para una conclusión remite a datos o pruebas. La forma de evidencia más común es el hecho o la observación. Si un individuo observa un accidente, la observación es considerada como evidencia de la conclusión extraída de lo visto. La evidencia responde a la pregunta "¿Cómo lo sabes?". Concluimos, por ejemplo, que una persona está dormida. ¿Cómo sabemos que está dormida? La evidencia que tenemos para nuestra conclusión es que los ojos de la persona están cerrados, que respira regularmente y tal vez hasta ronque. Recalquemos el hecho de que no *observamos* que la persona está dormida; *concluimos* que está dormida. En respuesta a nuestra afirmación: "Seguramente dormiste una buena siesta", ella tal vez proteste: "No estaba dormida. Escuché todo lo que pasaba".

Si el pensamiento de nivel superior es formar conclusiones basándose en la evidencia, ¿qué *no* es pensamiento de nivel superior? La información obtenida mediante la memorización y las conclusiones formadas sobre la base de la creencia, la autoridad o la emoción –sin evidencia que la respalde– no es pensamiento de nivel superior. La noción de Nickerson de pensamiento irracional, que citamos anteriormente en este capítulo, es otro ejemplo de pensamiento que no es de nivel superior. Veamos ahora las diferentes clases de conclusiones con mayor detalle.

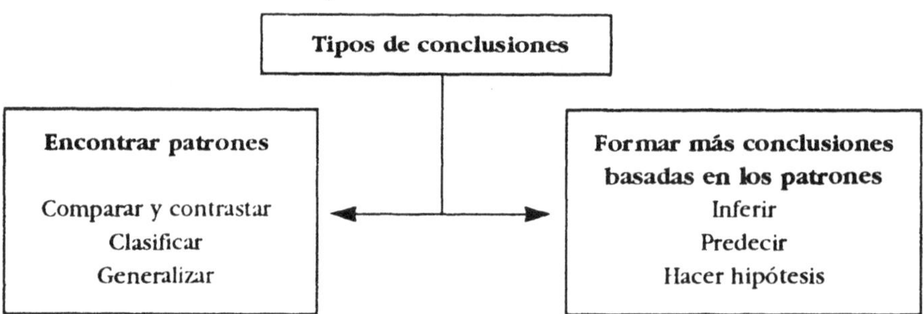

FIGURA 2.3. *Tipos de conclusiones*

Conclusiones formadas inductivamente:
encontrar patrones basándose en casos específicos

La búsqueda y la descripción de patrones es, tal vez, el proceso más importante que existe en el mundo de la ciencia. Las leyes que aprendimos en física, como "Los objetos que están en movimiento tienden a continuar moviéndose en una línea recta a menos que una fuerza actúe sobre ellos", que es parte de la ley de Newton sobre la inercia, es un ejemplo de los muchos patrones que se han encontrado y se han descripto.

Son comunes los ejemplos cotidianos y aparecen normalmente en diarios y revistas. Por ejemplo, el famoso estudio sobre la aspirina de hace unos pocos años concluyó en que las personas que toman una aspirina un día sí y un día no tienen menos chance de tener un ataque cardíaco que las personas que no lo hacen. Esta conclusión describía un patrón hallado en personas que tomaban una aspirina día por medio, comparadas con personas que tomaban placebo. La investigación encontró que las personas que tomaban aspirinas tenían menos ataques cardíacos después de un período de cinco años que las personas que no tomaban aspirinas y, basándose en esos resultados, articularon un patrón que relacionaba la toma de aspirinas con los ataques al corazón. (Analizaremos críticamente este estudio en la próxima sección.)

Abundan los patrones en las profesiones ligadas a la salud. Los siguientes son algunos ejemplos adicionales:

- Las personas que tienen altos niveles de colesterol en la sangre, particularmente lipoproteínas de baja densidad, o "colesterol malo", tienen una mayor incidencia de enfermedades cardíacas que aquellos con niveles más bajos de colesterol.
- Las personas que fuman tienen una mayor incidencia de enfermedades cardíacas que aquellas que no fuman.
- Las personas que hacen ejercicios aeróbicos regularmente tienen una menor incidencia de enfermedades cardíacas que aquellos que no hacen ejercicio.
- Las mujeres que tienen sobrepeso a partir de los treinta años tienen una mayor incidencia de cáncer de mama que las mujeres que mantienen su peso ideal.

Cada uno de estos ejemplos describe un patrón y el patrón está basado en una serie de observaciones específicas.

El proceso de la búsqueda de patrones se extiende a todas las disciplinas. Además de las leyes físicas o químicas, ejemplos como "Los alumnos de docentes eficaces están ocupados un mayor porcentaje del tiempo en la escuela que aquellos alumnos de docentes menos efectivos" describen un patrón en los estudios acerca de la eficacia del docente. "Las conductas reforzadas intermitentemente son más duraderas que las conductas reforzadas continuamente" es un patrón del conductismo, una escuela de psicología. "Los escritores tienden a escribir desde su propia experiencia" es un patrón encontrado en el estudio de la literatura. Todos estos patrones se basan en observaciones específicas de personas y objetos.

Teri Bowden sacó provecho del proceso de encontrar patrones, presentando a sus alumnos tres ejemplos escritos que ilustraban el concepto de *mercantilismo*. Luego, basándose en el patrón encontrado en los ejemplos, construyeron –con la guía de Teri– una comprensión del concepto.

En el proceso, Teri capitalizó la necesidad de evidencia para formar las conclusiones. Para clarificar el énfasis, veamos nuevamente algunos de los diálogos de la clase.

STEVE: ¡Y no podían mandarlo a ningún otro lugar!

TERI: Eso está muy bien. ¿De dónde se supone que Steve sacó esa idea? ¿Connie?

CONNIE: Lo dice en los dos primeros ejemplos... Y en el tercero dice que cuando India trató de establecer lazos más estrechos con otros países para ampliar su comercio, tuvo problemas.

Mediante una referencia directa a la información del caso estudiado, Connie proporcionó la evidencia que respaldaba la conclusión de Steve. Teri capitalizó este proceso en varios momentos de la clase.

Veamos otro ejemplo.

BOB: No se les permitía [comprar productos manufacturados de otros países].
TERI: ¿Y qué te hizo decir eso, Bob?
BOB: En el segundo ejemplo dice que les dijeron que las trampas y las armas serían enviadas de Francia y en el tercer ejemplo dice que los británicos dieron como argumento que la madre patria era más capaz de satisfacer las necesidades de India.

La clase de Teri se centraba en una comprensión profunda del concepto de *mercantilismo* y simultáneamente les hacía practicar a los alumnos encontrar patrones basados en la evidencia. Su manera de enseñar ilustra la relación integral entre el contenido y el pensamiento, que es tan importante para una comprensión completa del contenido y el desarrollo gradual de las habilidades de pensamiento de los alumnos (Resnick y Klopfer, 1989; Perkins, 1992).

Conclusiones formadas deductivamente: inferencias, predicciones e hipótesis

La formación de patrones es valiosa, tanto para comprender el mundo como para el proceso del pensamiento, porque los patrones proveen la base para conclusiones específicas. Como ilustración, veamos otra vez la clase de Teri.

TERI: ¿Qué creen? [¿El ejemplo de Canadá ilustra el mercantilismo?]... ¿Alguien? Amy, no te hemos escuchado.
AMY: ...Yo diría que no.
TERI: Bien, ahora dinos por qué.
AMY: ...Bueno, por varias razones. Canadá comercia con varios países según la información, usa diferentes barcos para cargar los bienes y produce muchas cosas más que materia prima.

Amy llegó a la conclusión o infirió que el ejemplo de Canadá no ilustraba el concepto de *mercantilismo* y lo que afirmó acerca del comercio, el transporte y los productos manufacturados eran la evidencia que ella ofreció para su conclusión. La conclusión estaba basada en el patrón -las características del mercantilismo- que los estudiantes habían encontrado antes en los primeros tres ejemplos de Teri.

Las preguntas del docente son una herramienta poderosa que puede ser usada para promover la formación por parte del alumno de conclusiones específicas defendibles. Preguntas como "¿Por qué?", "¿Cómo lo sabes?", ¿En qué basas eso?", "¿Qué te hizo decir eso?" y "Qué pasaría si...?" requieren que el alumno dé evidencias para sus conclusiones. Por desgracia, estas preguntas son poco comunes en las aulas. Boyer (1983) informó que menos del 1% de todas las preguntas que los docentes hacen a los alumnos hacen más que pedirles información memorizada.

El proceso de llegar a conclusiones basándose en patrones es también común en la vida diaria. La tabla 2.4. lo ilustra.

TABLA 2.4. *Conclusiones, evidencia y patrones*

Conclusión	Evidencia	Patrón
La granola es mejor que los cereales (una *inferencia*).	La granola tiene 0gr de grasa por porción. Los cereales tienen 2gr de grasa por porción. El cereal tiene 290mg de sodio por porción.	Las dietas de bajas calorías y de bajo sodio son más sanas que las dietas con niveles más altos de grasa y de sodio.
Lloverá esta tarde (una *predicción*).	La humedad es del 98%. La presión barométrica está baja.	La lluvia es probable bajo condiciones de alta humedad y baja presión.
Si la economía está "mal", el presidente perderá la elección presidencial siguiente (una *hipótesis*).	La economía estadounidense estuvo "mal" en 1991-1992. George Bush perdió la elección presidencial en 1992. La economía estuvo "mal" en 1979-1980. Jimmy Carter perdió las elecciones en 1980.	La gente tiende a votar según "el bolsillo" en elecciones presidenciales.

Pensamiento crítico

El **pensamiento crítico** *es el proceso de estimar conclusiones basándose en la evidencia.* El proceso de establecer conclusiones con evidencia tiene varias formas. Algunas de ellas son:

- Confirmación de conclusiones con hechos.
- Identificación de tendencias, estereotipos, clichés y propaganda.
- Identificación de suposiciones implícitas.
- Reconocimiento de sobregeneralizaciones y subgeneralizaciones.
- Identificación de información relevante e irrelevante.

La confirmación de conclusiones con hechos es el proceso de pensamiento crítico que más usó Teri Bowden en su clase. Por supuesto que no se pueden practicar todos los procesos en cada clase; sin embargo, conocerlos puede ayudar al docente a capitalizarlos cuando se presenta la oportunidad. Por ejemplo, la materia prima específica que producía cada colonia era irrelevante y Teri capitalizó ese aspecto de los ejemplos como lo ilustra la siguiente parte de su clase.

JACK: Tuvimos que separar la información irrelevante de la relevante.
TERI: ¿Por ejemplo?

JACK: ...Bueno, que sean armas, trampas, ropa o lo que sea, no importa realmente. Lo importante es que no se les permitía a los colonos fabricar nada.

Teri, además, capitalizó la chance de promover el pensamiento crítico, ayudando a sus alumnos a reconocer una suposición implícita en su pregunta acerca de países "culpables" de mercantilismo. Es necesario que el docente esté atento cuando surgen estas oportunidades, y Teri demostró su pericia lográndolo en su clase. Su condición de estar alerta, además ilustra la
necesidad de desarrollar automaticidad en las habilidades de enseñanza esenciales y en los
procesos básicos del pensamiento. De no ser así, los docentes no tendrían suficiente memoria operativa disponible para reconocer oportunidades de practicar el pensamiento crítico
cuando aparecen.

El pensamiento crítico en la vida cotidiana

Al igual que las conclusiones basadas en la evidencia, las oportunidades de practicar el pensamiento crítico son comunes en la vida cotidiana. De hecho, el término oportunidad subes-
tima la realidad; el pensamiento crítico es importante si las personas funcionan eficazmente
en sus medios respectivos.

Como ejemplo, volvamos al estudio sobre la aspirina. Como consecuencia de la publicidad generada por los resultados del estudio, muchas personas comenzaron a tomar aspirinas.
Sin embargo, se publicitó menos el hecho de que menos del 1% de las personas que tomaban aspirinas tuvieron ataque al corazón y menos del 2% de las personas que tomaban un placebo tuvieron ataque al corazón. Basándose en los resultados del estudio, tanto las personas
que tomaban aspirinas como las personas que no tomaban aspirinas, tenían menos del 2% de
chance de tener un ataque al corazón. Asimismo, la población era selecta –hombres médicos–
y el estudio duró sólo cinco años. Estas limitaciones al menos sugieren la posibilidad de que
los resultados estén sobregeneralizados. Con todos estos datos, debemos ser escépticos acerca de tomar una aspirina, particularmente, si tenemos estómagos sensibles.

Existen muchos otros ejemplos. Debemos cuidarnos de aquella evidencia que un anuncian-
te considera válida o de que los comentarios acerca de otras personas se basen en hechos más
que en insinuaciones. Las oportunidades de utilizar el pensamiento crítico abundan en la vida
diaria; enseñar pensamiento crítico prepara a los estudiantes para esas oportunidades.

Procesos básicos

Cuando miramos la forma de enseñar de Teri Bowden y otros ejemplos de la vida diaria, observamos que las personas usamos un número de procesos cognitivos básicos (Nickerson, 1988;
Presseisen, 1986).

Los **procesos cognitivos básicos** *son partes constitutivas fundamentales del pensamiento.* Son nuestras herramientas para pensar (Eggen y Kauchak, 1994). Los procesos básicos que han sido ilustrados hasta este punto en el capítulo pueden resumirse como lo muestra la tabla 2.5.

El uso de los procesos básicos y el desarrollo de las habilidades de pensamiento crítico
requiere de altos niveles de discernimiento y consciencia de nuestra parte y de ciertas actitudes o disposiciones o "hábitos de la mente". Discutiremos estos elementos en las próximas
secciones.

TABLA 2.5. *Procesos básicos de pensamiento*

Proceso	Subprocesos
Observación	
Encontrar patrones y generalizar	Comparar y contrastar Clasificar
Formar conclusiones basadas en patrones	Inferencia Predicción Hipótesis
Estimar conclusiones basadas en evidencias (pensamiento crítico)	Confirmar conclusiones con hechos/observaciones Chequear coherencia Identificar inclinaciones, estereotipos, clichés y propaganda Identificar suposiciones implícitas Reconocer sobregeneralizaciones y subgeneralizaciones Identificar información relevante e irrelevante

Pensamiento de nivel superior y pensamiento crítico: el rol de la metacognición

La **metacognición** *es la consciencia de y el control sobre nuestros procesos cognitivos.* Nickerson (1988) caracteriza el rol de la metacognición en el pensamiento de nivel superior y en el pensamiento crítico, de esta manera: "El hecho de que un individuo tenga algún conocimiento, que podría ser útil en una situación dada, no garantiza que se accederá a ella y que será aplicada en esa situación" (p. 19). Para aumentar las probabilidades de que los alumnos apliquen su pensamiento apropiadamente, tienen que ser conscientes del pensamiento que están realizando. Para ilustrar estos procesos, veamos otro segmento de la clase de Teri Bowden.

TERI: ¿Acaso esto nos dice con certeza que no se les permitía importar bienes de otros países?
JILL: No, exactamente... Lo suponemos por la información, aunque está realmente implícito en la descripción.
TERI: Muy buena conclusión, Jill. Todos, noten que Jill usó la palabra "suponemos". En realidad, ella llegó a una conclusión y el término que usamos para esa clase de conclusiones es *inferir*. Aquí la información no estaba directamente en los datos; ella tuvo que ir más allá de los datos para llegar a su conclusión. Eso es inferencia. Buen trabajo.

En esta parte de la clase, ella ayudó a los estudiantes no sólo a practicar inferencias, sino que también hizo que ellos supieran que estaban haciendo inferencias. Ésta es una forma de metacognición. Después, ella reforzó los procesos al resumir la clase.

TERI: Excelente análisis, Amy. Ahora que nos sentimos cómodos con esa parte, demos un paso más y examinemos nuestro pensamiento en esta actividad. ¿Qué cosas tuvieron que hacer para llegar a una conclusión? Comienza, Conchita.

CONCHITA: ...Primero tenemos que observar, hasta eventualmente reconocer las características principales.

TERI: ¡Buen comienzo! ¿Qué más? ¿Bob?

BOB: Buscamos un patrón para los tres párrafos.

AMY: Y tuvimos que hacer comparaciones antes de poder encontrar los patrones.

TERI: ¡Bien, todos! ¿Qué más? ¡Jack!

JACK: Tuvimos que separar la información irrelevante de la relevante.

TERI: ¿Por ejemplo?

JACK: ...Bueno, que sean armas o trampas o ropa o lo que sea, realmente no importa. Lo que importa es que a los colonos no se les permitía manufacturar nada.

TERI: ¡Excelente, Jack! Ahora continúen. ¿Patty?

PATTY: ...No está todo en los ejemplos, por eso tuvimos que inferir de ellos y luego nos pidió pruebas que respalden nuestra inferencia.

TERI: Muy bien, Patty. ¿Recuerdan algún ejemplo en el que hayamos hecho esto?

PATTY: Creo que sí... Bob dijo que a las colonias no se les permitía comprar materiales de otros países y luego usó el ejemplo en el que Francia dijo que las trampas y las armas serían enviadas desde allí.

BECKY: Jill también dijo que no era algo que decía seguro, pero que estaba dado a entender y que nosotros lo inferimos de la información que nos fue dada.

LISA JO: También generalizamos cuando dimos una definición de mercantilismo... Hablamos de aquellas cosas del mercantilismo que se aplican a todos los casos, por lo tanto, generalizamos, ¿no?

La discusión y el análisis acerca de los procesos de pensamiento de los alumnos dieron una base para que la metacognición fuera desarrollada por sus alumnos y si este énfasis se vuelve parte de la rutina en la enseñanza, el pensamiento de los estudiantes pronto se volverá realmente sofisticado.

Pensamiento de nivel superior y pensamiento crítico: actitudes y disposición

Tal vez, lo más importante en los procesos de pensamiento sean las actitudes, las disposiciones, las inclinaciones o los "hábitos mentales", que esperamos desarrollar en nuestros alumnos. La habilidad de usar evidencia, por ejemplo, se limita en gran medida si hay que recordarles continuamente a los alumnos que es necesaria. Últimamente, uno de nuestros objetivos es que el alumno se "incline" a usar la evidencia sin que se lo recuerden. Estas inclinaciones se desarrollan con el tiempo si los alumnos tienen experiencias repetidas en las que se requiere de evidencia. Una clase cada tanto no lo logrará. La enseñanza para el pensamiento se debe inculcar en todo el currículum. Como lo demostró Teri Bowden, los docentes deben poner el énfasis en el pensamiento como un tema para la enseñanza.

El siguiente ejemplo ilustra cómo opera esta inclinación en la vida diaria.

Terry y Tabatha estaban caminando en un corredor cuando se encontraron con Andrea, que venía caminando en dirección opuesta.

—Hola Andrea —dijeron Terry y Tabatha al unísono.

Andrea apenas miró a las dos niñas y siguió caminando.

—Uuuh, ¿es una engreída o qué? —refunfuñó Terry.

—No lo sabemos —replicó Tabatha—. Tal vez no se sentía bien o le pasó algo esta mañana.

Tabatha demostró una inclinación a buscar evidencia, permaneció abierta y se reservó el juicio. Las oportunidades de promover y alentar estas inclinaciones aparecen en las aulas todo el tiempo. Los docentes deben reconocer estas posibilidades y capitalizarlas cuando ocurren.

Se identificaron un número de actitudes e inclinaciones asociadas con el pensamiento de nivel superior y con el pensamiento crítico. Algunas de ellas son:

- Deseo de estar informado.
- Inclinación a ser reflexivo.
- Tendencia a buscar evidencias.
- Inclinación a buscar relaciones (contra información aislada).
- Deseo de conocer ambas caras de un asunto.
- Actitud abierta.
- Escepticismo saludable.
- Tendencia a reservarse el juicio.
- Respeto por las opiniones de los demás.
- Tolerancia hacia la ambigüedad.

Tomemos el ejemplo de los cereales del desayuno; nuestro objetivo es que los niños desarrollen una inclinación a elegir el cereal sobre la base de la evidencia de sus propiedades nutritivas en lugar de no detenerse en eso o decidir en base al gusto o de lo que afirma un atleta profesional. Si miran la información acerca de las propiedades nutritivas y toman una decisión sobre la base de la evidencia, demostrarán tanto una inclinación como una habilidad para el pensamiento crítico.

Hemos visto hasta ahora que el pensamiento de nivel superior y el pensamiento crítico implican la combinación de una comprensión profunda de temas específicos, la habilidad para usar eficazmente los procesos cognitivos básicos (metacognición) y actitudes y disposiciones. La figura 2.4. ilustra la relación entre estos elementos del pensamiento.

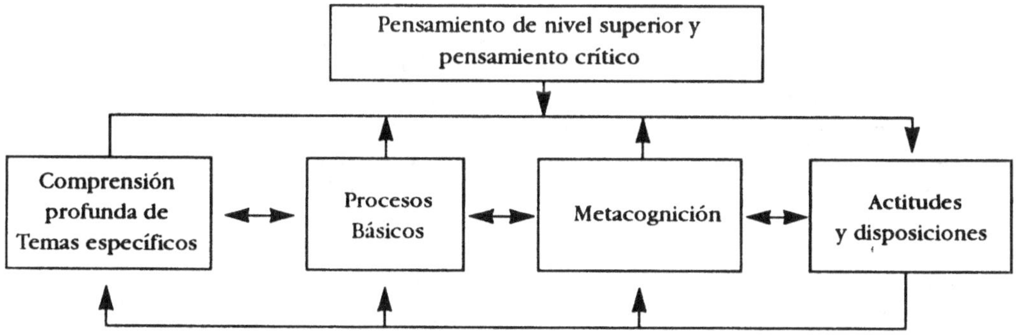

FIGURA 2.4. *Elementos del pensamiento*

Esto completa nuestra discusión acerca de las habilidades de enseñanza esenciales y presenta el pensamiento de nivel superior y el pensamiento crítico. Cuando se estudien los modelos específicos en los capítulos 3 al 9 de este libro, se expondrán en esas estrategias más ejemplos de habilidades.

Resumen

La eficacia del docente describe patrones de acción del docente que resultan en mejores logros de los alumnos de acuerdo con lo que fue medido en pruebas estandarizadas. Basándose en la investigación de la eficacia del docente, se han identificado habilidades de enseñanza esenciales que especifican las habilidades que todos los docentes deben tener. Estas habilidades son el fundamento sobre el cual se basan otras estrategias de enseñanza.

Los docentes expertos van más allá de las habilidades de enseñanza esenciales y promueven en sus alumnos el pensamiento de nivel superior y el pensamiento crítico. La enseñanza para el pensamiento y para la comprensión profunda del contenido no se pueden separar, y los docentes expertos enseñan los dos a la vez.

Además de adquirir una comprensión profunda de un tema específico y de usar los procesos cognitivos básicos, el desarrollo del pensamiento brinda entrenamiento en metacognición y el desarrollo de actitudes y disposiciones asociadas con el pensamiento. La enseñanza para el desarrollo del pensamiento y para la comprensión profunda de contenidos enfatiza altos niveles de compromiso por parte de los alumnos y promueve la discusión en la clase. Al mismo tiempo, insiste en el proceso de adquirir conocimiento, en el conocimiento en sí y en el aprendizaje en contexto. Desalienta la enseñanza basada en la memorización y la exposición por parte del docente, desalienta la formación de alumnos pasivos y la adquisición de conocimiento en forma de conceptos aislados.

Conceptos importantes

Alineamiento de la enseñanza (p. 45)

Apuntalamiento (p. 51)

Automaticidad (p. 53)

Calidez (p. 39)

Cierre (p. 49)

Conocimiento generativo (p. 54)

Discurso conectado (p. 42)

Distribución equitativa (p. 50)

Empatía (p. 39)

Enfasis (p. 43)

Expectativas del docente (p. 41)

Foco (p.46)

Foco introductorio (p. 46)

Foco sensorial (p. 47)

Frecuencia de las preguntas (p. 50)

Habilidades esenciales de enseñanza (p. 37)

Intervención espontánea (p. 51)

Memoria a largo plazo (p. 53)

Memoria operativa (p. 53)

Metacognición (p. 63)

Modelo (p. 39)

Monitoreo (p. 48)

Pensamiento crítico (p. 61)

Pensamiento de nivel superior (p. 58)

Procesos cognitivos básicos (p. 62)

Retroalimentación (p. 47)

Revisión (p. 49)

Señales de transición (p. 43)

Terminología precisa (p. 42)

Tiempo de espera (p.52)

Ejercicios

Lea este pasaje y responda a las preguntas que siguen:

La tecnología es el conocimiento y la habilidad que tiene la humanidad para usar, hacer y controlar nuestro medio. En Estados Unidos tenemos un alto nivel de tecnología. Una de las cosas que lo indican es nuestra constante dependencia del tiempo.

Piense por un momento cómo usa el tiempo. ¿Cuándo empieza las clases en su colegio? ¿A qué hora almuerza? ¿Cuántos minutos hay en un cuarto de un partido de fútbol? Tenemos maneras muy precisas de medir el tiempo.

La mayoría de nosotros usamos relojes en la muñeca. Esto muestra cuánto valor le damos a saber qué hora es. Hasta nos fijamos en "las fracciones de segundo". A veces, necesitamos medir el tiempo en fracciones de segundo. ¿Cuál es el récord en la carrera de 100 metros? ¿Puede pensar otras ocasiones en que el uso de las fracciones de segundo es importante?

Los antropólogos también conocen otras sociedades menos tecnológicas. En esas sociedades, las horas del día a menudo se miden por la altura del Sol en el cielo. Los cambios de la forma de la Luna son otra forma de medir el tiempo. Para algunas sociedades, el lento cambio de las estaciones es una medida lo suficientemente exacta.

Sabemos que cientos de aviones aterrizan y despegan de un aeropuerto cada día. Las llegadas y las salidas de esos aviones no pueden controlarse con la altura del Sol en el cielo. Al consultar un horario, podemos ver que un avión sale a la 1:50 PM. Es mejor que lleguemos a tiempo.

1. Tomando como base la información del pasaje, ¿cuál de las siguientes afirmaciones es más adecuada?
   a. Cuanto más alto es el nivel de la tecnología, más importante es el tiempo preciso.
   b. En Estados Unidos, la tecnología está desarrollada a altos niveles.
   c. Aunque el tiempo se mide de muchas formas, es más valorado en este país que en otros.
   d. La antropología y la historia son modos para aprender acerca de nosotros y de otros países.

2. De las siguientes, la mejor descripción de su desempeño en el ejercicio 1 es:
   a. Demostró haber usado pensamiento de nivel superior, formando una conclusión general basada en la información específica.
   b. Demostró haber usado pensamiento crítico, estimando una conclusión basada en la evidencia.
   c. Demostró haber usado pensamiento de nivel superior formando una conclusión específica basada en un patrón general.

3. Observe el siguiente gráfico. Basándose en la información del gráfico, estime la población animal para el año 2000.

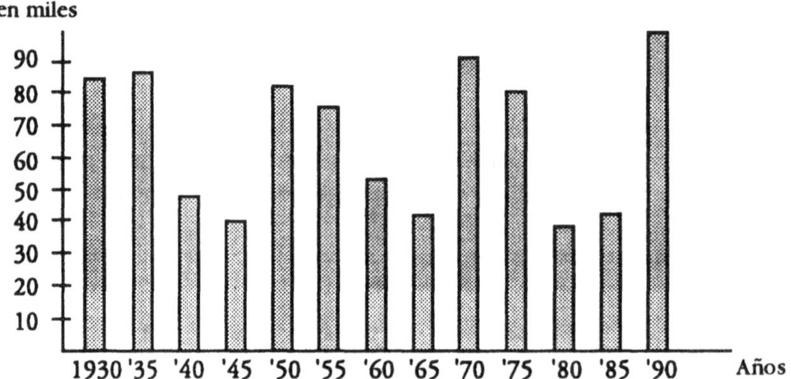

4. Determine cuál es la mejor descripción de su desempeño en el ejercicio 3:
    a. Demostró haber usado pensamiento de nivel superior, describiendo un patrón general basado en la información específica.
    b. Demostró haber usado pensamiento crítico, estimando una conclusión basada en la evidencia.
    c. Demostró haber usado pensamiento de nivel superior, llegando a una conclusión específica, sobre la base de un patrón general.

5. Entre las siguientes afirmaciones, elija la que mejor describa sus propios procesos mentales antes de responder al ítem 3:
    a. Usted empleó el pensamiento de nivel superior para llegar a una conclusión basada en evidencias.
    b. Usted empleó pensamiento crítico para llegar a una conclusión basada en evidencias.
    c. Usted empleó pensamiento de nivel superior para llegar a una conclusión basada en un patrón general.

Preguntas para la discusión

1. De acuerdo con la cita de Goodlad (1984), los docentes tienden a conducir su enseñanza hacia un nivel de conocimiento/memoria. ¿Qué explicación podría ofrecer para esta tendencia?
2. ¿Por qué supone que los docentes hacen muy pocas preguntas de nivel superior tal como Boyer (1983) encontró en su investigación?
3. En los comienzos de los años ochenta y también antes, el énfasis estaba puesto en el pensamiento "libre de contexto" o, en otras palabras, el pensamiento de nivel superior y el pensamiento crítico que restaban importancia al conocimiento de un contenido específico. ¿Por qué supone que actualmente se le da mucha más importancia al conocimiento específico en el pensamiento?

4. ¿Qué implicancias tiene el énfasis en el pensamiento en el diseño curricular?
5. ¿ Qué implicancias tiene la capacidad limitada de la memoria de trabajo de las personas y el concepto de automaticidad para enseñar el pensamiento de nivel superior y el pensamiento crítico?
6. ¿Cuándo cree que los docentes deben comenzar a enseñar pensamiento de nivel superior y pensamiento crítico? ¿Deben comenzar en el jardín de infantes o algún tiempo después? Si considera que después, ¿por qué? ¿Cuándo?
7. Las habilidades esenciales de enseñanza fueron descriptas como la base para el aprendizaje de otras estrategias de enseñanza. Esta descripción implica que los docentes que enseñan por primera vez deben estar bien informados y ser diestros en todas las habilidades esenciales. ¿Es esto realista? ¿Por qué sí o por qué no?

3. El modelo inductivo: una visión constructivista del aprendizaje

El modelo inductivo es una estrategia directa pero efectiva, diseñada para ayudar a los alumnos a desarrollar el pensamiento crítico y el pensamiento de nivel superior mientras que se enseñan temas con contenidos específicos. Los docentes presentan a los alumnos información que ilustra los temas para luego guiarlos en la búsqueda de patrones. Está basado en la idea de que los alumnos construyen su propia comprensión del mundo en lugar de aprenderlo como una forma previamente organizada. El modelo requiere que los docentes estén capacitados para indagar y guiar el pensamiento del alumno. Su eficacia depende del docente como líder activo en la tarea de ayudar a los alumnos a procesar la información. El modelo es efectivo para promover altos niveles de compromiso por parte del alumno y aumentar la motivación en una atmósfera de seguridad y apoyo para el aprendizaje.

Una vez finalizado el estudio de este capítulo, se alcanzarán los siguientes objetivos.

- Clasificar los temas del currículum escolar en conceptos, generalizaciones, principios o normas académicas.
- Describir las características de conceptos, generalizaciones, principios y normas académicas.
- Planificar e implementar clases utilizando el modelo inductivo.
- Adaptar el modelo inductivo para alumnos de diferentes edades y diferentes medios.
- Evaluar la comprensión que el alumno tiene de los objetivos de contenido enseñados usando el modelo inductivo.
- Evaluar el desarrollo de las capacidades de pensamiento de nivel superior y de pensamiento crítico propuestas a través del modelo inductivo.

Para comenzar nuestro debate, veamos a tres docentes que emplean el modelo inductivo de manera levemente diferente, para ayudar a los alumnos a alcanzar tanto objetivos de contenido como de pensamiento crítico.

Judy Nelson está comenzando el estudio del tema "longitud y latitud" en Ciencias Sociales con sus alumnos de quinto año. Como sabe que algunos de ellos poseen escasos conocimientos, planifica como si no tuvieran virtualmente experiencia alguna en cuanto a estas ideas. En la preparación, compra una pelota de playa, busca una vieja pelota de tenis y también toma sus mapas murales y globos terráqueos.

Después de realizar las rutinas del comienzo de la clase, pide a los alumnos que identifiquen el lugar donde viven en el mapa mural. Luego introduce la clase preguntando a los alumnos:

—Ahora supongamos que se hicieron nuevos amigos en las vacaciones de verano y quieren describirles exactamente dónde viven. ¿Cómo harían?

Tras obtener un número de sugerencias de los alumnos, observa que todas son ideas buenas pero ninguna es lo suficientemente precisa como para identificar la ubicación exacta. Entonces dice:

—Hoy vamos a descubrir la manera de identificar con precisión dónde vivimos. Cuando hayamos terminado, seremos tan buenos en esto que podremos identificar cualquier ciudad del mundo. Tengan eso en mente cuando trabajemos. ¿Listos para empezar?

Luego toma la pelota de playa y el globo terráqueo y pide a sus alumnos que los comparen, llamándolos en forma individual.

Después de varias comparaciones, Judy les pide que identifiquen el norte, el sur, el este y el oeste en la pelota de playa y dibuja un círculo en la mitad de la pelota. Continúa preguntando:

—¿Qué me pueden decir de esta línea? Comencemos. ¿Tara?

—Es un círculo.

—Bien Tara —Judy sonríe—. ¿Qué más? ¿Andy?

—Está en la mitad de la pelota.
—Bien, Andy... Ahora miren la pelota de tenis. ¿Amy?
—También está en la mitad de la pelota.

Entonces Judy corta la pelota por la mitad, llevando a los alumnos a la conclusión de que la línea central divide a la pelota en dos hemisferios como lo ilustra la figura 3.1.

Judy identifica las líneas como "ecuadores" y continúa dibujando otras líneas en la pelota de playa. Luego dice:

—Ahora comparen las líneas entre ellas. ¿Kathy?
—...Todas son parejas.
—Continúa Kathy. ¿Qué quieres decir con parejas? —la alienta Judy.
—...Que no se cruzan entre ellas —explica Kathy haciendo un gesto con las manos.
—¡Excelente, Kathy! —asiente Judy sonriendo.

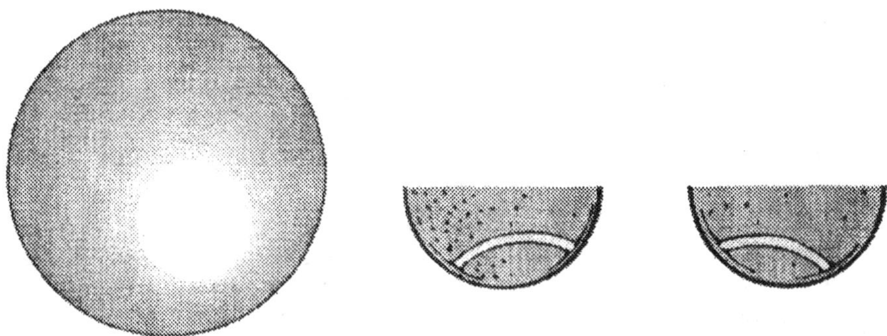

FIGURA 3.1. *Pelota de playa y pelota de tenis*

Luego continúa preguntando y guiando a los alumnos para hacer otras comparaciones, como que las líneas van de este a oeste y se vuelven más cortas a medida que se alejan del ecuador. Entonces Judy las dibuja en el pizarrón. Una vez terminadas las comparaciones, introduce el término "latitud", que describe las líneas acerca de las cuales estuvieron discutiendo.

Continúa dibujando líneas de longitud en la pelota de playa, como muestra la figura 3.2.

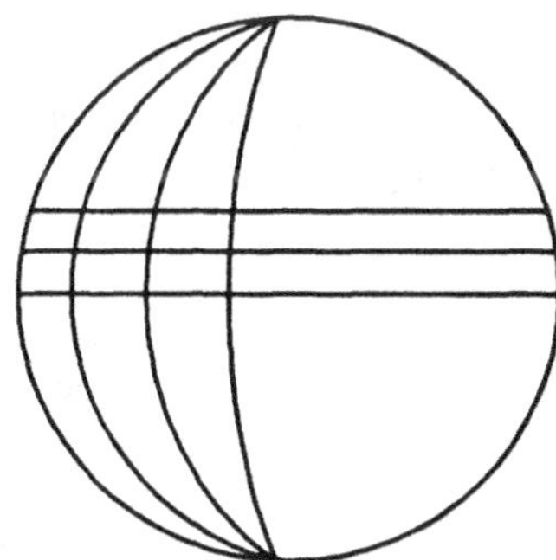

FIGURA 3.2. *Pelota de playa con líneas de longitud y de latitud*

Luego pregunta:

—¿En qué se parecen estas líneas a las líneas de latitud, David?

—...En que todas van alrededor de la pelota.

—Sí, es así —sonríe Judy—. ¿Qué más? ¿Tricia?

—Hay la misma cantidad de líneas en las dos pelotas.

—Sí, es así —asiente Judy, percatándose de que había dibujado en la pelota tres líneas de latitud y tres líneas de longitud.

—¿Cómo se comparan los largos de las líneas de longitud con los largos de las líneas de latitud? ¿Chris?

—...Me parece que son iguales.

—¿Iguales entre ellas?

—Sí.

—Veámoslo de nuevo. ¿Qué hacen las líneas de longitud aquí? —pregunta Judy, señalando el extremo superior de la pelota y dirigiéndose a Chris.

—Todas se cruzan allí.

—Bien —sonríe Judy—. ¿Entonces qué sabemos acerca de los largos de las líneas de longitud?

—...Que son... no sé.

—Bueno, pon esta cuerda alrededor de la pelota —sugiere Judy, dándole a Chris un pedazo de cuerda que ella tenía sobre el escritorio.

Entonces, Chris mide con la cuerda la circunferencia de la pelota a través de los polos.

Judy pide a Jennifer que repita el proceso con otro pedazo de cuerda en un punto diferente de la pelota, pasando por los polos, y pide a Andy y Karen que midan la pelota simulando líneas de latitud, para demostrar que éstas se vuelven más cortas a medida que se acercan a los polos.

—Entonces, ¿qué sabemos acerca del largo de las cuerdas? ¿Chris?

—Son iguales —responde Chris señalando las cuerdas de longitud—. Pero éstas se vuelven más cortas —advierte, señalando las cuerdas de latitud.

—¿Y éstas qué representan?

—Líneas de longitud.

—¡Excelente! Entonces, ¿qué sabemos acerca de las líneas de longitud?

—...Son todas del mismo largo.

—¿Y cómo lo sabemos?

—Las cuerdas eran todas del mismo largo.

—¡Sobresaliente! Bien pensado —Judy responde con entusiasmo.

Finalmente, Judy revisa pidiendo a los alumnos que comparen las características de la longitud y de la latitud y las relaciona con el globo y con los mapas murales planos. Éstas son algunas de sus conclusiones:

1. Las líneas de longitud se encuentran más alejadas en el ecuador, mientras que las líneas de latitud tienen la misma distancia entre ellas en todos lados.
2. Las líneas de longitud tienen el mismo largo; las líneas de latitud se vuelven más cortas al norte y al sur del ecuador.
3. Las líneas de longitud se intersectan en los polos y las líneas de latitud y de longitud se intersectan entre ellas.

4. Las líneas de longitud van de norte a sur y miden distancias de este a oeste y las líneas de latitud van de este a oeste y miden distancias de norte a sur.

A continuación, los alumnos identifican la latitud y la longitud de diferentes localidades en los mapas, y practican encontrar la ubicación exacta de ciudades de todo el mundo.

Sue Grant está comenzando a estudiar la ley de Charles con sus alumnos de química y para comenzar, afirma:

—Hemos estudiado la teoría cinética de los gases y hoy vamos a examinar otra ley que describe la conducta de los gases. Esta ley fue formulada por un francés llamado Jacques Charles, por eso la ley se llama igual que él. Cuando terminemos hoy, podrán resolver problemas usando esta ley.

A continuación toma tres globos idénticos y los infla, tratando en la medida de lo posible de que contengan igual cantidad de aire. Los levanta y les pide a sus alumnos que los comparen; la clase concluye que son del mismo tamaño. Mientras sus alumnos observan, coloca el primero en una cubeta con agua hirviendo, el segundo en una cubeta con agua a temperatura ambiente y el tercero en una cubeta con hielo, como muestra la figura 3.3

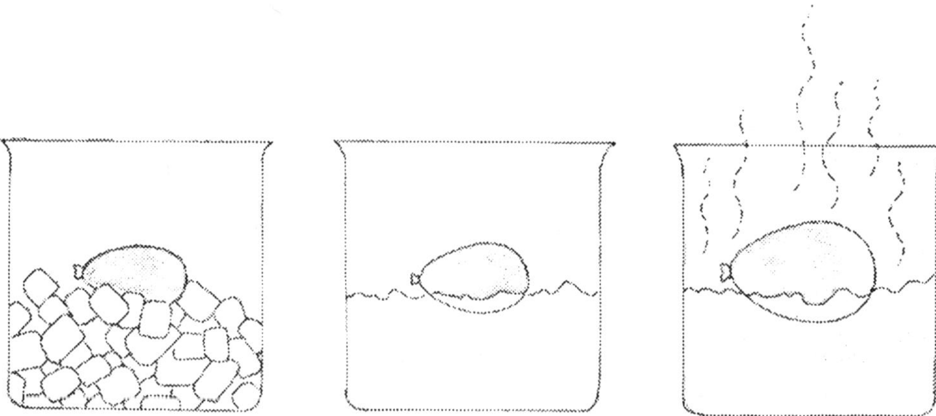

FIGURA 3.3. *Cubetas con globos inflados*

Luego, muestra tres dibujos, como se ve en la figura 3.4. y el gráfico que se ve en la figura 3.5.

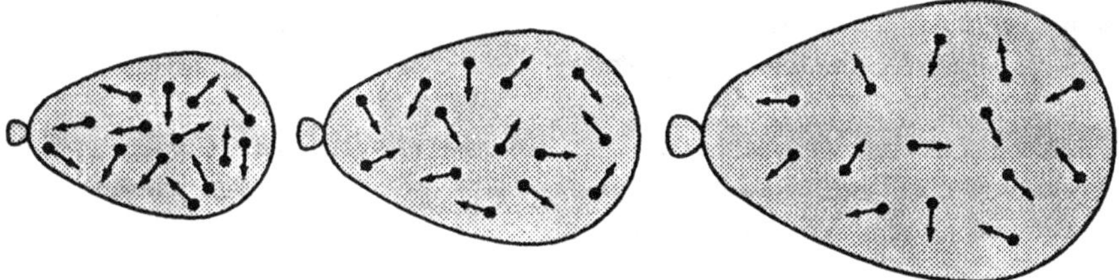

FIGURA 3.4. *Modelos de globos a diferentes temperaturas*

Después, pone a los alumnos en pares y dice:

—Ahora, trabajen con su compañero y observemos y comparemos con cuidado. Comparen los globos entre sí, los tres dibujos con los globos y también los dibujos entre sí; y luego, los dibujos y los globos con respecto al gráfico. Quiero que saquen todas las conclusiones que puedan y quiero que puedan sustentar sus conclusiones con pruebas. Les doy cinco minutos. Escriban sus conclusiones y las pruebas en un papel.

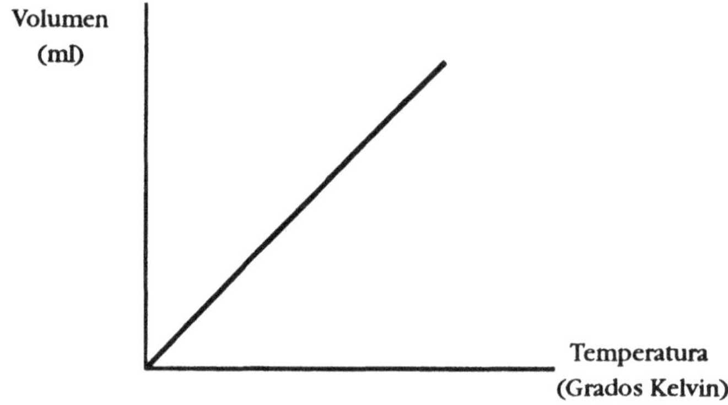

FIGURA 3.5. *Gráfico que relaciona la temperatura y el volumen*

Pronto la clase se vuelve un murmullo de voces mientras los alumnos estudian los globos, los dibujos y el gráfico. Mientras trabajan, Sue camina entre ellos, haciendo de tanto en tanto un comentario u ofreciendo palabras de aliento.

Terminados los cinco minutos, detiene la actividad y comienza a decir:

—Bien, ¿a qué conclusiones hemos llegado?... ¿Steve? ¿Bárbara?

—Hemos decidido que las masas en cada globo eran iguales.

—Bien —asiente Sue—. ¿Y por qué dijeron eso?

—El número de moléculas -puntos- en cada globo es el mismo.

—Excelente. Los dos pensaron bien.

Continúa este proceso, llamando a otros pares.

Las siguientes son algunas de sus conclusiones y las pruebas que las sustentan:

Las masas de aire en los globos son iguales.	El número de "puntos" en los tres dibujos es igual.
El movimiento molecular aumentó en el globo que estuvo en contacto con el calor.	Las flechas en el tercer globo son más largas.
El volumen del globo que estuvo en contacto con el calor aumentó y el volumen del globo que estuvo en contacto con el frío disminuyó.	Las moléculas están más juntas en el primer dibujo y más separadas en el tercer dibujo.
La temperatura y el volumen parecen ser directamente proporcionales.	El gráfico muestra que el volumen es proporcional a la temperatura.

Entonces continúa:

—Vuelvan a mirar el gráfico. Vemos que el volumen es proporcional a la temperatura, pero ¿qué temperatura?... ¿Greg?

—No estoy seguro de lo que quiere decir.

—Mira el gráfico. ¿El volumen es proporcional a la temperatura Celsius o a la temperatura absoluta?

—... Pareciera que a la temperatura absoluta.

—Claro que sí. Eso es lo que vemos en el gráfico. Muy bien.

Luego Sue escribe en el pizarrón T1 μ V1 y T2 μ V2, y dice:

—¿Qué significan los números uno y los números dos? ¿Debbie?

—Los unos significan una temperatura y un volumen y los dos significan otra temperatura y otro volumen.

—Bien, entonces, si sabemos que son proporcionales, ¿qué sabemos acerca de sus razones? ¿Mike?

—... Son iguales.

—Excelente, ¿entonces cómo podemos escribir la relación? ¿Tony?

—... Sería $T1/T2 = V1/V2$.

—Sobresaliente, todos. Esa es la ley de Charles, y es lo que nos interesa hoy —continúa diciendo—. Vemos en la ley de Charles de qué manera la temperatura afecta el volumen. Pensemos cómo se relaciona esto que acabamos de aprender con lo que ya sabemos acerca de la masa y la densidad... A medida que la temperatura sube, ¿qué pasa con la masa del gas? ¿Randy? —continúa Sue.

—...Nada.

—Bien. ¿Y cómo lo sabes?

—...La cantidad no cambió, solamente el volumen.

—Excelente. ¿Qué pasó con la densidad? ¿Jo?

—Se... se vuelve... menor.

—Muy bueno. Explícanos eso.

—...El aire se expande, pero la masa es la misma; por lo tanto, debe ser menos denso.

—¡Bravo! Buena explicación, Jo.

Luego, Sue continuó la clase dando a los alumnos varios problemas con variación de temperaturas, donde debía determinarse el cambio en el volumen o, frente al cambio ocurrido, determinar qué temperatura lo había causado.

Jim Rooney es docente de octavo año de la E.G.B. Está algo frustrado porque sus alumnos están confundidos y no pueden indicar correctamente las formas posesivas en sus trabajos de escritura. Decide que no tiene nada que perder si trata de ayudarlos a desarrollar su propia comprensión de las reglas; por lo tanto, prepara un pasaje en el cual las reglas están ilustradas.*

Jim comienza la clase diciendo:

---

* El siguiente ejemplo presenta un problema para la traducción. En inglés, la relación de posesividad entre dos sustantivos se construye añadiendo *'s* al término subordinado, mientras que en las palabras que ya terminan en *s* (como los plurales regulares) sólo se agrega un apóstrofo al final. Para facilitar la comprensión del desarrollo, añadimos entre paréntesis las construcciones del original inglés. (N. de la T.)

—Hoy vamos a practicar cómo encontrar patrones. El objetivo de la clase de hoy es identificar algunos patrones de uso de ciertas palabras en el siguiente pasaje. Cuando hayamos terminado, esto nos ayudará a escribir... Bueno, comencemos.

Luego comienza su clase mostrando el pasaje que se presenta a continuación.

Jefferson, un condado rural del centro de Florida, tiene seis **colegios**. Cinco de ellos están en Brooksville, la **ciudad** más grande del condado de Jefferson. Los colegios *de la ciudad* y los colegios de otros tres **condados** realizaron una competición escolar y deportiva, y los estudiantes de los colegios *de los condados* [counties' schools] se encontraron ese año en Brooksville. En total, participaron estudiantes de cinco **ciudades** y lo hicieron muy bien.

Las dos orientadoras **mujeres** de los equipos de Brooksville estaban particularmente orgullosas, porque los equipos de *mujeres* [women's teams] ganaron las dos competencias en que participaron. Los miembros del Debate 1 ganaron por mucho. Los miembros del Debate 2 también ganaron, y tal vez el *suyo* haya sido un logro mayor, porque hacía mucho tiempo que no competían.

Cuatro **niñas** y tres niños ganaron premios deportivos y escolares. Los logros académicos *de las niñas* [girls' accomplishments] fueron notables en Matemática y, entre los deportivos, en tenis. Los niños ganaron en escritura y en carreras atléticas. Un **niño** logró un nuevo récord en las carreras de 100 metros; el tiempo *del niño* [boy's time] fue un nuevo récord escolar.

Participaron también muchos **niños** de los años inferiores y sus logros fueron igualmente notables. Varios niños escribieron **cuentos** cortos. Un **niño** escribió un **cuento** acerca de una **mujer** y de la lucha *de esta* mujer [woman's struggle] para mantener su granja y enfrentar las dificultades. El cuento *del niño* [boy's story] y su argumento eran muy sofisticados. Varios argumentos y personajes *de los cuentos* [storie's plots and characters] eran interesantes y bien desarrollados. Los cuentos fueron exhibidos en una **cartelera** y tres de ellos fueron fotografiados para el diario local. En las **carteleras** figuraban los cuentos e información sobre cada autor. El cuento de Lakesha Jefferson fue publicado en el diario, y *el suyo* fue el primero en su tipo que se publicaba de esta manera.

Les pide a sus alumnos que miren los vocablos en negrita y vean si tienen algo en común. Ellos hacen un número de observaciones y en el proceso reconocen que son sustantivos en singular o en plural. Como parte del proceso, los guía a pensar que los sustantivos en plural se forman agregando meramente una "s" si el sustantivo termina en consonante o en "y" precedida de vocal, pero esta "y" se cambia por "ies" si el sustantivo que termina en "y" es precedido por una consonante. También observan que algunos sustantivos, como mujer y niño, forman el plural cambiando de forma.

Jim continúa la clase al día siguiente; en primer término revisa las reglas para la formación de plurales y después llama la atención sobre las palabras del pasaje que aparecen en cursiva y sigue un procedimiento similar al que usó con los vocablos en negrita: pregunta a los alumnos qué tienen en común estos términos. Y así va guiándolos para extraer las reglas de formación de posesivos en plural y en singular, basándose en las observaciones de ellos sobre el texto.

El modelo inductivo: una visión general

Comencemos nuestro estudio del modelo inductivo volviendo a las situaciones que acabamos de leer y observando qué tienen en común. Esto nos proporcionará un punto de referencia concreto, a partir del cual desarrollar nuestra discusión.

- Primero, los temas en que se centraron los docentes estaban bien definidos: longitud y latitud en la clase de Judy Nelson; la relación entre temperatura y volumen en la de Sue Grant; las reglas para formar posesivos en singular y en plural en la de Jim Rooney.
- Segundo, todos los docentes comenzaron con un ejemplo específico o con un conjunto de ejemplos: la pelota de playa, la pelota de tenis y los mapas de Judy; la demostración y los dibujos de Sue; el pasaje de Jim.
- Tercero, a medida en que procesaban la información de los ejemplos, los estudiantes practicaban los procesos básicos de observar, de comparar y contrastar, de encontrar patrones y generalizaciones.
- Cuarto, los docentes guiaban a los alumnos en cada caso desde los ejemplos específicos a las conclusiones. Estos procesos están esbozados en la tabla 3.1.

Las conclusiones representan las metas de contenidos que los docentes habían identificado cuando planificaron sus clases.

TABLA 3.1. *Ejemplos que conducen a conclusiones generales*

Ejemplos específicos	Conclusiones generales
Dibujos de latitud y longitud en una pelota y líneas en mapas.	Las líneas de latitud son paralelas, van de este a oeste y miden distancias al norte y al sur del ecuador. Las líneas de longitud se intersectan en los polos, van de norte a sur y miden distancias al este y al oeste del primer meridiano.
Demostraciones con globos y dibujos de cubetas y moléculas.	Cuando la presión es constante, el volumen es directamente proporcional a la temperatura absoluta. $$\frac{T1}{V1} = \frac{T2}{V2}$$
Pasaje que ilustra el uso de posesivos en singular y en plural.	Para formar los posesivos en singular se agrega apóstrofo y "s"; para formar los posesivos en plural, sólo se agrega un apóstrofo si el plural termina en "s"

Estructura social del modelo

La **estructura social** *se refiere al clima de la clase necesario para que tenga lugar el aprendizaje y a los roles de docente y alumnos en ese clima.* El modelo inductivo requiere un ambiente en el que los alumnos se sientan libres de asumir riesgos y ofrecer sus conclusiones, conjeturas y evidencias sin temer a las críticas ni sentirse avergonzados. Discutiremos maneras específicas de crear un clima de seguridad y apoyo en la sección sobre la implementación de clases con modelo inductivo.

El rol del docente

Como vimos en los ejemplos introductorios, el docente organiza la actividad alentando a los alumnos a hacer observaciones e indaga acerca de estas observaciones mediante preguntas. El docente lidera activamente el aprendizaje (Good, 1983), mantiene a los alumnos en su tarea (Doyle, 1983) y establece expectativas positivas (Good y Brophy, 1994); todo esto contribuye positivamente a que el alumno alcance los objetivos.

El éxito de la clase depende de la calidad de los ejemplos que emplean los docentes y de su habilidad para guiar el análisis de la información. Cuando se usa el modelo inductivo, el docente no da información a los alumnos y después la explica, como típicamente ocurriría en una clase expositiva o de demostración. En lugar de eso, el docente presenta ejemplos cuidadosamente elegidos y guía al alumno para que forme su propia comprensión del tema. Esto no implica de ninguna manera que el docente sea intencionalmente vago o que se abstenga de dar información a los alumnos. Para usar el modelo inductivo eficazmente, los docentes deben ser expertos en hacer preguntas.

La esencia del modelo inductivo, desde la perspectiva del docente, es el proceso de presentar a los alumnos ejemplos que ilustren el tema que es la meta del aprendizaje y luego guiarlos en su pensamiento hasta que ésta se alcance. Los docentes de las situaciones introductorias siguieron este procedimiento básico.

Desde la perspectiva del alumno, la esencia de la actividad de aprender es el proceso de analizar ejemplos para encontrar los elementos comunes esenciales y, por último, encontrarles un significado. Veamos ahora el rol del alumno con mayor detalle.

El modelo inductivo: perspectivas teóricas

El modelo inductivo está fundado en los principios del **constructivismo**, *una visión del aprendizaje que sostiene que los alumnos desarrollan su propia comprensión acerca del mundo, en lugar de obtenerla provista por otros (en la mayoría de los casos los docentes) de una forma previamente organizada.* El constructivismo ubica al alumno en el centro del proceso de aprendizaje.

> La investigación actual [...] se centra en el rol del alumno. Reconoce que los alumnos no reciben o copian meramente y en forma pasiva la información que los docentes proporcionan. En cambio, la mediatizan activamente tratando de encontrarle sentido y de relacionarla con lo que ya saben (o creen saber) acerca del tema. Por lo tanto, los alumnos desarrollan un nuevo conocimiento mediante un proceso de *construcción activa* (Brophy, 1992, p.5).

El constructivismo tiene por raíz el trabajo de Jean Piaget, el afamado investigador suizo, que fue pionero en examinar el desarrollo intelectual de los niños y que tuvo gran influencia en el currículum y la educación de los Estados Unidos y otros países.

> Piaget nos advirtió que el "aprendizaje real" no es simplemente repetir la información como un loro. El aprendizaje real implica una *invención* o *construcción* personal, y el rol del docente en este proceso es difícil. Por un lado, el docente debe alentar las "invenciones" de los alumnos porque si no ellos no las compartirán. Por otro lado, es necesario que el docente guíe a los alumnos hacia una comprensión más madura (Prawat, 1992 p.11).

Contrariamente, Brown y Campione (1990) describen la instrucción no basada en el pensamiento constructivista.

> El docente habla y los alumnos escuchan. Los niños asumen el rol pasivo más que el de participantes activos. Como si el conocimiento que el docente tiene pudiera ser transmitido directamente a los estudiantes; la metáfora que se emplea es la de verter información de una cubeta (la cabeza del docente) a otra (la cabeza del alumno) (p.112).

El modelo inductivo ubica a los alumnos en el centro del proceso de aprendizaje, e incluso prescribe un rol crítico para los docentes. Reconoce que los alumnos son activos y que construirán una comprensión que tenga sentido para ellos y, al mismo tiempo, da a los docentes un rol específico y crítico, que es guiar a los alumnos hacia comprensiones válidas de los temas que se estudian. Describiremos esos roles en detalle en las siguientes secciones, pero antes veamos una discusión más detallada de los contenidos que enseñaron los docentes en nuestras situaciones introductorias.

Metas del modelo inductivo

El modelo inductivo está diseñado para alcanzar varias metas interrelacionadas. El primero de estos objetivos es ayudar a los alumnos a construir una comprensión profunda y completa de temas específicos como longitud y latitud, la ley de Charles o las reglas para formar los posesivos, como vimos en los tres episodios que introducen el capítulo.

En segundo término, el modelo inductivo está diseñado para poner a los alumnos en un rol activo en el proceso de construir su comprensión. Todos los docentes proporcionaron datos a los alumnos: las pelotas dibujadas por Judy, la demostración, los modelos y los gráficos que preparó Sue y el texto de Jim. Cuando los alumnos trabajan activamente para dar sentido a estos datos -con la guía del docente-, no sólo construyen una comprensión completa de los temas, también ganan habilidad y confianza en dar sentido a su entorno.

Cuando observamos las clases, vemos que los procedimientos de los docentes fueron similares, pero que el contenido específico que enseñaban era diferente. Judy se centró en ideas únicas y específicas (latitud y longitud) que se llaman conceptos, mientras que Sue y Jim trabajaron con relaciones entre conceptos -un principio en el caso de Sue y una norma académica en el de Jim-.

Las generalizaciones, que están muy relacionadas con los principios, son un tercer tipo de relación entre conceptos. Los diferentes tipos de contenidos aparecen esbozados en la figura 3.6.

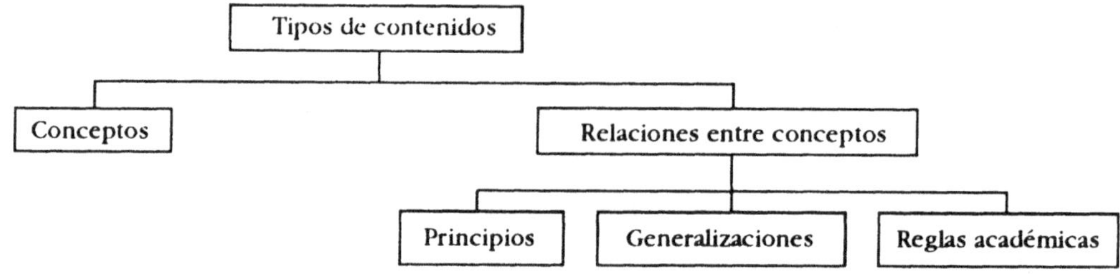

FIGURA 3.6. *Metas del modelo inductivo*

Conceptos: categorías con características comunes

Los **conceptos** *son categorías, conjuntos o clases con características comunes.* Por ejemplo, cuando los alumnos de Judy Nelson encuentren en un mapa líneas paralelas imaginarias que vayan de este a oeste, pero que midan distancias norte y sur, sabrán que se trata de la latitud. *Latitud* es un concepto.

En este otro ejemplo, supongamos que se muestran los siguientes bloques a un grupo de niños pequeños.

Aunque su tamaño, su dimensión relativa y su orientación varían, los bloques pueden clasificarse como rectángulos, porque todos tienen lados opuestos iguales y paralelos y ángulos de 90°. *Rectángulo* es también un concepto.

El número de conceptos enseñados en el programa escolar es casi infinito. Hemos enumerado algunos de ellos en las listas de la tabla 3.2.

TABLA 3.2. *Conceptos en diferentes áreas de contenido*

Lengua	Estudios Sociales	Ciencias	Matemáticas
Infinitivo	Cultura	Monocotiledóneo	Ecuación
Pronombre	Republicano	Conífera	Pirámide
Argumento	Liberal	Artrópodo	Triángulo
Hipérbole	Presupuesto político	Trabajo	División
Objeto indirecto	Asistente comunitario	Digestión	Fracción equivalente

Se pueden hacer listas similares para otras áreas, como *escala mayor* y *tiempo* en Música; *perspectiva* y *balance* en Arte; o *ejercicio aeróbico e isotónico* en Educación Física. Además, existen muchos otros conceptos que no entran en ninguna área de contenido, como *honestidad, prejuicio, amor* y *conflicto interno*.

Características

Las **características** de un concepto *son los rasgos que lo definen*, y el aprendizaje del concepto depende de la habilidad del alumno para identificar las características esenciales en los ejemplos del docente. Por ejemplo, en la clase de Judy Nelson, ella ayudó a sus alumnos a identificar aquello que caracteriza a la latitud:

- líneas paralelas,
- líneas que van de este a oeste,
- líneas que miden distancias al norte y al sur del ecuador.

Los alumnos generalizaron y sacaron la conclusión de que la latitud se caracteriza siempre en la misma forma.

De igual manera, el concepto de rectángulo tiene las siguientes características:

- lados opuestos del mismo largo,
- lados opuestos paralelos,
- todos sus ángulos miden 90°.

Otras características, como tamaño, color u orientación, no son esenciales; una parte importante del aprendizaje del concepto es la habilidad para discriminar entre las características esenciales y las no esenciales.

Los alumnos "construyen" el concepto mediante el proceso de generalización. Por ejemplo, en el caso del concepto *rectángulo* vimos cuatro ejemplos, todos con ángulos de 90° y lados opuestos iguales y paralelos. Entonces, los alumnos generalizaron y concluyeron que todos los rectángulos tienen esas características.

Muchos conceptos, tales como *latitud, longitud* y *rectángulo*, tienen características bien definidas. Otros, como *democracia* o *liberal*, son menos precisos. Por ejemplo, hay democracias más "democráticas" que otras.

Para conceptos como éste es mucho más difícil especificar las características y algunos investigadores creen que están mejor representados con un **prototipo**, es decir, *un caso que sea una buena ilustración del concepto* en lugar de tratar de especificar características (Schwartz y Reisberg, 1991). En este caso los alumnos generalizan a partir del prototipo en la construcción del concepto.

Conceptos: facilidad para aprenderlos

La facilidad para aprender un concepto depende del número de características y hasta qué punto son éstas tangibles (Tennyson y Cocciarella, 1986). El concepto *rectángulo* es fácil de aprender, porque sólo tiene tres rasgos esenciales, todos concretos y observables. *Democracia*, por el contrario, es mucho más difícil debido a la complejidad de sus características.

Estas diferencias se reflejan en el currículum escolar. Formas tales como el rectángulo se enseñan en jardín de infantes, mientras que democracia no aparece hasta el nivel intermedio o avanzado de la E.G.B. Además, si en la calle se le pide a la gente que diga qué es la democracia, pocos podrán dar más que nociones vagas, lo que demuestra lo difíciles de aprender que son ciertos conceptos.

Análisis del concepto: clarificación del significado

Los alumnos no comprenden conceptos aislados; en realidad, su comprensión conecta el concepto con otros conceptos relacionados. El análisis del concepto es un instrumento útil para ayudar a desarrollar estas conexiones. El **análisis del concepto** *es el proceso de describir un concepto en términos de sus características, conceptos relacionados, ejemplos y definición*. La tabla 3.3. ilustra un análisis conceptual de la noción adverbio.

A partir de la tabla 3.3. vemos que el análisis del concepto incluye una **definición** -*una enunciación que incluye un* **concepto supraordenado**, *que es una categoría mayor en la que encajan el concepto y sus características*-. La definición ayuda a conectar el concepto con una clase mayor de la cual es miembro. Un análisis del concepto también incluye **conceptos subordinados**, *que son subconjuntos o ejemplos del concepto*, y **conceptos coordinados**, *que son otros miembros de una categoría mayor*. En la próxima sección se delinea el rol de los conceptos subordinados y coordinados.

TABLA 3.3. *Análisis del concepto adverbio*

Definición	Una parte del discurso que modifica verbos, adjetivos u otros verbos
Características	Modifica verbos Modifica adverbios Modifica adjetivos
Ejemplos	Susan se levantó rápidamente. Kelly reveló sus sentimientos muy francamente. David, un levantador de pesas, es increíblemente fuerte.
Concepto supraordenado	Parte del discurso, modificador
Concepto subordinado	Adverbio que modifica a otro adverbio
Concepto coordinado	Adjetivo

Ejemplos: la clave para el aprendizaje del concepto

Sean conceptos especificados por sus características o por prototipos, la clave para el aprendizaje del concepto es un grupo de **ejemplos** cuidadosamente seleccionados, *que son casos que ilustran el concepto*, conjuntamente con una definición (Tennyson y Cocciarella, 1986). En los casos en que el concepto puede confundirse con un concepto muy relacionado, son necesarios los ejemplos positivos y negativos. Por ejemplo, en el aprendizaje del concepto *insecto*, los docentes deberían incluir arañas -que son arácnidos- entre los ejemplos para que los alumnos concluyan que las arañas pertenecen a otra clase de seres vivos. Si se les señalan las diferencias entre los dos, como que las arañas tienen ocho patas en lugar de seis como tienen los insectos, es menos probable que los alumnos los confundan.

Utilizar el análisis del concepto puede ser útil para pensar ejemplos: vemos que los conceptos subordinados proveen los ejemplos positivos y los conceptos coordinados nos ayudan a seleccionar los ejemplos negativos. Por ejemplo, en el caso del concepto de *insecto*, podrían ser ejemplos positivos -conceptos subordinados- los escarabajos, las mariposas, las hormigas y otros; mientras que los ejemplos negativos -conceptos coordinados- podrían ser las arañas.

Judy Nelson usó ejemplos positivos y negativos en su clase sobre longitud y latitud. En efecto, sus ejemplos de longitud sirvieron como ejemplos negativos para la latitud y viceversa.

La calidad de los ejemplos. Para que la enseñanza sea más eficaz, los docentes deben usar los mejores ejemplos posibles. ¿Qué es lo que hace bueno un ejemplo? En el caso del aprendizaje de un concepto, los mejores ejemplos son aquellos donde son observables las características del concepto. Por ejemplo, al enseñar el concepto de *mamífero* debemos usar ejemplos que ayuden a los alumnos a aprender que los mamíferos tienen piel, que tienen sangre caliente y que dan a luz a sus crías. Aunque este criterio es el ideal, el que nosotros siempre tratamos de sostener, los docentes deberán hacer concesiones en algunos casos del mundo real. Es por esta razón que Judy Nelson comenzó su clase con una pelota de playa. Dibujar líneas sobre ésta le permitió ilustrar las características de longitud y latitud más claramente que lo que hubiera sido posible con un mapa mural plano o con un globo terráqueo. Luego, Judy trabajó sobre la comprensión inicial de sus alumnos usando el globo terráqueo y los mapas murales planos.

Relaciones entre los conceptos: principios, generalizaciones y reglas académicas

Hemos dicho que los conceptos son categorías con características comunes. Cuando encontramos un objeto, un hecho o una idea que se ajusta a la categoría, la incluimos en ella. Esto nos ayuda a simplificar nuestras experiencias y nos permite recordar las categorías en general, en lugar de cada uno de los ejemplos específicos. El mundo sería muy desconcertante si tuviéramos que tratar de identificar y comprender cada insecto en particular entre los billones que existen, en lugar de comprender las clases en general. Algunos aspectos prácticos de nuestra vida, como el control de los insectos dañinos, sería literalmente imposible.

También dijimos que formamos conceptos mediante el proceso de generalización. Vemos que entre las características de los ejemplos específicos hay patrones, y generalizamos de acuerdo con ellos. Sin embargo, se puede generalizar aún más. Los conceptos individuales pueden estar conectados entre ellos mediante el proceso de encontrar patrones más amplios que los que rigen sobre los conceptos en sí mismos.

Estos patrones más amplios son los principios, generalizaciones y reglas académicas. Cada uno de ellos es una relación entre dos o más conceptos, como vimos en la figura 3.6. y ahora lo vemos destacado en la figura 3.7.

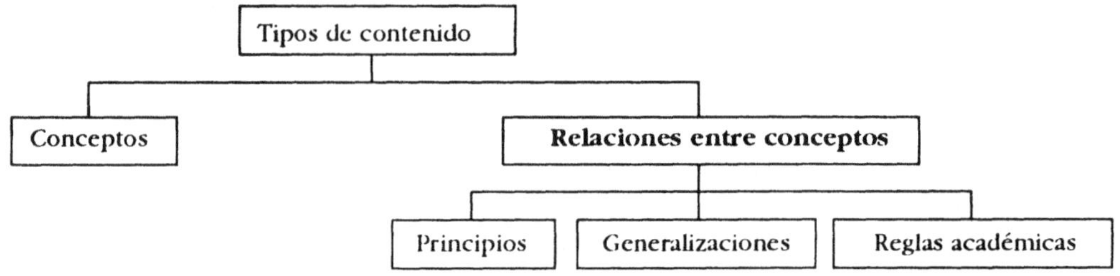

FIGURA 3.7. *Relaciones entre conceptos*

Principios: relaciones aceptadas como verdaderas

Los **principios** *son relaciones entre conceptos aceptadas como válidas o verdaderas para todos los casos conocidos.* Los términos principios y leyes a menudo se usan indistintamente y vimos que el término ley fue usado en la clase de Sue Grant. La afirmación "Cuando la presión es constante, un aumento en la temperatura resulta en un aumento en el volumen", es un principio. Describe la relación entre el concepto temperatura y el concepto volumen, y nosotros lo aceptamos como verdadero.

Los siguientes son otros ejemplos de principios:

- Cuanto mayor es la fuerza no contrapesada sobre un objeto, mayor es su aceleración.
- Los polos magnéticos iguales se rechazan y los polos distintos se atraen.
- El cambio es inevitable.

Los principios son una parte importante del currículum escolar, particularmente en las Ciencias. Gran parte del contenido de materias como Química y Física son un estudio de los principios y sus aplicaciones.

Generalizaciones: relaciones con excepciones

Sin embargo, muchos de los patrones que observamos en el mundo tienen obvias excepciones y las **generalizaciones** *son relaciones entre conceptos que describen patrones que tienen excepciones.* Por ejemplo, observemos las siguientes afirmaciones:

- Las personas inmigran por razones económicas.
- Una dieta con altos niveles de grasa saturada eleva el nivel de colesterol de una persona.
- Los docentes elevan los logros de sus alumnos preguntando a todos equitativamente.

Como con los principios, cada afirmación describe la relación entre dos conceptos, pero a diferencia de los principios, las generalizaciones tienen obvias excepciones. Por ejemplo, las personas también inmigraron por razones religiosas o políticas; para algunas personas afortunadas las dietas con altos niveles de grasa saturada no tienen efecto sobre su colesterol y los alumnos muy motivados alcanzan los objetivos sean convocados o no para participar en la clase.

Gran parte de nuestro conocimiento acerca de la conducta humana en general y de la enseñanza y el aprendizaje, específicamente, se construye en forma de generalizaciones. Lo mismo sucede con la mayoría de la información relacionada con la salud que encontramos en los medios. Por ejemplo, así como el famoso estudio que sugiere que una aspirina día por medio ayuda a reducir el riesgo de ataque al corazón es, en el mejor de los casos, una tosca generalización, del mismo modo la creencia de que la vitamina C ayuda a prevenir los resfríos puede no ser válida.

La importancia de comprender la diferencia entre principios y generalizaciones ayuda a los alumnos a pensar acerca de la validez de las diferentes afirmaciones. La validez de las explicaciones y las predicciones basadas en las generalizaciones depende de la validez de las generalizaciones mismas. La validez de realizar y evaluar estas conclusiones son habilidades básicas de pensamiento crítico.

Reglas académicas: relaciones derivadas arbitrariamente por el género humano

Consideremos las siguientes afirmaciones:

- El pronombre debe concordar con su antecedente en género y número.
- Al redondear un número, si el último dígito es 5 o más, se redondea hacia arriba, y si es 4 o menos, se redondea hacia abajo.
- En inglés, el adjetivo precede al sustantivo que modifica.

Cada una de esas afirmaciones es una **regla académica**, *que es una relación entre conceptos derivada arbitrariamente por las personas*. Por ejemplo, tanto en francés como en español, los adjetivos siguen a los sustantivos que modifican, lo que demuestra la naturaleza arbitraria de la norma. En el caso del redondeo, sería igualmente válido redondear hacia arriba si el último dígito fuera 6 o más, pero fue arbitrariamente fijado en 5.

Aunque arbitrarias, las normas son importantes para la coherencia, particularmente en la comunicación. Por ejemplo, si no hubiéramos tenido una norma para comunicar coherentemente los posesivos en plural y en singular –el objetivo de la clase de Jim Rooney–, nuestra escritura sería muy confusa y la comunicación difícil.

Ejemplos y aplicaciones

Al igual que con los conceptos, los alumnos "construyen" su comprensión de los principios, generalizaciones y reglas académicas trabajando con ejemplos. El rol del docente es proporcionar los mejores ejemplos posibles y guiar a los alumnos en la medida en que intentan construir significado a partir de éstos. En el caso de los principios, generalizaciones y reglas, es un buen ejemplo aquel en el que la relación entre los conceptos es observable. Por ejemplo, Sue Grant fue muy cuidadosa al ilustrar la relación entre la temperatura y el volumen, tanto en la demostración como en el modelo. No ilustró diferencias en la temperatura o diferencias en el volumen solamente. Ella ilustró la relación entre los dos. Jim Rooney primero ilustró el uso de posesivos para sustantivos singulares y plurales y luego lo vinculó con el uso de los apóstrofos. En ambos casos, los docentes realizaron un excelente trabajo ilustrando la relación que querían que sus alumnos comprendieran.

Una vez analizado el contenido enseñado con el modelo inductivo, pasamos a discutir acerca de la planificación, la implementación y la evaluación de las clases en las que se ha usado el modelo.

Planificar clases con el modelo inductivo

El proceso de planificación para usar el modelo inductivo es sencillo y conlleva tres pasos esenciales. Están ilustrados en la figura 3.8.

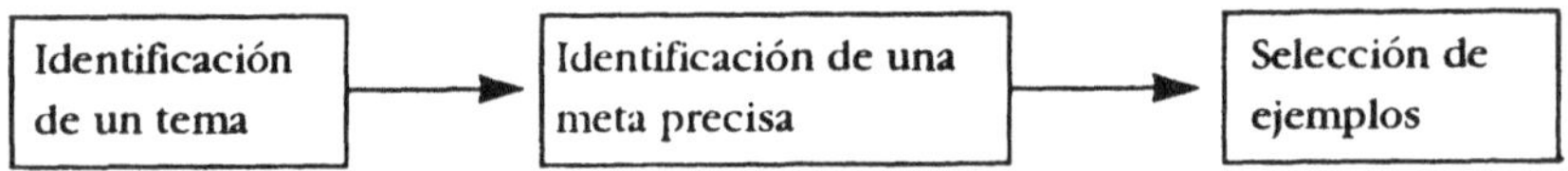

FIGURA 3.8. *Planificación según el modelo inductivo*

Identificar temas

El proceso de planificación puede tener numerosos puntos de partida, uno de los cuales es la identificación del contenido a enseñar (Peterson, Marx y Clark, 1978). Éste es un punto de partida práctico e inteligente. Por ejemplo, los docentes en las situaciones introductorias se centraron en la longitud y la latitud, en la ley de Charles y la regla para formar posesivos en plural y en singular. Estos temas se volvieron los puntos focales o de partida para el proceso de planificación. Los temas pueden extraerse de libros de texto, guías curriculares o cualquier otra fuente, incluyendo a los docentes mismos. Cuando los temas son conceptos, principios, generalizaciones o normas, el modelo inductivo puede usarse eficazmente.

Especificar metas

Metas de contenido

Una vez identificado el tema, debemos decidir exactamente qué queremos que los alumnos sepan de él. Esto significa explicitar nuestro objetivo hasta el punto de poder identificar qué queremos que nuestros alumnos puedan ser capaces de decir o de hacer. Los docentes eficaces tienen en mente metas muy claras y enseñan directamente en ese sentido (Berliner, 1985). Por ejemplo, Judy Nelson quería que sus alumnos pudiesen hacer lo siguiente:

- Establecer las características de lo que llamamos longitud y latitud.
- Identificar la longitud y la latitud de ciudades y otras localidades específicas en un mapa.
- Identificar una ciudad o lugar más cercano a una longitud y latitud dados.

Los objetivos de Judy eran claros, como así los de Sue Grant y los de Jim Rooney, y esta claridad conceptual permite mantener la clase en foco mientras se desarrolla. Los docentes que recién comienzan, a menudo especifican por escrito las metas, mientras que los veteranos lo hacen menos a menudo; en lugar de eso confían en su experiencia pasada y en sus procesos de pensamiento (Clark y Peterson, 1986).

Las metas claras -se las escriba o no- son cruciales porque proporcionan el marco teórico para el pensamiento del docente mientras guía las "construcciones" que los alumnos elaboran sobre el tema. Si las metas del docente no son claras, no sabrán qué preguntas hacer, sus respuestas a las preguntas de los alumnos serán vagas y estarán poco capacitados para promover la colaboración de los alumnos. Asimismo, esta claridad guía a los docentes en la elección de ejemplos. Si las metas no están claras, el docente no sabe qué está tratando de ilustrar y se reduce la posibilidad de elegir los ejemplos óptimos.

Nuestra experiencia en el trabajo con docentes indica que su eficacia para preguntar está estrechamente relacionada con la claridad de sus metas. Cuando se les pregunta a docentes cuyas clases han sido vagas e inciertas a qué querían llegar, generalmente tienen dificultades en describir sus metas con claridad. Los docentes deben ser muy precisos con respecto a sus metas, para guiar con eficacia el pensamiento de sus alumnos.

Desarrollo del pensamiento de nivel superior y del pensamiento crítico

La segunda parte de la especificación de metas es levemente diferente de la primera. Mientras los objetivos de contenido se centran en *resultados* como identificar las relaciones entre las características de un animal y su hábitat o entre la inmigración y la economía, el pensamiento crítico y el pensamiento de nivel superior se centran en el proceso de encontrar patrones, construir explicaciones, formular hipótesis, generalizar y documentar cada una de estas conclusiones con evidencias. La planificación para el pensamiento significa que los docentes se proponen conscientemente que los alumnos observen, comparen, busquen patrones, generalicen, predigan y expliquen *mientras* "construyen" activamente su comprensión del tema. La enseñanza para el desarrollo del pensamiento no cambia las metas de contenido; en lugar de eso, cambia la manera en que el docente y los alumnos operan a medida que se acercan a ellas.

Vimos en el capítulo 2 que "el aprendizaje es una consecuencia del pensamiento" (Perkins, 1992, p. 8), que quiere decir que los objetivos de contenido y los objetivos de desarrollo del pensamiento están densamente entrelazados. Los alumnos emplearán automáticamente los procesos de pensamiento, ya que están comprometidos en construir una comprensión profunda del tema que están estudiando. El docente los ayuda a hacer ese uso consciente y sistemático.

Seleccionar ejemplos

El tercer paso en el proceso de planificación es la selección de los ejemplos. Una vez que los docentes saben exactamente qué es lo que quieren que los alumnos hagan o digan, deben encontrar ejemplos que lo ilustren. De una discusión anterior sabemos que, idealmente, los ejemplos reúnen características observables, si se está enseñando un concepto o relaciones observables, si se trata de principios, generalizaciones o normas. La selección de un ejemplo puede ser tan simple como dibujar sobre una pelota de playa o tan exigente como crear una simulación compleja y una dramatización para ilustrar el concepto de *discriminación o ausencia de un familiar*. Nunca resultará exagerado dotar de fundamental importancia a los buenos ejemplos. Veamos brevemente diferentes formas de ejemplificar.

Realia

Realia no es más que un sustituto para "lo real". Ésta es la forma más importante de ejemplo y debe usarse siempre que sea posible. Un ejemplo ideal de artrópodo sería una langosta viva comprada en la pescadería. Los niños podrían ver y tocar el animal, sentir su cascarón duro y frío y observar por sí mismos las patas unidas y el cuerpo en tres partes. Las características esenciales del concepto estarían ilustradas en este ejemplo.

Las demostraciones y las actividades "tangibles" son otra forma de mostrar lo real. Los globos de Sue Grant en tres condiciones diferentes permitieron que los alumnos observasen la relación entre la temperatura y el volumen. Cuando los alumnos conectan dos cables a una pila y hacen que se encienda una lamparita están viendo un circuito completo real, no una simulación, un modelo, una dramatización u otro método indirecto para ilustrar el concepto.

Imágenes

Cuando traer cosas reales es imposible, las imágenes son a menudo un recurso aceptable. Como no podemos traer a la clase montañas jóvenes y montañas antiguas y es difícil ir hacia donde se las pueda observar directamente, fotos de las Montañas Rocallosas y de los Apalaches serían recursos apropiados para ilustrar estos conceptos. La clave es acercarse lo más posible a la realidad. Las diapositivas o fotos en color son mejores que en blanco y negro, las que, sin embargo, son más eficaces que los dibujos.

Modelos

Hay contenidos –particularmente en Ciencias– que no es posible observar directamente. En esos casos, los **modelos**, *que posibilitan la visualización de lo que no podemos observar directamente*, son eficaces. Los dibujos de Sue Grant eran un tipo de modelo, porque les permitieron a los alumnos visualizar el espacio y el movimiento de las moléculas bajo tres temperaturas diferentes. No hubiera sido posible observar el movimiento molecular de otra manera.

Como otro ejemplo, observemos el modelo de una molécula de agua que se muestra en la figura 3.9. Aunque obviamente, el modelo no es la realidad, ilustra las características reconocidas de la molécula de agua: un átomo (el oxígeno) es mayor que los otros dos (los hidrógenos), ambos están a la misma distancia del oxígeno, y la forma es exacta. De esto concluimos que, aunque los modelos no ilustran la realidad, pueden ayudarnos a identificar características esenciales de ella.

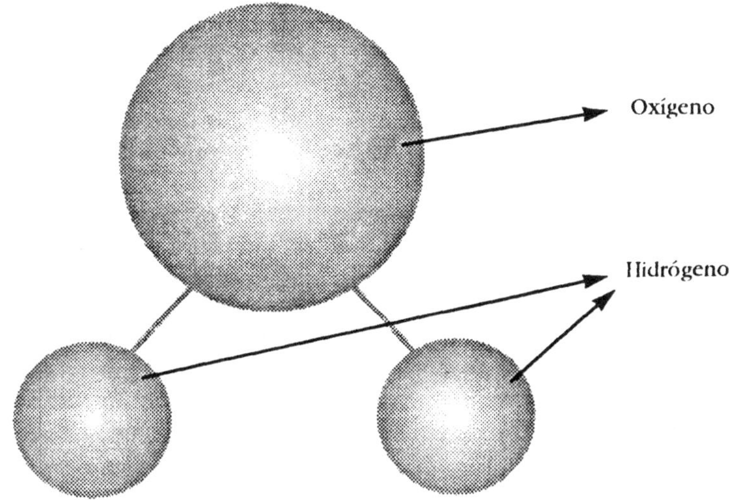

FIGURA 3.9. *Modelo de molécula de agua*

Estudios de casos

Los estudios de casos, particularmente mini estudios de casos, pueden ser herramientas poderosas para ilustrar temas que son difíciles de ilustrar de otra manera. Por ejemplo, consideremos el siguiente texto:

> El sueño de Mary se había vuelto realidad. John, un niño con quien ella quería salir, le había propuesto ir al cine. Sin embargo, cuando pensó acerca de sus tareas escolares para esa noche, recordó que tenía una prueba el viernes. Había estado posponiendo el estudio hasta último momento y ahora no sabía qué hacer.

> Johnny sabía que si se copiaba de Bill pasaría el examen; pero también sabía que si lo encontraban copiándose, lo suspenderían.

> Aunque Mary odiaba dejar a los amigos de su pueblo natal, a su familia e incluso su cuarto, en el que había vivido desde niña, quería ir a la universidad de Boston, a 500 millas de distancia.

En las tres anécdotas, el personaje se enfrenta con alternativas antagónicas. El estudio de casos breve ilustra el concepto de *conflicto interno*. Podemos ver qué difícil es describir el concepto, y una descripción como "estar en pugna, en oposición o en conflicto con uno mismo" no clarifica mucho el concepto para el alumno. Estas tramas breves, sin embargo, dan una visión clara de las características del concepto. La habilidad para desarrollar estudios de casos puede ayudar a los docentes a comunicar a sus alumnos conceptos difíciles. El estudio de casos es una herramienta poderosa en áreas como Estudios Sociales o Literatura, en las que a menudo es difícil encontrar otras formas para ilustrar los temas.

Simulación y dramatización

La simulación y la dramatización son otras formas de ejemplificación que se usan cuando los conceptos resultan difíciles de ilustrar. Como a menudo los encontramos juntos, discutiremos acerca de ellos al mismo tiempo. Por ejemplo, consideremos un concepto como *discriminación*, en una clase de Estudios Sociales. Los alumnos han escuchado mucho acerca de eso y muchos tienen experiencia directa. Una simulación en la que se discrimine a algunos miembros de la clase por su color de ojos o de pelo, altura u otras características arbitrarias proporciona la ilustración eficaz de un concepto importante.

Docentes de Estudios Sociales también han usado simulaciones para ilustrar nuestro sistema jurídico, la manera en que los proyectos de ley se vuelven leyes y el trabajo monótono en las líneas de montaje en las fábricas.

Dedicamos este espacio a la discusión de las diferentes formas de ejemplos porque son cruciales en el aprendizaje de conceptos, principios y generalizaciones. Sin ejemplos, a menudo el aprendizaje se reduce a la mera memorización (Tennyson y Cocciarella, 1986).

La calidad de los ejemplos: enseñar a estudiantes en riesgo

Hemos escuchado hablar mucho acerca de **estudiantes en riesgo**: *estudiantes en peligro de no alcanzar una educación que reúna las habilidades necesarias para sobrevivir en una sociedad moderna* (Slavin, Karweit y Madden, 1989). Los estudiantes en riesgo se caracterizan por tener altos niveles de deserción, bajos logros y baja autoestima (Vito y Connell, 1988). A menudo están privados de experiencias; es decir que carecen de las experiencias de las que gozan otros alumnos más aventajados. Por ejemplo, en la última sección, nos referimos a montañas jóvenes y antiguas. Los estudiantes que provienen de un medio aventajado tal vez hayan viajado a las montañas Rocallosas o a los Apalaches; por lo tanto, una referencia verbal sería significativa. Contrariamente, para un alumno sin esas experiencias, una simple descripción verbal carecería de significado.

Una buena manera para dar espacio a esas diferencias es proporcionar la experiencia que los estudiantes necesitan; ésta es la razón por la cual la calidad de los ejemplos es tan importante. Si los ejemplos son lo suficientemente buenos, toda la información que el estudiante necesita para comprender el tema estará contenida en el ejemplo. En esencia, el ejemplo se vuelve la experiencia del alumno en el caso de un estudiante en desventaja. En realidad, los ejemplos de alta calidad no eliminarán las diferencias de medio entre los alumnos aventajados y los desaventajados, pero utilizarlos es un paso importante para ayudar a reducir el vacío. Para otros estudiantes, ejemplos excelentes hacen que su comprensión sea más rica y significativa. Es lo más cercano a una situación en la que todos ganan.

Implementar clases utilizando el modelo inductivo

Cuando hemos identificado el tema, especificado cuidadosamente los objetivos y seleccionado o creado los ejemplos, estamos listos para entrar al aula con los alumnos y comenzar la clase. La implementación de una clase usando el modelo inductivo combina cinco etapas interrelacionadas. Están ilustradas en la figura 3.10.

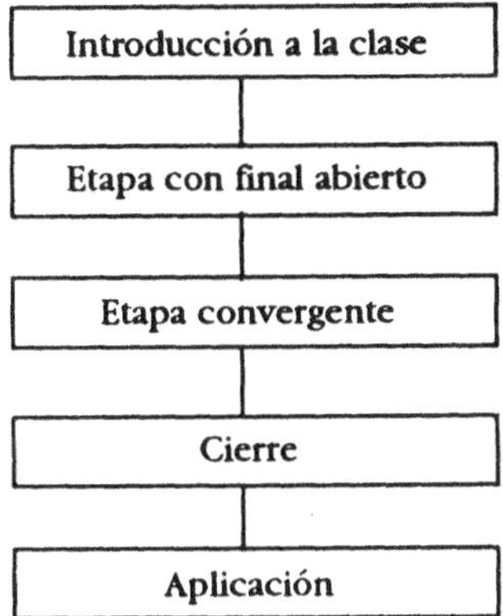

FIGURA 3.10. *Pasos para la implementación de las clases de modelo inductivo*

Etapa 1: introducción

Durante la introducción a la clase, el docente les dice a los alumnos que va a presentarles algunos ejemplos y que su tarea es buscar patrones y diferencias en ellos. El docente puede introducir la clase de diferentes maneras. Puede usarse una simple oración como "Hoy voy a mostrarles algunos ejemplos. Quiero que sean muy buenos observadores y traten de ver qué tipo de patrón existe en ellos".

También, la clase puede comenzar como lo hizo Judy Nelson cuando planteó el problema de que los alumnos le especificaran a un nuevo amigo dónde vivían exactamente. Sue Grant identificó la ley de Charles por su nombre, la relacionó con la teoría cinética y les dijo a los estudiantes que podrían resolver problemas con ella cuando terminara la clase. Jim Rooney comenzó su clase simplemente elaborando una revisión del trabajo del día anterior. Todas estas introducciones proporcionan un marco conceptual para la clase, a partir del cual los estudiantes comprenden que su tarea es analizar los ejemplos y buscar patrones.

Etapa 2: final abierto

Durante la etapa con final abierto, los alumnos comienzan realmente el proceso de construir significado a partir de los ejemplos presentados. El docente comienza esta etapa presentando ejemplos a los alumnos y pidiéndoles que los observen, describan y comparen. Los docentes tienen varias posibilidades:

- Pueden presentar un ejemplo y pedir que se observe y describa. Esto es lo que hicieron Judy Nelson con la pelota de playa y Sue Grant con su demostración.
- Pueden presentar dos o más ejemplos y preguntar a los estudiantes qué tienen en común (búsqueda de patrones). Ésta fue la elección de Jim Rooney para su clase.
- Se puede presentar un ejemplo y un contraejemplo y pedir a los estudiantes que los comparen.
- Según la actividad, los docentes pueden incluso comenzar con un ejemplo negativo y hacer que los estudiantes lo describan.

Cualquiera sea la opción que el docente elija, los alumnos comienzan su análisis respondiendo a preguntas de final abierto -preguntas que simplemente piden descripciones o comparaciones (contrastaciones)-, y como resultado obtendrán varias respuestas aceptables. Por ejemplo, las siguientes son algunas de las preguntas que realizó Judy Nelson durante esta etapa:

—¿Qué pueden decirme de esta línea? Comencemos, ¿Tara?
Y luego dijo:
—Comparen las líneas entre ellas. ¿Kathy?

Este tipo de preguntas tiene varias ventajas frente a las típicas preguntas convergentes (preguntas que tienen una sola respuesta correcta):

- Son fáciles de construir y de hacer a los alumnos. Los docentes pueden pedirles que describan o comparen y luego usar las respuestas de los estudiantes como base para otras preguntas. Por esa razón preguntar se vuelve menos laborioso para los docentes.
- Son "seguras" porque es aceptable una gran variedad de respuestas. Así, los alumnos más tímidos o más reacios no temerán equivocarse en sus respuestas. Por esa razón, son excelentes para alentar la motivación de los estudiantes y promover un clima de apoyo en la clase (Eggen y Kauchak, 1994).
- Como las preguntas pueden hacerse y responderse rápidamente, es fácil llamar a diferentes alumnos en un período corto de tiempo. Por eso se logra un mayor compromiso de los alumnos y una distribución más equitativa de la participación. La investigación dice que el aumento del número de preguntas en la clase está relacionado con un incremento de los logros de desempeño (Pratton y Hales, 1986).
- Las preguntas dan un ritmo activo a la clase, lo que aumenta la atención de los alumnos.
- Se ha probado que las preguntas de final abierto son eficaces con alumnos de minorías culturales o con recursos limitados en el uso del idioma, porque brindan oportunidades seguras para que esos estudiantes demuestren lo que saben (Langer, Bartolome, Vasques y Lucas, 1990).
- Las preguntas de final abierto permiten que el docente diagnostique los conocimientos previos de los alumnos. Lo que los alumnos "observen" en los ejemplos reflejará tanto su percepción inmediata como sus conocimientos anteriores.

El último punto es particularmente importante. Como dijimos con anterioridad en este capítulo, los alumnos "construyen" una nueva comprensión basada en sus conocimientos previos, por eso diagnosticar el nivel actual de comprensión es importante. Hacer preguntas de final abierto es un modo simple y eficaz de obtener esta información.

Aprender a mantener un final abierto requiere de cierto acomodamiento al principio. Los docentes están generalmente preocupados por el tiempo y el ritmo de la clase y tienden a ser muy directivos, tratando de extraer la idea casi inmediatamente. Para aumentar la participación de los estudiantes y darles tiempo para pensar, lo ideal es "aflojar" un poquito y sostener el final abierto por un período de tiempo algo mayor.

Por ejemplo, supongamos estar enseñando el concepto *objeto directo* e ilustrándolo con las siguientes oraciones:

Kelly tiró la pelota a Jamey.   Jim tiró las latas en el cesto.

Los docentes -sabiendo que el objetivo es la comprensión del concepto- tienden a realizar preguntas como "¿Qué tiró Kelly? o "¿Qué hacen las personas mencionadas en cada oración?". Aunque técnicamente no son incorrectas, reducen la oportunidad de los alumnos de responder; así quedan eliminadas muchas de las ventajas de las preguntas de final abierto. Una mejor pregunta introductoria de la etapa con final abierto sería: "¿Qué notan en las oraciones?" o "¿Qué cosas tienen en común?". Este tipo de preguntas da a los estudiantes la oportunidad de pensar acerca de las oraciones y compartir sus pensamientos con el resto de la clase.

Otro ejemplo: un docente quiere que los alumnos comprendan la siguiente regla: "Las proposiciones de carácter explicativo que aparecen en una oración están separadas por comas". Podría escribir en el pizarrón o mostrar con el retroproyector una oración como la siguiente:

Los niños de esta clase, que están entre los más trabajadores del colegio, obtuvieron muy buenos resultados en la última evaluación.

El docente podría continuar diciendo: "¿Qué notan en esta oración?", "Díganme algo acerca de esta oración", "Describan esta oración" o alguna consigna similar. En ese momento de la actividad, esas preguntas son mejores que: "¿Cuál es el sujeto de la oración?" u otras preguntas que tengan una respuesta correcta y otras incorrectas.

No hay una regla que sugiera un número ideal de preguntas de final abierto. Con la práctica, los docentes se ponen más cómodos con el proceso y usan su juicio profesional para decidir en qué momento terminar. Es importante aquí monitorear la conducta de los alumnos. Si parecen estar ansiosos por continuar describiendo o comparando los ejemplos, el docente puede seguir un poco más; si parecen estar cansados y ansiosos por terminar, el docente puede pasar a otra cosa más rápidamente. Entonces comienza la Etapa 3.

Etapa 3: convergencia

La etapa con final abierto se caracteriza por las observaciones, descripciones y comparaciones; todas las respuestas son virtualmente aceptables. A la vez, existe un objetivo específico de contenido, y la clase debe progresar hacia la caracterización explícita de un concepto o hacia el enunciado de una relación como principio, generalización o norma. Para alcanzar ese objetivo, el docente reduce el espectro de respuestas de los alumnos y los lleva a identificar verbalmente la relación o las características. Se llama "etapa convergente" porque el procesamiento de la información que hacen los alumnos resulta o converge en una respuesta específica.

La etapa de final abierto fluye naturalmente hacia la etapa convergente, y a menudo la línea divisoria entre ambas no está claramente definida. No hay que preocuparse si esta separación no es evidente durante la actividad.

Volvamos por un momento a la clase de Judy Nelson y veamos cómo hizo ella la transición de la etapa de final abierto a la etapa convergente.

Ella continúa preguntando:
—¿Cómo se comparan estas líneas con las líneas de latitud? ¿David?
—...En que todas van alrededor de la pelota.
—Sí es así —sonrió Judy—. ¿Qué más? ¿Tricia?
—...Las dos pelotas tienen la misma cantidad de líneas.

—Sí, es así —asintió Judy, percatándose de que había dibujado en la pelota tres líneas de latitud y tres líneas de longitud.

—¿Cómo se comparan los largos de las líneas de longitud con los largos de las líneas de latitud? ¿Chris?

Judy comenzó la etapa convergente utilizando una pregunta anterior. Esta pregunta, aunque aún pide una comparación, hace referencia al largo de las líneas, en lugar de referirse a las líneas de latitud y longitud en general; es más precisa que las anteriores y requiere una respuesta más precisa. Durante la etapa convergente, se da una reducción del espectro de respuestas posibles.

Sin embargo, como vimos en la clase de Judy Nelson, el proceso de convergencia hacia el objetivo de contenido no siempre va como lo planeamos. Cuando Judy le pidió a Chris que comparase los largos de las líneas de longitud y de latitud, ella quería que Chris dijese que las líneas de longitud eran todas iguales, pero él no lo hizo. Veamos cómo manejó la situación.

—¿Cómo se comparan los largos de las líneas de longitud con los largos de las líneas de latitud? ¿Chris?

—Me parece que son iguales.

—¿Iguales entre ellas?

—Sí.

—Veámoslo de nuevo. ¿Qué hacen las líneas de longitud aquí? —preguntó Judy, señalando el extremo superior de la pelota y dirigiéndose a Chris.

—Todas se cruzan allí.

—Bien —sonríe Judy—. ¿Entonces qué sabemos acerca de los largos de las líneas de longitud?

—...Que son...no sé.

—Bueno, pon esta cuerda alrededor de la pelota —sugiere Judy, dándole a Chris un pedazo de cuerda que ella tenía sobre el escritorio.

Entonces Chris mide con la cuerda la circunferencia de la pelota a través de los polos.

Judy pide a Jennifer que repita el proceso con otro pedazo de cuerda en un punto diferente de la pelota, pasando por los polos, y pide a Andy y Karen que midan la pelota simulando líneas de latitud, para demostrar que éstas se vuelven más cortas a medida que se acercan a los polos.

—Entonces, ¿qué sabemos acerca del largo de las cuerdas? ¿Chris?

—Son iguales —responde Chris señalando las cuerdas de longitud—. Pero éstas se vuelven más cortas —advierte, señalando las cuerdas de latitud.

—¿Y éstas qué representan?

—Líneas de longitud.

—¡Excelente! Entonces, ¿qué sabemos acerca de las líneas de longitud?

—... Son todas del mismo largo.

—¡Muy bien, bien pensado! —respondió Judy con entusiasmo, y continuó con una línea de preguntas similar para demostrar que las líneas de latitud se vuelven más cortas en la medida en que se acercan a los polos—.

Cuando Chris no pudo dar la respuesta correcta, Judy podría haberle dicho simplemente que las líneas eran del mismo largo y haber continuado. Aparentemente, sería un modo más eficaz que el que atravesó el proceso de Judy. Sin embargo, la concepción de Chris acerca de las líneas de longitud y de latitud era que todas tenían el mismo largo, y es poco probable que decirle meramente que eso no es así, lo convenciese. En lugar de eso, Judy enfrentó el error directamente y demostró convincentemente las características tanto de la longitud como de la latitud. Esta táctica, junto con las preguntas apuntaladoras, llevaron a Chris a una comprensión de la latitud y de la longitud mucho más significativa que la que se hubiese obtenido hablándole simplemente sobre el concepto.

Este proceso de unir el contenido con la evidencia es crucial. Por ejemplo, a pesar de las ocho semanas y una unidad completa dedicadas al tema de la fotosíntesis, más del 90 % de los niños de quinto año seguía creyendo que, en lugar de hacer su propia comida, las plantas tomaban la comida de afuera, como las personas (Roth y Anderson, 1991). En otro estudio con alumnos de octavo que habían completado el curso de Física, más del 75 % seguía con la creencia de que los objetos más grandes (objetos con mayor volumen) tienen más masa y son más densos que los objetos más pequeños, a pesar de haber realizado una considerable cantidad de experiencias resolviendo problemas con la fórmula $D = M/V$ (Eggen y McDonald, 1987). Si bien estos dos estudios eran del área de Ciencias, vemos en la clase de Judy Nelson que los errores se pueden dar en todas las áreas de contenido.

Como dijimos anteriormente en este capítulo, hasta los alumnos con bajo rendimiento y sin experiencia previa pueden traer consigo conocimientos a la situación de aprendizaje y estos conocimientos tendrán un impacto en el aprendizaje. El mero hecho de "decirles" algo a los alumnos tiene poca influencia para cambiar sus ideas previas. Deben tener ejemplos claros combinados con una interacción docente-alumno y alumno-alumno que ayude a "reconstruir" errores y a construir adecuadamente nuevas concepciones. Esto es lo que hizo Judy Nelson en su trabajo con la clase en general y con Chris en particular.

Para tener otro ejemplo, veamos nuevamente el episodio con Dawn Adams, la docente de la clase de proposiciones adjetivas explicativas.

Ella presentó tres oraciones a los alumnos de la siguiente manera:

Los niños de esta clase, que están entre los más trabajadores del colegio, obtuvieron muy buenos resultados en la última evaluación.

El Sr. Adams recibe un pago, que no alcanza para vivir, dos veces por mes.

El colegio que está en la parte sur de la ciudad tiene sólo dos años.

Dawn pidió varias observaciones y comparaciones. Ahora veamos como manejó la etapa convergente de la actividad.

—Miren la información separada por comas en las primeras dos oraciones. ¿Qué pueden decir acerca de la información en cada caso? ¿Dan?
—...Nos dicen algo acerca de la gente —responde Dan después de estudiar las oraciones—.
—¿Y cómo se llama esa información? ¿Ginger?
—...¿Una proposición?
—Sí, bien. ¿Cómo lo sabes?
—Tiene sujeto y predicado.
—Muy bien, Ginger. Ahora miren la primera oración. ¿De qué se trata, básicamente? ¿Mary?

—...

—¿De qué se trata fundamentalmente la oración, de que a los niños les fue bien en la prueba o de que son bonitos?

—De que les fue bien en la prueba.

—Sí, excelente —sonríe Dawn—. ¿Y la segunda? ¿Lori?

—De que le pagan cada dos semanas.

—¡Muy bien! —Dawn mueve el brazo con entusiasmo—. Entonces, ¿qué nos dice la información que está entre comas? ¿Roger?

—...Es como algo agregado a la oración.

—Bien, ¿qué quieres decir con eso?

—...La oración no cambiaría el significado si esa información no estuviera allí.

—¡Bien! Ahora miren esta parte de la tercer oración. —Y subraya la proposición "que está en la parte sur de la ciudad"—. ¿En qué se diferencia de las primeras dos? ¿Ken?

—...Pareciera que necesitamos de esa parte de la oración para decir lo que queremos decir.

—Bien, Ken. ¿Y qué más vemos en las dos primeras oraciones que no vemos en la tercera? ¿Sue?

—...Las comas.

De este episodio vemos cómo Dawn llevó hábilmente a los estudiantes a una conclusión acerca de la naturaleza explicativa de la información en las proposiciones de los dos primeros casos. De la misma forma en que Judy Nelson lo hizo cuando uno de sus estudiantes no podía responder, Dawn apuntaló a Mary cuando estaba insegura. Esta clase de guía ayuda a los alumnos a comprender el tema y asegura el éxito, creando un clima de apoyo. Esto es característico de la enseñanza en la etapa convergente.

Etapa 4: cierre

El cierre es el punto en el cual los estudiantes identifican el concepto por sus características o pueden establecer el principio, la generalización o la regla. Judy Nelson llegó al cierre cuando sus alumnos pudieron resumir las ideas de longitud y latitud. Sue Grant llegó al cierre cuando sus alumnos pudieron expresar la ley de Charles y Jim Rooney alcanzó el cierre cuando sus alumnos pudieron manifestar la regla para formar posesivos en singular y plural.

Veamos ahora cómo Dawn Adams llegó al cierre y observemos cómo éste fluyó directamente de la etapa convergente de su clase.

—Muy bien. Entonces describan lo que descubrimos en una oración general. ¿Cal?

—...Cuando tenemos en una oración información que no es realmente importante para su significado, la separamos entre comas. Si es importante no ponemos comas en la oración.

—Muy bien, Cal. ¿Y cómo llamamos a esa información?

—Una proposición.

—Bien. Sólo para estar segura de que lo entienden, continúen y descríbanlo una vez más con sus palabras. ¿Kerri?

—...Si la proposición es necesaria para que la oración tenga significado, no está separada por comas, y si no lo es, debe estar separada.

Si bien la enunciación de un cierre formal generalmente es importante y contribuye a que los alumnos comprendan claramente la clase (Brophy y Good, 1986), existen algunas excepciones. Por ejemplo, supongamos que el concepto "arriba" está siendo enseñado a un grupo de niños pequeños. Se lo puede definir como "una posición espacial en la que un objeto está en una altura mayor que otro". Obviamente, los alumnos pequeños no podrán generar un enunciado como ése, ni siquiera con considerable apuntalamiento. En este caso, el docente pasará directamente a la etapa de aplicación, en lugar de formalizar un enunciado de cierre.

La etapa 4 también proporciona oportunidades para ayudar a los alumnos a desarrollar habilidades de pensamiento para reconocer información irrelevante. Por ejemplo, en el caso de las proposiciones explicativas, se puede guiar a los alumnos para que vean que el pronombre que está al comienzo de la proposición no es relevante, puesto que en cada ejemplo la proposición comienza con diferentes pronombres. En el caso de Jim Rooney el contenido de las oraciones en cada caso era irrelevante para la regla. La información esencial era que las palabras eran sustantivos posesivos singulares y plurales terminados en "y". Con cualquier tema es fácil establecer los ejemplos de información no esencial, que a su vez preparan a los alumnos para el desarrollo de habilidades de pensamiento importantes.

Etapa 5: aplicación

Si bien la capacidad para enunciar la definición de un concepto o describir un principio, generalización o regla refleja comprensión en un nivel, los estudiantes deben poder aplicarlo en el "mundo real" para que el tema se vuelva significativo. Los alumnos de Judy Nelson, por ejemplo, deben poder encontrar la longitud y la latitud de diferentes localidades en todo el mundo; los de Sue Grant deben poder resolver problemas con la ley de Charles y los de Jim Rooney deben escribir correctamente las formas posesivas. El desarrollo de estas habilidades se da en la etapa de aplicación.

La etapa de aplicación típica incluye trabajo para hacer en el aula o tareas para hacer en casa. Sin embargo, a pesar de haber hecho un desarrollo cuidadoso del objetivo de contenido, la aplicación aún requiere una transición, que a menudo necesita de mayor ayuda del docente. Veamos cómo Judy Nelson manejó esta parte de la actividad del aprendizaje.

—Bien, todos trabajaron bien. Ahora, supongamos que están tratando de decirle a alguien exactamente cómo ubicar Denver, Colorado. ¿Cómo lo harían? ¿Connie?

—...Buscaríamos su longitud y su latitud.

—Bien, Connie. Todos, háganlo en sus mapas. —Todos los estudiantes tienen mapas frente a ellos.

Judy camina entre ellos, observándolos trabajar. Después de casi un minuto, comienza:

—Muy bien. ¿Qué encontraron? ¿Kim?

—...Está a 40° aproximadamente.

—¿Norte o sur?

—...Norte.

—¿Cómo lo sabes?

—Porque está al norte del ecuador.

—Sí, excelente, Kim —Judy entonces continúa hasta identificar también la longitud precisa de Denver.

Este proceso de monitorear cuidadosamente los esfuerzos iniciales de los alumnos en la aplicación y luego discutirlos ayuda a consolidar las ideas en las mentes de éstos, hace que el tema sea más significativo para ellos y contribuye a llenar el vacío entre el aprendizaje conducido por el docente y la práctica independiente.

Cuando el docente está satisfecho y seguro de que la mayoría de sus alumnos puede utilizar cómoda e individualmente la información, puede proponer una tarea que requiera aplicación. Mientras la mayoría de los alumnos trabaja independientemente, puede ayudar a los que no han comprendido la idea íntegramente o a los que todavía no están listos para trabajar por sí mismos.

Aplicación: el rol del contexto

La etapa de aplicación es más eficaz cuando se pide a los alumnos que apliquen sus conocimientos en un contexto realista. Judy Nelson aprovechó el papel del contexto en el inicio, cuando planteó el problema de especificar exactamente dónde vivían los alumnos. Jim Rooney usó como contexto para aplicar su regla párrafos relacionados con la experiencia de los alumnos. Esta táctica resultó mucho más eficaz que hacer que los alumnos aplicasen la regla en oraciones separadas. Dawn Adams pidió a sus alumnos que escribieran un párrafo que contuviera al menos tres ejemplos de proposiciones explicativas y dos ejemplos de proposiciones especificativas. Además, pedía que los párrafos tuvieran sentido, de manera que los estudiantes no juntaran simplemente varias oraciones para llamarlas párrafo; exigía también otros conocimientos relacionados.

En este ejemplo veremos el problema que propuso Sue Grant a sus alumnos.

Tienes un globo lleno con 1,620 ml de aire a temperatura ambiente –72 °F–. Supón que lo pones en el freezer, que está a 10 °F. ¿Cuál será su volumen? ¿Qué suposiciones hacemos para resolver este problema?

Aquí, Sue proporcionó un contexto común y casero para el problema, comprobando si los alumnos se daban cuenta o no de que primero tenían que convertir los datos a grados Celsius y luego a temperatura absoluta. Su problema era sencillo pero poderoso para tornar significativa la ley de Charles en sus alumnos.

Aplicación: conexión de nuevo y viejo aprendizaje

La etapa de aplicación también implica ayudar a los alumnos a unir el nuevo aprendizaje con la comprensión previa. Por ejemplo, los alumnos de Sue Grant conectaron la ley de Charles con su comprensión previa de las ideas de masa, volumen y densidad. Los alumnos de Jim Rooney unieron las formas posesivas con su comprensión previa de los sustantivos singulares y plurales. Y los alumnos de Judy Nelson vincularon su comprensión de las nociones de latitud y longitud con conocimientos anteriores acerca de la tierra.

Si estas conexiones no se desarrollan espontáneamente durante el transcurso de la clase, el docente debe formalizar las relaciones mediante una revisión. Por ejemplo, Sue Grant dijo a sus alumnos:

—Vemos en la ley de Charles cómo la temperatura afecta el volumen. Pensemos cómo se relaciona esto que acabamos de aprender con lo que ya sabemos acerca de la masa y la densidad.

De esta manera, ella ayudó a sus alumnos a unir la comprensión reciente de la ley de Charles con sus ideas previas respecto de la masa y la densidad.

El modelo inductivo: énfasis en el desarrollo del pensamiento

Llegados a este punto en el estudio de las etapas del modelo, hemos visto que el foco explícito estaba puesto en los objetivos de contenido. La planificación comenzó con temas de contenido, se identificaron objetivos específicos y se crearon ejemplos que ilustraban los temas.

Como vimos en nuestra discusión acerca de la planificación para usar el modelo inductivo, los objetivos de desarrollo del pensamiento no son un resultado en el mismo sentido en que los objetivos de contenido; más bien, son procesos de los cuales el alumno participa en la medida en que se acercan al objetivo de contenido. Por ejemplo, en cada una de nuestras situaciones previas vimos que los docentes promovían el pensamiento de los alumnos de las siguientes maneras:

- Todos los docentes enfatizaron las comparaciones (y los contrastes). Ésta es una de las habilidades de pensamiento más importante y fundamental.
- Se requirió a los alumnos que encontrasen patrones y generalizaran: se pidió que identificasen las características aplicables a la longitud y la latitud (Judy Nelson), que enunciasen verbalmente la ley de Charles (Sue Grant) y la regla para formar los posesivos y las proposiciones explicativas (Jim Rooney y Dawn Adams).
- En todos los casos, los alumnos debieron aplicar sus conocimientos recientes en un contexto realista.

Éstas son todas habilidades de pensamiento importantes, cuyo desarrollo es inherente a la estructura del modelo inductivo.

Además, los docentes capitalizaron otras oportunidades para hacer participar a sus alumnos en procesos de pensamiento complejo. Por ejemplo, Judy Nelson formuló las siguientes preguntas durante su clase:

—Continúa Kathy. ¿Qué quieres decir con parejas?
—...Que no se cruzan —explica Kathy haciendo un gesto con las manos.
—¡Excelente! Entonces, qué sabemos acerca de las líneas de longitud?
—...Son todas del mismo largo.
—¿Y cómo lo sabemos?

Los alumnos de Sue Grant trabajaron en parejas; ella les pidió que escribieran conclusiones (inferencias) en una columna y observaciones que las avalasen en otra. Los siguientes son algunos de sus ejemplos.

Inferencia	**Observación**
Las masas de aire de los globos son iguales.	El número de puntos en los tres dibujos es igual.
El volumen del globo sometido al calor aumentó y el volumen del globo sometido al frío disminuyó.	Las moléculas están más separadas en el primer dibujo y más juntas en el tercer dibujo.

Aprender a reconocer la oportunidad de hacer preguntas del tipo "¿Cómo lo sabes?", "¿Por qué?", "¿Qué pasaría si?", requiere de práctica. Con un esfuerzo, los docentes desarrollan la tendencia a hacer estas preguntas y se vuelve paulatinamente más fácil reconocer las oportunidades para hacerlas. El resultado es lograr, con muy poco tiempo más de clase, un nivel mucho más alto de pensamiento por parte del alumno.

Por desgracia, los docentes no hacen preguntas como "¿Por qué?" o "¿Cómo lo sabes?" con frecuencia. Nosotros creemos que la escasez de estas experiencias en clase es producto más de una falta de concientización y de práctica que de una elección voluntaria. Esperamos que el estudio de este libro cambie estos patrones.

El modelo inductivo: alternativas

Hasta este punto hemos ilustrado y discutido la planificación y la implementación de las clases con el modelo inductivo. No obstante, al aplicar el modelo en diferentes áreas de contenido y en diferentes niveles del currículum, ocurren variaciones. En esta sección discutiremos algunas de ellas.

Ejemplos

Hemos enfatizado el rol de los ejemplos en la planificación de clases con modelo inductivo. Nuevamente, la importancia de los ejemplos de alta calidad no es exagerada. Sin embargo, hay varias consideraciones para hacer con respecto a la creación o selección de ejemplos.

Número de ejemplos

¿Cuántos ejemplos se necesitan? La respuesta precisa es: tantos como sean necesarios para ilustrar la esfera de acción del tema. Por ejemplo, para enseñar el concepto de *adverbio*, un número mínimo sería, por lo menos, un ejemplo que muestre cómo un adverbio modifica un verbo, un adjetivo u otro adverbio, más uno o dos adjetivos como contraejemplos.

En otro caso, al enseñarse el concepto de *reptil*, por ejemplo, se necesitará al menos un ejemplo de caimán (o cocodrilo), víbora, lagartija, tortuga y tortuga de mar (para que los estudiantes no concluyan en que las tortugas de mar son una clase de pez porque viven en el agua), junto con un sapo (que es un anfibio) como contraejemplo.

En el caso de temas con un campo de acción menor, como las proposiciones adjetivas explicativas, vimos que Dawn Adams usó dos ejemplos de proposiciones explicativas separadas por comas y un ejemplo (contraejemplo) de una proposición especificativa, sin separación. Si bien un tercer ejemplo positivo hubiera sido bueno, Dawn proporcionó suficiente información de manera que los alumnos pudieron identificar el patrón en ella, lo que les permitió practicar el hallazgo de patrones y la elaboración de generalizaciones.

Dar espacio a las diferencias individuales

La adaptación del modelo inductivo al trabajo con estudiantes de diferentes niveles de desarrollo y de experiencia depende de dos factores: los conocimientos previos de los alumnos y los ejemplos que el docente elige. Por ejemplo, los alumnos de Sue Grant tenían experiencia con conceptos como *masa, volumen, temperatura* y *presión*, dato que se desprende del hecho de que estas nociones fueron incorporadas a sus conclusiones y observaciones. Si no hubiera sido así, Sue hubiese tenido que volver atrás y comenzar a desarrollarlos. (Como el modelo inductivo comienza teniendo un final abierto, durante el proceso se construye un diagnóstico informal de los conocimientos previos del alumno). Asimismo, los alumnos fueron capaces de tratar con el nivel de abstracción de los modelos y los gráficos de Sue. Las ilustraciones eran especialmente abstractas y hubieran sido ineficaces con alumnos menores. En comparación, Judy Nelson usó un comienzo muy concreto –la pelota de playa con las líneas dibujadas– porque sabía que varios de sus alumnos no tenían ninguna experiencia en estos temas.

Las decisiones que toman los docentes acerca de la clase de ejemplos que van a usar dependen entonces de los conocimientos previos de sus alumnos. En el caso de Judy, las ilustraciones abstractas hubieran sido menos eficaces y ella las descartó. En general, cuanto más pequeños sean los alumnos o cuanto menos experiencia tengan sobre el tema, mayor será la necesidad de ejemplos de alta calidad. Éstos son los ejemplos ideales para todos; con niños pequeños y con alumnos sin experiencia, resultan imperativos.

Creatividad en la enseñanza

Todos hemos escuchado acerca de docentes creativos y de la necesidad de que los docentes sean creativos. De hecho, aunque a veces es difícil de implementar, conceptualmente la creatividad puede ser bastante simple. Simplemente representa la medida en que busquemos llamar la atención, ser atractivos e inteligentes al preparar nuestros ejemplos. Una excelente muestra de esto es el trabajo del Children Television Workshop[*] en *Plaza Sésamo*. Allí se enseña un número de conceptos y reglas que están ilustradas muy inteligentemente. Por ejemplo: un títere corre a distancia y anuncia "Estoy lejos", después se acerca y dice "Estoy cerca"; está ilustrando los conceptos "cerca" y "lejos". Las ilustraciones son inteligentes, atractivas y llaman la atención. Son creativas.

Judy Nelson fue muy creativa al usar la pelota de playa para ilustrar inicialmente los conceptos de longitud y latitud. Llamaba bastante la atención y era muy clara. Ésta es la esencia de la creatividad.

[*] Taller de Televisión para Niños. (N. de la T.)

Enseñar "sacando de la galera"

Enseñar "sacando de la galera" significa generar ejemplos sobre la marcha y guiar a los alumnos hacia una idea que aparece espontáneamente durante el curso de la clase. En la medida en que se desarrolla la pericia con el modelo, la habilidad para guiar a los alumnos requerirá de menor esfuerzo consciente de parte del docente y será más sencillo reconocer oportunidades para usar mini clases inductivas en el contexto de temas más amplios. Veamos algunos ejemplos de esta idea.

En el medio de una discusión, uno de los alumnos de Sandy Clark levantó la mano y dijo:
—No entiendo que "la división por cero es indefinida". Simplemente no sé que quieren decir con "indefinida".
Sandy hizo una pausa, pensó un momento y dijo:
—Bien, veamos —entonces escribió el número 12 en el pizarrón.
—Ahora, voy a darles un número a cada uno por el cual dividir 12, y cuando los llamo por el nombre me dan la respuesta. Roy, divide por 2; Eddie por 0,03; Karen, 0,01; Jeff, 0,002; Judy, 0,0004; Kelly 0,000006; John, 0,000000002; Donna, 0,0000000000003.
—Hagamos una tabla —dijo, y entonces escribió lo siguiente en el pizarrón cuando los estudiantes le daban sus respuestas.

Dividido por	Respuesta
2,0	6
0,03	400
0,01	1.200
0,002	6.000
0,0004	30.000
0,000006	2.000.000
0,000000002	6.000.000.000
0,0000000000003	40.000.000.000.000

—Entonces, veamos los patrones que tenemos aquí —dijo Sandy—. ¿Qué notan en la columna izquierda? ¿Terry?
—Los números son cada vez más pequeños.
—Bien. Entonces imaginen que seguimos con esos números. ¿Finalmente, nos estaremos aproximando a qué? ¿Leah?
—...me perdí.
—Imagina que tenemos más números en la columna —continuó Sandy—, que continuarán siendo cada vez más pequeños. ¿Al final estaríamos cerca de qué?
—...Cero.
—Sí, exactamente, bien —le sonrió a Terry.
—Ahora miren la columna de la derecha. ¿Qué patrón ven? ¿René?
—Son cada vez más grandes.
—Ahora imaginen que los números de la columna de la izquierda se vuelven increíblemente pequeños, tan pequeños como podamos imaginarlo. ¿Qué pasaría con los números de la derecha?

—Serían enormes —se ofreció Brent.

—Y si por último llegáramos al cero, ¿qué pasaría con los números de la derecha?... ¿Qué cosa harían? —Sandy gesticuló abiertamente como ilustrando una explosión con los brazos—.

—...¿Una especie de explosión? —Denis respondió sin certeza, reaccionando frente al patrón y al gesto de Sandy.

—Sí, exactamente —asintió Sandy—. Esto es lo que queremos decir con "indefinido".

Debemos hacer varios comentarios acerca de este ejemplo. Primero, Sandy tuvo la agudeza necesaria para poder generar ejemplos "en el acto". Esto requirió de una clara comprensión de su tema y de lo que hacía falta para ilustrarlo de una manera significativa. La intersección entre la comprensión que los docentes tienen de un tema y su comprensión de lo que hace falta para ayudar a comprenderlo se describe de varias maneras, pero la más inteligente es "el conocimiento del tema que se está enseñando" (Grossman, Wilson y Shulman, 1989).

En segundo lugar, la ilustración de Sandy y el desarrollo de la idea de que la "división por cero es indefinida" llevó menos de diez minutos. A esto es a lo que nos referimos con *mini clases inductivas* en el contexto de discusiones más amplias.

Por último, y tal vez sea lo más importante, Sandy podría simplemente haber tratado de explicar la división por cero mediante una descripción verbal, y hubiera llevado menos tiempo. Sin embargo, las probabilidades de que la explicación fuera tan significativa para los alumnos como lo fue la ilustración de Sandy serían también mucho menores.

La investigación acerca de la enseñanza ha sugerido una importante dirección de trabajo que es "el estudio en profundidad de una menor cantidad de temas". Este enfoque sugiere que esta actitud es preferible a una cobertura superficial de varios temas, puesto que los alumnos necesitan tiempo y oportunidades para pensar los temas que están aprendiendo. Brophy (1992) describe este movimiento así:

> Incrustada en este enfoque de la enseñanza está la noción de "clases completas" que se realizan incluyendo aplicaciones de nivel superior del contenido aprendido. La extensión en el objetivo de contenido, así, se limita para dar lugar a una enseñanza con más profundidad. Por desgracia, los currículos típicos del estado y del distrito poseen largas listas de ítems y subhabilidades a "cubrir", y los típicos paquetes curriculares provistos por las publicaciones educacionales responden a esas pautas, privilegiando la cobertura de la extensión sobre la profundidad (p.6).

Las clases inductivas que proporcionan oportunidades a los estudiantes para analizar ejemplos y aplicar nuevos contenidos en situaciones realistas son una solución a este problema.

Duración de las clases

Al trabajar con docentes, a menudo se nos pregunta cuánto deben durar las clases. La respuesta es la misma para todas las clases: el tiempo que les lleve a los estudiantes alcanzar el objetivo. En algunos casos, puede ser mucho; por ejemplo, a los alumnos de Judy Nelson les llevó aproximadamente treinta minutos caracterizar válidamente los conceptos de longitud y latitud, y usaron el resto del tiempo de la clase aplicando estos conocimientos en la identificación de las coordenadas de varias localidades de todo el mundo. En comparación, a los alumnos de Dawn Adams les llevó menos de diez minutos desarrollar la regla para reconocer las proposiciones adjetivas explicativas, y vimos que la clase "espontánea" de Sandy Clark tampoco llevó más de diez minutos.

Estimular la cooperación

Las clases que se enseñan con el modelo inductivo son vehículos excelentes para promover la cooperación entre los estudiantes. Por ejemplo, en la etapa con final abierto, Sue Grant hizo que sus alumnos trabajasen en parejas y que hicieran comparaciones entre los globos, los modelos y el gráfico. Jim Rooney pidió a sus alumnos que individualmente escribieran comparaciones en un papel, pero también podría haberles pedido que trabajasen de a dos.

El uso de la etapa con final abierto del modelo inductivo es una buena manera de que los alumnos comiencen a trabajar juntos. Como en la mayoría de los casos sólo se les pide que hagan observaciones y comparaciones, la tarea cognitiva no es tan exigente como para que el proceso les resulte frustrante. Con algo de práctica, se puede proponer a los alumnos trabajos más exigentes, como hacer y defender conclusiones, como hicieron los alumnos de Sue Grant.

Eficacia en la planificación

Los docentes expertos a menudo pueden usar el modelo inductivo casi tan espontáneamente como vimos hacerlo a Sandy Clark. En la medida en que los docentes ganan mayor confianza en pensar por sí mismos, su preparación de clases con el modelo inductivo puede volverse muy eficaz. Todos los docentes reunieron sus materiales en cuestión de minutos.

Sin embargo, esto no implica de ninguna manera que los docentes no estuvieran preparados. Tenían en mente objetivos muy específicos y mucha claridad respecto de cómo ayudar a sus alumnos a alcanzar los objetivos. Es cierto que probablemente los docentes principiantes tengan que planificar más y confiar más información al papel, ya que no tienen la experiencia que tienen los veteranos. No obstante, con paciencia y esfuerzo ellos también pueden ganar la pericia necesaria para guiar eficazmente a los alumnos para que aprendan a través de las maneras que vimos ilustradas en este capítulo.

Evaluación diagnóstica

Medición del aprendizaje de contenidos

Los resultados respecto del aprendizaje de contenido de una clase que se desarrolló con el modelo inductivo pueden medirse de diversas maneras, que van desde una convencional evaluación escrita hasta mediciones por desempeño y por ejemplos.

Más allá de la evaluación, los docentes pueden estar seguros y tener muy claro que sus objetivos, actividades de aprendizaje y evaluación diagnóstica se corresponden unos con otros. Todos los docentes de los ejemplos que presentamos en el capítulo desarrollaron actividades de aprendizaje y fueron coherentes con sus objetivos.

Pero en la enseñanza, mantener esta correspondencia y esta coherencia en la etapa de evaluación puede ser una tarea difícil. Se puede fácilmente caer en la trampa de pensar que se está midiendo un nivel de comprensión, cuando de hecho se está midiendo otro. Por ejemplo, considérese la siguiente consigna de una prueba diseñada para medir la comprensión del concepto de *artrópodo*:

Dibuja un círculo alrededor de los animales artrópodos.

a. caimán
b. camarón
c. ostra
d. libélula

Para responder correctamente este ejercicio, los estudiantes deben conocer cada uno de los animales que aparecen. Sin embargo, puede que comprendan el concepto y que aún respondan incorrectamente. Esto invalida el ítem. Si bien el ítem se propone medir la comprensión del concepto por parte de los alumnos, éste más bien mide el conocimiento que tienen los alumnos sobre cada uno de los animales.

Las fotografías hubiesen sido un recurso mejor. Si se usan imágenes (siempre que las características se vean con detalle), los estudiantes pueden responder el ítem sin saber los nombres de los animales, y aquellos con menos experiencia no estarían en desventaja en comparación con el resto de la clase.

Aún mejor, aunque verdaderamente más exigente, sería que el docente mostrase dos ejemplos, como una langosta y una almeja, y pidiera a los alumnos que explicasen por escrito por qué la langosta es un artrópodo y la almeja no. Esto les proporciona a los alumnos una oportunidad de aplicar el conocimiento que adquirieron y también da al docente una visión del pensamiento del alumno.

Como otro ejemplo, supongamos que Sue Grant quiere medir la comprensión de la ley de Charles por parte de sus alumnos y presenta el siguiente problema.

$T_1 = 50\ °C,\ T_2 = 40\ °C,\ V_1 = 100\ ml.$ Encuentra V_2.

El problema así presentado mide sólo la memoria que tengan los alumnos del procedimiento. En situaciones como ésta, los estudiantes comúnmente memorizan fórmulas, ponen nombres sin entenderlos y llegan a respuestas que virtualmente no tienen significado para ellos. Además, más allá de cómo se dé la clase, si la evaluación es esencialmente conocimiento y memoria, los estudiantes mayores del ciclo intermedio de la E.G.B. y del Polimodal estudiarán más en respuesta a la manera en que son examinados que a cómo se les enseña (Crooks, 1988).

Los siguientes serían problemas mucho mejores:

Es 15 de julio y hace mucho calor afuera. Tienes tres recipientes cerrados en tu cocina, cada uno con 250 ml de aire. (Imagina que los recipientes están hechos de un material flexible que puede expandirse y contraerse sin cambiar la presión.) Pones el recipiente A en el *freezer* de tu heladera, el B en otra parte de tu heladera y el C fuera de tu casa.

1. ¿Cuál de las siguientes afirmaciones describe mejor el volumen de cada uno de los recipientes después de que estuvieron en estas condiciones por una hora?

   a. Como la masa de aire no cambia, cada recipiente tendrá dentro 250 ml de aire.

   b. Los tres recipientes tendrán más de 250 ml de aire.

   c. A tendrá menos de 250 ml de aire, el volumen de B no cambia y C tendrá más de 250 ml de aire.

   d. A y B tendrán menos de 250 ml de aire y C tendrá más de 250 ml de aire.

   e. No tenemos suficiente información para sacar conclusiones acerca del volumen de aire en cada caso.

2. Si la temperatura del freezer de tu heladera es de –6 °C, ¿cuál será el volumen del aire del recipiente ubicado allí?

El primer ejemplo es cualitativo. Esto mide un tipo de comprensión distinta al que mide el problema cuantitativo. Ambas medidas son necesarias. A menudo los alumnos aprenden a poner números en fórmulas y a obtener respuestas con escasa comprensión real de los conceptos y los principios con que se trabaja. Las medidas cualitativas ayudan a asegurar que esto no suceda.

Tanto en el caso de Judy Nelson como en el de Jim Rooney, mediciones de simple desempeño serían la manera más eficiente de evaluación diagnóstica. Por ejemplo, Jim podría pedir a sus alumnos que escribiesen párrafos -tal como lo hizo en la etapa de aplicación de la clase- para determinar hasta qué punto los estudiantes pueden puntuar correctamente los sustantivos posesivos en singular y en plural. Judy simplemente pidió a los alumnos que encontrasen la latitud y la longitud de varias localidades y también que localizasen ciudades y puntos cuando se les dieran las coordenadas. Pudo personalizar el proceso, pidiéndoles a los alumnos que buscaran la longitud y la latitud de la ciudad de la que venían, si vivían antes en algún otro lugar, la ciudad en que vivían sus abuelos, una ciudad que hubieran visitado y muchas otras.

Medición del aprendizaje de habilidades de pensamiento

Al evaluar el desarrollo del pensamiento, se pueden usar los mismos procedimientos que se emplean para medir contenidos (Norris y Ennis, 1989). Procedimientos como *multiple-choice* y ensayos -si están bien diseñados-; así como las mediciones de desempeño, pueden ser eficientemente usadas para evaluar el desarrollo del pensamiento. Aunque el uso de pruebas con *multiple-choice* es controvertido, los expertos creen que "el *multiple choice* desempeña el rol de recabar información acerca del pensamiento crítico de los estudiantes... Si se desea recabar información acerca de cuán bien, en general, un grupo de estudiantes puede usar ciertas habilidades del pensamiento crítico, las pruebas con *multiple choice* son útiles" (Norris y Ennis, 1989, p. 29).

Cuando se emplea el modelo inductivo, esas habilidades son comparar y contrastar, inferir, predecir, generalizar y aplicar. Sin embargo, como vimos en el capítulo 2, el conocimiento de un área específica es una parte integral del proceso de pensamiento, lo que quiere decir que no hay algo así como una evaluación de pensamiento sin contenido. Por ejemplo, si Judy Nelson intentase evaluar el pensamiento de sus alumnos, prepararía ítems que requirieran de sus estudiantes el uso de procesos de pensamiento en el contexto de la geografía en general y la longitud y la latitud en particular. Lo mismo ocurriría con los otros docentes.

Como ejemplo, supongamos que Judy Nelson muestra un mapa del mundo sin las líneas de longitud y latitud y presenta el siguiente ítem en una prueba escrita.

Mira el mapa y encuentra la ciudad de Chicago. ¿Cuál de los siguientes indicadores es el que mejor refiere la longitud y latitud de Chicago?

a. 40° latitud N, 90° longitud E
b. 40° latitud S, 90° longitud O
c. 40° longitud N, 60° latitud E
d. 40° longitud S, 60° latitud O
e. 40° latitud N, 90° longitud O

Explica las razones de tu elección.

____

____

Un ítem como el precedente presupone que nunca se discutió en clase la latitud y la longitud de Chicago. El ítem requeriría lo siguiente de los alumnos:

• Saber que las medidas de latitud miden distancia al norte y al sur del ecuador.
• Saber que la longitud mide distancias al este y al oeste del primer meridiano.
• Reconocer que Chicago está al norte del ecuador.
• Reconocer que Chicago está al oeste del primer meridiano.

Aquí presentamos otra consigna como ejemplo (nuevamente basado en un mapa sin datos):

Busquen la ciudad de Lisboa, Portugal, en el mapa. Su latitud es aproximadamente 10° O. Ahora observen Madrid, España. Basándose en nuestro conocimiento sobre la latitud y la ubicación de Lisboa, ¿cuál de los siguientes valores de latitud indica más probablemente la de Madrid?

a. 4° O
b. 4° E
c. 14° O
d. 6° E

Este ítem meramente requiere que los alumnos reconozcan que Madrid está al este de Lisboa, pero aún al oeste del primer meridiano. Es fácil de resolver, pero requiere tanto que los alumnos apliquen conocimientos previos como que predigan un resultado.

Como un tercer ejemplo, la siguiente consigna se refiere a la clase de Dawn Adams acerca de la puntuación de las proposiciones explicativas.

Lee la siguiente información:

1. La bandera de los Estados Unidos de América es roja, blanca y azul.

2. Harrison Ford protagonizó un número de películas de acción entre las que se encuentran *La Guerra de las Galaxias, Indiana Jones* y *Juegos Patrióticos*.
3. Los Estados Unidos de América, Rusia, Gran Bretaña y Francia tienen el poder del veto en las Naciones Unidas.
4. La manera más conveniente de llegar de Nueva York a Los Ángeles es hacerlo a través de St. Louis e Indianápolis.

Escribe una generalización acerca del uso de las comas basándote en las oraciones.

Esta forma de ítem podría ser útil en el contexto de desarrollo de una unidad sobre puntuación, y es una extensión del trabajo de los alumnos sobre proposiciones explicativas. Suponiendo que todavía no se les hubiera enseñado a los alumnos reglas específicas acerca de la puntuación de los elementos en una serie, se los alentaría a que buscasen datos en los ejemplos, que encontrasen un patrón y que generalizasen a partir de él. La consigna podría ser usada como introducción a una clase sobre la regla. Si el docente incluye uno o más ejemplos de cada ejercicio, su pensamiento analítico puede mejorar significativamente. Con la práctica se vuelven hábiles en la búsqueda de patrones y esa inclinación a la búsqueda se transferirá a nuevas situaciones.

Como se ve en cada ítem, la evaluación de las habilidades de pensamiento es una extensión del proceso tal cual fue utilizado en la clase; la única diferencia está en la naturaleza individual de la consigna. En la clase se procesa la información mediante un esfuerzo de grupo, pero también es procesada individualmente cuando los alumnos responden al ejercicio.

Aunque no sea muy usual, las preguntas para responder verdadero o falso pueden ser útiles en la evaluación del pensamiento del alumno. Por ejemplo, consideremos la siguiente consigna basada en la clase de Sue Grant sobre la presión del gas.

Observa los tres recipientes cerrados. La presión en todos los recipientes es la misma. La masa de aire en cada recipiente es de 3 gramos. El recipiente A fue calentado y el recipiente B fue dejado a temperatura ambiente. Los tres recipientes, entonces, aparecen de la siguiente manera:

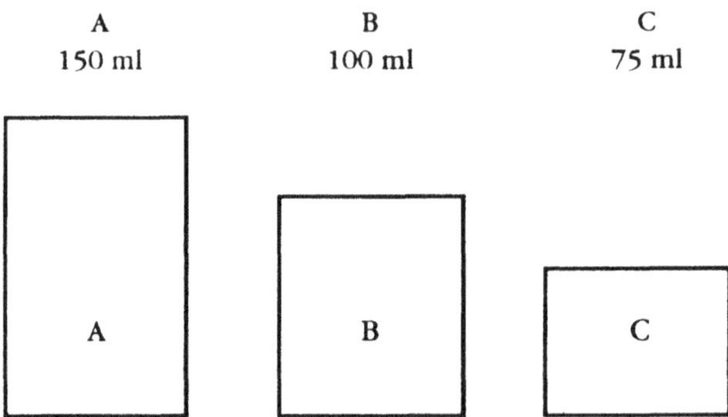

Marca V si la afirmación es verdadera, F si la afirmación es falsa y X si no se puede saberlo a partir de la información dada.

1. La masa de aire en A es mayor que la masa de aire en B.
2. La masa de aire en B es mayor que la masa de aire en C.
3. La temperatura de B es mayor que la temperatura de C.
4. La densidad de A es mayor que la densidad de B
5. La densidad de B es mayor que la densidad de C.
6. Las partículas de gas en B se mueven más rápido que las partículas de gas en C.

Un ejercicio como éste evalúa la habilidad de los estudiantes para poner en juego su comprensión, así como su habilidad para hacer inferencias basándose en la información que tienen. Por ejemplo, es muy común que los alumnos concluyan que no se les dio suficiente información para responder la afirmación 3, pero no es el caso. Se les dijo que las presiones y las masas originales eran iguales. Bajo estas condiciones, la temperatura de C tiene que ser más baja para que su volumen sea menor.

En cada uno de estos ejemplos, vemos que se necesita del conocimiento específico de campo y de los procesos cognitivos para resolver los ítems. Debido a estos requerimientos, el proceso de evaluación es más complejo y los docentes deben estar constantemente atentos frente a la posibilidad de error. El mejor seguro contra una evaluación inválida es una combinación de ítems escritos, mediciones por desempeño y observación del docente durante las actividades de aprendizaje; y nosotros alentamos a todos los docentes para que los usen en todas sus evaluaciones.

Esto concluye nuestra discusión acerca del modelo inductivo. Pasemos a los siguientes ejercicios, diseñados para medir la comprensión del contenido de este capítulo.

Resumen

El modelo inductivo es una estrategia eficaz que puede usarse para enseñar conceptos, generalizaciones, principios y reglas académicas y, al mismo tiempo, hacer hincapié en el pensamiento de nivel superior y crítico. El modelo, basado en visiones constructivistas del aprendizaje, enfatiza el compromiso activo de los alumnos y la construcción de su propia comprensión de los temas.

El modelo inductivo comienza cuando el docente se dispone a presentar ejemplos a los alumnos, en los que tendrán que buscar patrones. Esta búsqueda les proporciona una práctica en pensamiento de nivel superior y en el proceso de construir comprensión. El rol del docente es brindar la suficiente guía para evitar que los alumnos se alejen del tema central de la clase y para asegurar que las construcciones que realicen sean válidas.

El éxito de las clases en las que se emplea el modelo inductivo depende de la calidad de los ejemplos que se usan para ilustrar los temas. Los ejemplos de buena calidad presentan las características observables del concepto o sus relaciones (generalización, principio o regla académica).

El modelo inductivo, a pesar de requerir de más tiempo que otros modelos de instrucción directa, tiene la ventaja de promover altos niveles de compromiso y motivación por parte del alumno. Colocando el debido énfasis en ejemplos de alta calidad, el modelo resulta muy efectivo con estudiantes de bajo desempeño, estudiantes en riesgo y estudiantes que están forzados a utilizar en la escuela su segunda lengua.

Conceptos importantes

Análisis de concepto (p. 84)
Características (p. 83)
Conceptos (p. 82)
Conceptos coordinados (p. 84)
Conceptos subordinados (p. 84)
Conceptos supraordenados (p. 84)
Constructivismo (p. 80)
Definición (p. 84)

Ejemplos (p. 85)
Estructura social (p. 80)
Estudiantes en riesgo (p. 92)
Generalizaciones (p. 86)
Modelos (p. 90)
Principios (p. 86)
Prototipo (p. 83)
Regla académica (p. 87)

Ejercicios

1. La "enseñanza activa" fue ilustrada en todas las situaciones presentadas en el capítulo. Dé un ejemplo de enseñanza no activa.

2. Identifique un ejemplo en el curso de la clase de Judy Nelson en el que ella trate de establecer expectativas positivas.

3. Examine cada una de las siguientes afirmaciones y clasifíquelas como generalización, principio o regla.
   a. Las personas inmigran por razones económicas.
   b. En las oraciones los sujetos y los verbos concuerdan entre sí en el número.
   c. Una dieta con altos contenidos de grasa saturada eleva el nivel de colesterol de la persona.
   d. Los polos magnéticos iguales se repelen y los polos diferentes se atraen.

4. Identifique los conceptos relacionados en cada una de las afirmaciones del ejercicio 3.

5. Describa uno o más ejemplos que puedan ser usados para ilustrar eficientemente la relación, para cada una de las afirmaciones del ejercicio 3.

6. Haga un análisis conceptual de la noción *rectángulo*.

7. Clasifique cada uno de los siguientes ejemplos de acuerdo a su tipo (*realia*, figuras, modelos, estudios de casos o simulación y dramatización):
   a. El pasaje de Jim Rooney.
   b. La pelota de playa de Judy Nelson con las líneas dibujadas en ella.
   c. Los mapas de Judy Nelson.
   d. Los globos de Sue Grant.
   e. Los dibujos de Sue Grant representando los globos y las moléculas.
   f. Las oraciones de Dawn Adams.

8. Un docente está dando una clase acerca de fracciones equivalentes y pide a los alumnos que plieguen dos pedazos de papel de la siguiente manera:

Luego, les pide que sombreen una de las tres partes del primer papel y una de las cuatro partes en el segundo. El docente tiene la posibilidad de comenzar la actividad preguntando:
"¿Qué notan en los dos pedazos de papel?" o
"¿Cuántas partes fueron sombreadas en cada papel?"
a. ¿Cuál de las dos preguntas es más aconsejable para comenzar una clase con el modelo inductivo? ¿Por qué?

El docente pide a los alumnos que plieguen el primer papel en cuartos y el segundo en tercios de manera que queden así:

Nuevamente puede elegir al menos dos preguntas diferentes, como:
"¿Cómo se comparan los dos papeles ahora?"
"¿Cuántas partes de cada papel están sombreadas?"
b. ¿Cuál de las dos preguntas es más aconsejable cuando se está usando el modelo inductivo? ¿Por qué?

9. El siguiente ejemplo está basado en una clase real en la que se usó el modelo inductivo para enseñar una regla. Lea la anécdota y responda las preguntas que siguen. (Los párrafos en el estudio de caso están numerados para facilitar las referencias.)
Tony Reed quería que sus alumnos aprendieran la siguiente regla:"Cuando se agrega *-ing*[*] a las palabras, la consonante final se duplica si está precedida por una vocal corta, pero no se duplica si está precedida por una vocal larga".
   1 Para comenzar su clase afirma:
      —Vamos a ver qué buenos son pensando. Voy a escribir algunas palabras en el pizarrón y quiero que las observen y que las comparen con cuidado. Luego veremos si podemos encontrar un patrón. ¿Está bien?
   2 Escribió las siguientes palabras en el pizarrón:

   get   *fight*
   mat   *hope*[**]

___

[*] En inglés, se agrega la partícula *-ing* al infinitivo de un verbo para formar el gerundio. (N. de la T.)
[**] El ejemplo es intraducible al español, de manera que se conserva en su versión original (obtener, luchar, felpudo, esperar). (N. de la T.)

3 Para continuar dice:

—Miren las palabras que escribí en el pizarrón. Díganme algo acerca de ellas. ¿Sonya?

4 —...Son todas palabras —respondió Sonya.

5 —Realmente lo son —sonrió Tony—. ¿Qué más? ¿Pat?

6 —...Aquéllas tienen tres letras—respondió Pat señalando las palabras de la columna de la izquierda.

7 —¡Sí, bien! ¿Algo más? ¿Jim?

8 —Las de la derecha comienzan con diferentes letras.

9 —Sí, es así —reconoció Tony—. ¿Bill?

10 —Son palabras de una sílaba.

11 —Algunos son verbos y otros son sustantivos —George se ofreció a decir.

12 —Sí, son todas buenas observaciones —los elogió Tony—. Ahora les mostraré algunas otras. —Y escribió las siguientes palabras en el pizarrón.

cut	*bite*
tip	*boat* •

13 —Ahora díganme algo acerca de éstas. ¿Gail?

14 —También son verbos y sustantivos —respondió Gail.

15 —¡Bien!... ¿Betty?

16 —Algunas tienen tres letras y otras tienen cuatro.

17 —Bien, Betty...Ahora déjenme mostrarles algunas más —y escribió más palabras en el pizarrón de manera que la lista quedó así:

get	*getting*	*fight*	*fighting*
mat	*matting*	*hope*	*hoping*••

—¿Qué notan aquí? ¿Mike?

18 —Agregaste -*ing* a todas las palabras —dijo Mike instantáneamente.

19 —Bien Mike. Ahora hagámoslo otra vez —y agregó -*ing* a las palabras de la segunda lista, de manera que toda la lista apareció de la siguiente manera:

get	*getting*	*fight*	*fighting*
mat	*matting*	*hope*	*hoping*
cut	*cutting*	*bite*	*biting*
tip	*tipping*	*boat*	*boating*•••

20 —Ahora miremos las palabras —pidió Tony—. Miren las dos primeras columnas en cada caso y compárenlas con las dos últimas —ordenó, señalando las columnas en cada caso. ¿Nikki?

21 —...Las palabras de la primera columna tienen tres letras y las de la tercera columna tienen cuatro —replicó Nikki.

22 —Bien. ¿Y qué ven, cerca del medio de cada palabra?... ¿Roger?

• Cortar, morder, propina, bote. (N. de la T.)

•• Obtener-obteniendo; luchar-luchando; enredar-enredando; esperar-esperando. (N. de la T.)

••• Obtener-obteniendo; luchar-luchando; enredar-enredando; esperar-esperando; cortar-cortando; morder-mordiendo; dar propina-dando propina; pasear en bote-paseando en bote. (N. de la T.)

23 —No estoy seguro a qué se refiere.

24 —Mira —lo guió Tony, señalando la vocal en cada palabra.

25 —Oh, son vocales. Todas las palabras tienen una vocal en el medio.

26 —Ahora comparen los sonidos de las vocales de las dos listas. ¿Roy?

27 —...

28 —Di las palabras de la primera columna, Roy.

29 —...*Get, mat, cut, tip.* —Respondió Roy, pronunciando las palabras correctamente en cada caso.

30 —Sí, bien. Ahora, las palabras de la tercera columna. ¿Karen?

31 —*Fight, hope, bit, boat.* —Respondió Karen, nuevamente, pronunciando correctamente las palabras.

32 —Sí, bien Karen. ¿Qué notan con respecto a los sonidos de las vocales? ¿Kim?

33 —...Las que están en la primer columna tienen un sonido corto.

34 —¡Exactamente! ¿Y qué pasa con las de la tercera columna? ¿Jill?

35 —...No son cortas. El sustantivo y el verbo en infinitivo son iguales.

36 —Buena observación, Jill... Ahora miren las palabras de la segunda y la cuarta columna. ¿Qué notan con respecto a cómo se escriben las palabras? ¿Keith?

37 —...A todas se les agregó -*ing*.

38 —Sí. Ahora miren con más cuidado. ¿Qué patrón notan? ¿Kareem?

39 —...

40 —Observa las consonantes al final de las palabras, Kareem. ¿Qué ves?

41 —...Son dobles aquí, pero no allí.

42 —Sí, bien pensado, Kareem.

43 —Sobresaliente, todos... Ahora, ¿qué dijeron Kim y Jill acerca de los sonidos de las vocales en las palabras? ¿Kathy?

44 —...Bueno —dice Kathy dubitativa—. Las de la primera columna eran cortas y las de la tercera columna eran largas.

45 —Sí, excelente, Kathy. ¿Y qué agregamos a cada una de las palabras? ¿Alysia?

46 —Agregamos -*ing* —replicó Alysia rápidamente.

47 —Ahora inténtenlo y relacionen lo que encontraron aquí. ¿Alguien se ofrece?

48 —...Vamos, Dominic.

49 —...Las palabras de la primera columna tienen vocales cortas... y sus consonantes se duplican.

50 —¡Excelente, Dominic! Has identificado la relación entre el sonido de la vocal y la ortografía. ¿Qué pasa con las otras palabras? ¿Charlotte?

51 —...El sonido de las vocales es largo y no se duplica la consonante —respondió.

52 —Ahora, unamos todo esto y tratemos de enunciar una regla —tanteó—...Voy a comenzar yo... Cuando se le agrega -*ing* a las palabras... ¿Trang?

53 —...se duplica la consonante que está a continuación si el sonido es corto, pero no se duplica si el sonido de la vocal es largo.

54 —Muy bien hecho, Trang. Has identificado la relación entre los sonidos de las vocales y la ortografía cuando se agrega -*ing*.

55 —Ahora, díganme una palabra, agréguenle -*ing* y explíquenme por qué tiene la ortografía que tiene. ¿Suzanne?

56 Para continuar, Tony pidió a los alumnos que ofreciesen más ejemplos de palabras con vocales cortas y largas a las que se les agregase el sufijo -*ing*. Luego planteó un

ejercicio de escritura en el que los alumnos debían incluir dentro de un párrafo por lo menos dos ejemplos de verbos con consonante duplicada y otros dos en los que no se duplicase, subrayando las palabras. Luego los fue guiando para que comenzasen.

a. Identifique las etapas de la clase, incluyendo los momentos de transición de una etapa a otra.
b. Identifique cinco ejemplos de preguntas de final abierto en la actividad.
c. Ubique en la clase dos secuencias apuntaladoras identificando la pregunta inicial de la secuencia.
d. Identifique en la clase una pregunta de repetición.
e. Identifique dos procesos básicos de pensamiento que los estudiantes hayan usado en la clase.

10. Imagine que un docente quiere enseñar el principio: "Los materiales menos densos flotan sobre materiales más densos, si no se mezclan". Se inicia la clase mostrando dos frascos del mismo volumen: uno contiene agua y el otro aceite de cocina. Se los coloca en una balanza. La masa de agua es notoriamente mayor que la de aceite de cocina. Entonces se vierten juntos el agua y el aceite en un tercer frasco y el aceite flota. Responda las siguientes preguntas basadas en la información.
a. ¿Cuántos ejemplos usó el docente?
b. ¿Qué clase de ejemplos eran? (*realia*, figuras, etc.)
c. ¿Qué información específica tendría que señalar el docente para que los alumnos identifiquen?
d. ¿Qué podría hacer el docente en la etapa de aplicación del principio?

Preguntas para la discusión

1. Considere las características motivacionales de la clase de Tony Reed. ¿Qué hizo él para apuntalar la motivación de los estudiantes? ¿Cómo pudo haber hecho para incrementarla? Compare esta clase con la de Judy Nelson, Sue Grant, Jim Rooney y Dawn Adams. ¿Qué ventajas motivacionales tiene cada una? ¿Cómo podría aumentarse la motivación del alumno en cada caso?
2. Obviamente, los docentes no tienen tiempo para desarrollar una clase inductiva por cada concepto y generalización del currículum. ¿Cómo decide qué conceptos y generalizaciones elegir?
3. ¿Existen conceptos y generalizaciones más propicios que otros para usar el modelo inductivo? Si es así, ¿qué características tienen en común?
4. ¿Hay situaciones en que los ejemplos verbales podrían ser suficientes para enseñar un concepto, una generalización, un principio o una regla? Si es así, ¿cuáles serían estas situaciones?
5. Enumere principales ventajas y desventajas de la enseñanza inductiva.
6. Hemos discutido brevemente opciones para usar el modelo inductivo con grupos de diferentes edades. ¿Qué otros factores deben ser considerados para los alumnos del primer ciclo de la E.G.B.? ¿Y alumnos de la escuela secundaria y el Polimodal?
7. Una clase con el modelo inductivo puede comenzar con poca o ninguna introducción. ¿Qué importancia tiene esto?

4. El modelo de adquisición de conceptos

El modelo de adquisición de conceptos es una estrategia de enseñanza inductiva, diseñada para ayudar a los alumnos de todas las edades a reforzar su comprensión de los conceptos y a practicar la examinación de hipótesis. Desarrollado a partir de la investigación sobre aprendizaje del concepto (Klausmeier, 1985; Tennyson y Cocciarella, 1986), el modelo usa ejemplos positivos y negativos para ilustrar conceptos tan simples como *cuadrado* o *perro* y tan sofisticados como *oxímoron* o *socialismo*.

El diseño de este modelo, sugerido por primera vez por Joyce y Weil (1972), se basa en el trabajo de Bruner, Goodnow y Austin (1956), quienes investigaron de qué manera variables diferentes afectan el proceso de aprendizaje del concepto. El modelo adhiere a la perspectiva constructivista –discutida en el capítulo 3– que sugiere que los alumnos "construyen" su propia comprensión acerca del funcionamiento del mundo, en lugar de adquirirlo a través de formas previamente organizadas. Al usar el modelo de adquisición de conceptos, los ejemplos positivos y negativos de los conceptos se transforman en la base de las construcciones de los estudiantes.

El modelo de adquisición de conceptos es también útil para ofrecer experiencia a los alumnos con el método científico y particularmente con las pruebas de hipótesis, experiencias que a menudo son difíciles de brindar en áreas de contenido diferentes de las Ciencias.

El estudio completo de este capítulo propone alcanzar las siguientes metas:

- Identificar los temas que se puedan enseñar más adecuadamente con el modelo de adquisición de conceptos.
- Preparar una lista de ejemplos que ilustren el concepto eficazmente.
- Hacer una secuencia de ejemplos para promover el pensamiento analítico y las pruebas de hipótesis.
- Implementar clases usando el modelo de adquisición de conceptos.
- Adaptar el modelo de adquisición de conceptos para alumnos de diferentes niveles de desarrollo.
- Evaluar la comprensión del estudiante de las metas de contenido enseñadas con el modelo de adquisición de conceptos.
- Evaluar el desarrollo del pensamiento analítico de los alumnos basado en el modelo de adquisición de conceptos.

Para comenzar nuestra discusión, observemos a un docente que emplea el modelo de adquisición de conceptos para ayudar a los alumnos a reforzar su comprensión de un concepto y desarrollar el pensamiento analítico.

Karl Hynes, un docente de quinto año de la E.G.B., comienza su clase de Ciencias dirigiendo la atención de los estudiantes hacia una bolsa que tiene en la mano. Y dice:
—Hoy vamos a hacer algo un poco diferente de lo que estuvimos haciendo hasta ahora. Tengo una idea en mente y van a deducir qué es. Para ayudarlos a deducir, voy a mostrarles algunas cosas que *son* ejemplos de esa idea y también voy a mostrarles cosas que *no son* ejemplos de la idea. Entonces, basándose en las cosas que son ejemplos y en las otras que no lo son, van a deducir cuál es la idea. Es una especie de juego y nos va a dar cierta práctica para ser buenos pensadores. Si no están muy seguros de lo que estamos haciendo, van a darse cuenta una vez que comencemos. ¿Está bien? ¿Listos?... Allá vamos.

Entonces Karl buscó dentro de la bolsa, sacó una manzana que había sido cortada por la mitad y la puso sobre la mesa delante de un cartel de cartón que decía "Ejemplos positivos". También sacó de la bolsa una roca y la ubicó delante de un cartel que decía "Ejemplos negativos".
—Ahora —continuó—: la manzana es un ejemplo de la idea que tengo en mente y la roca no es un ejemplo de esa idea... ¿Cuál creen que podría ser la idea?...
—Comemos manzanas —se ofreció Rufus.
— Bien —sonríe Karl— ¿entonces, la idea sería...?
—...
—¿...Cosas... que...? —apuntaló Karl.
—¿...Comemos? —continuó Rufus dubitativo.

Entonces, Karl escribió la palabra "HIPÓTESIS" en el pizarrón, la subrayó y preguntó:

—¿Qué queremos decir con el término hipótesis? ¿Alguien?

—...Es una especie de adivinanza —se ofreció Mike después de algunos segundos.

—Sí —asintió Karl a Mike—. Para nuestros fines es una buena definición. Nuestras *hipótesis* serán nuestras adivinanzas educadas de lo que podría ser la idea. Luego escribió "cosas que comemos" debajo de la palabra HIPÓTESIS.

—¿Se les ocurre otra posibilidad? —continuó Karl— ...¿Jim?

—También podrían ser cosas vivas o que al menos estuvieron vivas.

—Bien —replicó Karl y escribió "cosas vivas" en el pizarrón debajo de la lista de hipótesis—. ¿Otras más?... ¿Meg?

—Bueno, esto se parece a la idea de Jim pero es un poco diferente. ¿Podrían ser cosas que crecen en plantas?

—Está bien... ¿Todos advierten la diferencia entre cosas vivientes y cosas que crecen en las plantas? ¿No? Karen, ¿puedes explicar eso a la clase?

—Bueno hay cosas vivientes que no crecen en una planta. Como los animales.

—Muy bien pensado, Karen. ¿Tenemos más ideas?

Después de una pausa de varios segundos, continuó:

—Entonces veamos algunos ejemplos más —y sacó un tomate en rebanadas y lo puso bajo el cartel de ejemplos positivos y una zanahoria cortada por la mitad debajo del cartel de ejemplos negativos.

—¿Qué nos dice esta nueva información? —continuó—. Miremos primero las hipótesis que tenemos. ¿Todavía son aceptables?... ¿Serena?

—No pueden ser cosas para comer —respondió Serena.

—Explica por qué, Serena —la alentó Karl.

—...Bueno... comemos zanahorias... y no es un ejemplo.

—Bien, Serena —sonrió Karl—. Una explicación muy buena y clara. La nueva información que tenemos nos hace descartar esa hipótesis.

—Ahora veamos el resto de las hipótesis... ¿Qué pasa con "cosas que crecen en las plantas"?... ¿Sherry?

—...Cosas que crecen en las plantas queda eliminado.

—¿Por qué? Explícalo —sonrió Karl.

—La zanahoria crece de una planta.

—¿Y? —sondeó Karl.

—No es un ejemplo —agregó Sherry enseguida.

—Excelente, Sherry. Bien pensado y buena explicación. Ahora, ¿qué pasa con "cosas vivas"?

—También está eliminado —se ofreció Jaime.

—Continúen.

—Zanahoria es una cosa viva y no es un ejemplo —Jaime se apresuró a explicar, entendiendo cómo funcionaba el proceso.

—¡Sí! Eso está bien —Karl movió el brazo con entusiasmo—. Lo están comprendiendo realmente.

—¿Qué les parece "cosas que comemos que crecen arriba de la tierra"? —propuso Renita.

—¿Estás sugiriendo una nueva hipótesis? —preguntó Karl.

—Sí.

—Muy bien. Tal vez lo tendría que haber dicho en un principio. Siempre podemos agregar hipótesis, siempre y cuando estén de acuerdo con los datos... Ahora, ¿cómo sabremos si están de acuerdo con los datos?... ¿Alguien?

—...

—Esto es un poco difícil de describir, por eso los ayudaré. Una hipótesis está justificada, si todos los ejemplos están de acuerdo con la hipótesis y si ninguno de los contraejemplos está de acuerdo con la hipótesis. Por ejemplo, ¿tanto el tomate como la manzana crecen arriba de la tierra?

—Sí, dijo la clase al unísono.

—¿Una roca o una zanahoria crecen arriba de la tierra?

—Parte de la zanahoria sí —notó Heidi.

—Bien pensado —asintió Karl—. ¿Qué opinas de lo que dijo Heidi, Renita?

—Me refería a la parte que comemos.

—¿Está bien para ti, Heidi?

Heidi asintió. —Creo que deberíamos decir, "partes de las plantas que comemos y que crecen arriba de la tierra".

—Excelente, Heidi. También podemos modificar las hipótesis de manera que se ajusten mejor a nuestra información. Éste es el tipo de pensamiento que queremos. ¡Muy bien hecho!

—Ahora, la hipótesis es... "partes de plantas que comemos que crecen arriba de la tierra", ¿aceptable?... Recuerden que todos los ejemplos deben estar de acuerdo con la hipótesis y ninguno de los contraejemplos puede estar de acuerdo con la hipótesis.

Entre un coro de "sí" y "está bien", Karl continuó.

Shawn ofreció la hipótesis "cosas que comemos que contienen semillas" y Marsha propuso "comidas de color rojo", provocando la risa de toda la clase.

Entonces Karl preguntó con aparente asombro:

—¿Acaso los tomates y las manzanas no son rojos y la roca y la zanahoria no?

—No —respondieron los alumnos.

—Mmm... Yo quiero que nos divirtamos con esto, por supuesto, pero recuerden que lo único que determina si una hipótesis es aceptable o no es si está o no de acuerdo con la información... ¿Y "comidas rojas" está de acuerdo con la información?

Los estudiantes asintieron, avergonzados.

—Bien, sé que no querían herir a nadie, pero tengan eso en mente.

Luego Karl agregó una palta a la lista de ejemplos positivos, un pedazo de apio a los ejemplos negativos y nuevamente analizaron las hipótesis que habían formulado antes.

Karl continuó por agregar y analizar hipótesis con un durazno, una calabaza y una naranja como ejemplos positivos y una planta de lechuga, un alcaucil y una papa como ejemplos negativos.

Los estudiantes siguieron el proceso con la guía de Karl, limitando sus hipótesis a "cosas con semillas" y finalmente modificando la hipótesis por "semillas en la parte comestible de la planta".

Entonces Karl preguntó:

—¿Alguien sabe cómo se llaman las comidas que tienen semillas en la parte comestible de la planta, como los alimentos que tenemos aquí?

Después de dudar por unos segundos y de no escuchar respuesta, dijo:

—Las llamamos *frutas* —y escribió la palabra *fruta* en el pizarrón.

—Todo el mundo hizo un excelente trabajo —continuó Karl—. Ahora necesitamos una buena y clara definición de fruta. Alguien que se anime a intentarlo... Vamos, sí, Goeff.

—Bien,... Las frutas son... cosas que comemos... que contienen semillas.

—¿Semillas en qué parte?

—...En la parte que comemos.

—Muy bien, Goeff. Revisaré esto para pulirlo levemente, pero en esencia ya lo tenemos.

—Entonces Karl escribió en el pizarrón: "Las frutas son comida con semillas en la parte comestible".

Luego Karl pidió a los alumnos que sacaran una hoja y que categorizaran más ejemplos positivos y negativos del concepto *fruta*.

Veamos ahora a otro docente que usa el modelo de adquisición de conceptos para ayudar a estudiantes del último año de la E.G.B. a reforzar su comprensión del concepto *metáfora*.

Tanya Adin, una docente de castellano de noveno año, comenzó su clase de la sexta hora del viernes de la siguiente manera:

—Sé que todos están ansiosos por comenzar el fin de semana, por eso, para romper la rutina, hoy vamos a hacer algo un poco diferente que nos ayudará a revisar las ideas que hemos visto brevemente en el pasado y nos dará algo de práctica en el desarrollo del pensamiento crítico.

—Esto es lo que vamos a hacer... Esta transparencia presenta una serie de oraciones —dijo mientras la agitaba en el aire—. Algunas de las oraciones ilustran el concepto que tengo en mente y otras no. Las que son positivas, las marqué con una S, por *sí*, queriendo decir que ilustran el concepto y las otras las marqué con N, queriendo decir que *no*, no ilustran el concepto. Ahora ustedes tienen que deducir cuál es el concepto basándose en los *sí* -los ejemplos- y los *no* -las oraciones que no son ejemplos.

—Probemos —continuó—. Para comenzar, les mostraré un ejemplo positivo y un ejemplo negativo. Recuerden, los ejemplos -los *sí*- ilustran el concepto; y los contraejemplos -los *no*- no ilustran el concepto.

Entonces Tanya puso la diapositiva en el retroproyector y mostró las dos primeras oraciones, que aparecieron así:

1. El *Fiat* de John es una batata. (S)
2. El huracán Andrés causó mucho daño en Florida. (N)

Los alumnos miraron los ejemplos por algunos segundos, y Dean entonces dijo:

—Autos.

—De acuerdo, bien —asintió Tanya—. El ejemplo positivo es acerca de autos y el ejemplo negativo no tiene nada que ver con ellos, por lo tanto, *autos* podría ser el concepto... ¿Alguna otra posibilidad?

—...Creo que *verbos copulativos* —agregó Antonio.

—... ¿Quieres decir que crees que *verbos copulativos* es el concepto? —preguntó Tanya.

—Sí, hay un verbo copulativo en la primera oración, pero no en la segunda.

—Muy bien, Antonio. Bien pensado... Ahora, esto es lo que tratamos de hacer. Vemos la descripción de un auto y un verbo copulativo en el ejemplo marcado con la S, pero no vemos ninguno de las dos cosas en el ejemplo negativo, entonces *autos* y *verbos copulativos* son dos posibilidades para el concepto.

—Ahora continuemos. ¿Hay más posibilidades?

—¿Podría ser el *tiempo presente*? —se preguntó Nancy.

—Bien pensado, Nancy. ¿Es *tiempo presente* aceptable?

—...

Viendo la incertidumbre en las caras de sus alumnos, Tanya continuó:

—¿Acaso el ejemplo marcado con la S, ilustra el tiempo presente?

Los alumnos asintieron y Tanya continuó:

—¿Hay algo que tenga que ver con el tiempo presente en el ejemplo negativo?

—No —dijo Bruce rápidamente, que comenzaba a ver cómo funcionaba el proceso.

—Muy bien —Tanya movió el brazo vivamente—. ¿Ven cómo lo hacemos?... Bien. Continuemos.

Entonces Tanya explicó brevemente que estuvieron haciendo hipótesis acerca de las posibilidades que habían enumerado y que por eso cada una era una hipótesis. Luego advirtió que se referiría a los ítems de la lista como hipótesis de ahí en más.

Tanya entonces mostró dos oraciones más y su lista aparecía así:

1. El *Fiat* de John es una batata. (S)
2. El huracán Andrés causó mucho daño en Florida. (N)
3. La obra de Shakespeare es una joya. (S)
4. El sombrero de mi abuela es un jardín de margaritas. (S)

—Yo sé —dijo Adam ansiosamente tras observar la lista por unos segundos—. Son los posesivos. Todos los Sí tienen un posesivo.

—¿Qué piensan los demás? —inquirió Tanya—. ¿Podemos aceptar la hipótesis de Adam? —preguntó Tanya en voz alta, enfatizando la palabra hipótesis.

—¿Y el número 2? —preguntó Rachel.

—...Es un No —señaló Karla.

—...Ah, sí —asintió Rachel, viendo que Karla tenía razón.

—Bien,... ¿algún otro? —continuó Tanya—. Bueno, veamos las hipótesis que tenemos hasta ahora... ¿Qué pasa con la de *autos*? ¿Todavía es válida?... ¿Heidi?

—¿Creo que no?

—Explica por qué para todos.

—Bueno, el número 4 no tiene nada que ver con autos.

—Y...

—Es un ejemplo con un Sí —dijo Heidi después de darse cuenta de qué es lo quería Tanya.

—Muy bien, Heidi —asintió Tanya, y luego continuó—. ¿Qué pasa con *tiempo presente*? ¿Es todavía aceptable? ¿Lisa?

—...Creo ...que sí.

—Por favor, explícalo —la alentó Tanya.

—Todos los ejemplos con Sí están en tiempo presente.

—¿Y? —sondeó Tanya.

—El No está en tiempo pasado.

—Muy bien —Tanya asintió y sonrió.

—Ahora —continuó—, ¿hay algo más que podamos agregar?

—¿Podría ser *metáforas*? —dijo Ramona.

—Está bien... ¿son las metáforas una hipótesis aceptable? —preguntó Tanya sobre su hombro mientras agregaba *metáfora* a la lista que estaba escribiendo en el pizarrón.

Los alumnos miraron los ejemplos dubitativos, y como respuesta Tanya continuó:

—¿Es cada uno de los ejemplos positivos una metáfora?

Tanya sonrió cuando algunos estudiantes asintieron y continuó:

—¿Hay más hipótesis?

—...¿Qué tal *figuras del discurso*? —sugirió Frank.

—¡Bien!... ¿*Figuras del discurso* está bien?

—...Sí—dijeron varios alumnos simultáneamente, comenzando a sentirse cómodos con el procedimiento.

—...¿Hay más?

Tras esperar varios segundos, Tanya dijo:

—Está bien, veamos otro ejemplo.

Presentó otro ejemplo y su lista quedaba ahora de la siguiente manera:

1. El Fiat de John es una batata. (S)
2. El huracán Andrew causó mucho daño en Florida. (N)
3. La obra de Shakespeare es una joya. (S)
4. El sombrero de mi abuela es un jardín de margaritas. (S)
5. Mi cuarto es verde. (N)

—¿Hay alguna otra cosa que podamos agregar a nuestra lista de hipótesis? —preguntó Tanya mirando la siguiente lista:

Autos (tachado)
Verbos copulativos
Tiempo presente
Posesivos
Metáforas
Figuras del discurso

Como no oyó nada, continuó:

—Bueno, mirémoslas. ¿Qué pasa con *verbos copulativos*? ¿Todavía está bien? ¿Amanda?

—...No.

—¿Por qué no?

—Hay un verbo copulativo en el último y es un No.

—Muy buen análisis y una buena y completa explicación —respondió Tanya haciendo un ademán hacia el pizarrón—. ¿Y qué pasa con *tiempo presente*?

—También queda descartado —se ofreció Shannon rápidamente—... El ejemplo negativo está en presente —agregó respondiendo mientras Tanya hacía un gesto para que continuara el razonamiento.

—Excelente... ¿Qué pasa con la hipótesis *posesivos*?

—Descartada —se ofreció Donalee.

—Explica por qué.

—No hay posesivos en la última oración.

—Espera. Es un No —interpuso David.

—Continúa, David —asintió Tanya.

—...Es un ejemplo negativo,... y no tiene ningún posesivo, entonces *posesivos* todavía está bien —dijo David despacio mientras enunciaba sus pensamientos.

—...Creo... que entiendo ahora —respondió, después de mirar los ejemplos de nuevo.

—Excelente... ¿Ahora, qué ocurre con la hipótesis *metáforas*?

Los alumnos concluyeron que todavía era aceptable, ya que la quinta oración no era una metáfora y tampoco un ejemplo positivo, e hicieron un razonamiento similar con las figuras del discurso.

Luego Tanya agregó el siguiente ejemplo a su lista:

6. Las hojas de otoño son la piel de los árboles, arrugada por la edad. (S)

Los alumnos decidieron que los posesivos debían ser descartados como hipótesis porque la oración no llevaba posesivos y era un ejemplo positivo; además concluyeron en que *metáforas* y *figuras del discurso* todavía eran aceptables.

Tanya entonces añadió un séptimo ejemplo.

7. Tuve un millón de hojas de tarea para hacer ayer a la noche. (N)

Después de discutirlo los alumnos concluyeron que *metáfora* era aceptable, pero que *figuras del discurso* no, porque la séptima oración era una figura del discurso -una hipérbole-, pero un ejemplo negativo.

—Ahora —intervino Tanya—. Detengámonos un momento y veamos lo que estuvimos haciendo. Reveamos el proceso que hemos desarrollado hasta ahora. Intentemos describirlo... Que alguien comience.

—...Bueno estuvimos tratando de adivinar cuál es el concepto que tienes en mente —Alandrea se ofreció después de algunos segundos.

—En realidad, no han estado adivinando y quiero que quede claro —respondió Tanya señalando el pizarrón con un ademán—. Han tomado decisiones basándose en información. En este caso la información que les he dado tiene la forma de ejemplos, pero puede aplicarse a casi todo lo que hacen. Por ejemplo, ¿por qué decidieron que las figuras del discurso no eran una hipótesis aceptable?

—...Esa oración -"Tuve un millón de hojas de tarea para hacer ayer a la noche"- es una figura del discurso y era un ejemplo negativo —sugirió Sydney.

—Exactamente. Tomaron la decisión de descartar las figuras del discurso basándose en la información, no en un mero capricho.

—Lo mismo se aplica a la vida en general —continuó Tanya—. Éste podrá parecer un ejemplo tonto, pero se aplica. Su papá decide que en el desayuno comerán avena cocida en lugar de cereal de trigo. En la caja dice que la avena no tiene grasas ni sodio, mientras que el cereal de trigo tiene un poco de cada uno, además de conservantes. De la misma manera que usaron la información en el ejercicio para dirigir el pensamiento, su papá usó la información acerca de los contenidos en grasas y en sodio para descartar el cereal de trigo.

—Entonces, aquí estamos aprendiendo un proceso fundamental que nos ayuda a vivir mejor, como consecuencia de pensar más claramente. Tengan el ejemplo de la avena y el cereal de trigo en mente y recordaremos éste y otros cuando tengamos clases como ésta.

Luego Tanya volvió al tema de la clase y presentó los siguientes ejemplos, uno por vez, pidiéndoles a los alumnos que pensasen si *metáforas* era todavía una hipótesis aceptable.

8. Por la noche eres la luz de la luna que flota a través de mi ventana. (S)
9. Hasta ahora mi vida ha sido como un pizarrón intacto. (N)
10. Tocó su mejilla como el sol toca una rosa. (N)
11. La hoja de papel en blanco estaba reclinada sobre mi escritorio y me miraba con sus ojos blancos, esperando que la acariciara con el lápiz. (N)
12. Los revólveres estallaban y las balas chillaban mientras la batalla rugía por horas. (N)

Después de mostrar y analizar el último ejemplo, Tanya preguntó:

—¿Ahora que piensan? ¿Probamos que el concepto es *metáfora*?

—Sí —respondieron varios alumnos simultáneamente y otros asintieron mostrando su acuerdo.

—Se ve prometedor, ¿no? —sonrió Tanya —. Supongamos que, sin embargo, un tiempo después encontremos una oración presentada como ejemplo positivo, pero que no es una metáfora. ¿Qué ocurriría?

—...Creo que tendríamos que tachar *metáfora* —dijo Wendy dubitativa.

—Sí, eso es exactamente lo que tendríamos que hacer —continuó Tanya—. Una hipótesis es aceptable siempre que *todos* los datos -ejemplos del concepto en nuestro caso- la corroboren, pero tenemos que rechazar la hipótesis, si *solamente un* ítem de los datos no la corrobora... Entonces, técnicamente, nunca puedes probar una hipótesis. Sólo puedes continuar reuniendo más datos que la corroboren.

—Comprenderán cada vez mejor el proceso de analizar hipótesis, en la medida que hagamos otros como éste —aseguró Tanya a sus alumnos, viendo algunas miradas dubitativas.

Luego, pidió a sus alumnos que, en forma individual, dieran otros ejemplos de metáfora para reforzar el concepto y cada uno fue discutido. Después de varios ejemplos, cerró la clase.

El modelo de adquisición de conceptos: una visión general

Para comenzar nuestro estudio del modelo de adquisición de conceptos, volvamos a observar las clases de Karl Haynes y Tanya Adin e identifiquemos sus elementos clave. Comenzaremos por concentrarnos en las características que tienen en común y luego examinaremos las diferencias en el procedimiento, así como la planificación e implementación de las clases usando el modelo. Pasemos a las características comunes:

- Primero, las dos clases se centraron en un concepto -*frutas* en el caso de Karl y *metáforas* el de Tanya- más que en un principio, generalización, regla u otra forma de contenido.
- Segundo, los docentes comenzaron por explicar detenidamente el procedimiento para usar el modelo.
- Tercero, comenzaron con un ejemplo positivo y un ejemplo negativo del tema.
- Cuarto, la actividad se centró en el proceso de ofrecer y analizar hipótesis, que resultó en la eliminación de algunas, la modificación de otras y, finalmente, la determinación de una única hipótesis.

Estructura social del modelo

En el capítulo 3 describimos la estructura social como el ambiente de clase necesario, junto con los roles que docentes y alumnos deben cumplir para que se produzca el aprendizaje. Al igual que el modelo inductivo, el modelo de adquisición de conceptos requiere una estructura social en la cual los alumnos se sientan libres de pensar y de probar sus ideas. Esto fue brevemente ilustrado por la sorpresa de Karl ante la risa de los alumnos cuando Marsha propuso "comidas rojas" como hipótesis. Si está sustentada por los datos existentes, ninguna hipótesis es tonta o trivial y Karl comunicó esta idea con sus comentarios. También remarcó que los estudiantes no tenían intención de hacer daño y que quería que disfrutaran de la actividad. Estos elementos de respeto por las ideas de los demás son importantes para comprender el espíritu del procedimiento.

Este apoyo social fue ilustrado con mayor amplitud en el intercambio entre Donalee y David en la clase de Tanya. Donalee sugirió que los posesivos debían ser eliminados y David ofreció un contraargumento válido. Consciente de la necesidad de los alumnos de sentirse seguros, Tanya volvió a Donalee y le pidió que dijera si había comprendido el argumento de David en lugar de meramente aceptarlo y continuar. Esta clase de sensibilidad del docente es crucial cuando se usan los modelos inductivo o de adquisición de conceptos.

El rol del docente

Como lo dijimos con anterioridad, una de las funciones del docente es ayudar a crear un clima en el que los alumnos se sientan libres de pensar y conjeturar sin miedo a la crítica o al ridículo y los docentes de los ejemplos previos desempeñaron muy bien este rol.

Un segunda función es explicar e ilustrar cómo "funciona" el modelo y guiar el proceso y ayudar a los alumnos a enunciar y a analizar hipótesis y a expresar correctamente su pensamiento. Ambos docentes primero presentaron cuidadosamente la actividad: Karl explicó que él tenía una idea que los alumnos tenían que deducir, basándose en ejemplos y contraejemplos y Tanya comenzó por decir que había preparado una lista de oraciones, que algunas ilustraban un concepto y otras no.

Los docentes, entonces, guiaron la actividad de tres maneras importantes:

- En primer lugar, alentaron a los estudiantes a enunciar su pensamiento en la forma de hipótesis, más que en la forma de observaciones. En la clase de Karl, por ejemplo, Rufus hizo, en esencia, una simple observación al decir "Comemos manzanas". Karl -en lugar de registrar la afirmación de Rufus- lo ayudó a parafrasearla en una hipótesis "cosas que comemos".
- En segundo término, Karl y Tanya ayudaron a guiar el pensamiento de los alumnos al determinar si una hipótesis era aceptable o no.
- Por último, solicitaron a los alumnos una explicación acerca de por qué aceptaban o rechazaban cada hipótesis. Por ejemplo, Tanya le preguntó a Amanda por qué *verbos copulativos* resultaba inaceptable frente a la quinta oración que había preparado.

Debe notarse un elemento final del proceso. Periódicamente, los alumnos están en desacuerdo en cuanto a si las hipótesis son aceptables o no, o si se puede agregar una nueva hipótesis. El docente debe monitorear estos desacuerdos para ayudar a mantener el espíritu de aceptación o rechazo de las hipótesis en función de los datos, mientras continúa el fluir de la actividad. Vimos un breve ejemplo de esto en la clase de Karl cuando Heidi estuvo en desacuerdo con la hipótesis de Renita y hubo que modificarla. Cuando un desacuerdo no puede resolverse inmediatamente, el docente puede alentar a los alumnos para que la conserven en la lista de las hipótesis hasta tener más datos para resolver el problema.

La esencia del procedimiento que deben realizar los alumnos es: sugerir hipótesis; aceptarlas, modificarlas o rechazarlas; y por último identificar la única hipótesis que mejor se adecue a la información provista en los ejemplos. Vimos esto ilustrado en ambas clases.

Metas del modelo de adquisición de conceptos

Metas de contenido

Los metas de contenido del modelo de adquisición de conceptos y del modelo inductivo están relacionadas, pero no son idénticas. Hay dos diferencias importantes:

- El modelo inductivo está diseñado para enseñar conceptos, principios, generalizaciones o reglas académicas. Sin embargo, el modelo de adquisición de conceptos –como su nombre lo dice– se centra exclusivamente en la enseñanza y el aprendizaje de conceptos.
- El modelo inductivo puede ser usado para enseñar un tema "desde cero", pero el modelo de adquisición de conceptos requiere que los alumnos posean algunos conocimientos previos sobre el tema.

Por ejemplo, si los alumnos de Tanya no hubiesen tenido algo de experiencia con las metáforas y otras figuras del discurso, no las hubieran ofrecido como hipótesis. Por esta razón, el modelo de adquisición de conceptos es a menudo más eficaz para el enriquecimiento de un concepto que para el aprendizaje inicial. Puede ser usado efectivamente como una forma de revisión y para ayudar a los alumnos a comprender las relaciones entre conceptos muy relacionados, como en el caso de la clase de Tanya. Ella quería que los alumnos reforzasen los conceptos de *metáfora, comparación, personificación* e *hipérbole*.

Sin embargo, como vimos en la clase de Karl, los alumnos no necesariamente tienen que saber el nombre preciso del concepto. Los estudiantes identificaron la característica esencial del concepto *fruta* y luego le pusieron el rótulo.

El desarrollo del pensamiento crítico de los alumnos

El modelo inductivo y el modelo de adquisición de conceptos también difieren en aquellos puntos que enfatizan. A diferencia del modelo inductivo, que pone el énfasis en la comprensión profunda de temas específicos, el modelo de adquisición de conceptos se centra especialmente en el desarrollo del pensamiento crítico a través de pruebas de hipótesis. Como vimos en las dos clases, el mayor énfasis estaba puesto en que los alumnos analizaran las hipótesis, descubriendo por qué podían ser aceptadas, modificadas o rechazadas. La práctica se centraba en extraer conclusiones del siguiente tipo: "El ejemplo negativo está en tiempo presente", para explicar que la hipótesis *tiempo presente* debía ser rechazada. Esto es tan importante como comprender el concepto en sí mismo. Si bien la clase de Tanya ayudó a reforzar las relaciones entre metáforas, comparaciones y otras figuras del discurso, la meta de desarrollar el pensamiento crítico de los estudiantes era igualmente importante. Si su meta primaria se hubiera centrado en el concepto metáfora como tema, probablemente hubiese elegido un modelo diferente.

Planificar clases según el modelo de adquisición de conceptos

Identificar temas

La investigación indica que los docentes, usualmente, comienzan el proceso de planificación por la identificación de un tema (Morine-Dershimer y Vallance, 1976; Peterson, Marx y Clark, 1978). Éste era un comienzo apropiado cuando se usaba el modelo inductivo y también es apropiado cuando se usa el modelo de adquisición de conceptos. Cuando éste se emplea, el tema será un concepto y, como lo hemos dicho ya, este modelo es más efectivo si los alumnos ya tuvieron alguna experiencia de trabajo con esa noción.

La importancia de las metas claras

Como vimos en la última sección, entre las metas del modelo de adquisición de conceptos se incluye ayudar a los alumnos a desarrollar los conceptos y las relaciones entre ellos, haciéndolos practicar simultáneamente los procesos del pensamiento crítico –principalmente, establecer y probar hipótesis–. También vimos que el desarrollo de las estrategias de pensamiento crítico puede ser la meta dominante.

En el capítulo 3 enfatizamos que el docente debe saber exactamente qué es lo que está tratando de lograr cuando usa el modelo inductivo. Al usar el modelo de adquisición de conceptos, si bien las metas son un poco diferentes, ser claros acerca de ellas no es menos importante. Karl Haynes estaba enseñando a alumnos de la E.G.B., por eso identificó "semillas en la parte comestible de la planta" como una característica esencial del concepto *fruta*. Un docente de Biología hubiese agregado características más sofisticadas del concepto, como que la fruta es como un ovario agrandado y maduro; pero Karl estaba enseñando un concepto válido para alumnos de quinto año. El aspecto importante de su planificación es que sabía exactamente qué quería de sus alumnos.

Lo mismo ocurrió en la clase de Tanya. Ella había especificado claramente "una comparación no literal que elude la palabra *como*", como la principal característica del concepto *metáfora* y tuvo esas características claramente presentes cuando planificó y llevó a cabo la clase.

Asimismo, ambos docentes fueron claros en su empeño de brindar a los alumnos la oportunidad de práctica para el desarrollo de sus habilidades de pensamiento crítico. Si la práctica del pensamiento crítico no hubiese sido una meta importante para ellos, probablemente hubiesen elegido otro modelo.

Una vez que tenemos una meta de contenido precisa y sabemos que pondremos el énfasis en el pensamiento crítico, estamos listos para preparar los ejemplos y ponerlos en una secuencia.

Seleccionar ejemplos

Los principios usados en la selección de ejemplos para enseñar un concepto son los mismos, más allá del modelo elegido. Como hemos visto con el modelo inductivo, el factor más importante en la selección de ejemplos es identificar aquellos que mejor ilustren las características del concepto. Karl Haynes eligió buenos ejemplos al usar la manzana, el tomate, la calabaza, el durazno y la naranja. En todos los casos, los alumnos pudieron ver la característica esencial –las semillas en la parte comestible de la planta– en los ejemplos. Lo mismo ocurrió en el caso de Tanya Adin. Los estudiantes pudieron ver una comparación no literal en cada uno de los ejemplos positivos.

Asimismo, los docentes fueron inteligentes al elegir los ejemplos. Karl, por ejemplo, usó los ejemplos de tomate y calabaza porque son frutas a menudo confundidas con vegetales. Al usarlos como ejemplos alentó a los estudiantes a ampliar su pensamiento e incluirlos en el concepto de *fruta*. Como resultado, aunque los alumnos tenían experiencia con el concepto, su comprensión acerca de las frutas se enriqueció.

Se eligen los ejemplos de manera tal que todos contengan la combinación de las características esenciales cuidando que ninguno de los que son contraejemplos contengan la misma combinación. Para ilustrar este proceso, consideremos un momento las características del concepto *nombre propio*, analizando los siguientes ejemplos positivos:

1. María
2. Brasil
3. Juan
4. Argentina
5. América del Sur
6. Milton

Hay dos cosas que están mal en esta lista. Primero, los ejemplos deberían haber incluido la idea de que un nombre propio designa a una persona, lugar o cosa específicos; no hay cosas específicas en la lista de ejemplos positivos. Para asegurarse de que el concepto está completo, haría falta que agreguemos ejemplos positivos como Honda y Antiguo Testamento.

El segundo problema con estos ejemplos es que se presentan aislados en lugar de ser presentados en un contexto significativo. En el capítulo 3 vimos que los ejemplos contextualizados resultan en un aprendizaje más significativo que los ejemplos aislados y abstractos. Sería fácil poner cada uno de los nombres propios en el contexto de una oración. Por ejemplo, los ejemplos podrían ser presentados de la siguiente manera:

1. María es uno de los nombres más comunes utilizado para llamar a las niñas y Juan es uno de los más comunes para los niños.
2. Brasil es el país más extenso de América del Sur y Argentina ocupa el segundo lugar.
3. Milton es el autor de un clásico de la literatura universal.
4. Uno de los primeros autos japoneses que se vendieron en este país fue el Honda.
5. El Antiguo Testamento está relacionado de muchas formas diferentes con el Corán.

Si bien presentar ejemplos en el contexto de un pasaje sería mejor incluso que dar oraciones, proveer éstas es mucho mejor que ofrecer palabras aisladas.

Preparación de ejemplos negativos

Al seleccionar los ejemplos negativos (o contraejemplos), se deben buscar aquellos donde varíen las características no esenciales y aquellos que representen todo lo que el concepto no es. Por ejemplo, Tanya Adin usó las siguientes oraciones (además de las oraciones simples, "El huracán Andrés causó mucho daño en Florida" y "Mi cuarto es verde") como ejemplos negativos en su clase acerca de las metáforas.

> Tuve un millón de hojas de tarea para hacer ayer a la noche. (*Hipérbole*)
> Hasta ahora mi vida ha sido como un pizarrón intacto (*Comparación* usando la palabra "como")
> Tocó su mejilla como el sol toca una rosa. (*Comparación* usando la palabra "como")
> La hoja de papel en blanco estaba reclinada sobre mi escritorio y me miraba con sus ojos blancos, esperando que yo la acariciara con mi lápiz. (*Personificación*)
> Los revólveres estallaban y las balas chillaban mientras la batalla rugía por horas. (*Onomatopeya*)[*]

De la lista vemos que los ejemplos negativos sirvieron para diferenciar *metáfora* de otras figuras del discurso. Cuando se usan ejemplos positivos y negativos, el alumno puede construir un concepto válido y no confundirlo con conceptos estrechamente relacionados.

Como vemos, cada uno de los contraejemplos –ejemplos de *hipérbole*, *comparación*, *personificación* y *onomatopeya*– ilustraron un concepto coordinado con el concepto de *metáfora*. Para preparar la lista de ejemplos y contraejemplos, es sumamente útil pensar en conceptos relacionados con aquél que se va a enseñar, a fin de hacerla más rica y eficaz.

Secuenciar ejemplos

Una vez seleccionados los ejemplos positivos y negativos, la última tarea en la planificación es ponerlos en una secuencia. Si el desarrollo del pensamiento crítico es una meta importante para el docente, los ejemplos deben estar arreglados de manera tal que se les dé a los alumnos la mejor oportunidad de desarrollar sus habilidades de pensamiento crítico. Tal vez, el camino más corto para llegar a un concepto no dé a los alumnos esta oportunidad y ni siquiera provoque una comprensión profunda. Tanya, por ejemplo, secuenció sus ejemplos a propósito para que los alumnos propusieran al principio hipótesis como *autos, posesivos, tiempo presente y verbos copulativos* como válidas. El hecho de que todas ellas tuvieran que ser descartadas les dio a los estudiantes la oportunidad de practicar intensamente el análisis de hipótesis.

También es cierto que los docentes no tienen necesariamente que alternar ejemplos positivos y negativos en sus secuencias. Pueden elegir presentar dos y hasta tres ejemplos seguidos y luego dos o más ejemplos negativos. Es una cuestión que debe decidir el docente. Las secuencias de Karl y Tanya, por ejemplo, aparecen como lo muestra la figura 4.1.

---

[*] Ejemplo intraducible: En inglés los verbos *crack* (estallar) y *rage* (rugir) son onomatopéyicos.

Secuencia de Karl Haynes	**Secuencia de Tanya Adin**
1. Manzana (S)	1. El *Fiat* de John es una batata. (S)
2. Roca (N)	2. El huracán Andrés provocó mucho daño en Florida. (N)
3. Tomate (S)	3. La obra de Shakespeare es una joya. (S)
4. Zanahoria (N)	4. El sombrero de mi abuela es un jardín de margaritas. (S)
5. Palta (S)	5. Mi cuarto es verde. (N)
6. Apio (N)	6. Las hojas del otoño son la piel de los árboles, arrugada por la edad. (S)
7. Durazno (S)	7. Tuve un millón de hojas de tarea para hacer ayer a la noche. (N)
8. Calabaza (S)	8. Por la noche eres la luz de la luna que flota a través de mi ventana. (S)
9. Naranja (S)	9. Hasta ahora mi vida ha sido como un pizarrón intacto. (N)
10. Lechuga (N)	10. Él tocó su mejilla como el sol toca una rosa. (N)
11. Alcaucil (N)	11. La hoja en blanco estaba reclinada sobre mi escritorio y me miraba con ojos blancos, esperando que yo la acariciase con el lápiz. (N)
12. Papa (N)	12. Los revólveres estallaban y las balas chillaban mientras la batalla rugía por horas. (N)

FIGURA 4.1. *Las secuencias de ejemplos de Karl Haynes y Tanya Adin*

Para seguir ilustrando esto, veamos un ejemplo más simple.

Supongamos que el concepto es "números con raíces cuadradas perfectas". En la figura 4.2. se proponen dos secuencias para esta clase.

Secuencia A		**Secuencia B**	
1,4	(S)	1	(S)
2,5	(N)	1/2	(N)
3,9	(S)	81	(S)
4,15	(N)	7	(N)
5,16	(S)	64	(S)
6,2	(N)	12	(N)
7,25	(S)	9	(S)

FIGURA 4.2. *Dos secuencias de ejemplos para números con raíces cuadradas perfectas*

En la secuencia A, el patrón está claramente establecido y puede verse rápidamente. Muchos alumnos podrían formular la hipótesis acertada del concepto después de dos ejemplos positivos. Sin embargo, el concepto es menos obvio en la secuencia B, lo que proporciona a los alumnos mayor oportunidad de someter a análisis las hipótesis. Al preparar la secuencia B, el docente no estaba tratando de esconder información ni de hacer una trampa a los alumnos. En lugar de eso, el docente quería maximizar la oportunidad de los alumnos de practicar el pensamiento crítico. Para cualquier serie de ejemplos se puede diseñar un número de secuencias. La organización depende de la decisión del docente, de las metas de la clase y de los conocimientos previos de los alumnos.

Implementar clases según el modelo
de adquisición de conceptos

La etapa de implementación del modelo de adquisición de conceptos es flexible y puede ser divertida tanto para el docente como para los estudiantes. El proceso puede ser presentado como un juego en el que los alumnos tratan de identificar la idea (concepto) que el docente tiene en mente. Esto puede devenir en una **movilización** del alumno -*una reacción física o psicológica frente al entorno-*, capitalizando un "sentido de lo desconocido" que ha sido documentado por la investigación como intrínsecamente motivador (Berlyne,1966; Kagan, 1972). Además, el modelo puede usarse para variar las actividades de la clase, lo que también aumenta la motivación del alumno (Stipek, 1993).

Presentar el modelo de adquisición de conceptos a los alumnos

Para alumnos de corta edad o sin experiencia, o para aquellos que están acostumbrados a clases expositivas centradas en el docente, el procedimiento utilizado por el modelo de adquisición de conceptos puede confundirlos al principio. Tanto Karl como Tanya enfrentaron este problema proporcionando consignas muy claras y precisas para la actividad y apoyando inicialmente el trabajo de los alumnos para que formularan hipótesis basadas en los ejemplos. (Por ejemplo, vimos que Karl casi puso las palabras en la boca de Rufus cuando Rufus elaboró la primera hipótesis de la clase.)

Los docentes también pueden ayudar a los alumnos a acostumbrarse a "jugar el juego", usando un tema familiar la primera o la segunda vez que se usa el modelo. Entonces, los alumnos pueden centrarse en el procedimiento en lugar de tener que aprender cómo funciona el modelo, al tiempo que trabajan sobre un concepto difícil. Por ejemplo, temas como *seres vivientes, mamíferos, objetos de madera, números primos* o incluso algo como "alumnos pelirrojos", son todos temas simples y concretos que podrían ayudar a los estudiantes a acostumbrarse al procedimiento.

Presentar el procedimiento a los alumnos a través de un tema simple puede ayudarlos a practicar las habilidades de pensamiento que se emplean en el modelo. Como vimos en las dos clases que introducen el capítulo, se requiere que los alumnos realicen algunas "idas y vueltas" en su pensamiento (por ejemplo, después de que Tanya presentara su quinta oración, los alumnos tenían que razonar de la siguiente manera: La quinta oración no ilustraba un posesivo y no era un ejemplo; entonces, los posesivos constituyen aún una hipótesis aceptable). La habilidad de hacer esta clase de razonamiento requiere de algo de práctica y los alumnos no serán buenos haciéndolo automáticamente. Ésta es una de las razones por la cual es tan importante que los alumnos puedan expresar su pensamiento y por eso puede ayudar en el comienzo el uso de temas familiares para presentar el modelo a los alumnos.

También vimos en ambas clases que los docentes tuvieron que apuntalar las respuestas de los alumnos para que explicasen de manera completa por qué aceptaban o rechazaban las hipótesis. En la práctica, tal vez los docentes tengan que apuntalar a los alumnos más aún que lo que se ilustra en las situaciones introductorias, que nosotros abreviamos intencionalmente para no extendernos demasiado. Ahora pasamos a las etapas específicas del modelo de adquisición de conceptos.

Etapas del modelo de adquisición de conceptos

El modelo de adquisición de conceptos se desarrolla en cuatro etapas. Comienza por presentar ejemplos, que proveen información para comenzar el proceso de formulación de hipótesis. Durante la segunda etapa, el docente alienta a los alumnos para que analicen las hipótesis desde el punto de vista de los ejemplos positivos y negativos. Esto comienza un proceso cíclico de presentación de datos y prueba de hipótesis que termina cuando se cierra la clase. Durante el cierre de la clase, el docente usa los ejemplos para ayudar a los alumnos a establecer explícitamente las características y a refinar su definición del concepto. En la etapa final, la aplicación, se alienta a los docentes a ampliar y generalizar su definición dando otros ejemplos. Estas etapas están resumidas en la tabla 4.1. y descriptas con mayor detalle en los siguientes párrafos.

Etapa 1: presentación de ejemplos

Después de que la actividad ha sido presentada o explicada, o una vez que los alumnos ganaron experiencia con el procedimiento, la clase comienza cuando el docente presenta ejemplos a los estudiantes. Lo típico es un ejemplo positivo y un ejemplo negativo, como Karl y Tanya hicieron en sus clases. Sin embargo, no hay nada inherentemente "erróneo" en presentar un ejemplo positivo; no incluir un ejemplo negativo simplemente provocará una mayor cantidad de hipótesis iniciales.

Karl comenzó su clase presentando una manzana como ejemplo y una roca como contraejemplo. El uso de un ejemplo negativo tan distante del positivo fue pensado para dejar bien abiertas las posibilidades de formular hipótesis. Otro docente podría haber elegido, igualmente, algo más estrechamente relacionado, como leche u otro alimento. Esto hubiera reducido significativamente las posibilidades de los alumnos de hacer hipótesis y hubiera reducido el énfasis en el pensamiento crítico.

TABLA 4.1. *Etapas en el modelo de adquisición de conceptos*

Etapa	Descripción
Presentación de los ejemplos	Se presentan ejemplos positivos y negativos y se formulan hipótesis.
Análisis de las hipótesis	Se alienta a los alumnos a que analicen las hipótesis a la luz de los nuevos ejemplos.
Cierre	El cierre tiene lugar cuando los alumnos analizan ejemplos para descubrir características decisivas y llegan a una definición.
Aplicación	Se dan más ejemplos y se los analiza desde el punto de vista de la definición formada.

Etapa 2: análisis de las hipótesis

Después de presentar el primer ejemplo o ejemplos, el docente pide a los alumnos que formulen hipótesis sobre las posibles categorías (nombrar los conceptos) que ilustra el ejemplo positivo. En la clase de Karl, por ejemplo, los alumnos inicialmente formularon la hipótesis *cosas que comemos, cosas vivas* y *cosas que crecen en las plantas*, mientras que los alumnos de Tanya inicialmente ofrecieron como hipótesis *autos, verbos copulativos* y *tiempo presente* y luego, cuando ella presentó la tercera y la cuarta oración, agregaron *metáforas* y *figuras del discurso*. Estas hipótesis ayudaron a dirigir la atención del alumno a los atributos decisivos y a centrar el diálogo subsecuente en estas características.

Para continuar con otro caso, consideremos hipótesis posibles para los siguientes ejemplos:

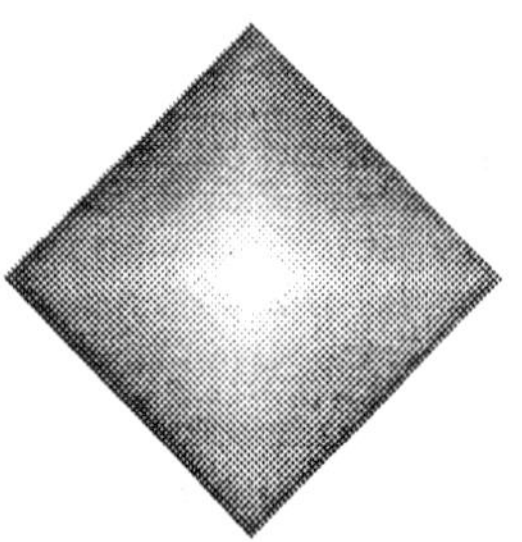  

Entre otras, algunas hipótesis pueden incluir:
Figuras cerradas.
Figuras de cuatro lados.
Cuadrados.
Figuras de lados y ángulos iguales.
Figuras con líneas rectas.

Vemos que las hipótesis de la lista varían en especificidad; *cuadrado*, por ejemplo, es una hipótesis más específica que *figura de cuatro lados*. Éste no es un problema, porque serán eliminadas o modificadas cuando se analicen las hipótesis, hasta que se llegue a un nivel apropiado de especificidad.

El proceso cíclico. Una vez presentados los ejemplos iniciales a los alumnos y habiendo solicitado el primer conjunto de hipótesis, el docente vuelve cíclicamente a las etapas 1 y 2, presentando ejemplos y analizando las hipótesis alternativamente. Esto es lo que los docentes de nuestras situaciones hicieron en sus clases. Por ejemplo, después de presentar su primer ejemplo y contraejemplo y de pedir a los alumnos las primeras hipótesis, Tanya agregó dos ejemplos más y pidió a los alumnos que evaluaran la aceptabilidad de cada una de las hipótesis y en el proceso siempre solicitó a los alumnos que explicaran por qué aceptaban o rechazaban la hipótesis.

Pedirles estas explicaciones a los alumnos es un objetivo doble. Primero, ayuda a los alumnos a desarrollar el pensamiento haciendo que expresen su propio razonamiento, así los otros alumnos se benefician al escuchar cómo es descripto verbalmente ese proceso mental. En segundo lugar, esta descripción ayuda a tornar una más igualitaria y uniforme la comprensión. Si un alumno decide que una hipótesis debe ser rechazada, por ejemplo, y la discusión pasa inmediatamente a la segunda hipótesis, otros alumnos de la clase tal vez no hayan entendido por qué la primera fue rechazada. Al pedir a cada uno que explique su razonamiento, se hacen visibles para todos las habilidades de pensamiento, y no sólo para aquellos que participan voluntariamente; esto ayuda a los alumnos menos seguros a comprender y comprometerse con la tarea (Boyer, 1983,1984).

También hay que recordar que las hipótesis pueden ser revisadas en lugar de ser completamente rechazadas. Por ejemplo, en la clase de Karl, Heidi no estaba satisfecha con la hipótesis "cosas que comemos que crecen arriba de la tierra", basándose en el argumento de que parte de la zanahoria crece arriba de la tierra y la zanahoria constituía un ejemplo negativo. A raíz de eso, la hipótesis fue revisada y modificada como "partes de las plantas que comemos que están arriba de la tierra". En este caso, los estudiantes tuvieron la experiencia de algo concreto que se correspondía con la filosofía de la prueba de hipótesis.

Es importante que durante el análisis de las hipótesis, el docente evite abrir juicios. Sería inapropiado a esta altura decir: "¡Lo tienes!" o "Eso es" si un alumno hiciera una hipótesis con el rótulo que el docente tiene en mente. Por ejemplo, en la clase de Tanya, Ramona ofreció *metáfora* como hipótesis después de que Tanya presentó dos ejemplos y dos contraejemplos. Entonces Tanya agregó *metáfora* a la lista con la misma reacción que había tenido frente a otras hipótesis. Si Tanya hubiese reconocido que ése era el concepto que tenía en mente, la clase hubiese sido un simple juego de adivinanzas, en lugar de un proceso en que los estudiantes aprenden a sacar conclusiones basándose en datos. Actuar como lo hizo Tanya en respuesta a la hipótesis de Ramona pone en los alumnos la responsabilidad de identificar y verificar el concepto. Mediante el proceso de ofrecer y analizar hipótesis, los alumnos se vuelven no sólo más hábiles en esas estrategias de pensamiento, sino que también aprenden más autónomamente.

El proceso cíclico en las etapas 1 y 2 puede resumirse en una serie de pasos:

- El docente presenta ejemplos positivos y negativos.
- Los estudiantes examinan los ejemplos y formulan hipótesis.
- El docente presenta más ejemplo(s) positivo(s) y/o negativo(s).
- Los estudiantes analizan las hipótesis y eliminan aquellas no sustentadas por los datos (ejemplos).
- Los estudiantes ofrecen hipótesis adicionales si los datos las sustentan.
- Se repite el proceso de analizar hipótesis, de eliminar aquellas invalidadas por los nuevos ejemplos y de ofrecer más hipótesis, hasta que una hipótesis queda aislada.

Una vez incorporado, este proceso cíclico se vuelve familiar para el docente y para el alumno y proporciona una estructura interna para el modelo.

Etapa 3: Cierre

Una vez que los alumnos aislaron una hipótesis que está sustentada por todos los ejemplos, la clase está lista para cerrarse. En ese momento, el docente pide a los alumnos que identifiquen las características esenciales del concepto y que establezcan una definición. La definición refuerza la comprensión del concepto por parte del alumno, ya que incluye una identificación de este concepto supraordenado y sus características primordiales. Karl, por ejemplo, ayudó a sus alumnos a formular una definición: "Las frutas son comida que comemos (concepto supraordenado) con semillas en la parte comestible" (*Semillas en la parte comestible* es la característica esencial del concepto).

En el caso de *nombre propio*, el docente puede ayudar a los alumnos a formular una definición como la siguiente: "El nombre propio es un sustantivo (concepto supraordenado) que designa a una persona en particular, un lugar en particular o una cosa en particular (características)".

Para *polígono regular* la definición podría ser: "Un polígono regular es una figura plana de líneas rectas, con todos los lados y los ángulos iguales".

Tras enunciar la definición, los alumnos están preparados para la etapa de aplicación del modelo.

Etapa 4: aplicación

La etapa de aplicación del modelo de adquisición de conceptos está diseñada para reforzar el concepto y ayudar a los alumnos a ampliarlo y generalizarlo dando nuevos ejemplos. El concepto se refuerza pidiéndoles a los alumnos que clasifiquen ejemplos adicionales como positivos o negativos y/o generando nuevos ejemplos por sí mismos. En la clase de Karl, los alumnos identificaron las frutas entre otros ejemplos de alimentos y Tanya pidió a sus alumnos que dieran ejemplos adicionales de metáforas.

Esta etapa del modelo es importante tanto para el docente como para los alumnos. Brinda a los alumnos oportunidades para probar sus nuevos conocimientos con ejemplos familiares para ellos. Para el docente, esta etapa proporciona valiosas oportunidades para la retroalimentación en cuanto a cómo y en qué medida los alumnos comprendieron el concepto.

Desarrollo de habilidades metacognitivas

Para todos es habitual encontrarse en la situación de ir a una clase o a una reunión y decirse a uno mismo "Me estoy durmiendo. Será mejor que me tome una taza de café antes de ir, para poder mantenerme despierto". Ser consciente de la propia atención, y hacer algo para controlarla, se llama *metaatención*. La metaatención es un tipo de **metacognición**, *que es la consciencia de y el control sobre nuestros procesos mentales*, puesto que la atención es uno de los procesos mentales.

El desarrollo de habilidades metacognitivas en los estudiantes es una meta educativa valiosa, porque puede ayudarlos a transformarse en alumnos auto-regulados. La **autorregulación** *es un uso consciente que hace una persona de las estrategias mentales, con el fin de mejorar el pensamiento y el aprendizaje*. Los alumnos auto-regulados asumen la responsabilidad del progreso de su propio aprendizaje y adaptan sus estrategias de aprendizaje para satisfacer las demandas de la tarea. Un resultado posible de la aplicación del modelo que presentamos en este capítulo es el desarrollo de la auto-regulación del alumno.

Tanya intentó ayudar a sus alumnos a desarrollar sus habilidades metacognitivas cuando comparó el proceso de probar hipótesis que se realizaba en su clase con el simple proceso de tomar la decisión de elegir racionalmente la avena cocida en lugar del cereal de trigo. Este ejemplo simple fue el primer paso para ayudar a los alumnos a comprender la importancia de sacar conclusiones y tomar decisiones basándose en la información, en lugar de hacerlo en el capricho, la emoción o algo peor como los estereotipos. Además, alentar a los alumnos a que piensen acerca de su propio pensamiento, los ayuda a reconocer que los procesos de los cuales participan tienen una utilidad que va más allá de la clase. El desarrollo de las habilidades metacognitivas y la autoregulación, por supuesto, llevaría mucho más que un ejemplo como el que vimos en la clase de Tanya, pero si se les brinda continuas experiencias, los alumnos gradualmente desarrollan estas habilidades. Lo mismo se aplica a la construcción de todas las formas de conocimiento y habilidades.

Esto completa nuestra discusión acerca de la implementación de las clases con el modelo de adquisición de conceptos; pero antes de pasar a la siguiente sección, sin embargo, queremos discutir brevemente dos interrogantes que a menudo se hacen acerca del procedimiento. El primero es "¿Qué hago si llego al final de mi lista de ejemplos y los alumnos no han aislado una hipótesis específica?". Si la selección de ejemplos positivos y negativos es completa, esta posibilidad sólo se presentará cuando una hipótesis es el sinónimo de otra. En un caso así, pueden conservarse ambas y cuando todas las demás hayan sido eliminadas, el docente debe hacer notar que ambas tienen el mismo sentido.

El segundo interrogante es "¿Qué hago si los alumnos eliminan todas las hipótesis menos una antes de usar todos los ejemplos?". Aquí la respuesta es simple: Simplemente hay que permitir que la clase tenga un cierre y usar el resto de los ejemplos como parte de la etapa de aplicación.

Implementar actividades de adquisición de conceptos: modificaciones

Hemos descripto el modelo de adquisición de conceptos como una estrategia estructurada en cuatro etapas interrelacionadas. Sin embargo, la estrategia no debe ser vista como algo rígido e inflexible. De hecho, puede ser muy flexible y adaptable a diferentes metas y situaciones de aprendizaje. En esta sección, describimos algunas de las modificaciones que pueden implementarse para hacer el modelo más adaptable a cada situación de enseñanza.

Consideraciones sobre el desarrollo

Para implementar con mayor eficacia una actividad de adquisición de conceptos, tenemos que considerar el nivel de desarrollo de los alumnos. En general, cuanto más pequeños sean, más concretos deberán ser los ejemplos. La clase de Karl, por ejemplo, sería más adecuada para niños pequeños que la de Tanya, porque la noción de "comparación no literal" –la característica clave del concepto *metáfora*– es mucho más abstracta que "semillas en la parte comestible", la característica clave del concepto *fruta*.

Una segunda adaptación que hace el modelo más efectivo para niños pequeños es aumentar el énfasis en los ejemplos positivos y reducir el número de ejemplos negativos. Los niños pequeños tienen dificultad para manejar la noción de contraejemplo (Berk, 1994). Sin embargo, la práctica de inferir categorías y hacer análisis rudimentarios de las hipótesis es excelente para los niños pequeños y, con ciertas modificaciones, pueden volverse habilidosos con la estrategia.

A medida que la facilidad de los estudiantes con el modelo crece, a menudo les agrada y preguntan si pueden "jugar el juego". Los docentes de jardín de infantes y de los primeros años de la E.G.B. encontraron que el modelo es eficaz como forma de revisión y para variar las actividades de la clase. También, alumnos con experiencia generan sus propias secuencias de ejemplos y "juegan el juego" entre ellos.

Adquisición de conceptos y trabajo en equipo

El modelo de adquisición de conceptos también puede ser usado eficazmente cuando los alumnos trabajan en pares o en grupos pequeños. Por ejemplo, consideremos nuevamente la clase de Tanya Adin. Tras presentar los dos primeros ejemplos, pidió a los alumnos que propusieran posibles hipótesis y condujo la actividad dentro de un grupo grande. En lugar de eso, pudo haber hecho que los alumnos trabajen en parejas, pensando juntos, y escribieran una lista de todas las hipótesis que se les ocurriesen. Permitir que los alumnos trabajen así aumenta el compromiso del alumno y eso puede tener un impacto positivo en la motivación.

El proceso lleva muy poca organización porque las parejas pueden hacerse entre compañeros de banco; además se puede alentar a cada grupo para que analice los ejemplos y compartan sus ideas con otros. Las parejas pueden informar acerca de sus hipótesis a todo el grupo y pueden compilar una lista general.

A continuación, después de que, por ejemplo, Tanya presentara el segundo par de ejemplos, se les podría haber pedido a los grupos que decidieran qué hipótesis eran aceptables y cuáles tenían que ser descartadas. También se les podría haber pedido que pusieran por escrito la razón de las aceptaciones y los rechazos. De esta manera, se capitalizaría el proceso de pensamiento crítico y los alumnos practicarían el trabajo conjunto. Con un pequeño esfuerzo adicional, el docente estará cada vez más cerca de encontrar en sus alumnos mayor compromiso, motivación, habilidad para trabajar en equipo; al tiempo que les da mayores oportunidades para desarrollar el pensamiento crítico.

Práctica del método científico

Finalmente, como hemos mencionado con anterioridad en el capítulo, el modelo también puede ser usado para introducir o reforzar el método científico. Como lo saben la mayoría de los que enseñan ciencias, los textos introducen el método científico en el primer capítulo y no lo mencionan nuevamente. Por esa razón, los alumnos memorizan los pasos sin entender el modo en que funciona este método.

Se puede aprender mucho de los métodos de la ciencia haciendo actividades de adquisición de conceptos. Por ejemplo, los alumnos se encuentran primero con una pregunta o un problema: deducir cuál es el concepto. Luego formulan hipótesis como respuestas posibles a esa pregunta: sugieren posibles rótulos para el concepto. A medida que se desarrolla el proceso, ven que las hipótesis son aceptadas o rechazadas según los datos (los otros ejemplos) y no según la autoridad o las emociones de alguien. Aprender a sacar conclusiones y a tomar decisiones basándose en la evidencia, más que en la emoción o en la autoridad, es la esencia del proceso de pensamiento crítico.

El proceso también ayuda a los estudiantes a comprender la naturaleza del examen de hipótesis. Por ejemplo, una hipótesis es aceptable solamente si todos los datos la sustentan y debe ser rechazada si solamente un ítem de los datos no la corrobora. Veremos el método científico nuevamente en el capítulo 8, cuando discutamos el modelo de indagación.

Modelos de adquisición de conceptos II y III

Hasta aquí hemos discutido los procedimientos básicos al implementar clases con el modelo de adquisición de conceptos, las modificaciones necesarias para desarrollarlo con niños pequeños y las adaptaciones para usar el modelo agrupando a los alumnos. También hemos visto cómo puede usarse el modelo para dar a los alumnos experiencia con el método científico.

Sin embargo, el procedimiento básico puede ser modificado para incrementar el énfasis en el pensamiento, la metacognición y el método científico. Discutiremos estas modificaciones en las próximas dos secciones.

Adquisición de conceptos II

El modelo de adquisición de conceptos puede ser modificado para aumentar el énfasis que la actividad pone en el pensamiento del alumno. Variando levemente el procedimiento, los alumnos quedan ubicados en una situación en la que no sólo practican el análisis de hipótesis, sino que también aprenden a mejorar la eficacia de su pensamiento.

Adquisición de conceptos II es una modificación de la estrategia de adquisición de conceptos que proporciona a los alumnos una mayor iniciativa en el aprendizaje de los conceptos. Como lo ilustramos en las secciones anteriores, en la actividad básica de la adquisición de conceptos (que para referencia llamaremos adquisición de conceptos I o A.C. I) se presentan inicialmente dos ejemplos, y los subsecuentes son presentados en secuencia y generalmente de uno por vez. Adquisición de conceptos II (A.C. II) es similar a A.C. I en que los dos primeros ejemplos son presentados y rotulados como positivo o negativo respectivamente. No obstante, un aspecto importante los diferencia. En una clase A.C. II se muestran al alumno todos los ejemplos juntos desde el principio de la actividad. Esto le permite seleccionar ejemplos subsecuentes para probar sus hipótesis.

Tras presentar todos los ejemplos y catalogar los dos primeros, el docente pide a los alumnos que formulen hipótesis del nombre del concepto, con los que se hace una lista en el pizarrón. Luego, se los alienta para que examinen la lista que quedó, buscando aquellos que verifiquen o refuten las hipótesis del pizarrón. Entonces, los estudiantes eligen un ejemplo de la lista e indican si creen que es positivo o negativo. También dicen qué hipótesis deberían ser rechazadas si su clasificación es correcta. Después, el docente verifica la clasificación. Si la clasificación es correcta, se hacen los cambios apropiados a la lista de hipótesis; si es incorrecta, se reanalizan las hipótesis a la luz de la nueva información. Los alumnos, entonces, seleccionan más ejemplos y repiten el proceso de análisis hasta aislar una sola hipótesis.

Por ejemplo, una clase típica de adquisición de conceptos II podría empezar así: para desarrollar el concepto *carnívoro*, el docente presenta imágenes en el orden que se menciona a continuación.

Ejemplos

perro (S)	silla	tigre
auto (N)	gato	hámster
árbol	castor	ratón
vaca		

Los alumnos podrían responder a esta información con las hipótesis siguientes, que pueden escribirse como una lista en el pizarrón:

Ejemplos		**Hipótesis**
perro (S)	gato	cosas vivientes
auto (N)	castor	animales
árbol	tigre	animales domésticos
vaca	hámster	mamíferos
silla	ratón	carnívoros

Una de las ventajas de las actividades de adquisición de conceptos II es que los alumnos desarrollan eficacia para probar hipótesis. La efectividad está lograda cuando un ejemplo puede ser usado para probar todas o al menos varias hipótesis. Por ejemplo, una manera de probar todas esas hipótesis es con el ejemplo del gato. Si *gato* es contraejemplo, entonces todas las hipótesis deberán ser rechazadas. No obstante, siendo *carnívoro* el concepto objetivo, gato es un ejemplo positivo; por lo tanto, no puede ser usado como base para rechazar ninguna de las hipótesis. Aunque este ejemplo particular no resultó en la eliminación de las hipótesis, provee una excelente práctica en el proceso.

Tal vez los estudiantes elijan *castor* como el siguiente ejemplo. Si *castor* es positivo, todas las hipótesis excepto *carnívoros* y *animales domésticos* son aceptables, pero si *castor* es negativo, *carnívoros* y *animales domésticos* serían las únicas hipótesis aceptables. El docente indicaría en ese momento que *castor* es un contraejemplo. Por eso, las hipótesis cosas *vivientes*, *animales* y *mamíferos* tendrían que ser rechazados. *Animales domésticos* y *carnívoros* serían conservados como hipótesis viables porque *castor* era un ejemplo negativo del concepto, y *gato* y *perro* habían sido clasificados como ejemplos positivos. Ahora observemos la lista y veamos si se puede determinar una manera para que los alumnos investiguen la hipótesis *animales domésticos*.

Ejemplos		**Hipótesis**
perro (S)	gato (S)	animales domésticos
auto (N)	castor (N)	carnívoros
árbol	tigre	
vaca	hámster	
silla	ratón	

Veamos las opciones *vaca* y *tigre*. Las dos posibilidades dan información levemente diferente. La diferencia es suficiente como para hacer que una sea una elección más eficaz que otra. Primero, si *tigre* es positivo, *animales domésticos* debe ser rechazado porque el tigre no es un animal doméstico. Si *tigre* es un ejemplo negativo, dice sencillamente que la categoría no puede ser rechazada pero que tampoco está sustentada. Los datos son "neutros" con respecto a las hipótesis porque *tigre* puede ser negativo por razones diferentes al hecho de que no es un animal doméstico. Debe recordarse que cuando los alumnos eligen ejemplos y examinan las hipótesis, no conocen cuál es el concepto; deben inferirlo de la información proporcionada.

Ahora consideremos *vaca* como prueba de la hipótesis *animales domésticos*. Si *vaca* es un contraejemplo, *animal doméstico* es rechazado, porque la vaca es un animal doméstico y se obtiene buena información acerca de la inferencia. No obstante, si *vaca* es positivo, no sólo la categoría no es rechazada, sino que la verifica directamente. La elección *vaca* como ejemplo proporciona más información acerca de la hipótesis que la opción *tigre*; por lo tanto *vaca* es la opción más efectiva. Lo inverso hubiese sido verdadero, si hubiésemos querido probar la hipótesis *animal carnívoro*. En ese caso, *tigre* hubiese sido una opción más productiva. Con la práctica, los alumnos se vuelven más eficaces en reunir datos y en obtener la mayor información posible de cada ejemplo. El mayor beneficio que obtienen los alumnos en las actividades de A. C. II es la práctica en el proceso de análisis. En un sentido limitado, los alumnos diseñan su propia investigación o experimento.

Adquisición de conceptos III

Una segunda modificación del procedimiento básico está diseñada para incrementar la iniciativa cognitiva y la responsabilidad de los alumnos. Al igual que A.C. II, A.C. III requiere de un análisis más sofisticado por parte de los alumnos y los ayuda a mejorar su eficacia porque les ofrece la oportunidad de generar sus propios ejemplos para probar hipótesis. La estrategia básica y los procesos de pensamiento son prácticamente los mismos que en A.C. II. Sin embargo, en lugar de ver los dos primeros ejemplos identificados y paulatinamente los demás, los alumnos ven los dos primeros categorizados como positivos o negativos y deben proveer sus propios ejemplos. Por ejemplo, consideremos la actividad siguiente, diseñada para enseñar el concepto *vegetales con raíces comestibles*.

El docente comienza por mostrar a la clase:

zanahoria	(S)
maíz	(N)

Algunas hipótesis posibles serían:
vegetales de color naranja
vegetales con raíces comestibles
vegetales ricos en vitamina A
vegetales que se comen crudos

La responsabilidad de dar un ejemplo que pruebe estas hipótesis recae sobre los estudiantes. Los estudiantes pueden probar las hipótesis, seleccionando más ejemplos de vegetales. Una opción eficaz podría ser *rábano*. Si *rábano* es positivo, *vegetales de color naranja* y *vegetales ricos en vitamina A* quedan eliminados; pero si *rábano* es negativo, *vegetales con raíces comestibles* y *vegetales que se comen crudos* quedan eliminados. En esta clase, rábano es sí, porque deja *vegetales con raíces comestibles* y *vegetales que se comen crudos* como conceptos posibles. Será tarea de los alumnos examinar las hipótesis que quedaron. Ahora una opción podría ser *papa*. Si *papa* es positivo, sustentará *vegetales con raíces comestibles*, pero hará forzoso el rechazo de *vegetales que se comen crudos*. Pero *papa* es positivo, lo que hace que la segunda hipótesis quede eliminada y quede sustentada la hipótesis *vegetales con raíces comestibles*. Los alumnos, entonces, continuarían probando las hipótesis y, al hacer esto, estarían reforzando y ampliando su conocimiento.

Al planificar una actividad A. C. III, el docente debe tener a mano otros ejemplos para usar si los ejemplos de los estudiantes no dan un cuadro completo del concepto. Si no resultan necesarios durante el curso de la clase, los ejemplos del docente pueden usarse al final de la actividad como un medio de evaluación del aprendizaje.

Una ventaja de A.C. III es la oportunidad que da a los alumnos de reunir datos activamente. A.C. III es más parecido a la vida o es más realista que las otras dos formas de adquisición de conceptos, en que los alumnos pueden estar persiguiendo activamente un concepto que no comprenden del todo. Los estudiantes no están limitados a los ejemplos que da el docente, pueden usar otros provenientes de sus conocimientos previos, de su iniciativa o su creatividad para investigar las hipótesis. Además, las estrategias de pensamiento se desarrollan mejor mediante la práctica manifiesta en la que los alumnos comparten y explican los procesos de pensamiento que atravesaron para llegar a sus respuestas.

Evaluación diagnóstica

A través de las actividades de adquisición de conceptos se obtienen resultados de dos tipos distintos. Uno de ellos es una comprensión más profunda de los conceptos -a menudo, aquellos con los que los alumnos han tenido alguna experiencia- y el otro es un incremento en las habilidades de pensamiento crítico. En esta sección realizaremos la evaluación de estos dos resultados.

Evaluación de la comprensión de los conceptos

La adquisición de un concepto puede medirse a través de una o más de las siguientes cuatro formas primarias:

1. Búsqueda y determinación de nuevos ejemplos del concepto.
2. Identificación de las características del concepto.
3. Establecimiento de relaciones entre ese concepto y otros.
4. Definición del concepto.

Una forma simple y efectiva de medir la adquisición de conceptos es pedir a los estudiantes que identifiquen ejemplos de ese concepto dentro de un contexto. Esto es relativamente fácil de preparar; a diferencia de aquellos ejercicios donde debe enunciarse una definición o enumerarse características. En realidad, si el docente usa ejemplos idóneos, es una manera válida de medir si los alumnos han construido o no una comprensión válida del concepto. Por ejemplo, el siguiente es un ítem diseñado para medir el concepto *objeto directo*.

Lee el siguiente pasaje y subraya todos los objetos directos que encuentres:

Damon y Kerri estaban paseando. Mientras caminaban, Kerri vio entre los arbustos un animal manchado muy lindo.

—Atrapémoslo —sugirió.

—No —respondió Damon—. No voy a perseguir ningún animal extraño. Podría morderme.

—Vamos, gallina —respondió ella—. Apuesto a que es inofensivo.

—Ohh, está bien. Pero si te ataca, yo me voy.

Entonces los niños siguieron al animal. Desafortunadamente para Kerri, pero afortunadamente para Damon, no tuvieron suerte en alcanzarlo.

Además de medir la comprensión que alcanzaron del concepto los alumnos, otra ventaja de este ejercicio es que los ejemplos de objeto directo están presentados en el contexto de un párrafo; esto aumenta la probabilidad de que los alumnos puedan transferir la información a situaciones nuevas.

Pedir a los alumnos que den ejemplos del concepto, en lugar de identificarlo entre los elementos de una lista, es una variación de esta modalidad. En ese caso, se les pedirá que escriban un pasaje propio en el que aparezca un número específico de ejemplos.

Una segunda manera de medición es pedir a los estudiantes que indiquen características del concepto. La desventaja de este tipo de medición es que el ítem a menudo mide sólo lo conocido, puesto que las características deberían haber sido ya identificadas durante la actividad previa de A.C.

El siguiente podría ser un ejemplo de esta clase de ítem:

Dibuja un círculo alrededor de las que sean características de los mamíferos:

a. piel desnuda
b. pone huevos
c. corazón con cuatro cámaras
d. piel escamada
e. temperatura del cuerpo regulada
f. amamanta a las crías

La comprensión de los conceptos también puede medirse haciendo que los alumnos establezcan relaciones con otros conceptos. Aquí, el docente les pide que identifiquen conceptos coordinados, supraordenados y subordinados, o una combinación de ellos. El siguiente ítem es un ejemplo de este tipo de modalidad.

Si *figuras del discurso* está supraordenado al concepto de *metáfora*, ¿cuál de los siguientes están coordinados al concepto *metáfora*?

a. comparación   c. personificación   e. aliteración
b. tropo   d. metro   d. pentámetro yámbico

Este ítem prueba la comprensión de la relación entre la metáfora y otros conceptos que también son figuras del discurso. Se pueden diseñar ítems similares para medir relaciones supraordenadas y subordinadas. El uso de ítems como éste presupone una discusión previa de estas relaciones en clase.

Una cuarta alternativa para medir el aprendizaje del concepto es que los alumnos propongan una definición de aquél o que identifiquen la definición correcta en una lista de alternativas. La desventaja de este tipo de ítem es que se parece a aquellos usados para medir el conocimiento que tienen los alumnos de las características de un concepto, en los que queda implicada naturalmente la simple memorización de la información.

Como lo sugiere esta discusión, no hay una manera mejor que otra de medir la adquisición de un concepto. Cada uno de los ítems descriptos dice al docente algo diferente acerca de la comprensión de los estudiantes, y la mejor estrategia de evaluación es usar una combinación de ellos.

Evaluación de las habilidades de pensamiento crítico

Tal vez más importante que evaluar en qué medida los alumnos comprendieron un concepto sea evaluar sus habilidades de pensamiento crítico. Este tipo de evaluación es difícil de volcar en un formato escrito, pero puede hacerse. El siguiente ítem, por ejemplo, simula una actividad de A.C.:

Dados los siguientes ejemplos:

Sí	**No**
36	5
81	111

Se ha elaborado una lista con las siguientes hipótesis:
Números de dos dígitos
Números compuestos (no primos)
Cuadrados perfectos
Múltiplos de 3

1. ¿Son todas las hipótesis aceptables? Rodea con un círculo la respuesta correcta y explica tu decisión.
SI / NO

....
....

2. Agregando dos ejemplos más, tu lista queda de la siguiente manera:

Sí	No
36	5
81	111
49	45

¿Cuáles son ahora las hipótesis aceptables y cuáles deben ser rechazadas? Explica por qué en cada caso.

....
....

Como vemos en estos ítems y hemos discutido en el capítulo 2, evaluar las hipótesis requiere que los alumnos comprendan los conceptos *números de dos dígitos, números compuestos, cuadrados perfectos y múltiplos de 3*. Ésta es la dimensión que adquiere el conocimiento específico dentro del pensamiento crítico, un aspecto necesario a considerar para el desarrollo de las habilidades de pensamiento en todas las áreas.

Hemos hecho una breve descripción del proceso de medición y evaluación en el aprendizaje del concepto. Cualquiera de los textos principales de la bibliografía sobre evaluación diagnóstica puede proporcionar una discusión detallada del proceso.

Pasemos ahora a los siguientes ejercicios, que fueron diseñados para medir la comprensión del modelo de adquisición de conceptos que presentamos en este capítulo.

Resumen

El modelo de adquisición de conceptos se relaciona estrechamente con el modelo inductivo en tanto está diseñado para enseñar conceptos al mismo tiempo que enfatiza el desarrollo del pensamiento de nivel superior y el pensamiento crítico. Una importante virtud del modelo de adquisición de conceptos es su capacidad para ayudar a los alumnos a comprender el proceso de probar hipótesis dentro de una amplia variedad de temas, en el contexto de una única actividad de aprendizaje.

Las actividades de adquisición de conceptos comienzan cuando los docentes proponen la identificación de un concepto que tienen en mente. El concepto es típicamente ilustrado con un ejemplo positivo y con uno negativo, para que luego los alumnos formulen hipótesis. A continuación se presentan más ejemplos positivos y negativos, seguidos una y otra vez por el análisis de las hipótesis. El proceso llega a un cierre cuando el concepto es aislado y probado con otros ejemplos.

El modelo de adquisición de conceptos es más adecuado cuando las metas del docente están muy orientadas hacia el desarrollo del pensamiento de nivel superior y crítico. Si las metas están más orientadas hacia el contenido específico, es un modelo menos eficaz que el modelo inductivo.

Conceptos importantes

Autoregulación (p. 136)   Movilización (p. 132)
Metacognición (p. 136)

Ejercicios

1. Observe las metas de contenido de la lista que está a continuación. Identifique cuáles son apropiadas para ser enseñadas con el modelo de adquisición de conceptos. Explique por qué son inapropiadas las restantes.
   Metas
   a. Un docente de Lengua quiere que sus alumnos comprendan el concepto *gerundio*.
   b. Un docente del primer ciclo de la E.G.B. quiere que sus alumnos comprendan la noción de *blando*.
   c. Un docente de Ciencias quiere que sus alumnos comprendan por qué dos latas de café lanzadas desde la parte más alta de un plano inclinado, ruedan a distintas velocidades.
   d. Un docente de Ciencias quiere que sus alumnos comprendan qué son los *fluidos miscibles* (que pueden ser mezclados).
   e. Un docente de Literatura quiere que sus alumnos conozcan en qué época escribió Edgar Allan Poe toda su obra.

2. Para cada una de las metas de contenido identificadas en el ítem 1 como apropiadas para la adquisición de conceptos, prepare y elabore una secuencia de ejemplos que ayude a los alumnos a alcanzar el concepto.

3. Elija un tema y diseñe una secuencia de ejemplos que maximicen la práctica de los alumnos en el desarrollo de habilidades de pensamiento.

4. Lea el siguiente estudio de caso que ilustra una actividad de adquisición de conceptos y responda las preguntas usando la información dada.

Michele Scarritt quiere que sus alumnos practiquen su habilidad para probar hipótesis y, para practicar el proceso, se centra en el concepto *canino*. Ella ya hizo un número de actividades de adquisición de conceptos con sus alumnos, por lo que el proceso les resulta familiar y lo consideran un "juego lógico".

Michele busca imágenes de distintos animales y plantas y las pega en un papel afiche. —Hoy haremos otra actividad de adquisición de conceptos y pensé una realmente buena —dice para iniciar la clase—. Tendrán que pensar realmente, siento curiosidad por ver cómo lo hacen.

—No podrá sorprendernos, profesora Scarritt —replicaron los estudiantes—. Responderemos a todo.

—Veremos —Michele continúa sonriente—. Allí vamos...

Entonces, Michele muestra la foto de un ovejero alemán como un ejemplo positivo y un roble como uno negativo.

1 —Sé lo que estás pensando —aporta Mary—. Es un animal.

2 —Podría ser una mascota —agrega Tabatha.

3 —Pienso que es mamífero —interrumpe Phyllis.

4 —Miremos rápidamente estas hipótesis, para estar seguros de que estamos de acuerdo. Phyllis, ¿cómo se te ocurrió *mamífero*?

5 —...Un ovejero alemán es un perro y los perros son mamíferos.

6 —Está bien —asiente Michele—. Y creo que todos podemos ver cómo se les ocurrió *mascota* y *animal* a Mary y a John. Continuemos y veamos más datos. Entonces mostró un collie (S) y un árbol de magnolia (N).

7 —Creo que es *perros* —agrega Judy.

8 —Bien, pongamos eso en el pizarrón. Y ahora vayamos un poquito más allá —dice Michele—. Y muestra un sabueso (S) y un gato siamés (N).

9 —No puede ser *mascota* —dice Katie rápidamente—. Porque gato siamés es negativo y es una mascota.

10 —Tampoco puede ser *animal* o *mamífero* —nota Mike—. Porque gato es animal y mamífero.

11 —Continuemos —pide Michele—. Entonces muestra un zorro (S) y un leopardo (N).

12 —No puede ser *perros* —afirma Don—. Tal vez sea la familia de los perros.

13 —Les mostraré otro ejemplo —dice Michele—. Entonces muestra la fotografía de un lobo (S).

14 —Tiene que ser la familia de los perros —afirma Denny—. Todos los positivos verifican la idea de *familia de los perros*.

15 —¿Cómo llamamos a la familia de los perros? —agrega Michele entonces—. Después de no escuchar ninguna respuesta dice: —Los animales de la familia de los perros se llaman "caninos".

16 —Veamos las figuras nuevamente (los sí) y observemos qué tienen en común —sugiere entonces Michele.

17 —Todos tienen cuatro patas —nota Sharon.

18 —Ladran —agrega Ann.

19 —Tienen dientes filosos y prominentes —dice Jimmy.

20 —Todos tiene pelo —sugiere Jane.

Michele continuó la clase ayudando a los alumnos a formar la definición de *canino*. Luego mostró otras imágenes y pidió a los alumnos que las clasificaran, o no, como correspondientes al concepto *canino*.

Usando la información de la anécdota, responda lo siguiente:

a. Identifique todos los ejemplos positivos del concepto.
b. Identifique todas las características del concepto que fueron presentadas en la anécdota.
c. Identifique todas las afirmaciones que sean hipótesis.
d. Explique de qué modo la secuencia de ejemplos de Michele promovió el desarrollo de las habilidades de pensamiento.
e. ¿Qué podría haber hecho Michele para enriquecer el concepto al que llegaron los chicos?
f. ¿Qué es lo que hizo Michele que no se ajusta al procedimiento de adquisición de conceptos?
g. ¿En qué parte de la anécdota Michele hace explícitos los procesos de pensamiento de los alumnos?

Preguntas para la discusión

1. ¿Cómo se compara el uso del modelo de adquisición de conceptos con el aprendizaje naturalista de conceptos? ¿Cuáles son algunas de las razones de esas diferencias? ¿Habría ventajas en estructurar más el aprendizaje del concepto? ¿Habría desventajas?
2. Cuando implementamos las actividades de adquisición de conceptos en diversas clases, notamos que estudiantes, que normalmente no participan, pueden comprometerse más activamente. ¿Por qué?
3. ¿Cómo sería una actividad de adquisición de conceptos si sólo se usaran ejemplos positivos? ¿Y si fueran sólo negativos? ¿Cuál es la mezcla óptima entre positivos y negativos?
4. ¿Cuáles son las ventajas de usar conceptos coordinados como contraejemplos? ¿Cuáles son las desventajas? ¿Cómo pueden minimizarse esas desventajas?
5. La cantidad de tiempo que el docente espera después de hacer una pregunta ha sido considerada como un factor determinante en la calidad de la respuesta del estudiante (Rowe, 1974). ¿Hasta qué punto es importante el tiempo de espera en una actividad de adquisición de conceptos? ¿Cuándo debe darse ese tiempo?
6. ¿En qué áreas del currículum es más difícil dar ejemplos adecuados para actividades de adquisición de conceptos? ¿En cuáles es más fácil?
7. ¿En qué orden deben ser presentados a los alumnos las actividades de A.C. I, A.C. II y A.C. III? ¿Qué se puede hacer para ayudar a los alumnos a comprender las similitudes y las diferencias entre las diferentes estrategias?
8. Entre los modelos A.C. I, II y III:
   a. ¿Cuál es el más fácil de implementar en la clase?
   b. ¿Cuál es el más difícil de implementar?
   c. ¿Cuál requiere de mayor planificación previa?
9. ¿Cómo podrían evaluarse las habilidades de pensamiento desarrolladas a través de A.C. II y III?

5. Enseñar cuerpos organizados de conocimiento: el modelo integrativo

El modelo integrativo: una visión general
Estructura social del modelo
Rol del docente
El modelo integrativo: perspectivas teóricas

Metas del modelo integrativo
Cuerpos organizados de conocimiento: relaciones entre hechos, conceptos y generalizaciones

Planificar clases según el modelo integrativo
Identificar los temas
Especificar las metas
Preparar representaciones de la información

Implementar clases según el modelo integrativo
Etapa 1: describir, comparar y buscar patrones
Etapa 2: explicar similitudes y diferencias
Etapa 3: formular hipótesis sobre la obtención de resultados en diferentes condiciones
Etapa 4: generalizar para establecer relaciones amplias

Modificaciones del modelo integrativo
Consideraciones sobre el desarrollo
Aumento de la eficacia: reducir el tiempo de preparación

Evaluación diagnóstica
Medición del aprendizaje de contenido
Medición del desarrollo de pensamiento crítico y de nivel superior

El modelo integrativo es una estrategia inductiva diseñada para ayudar a que los alumnos desarrollen una comprensión profunda de cuerpos organizados de conocimiento, al mismo tiempo que practican el pensamiento de nivel superior acerca de la información que están estudiando. El modelo integrativo, al igual que el modelo inductivo, considera que el alumno construye activamente su propia comprensión de los temas que estudia.

El modelo integrativo está estrechamente relacionado con el modelo inductivo en su estructura y ejecución. Las diferencias más importantes se relacionan con los temas enseñados con cada uno. Mientras que el modelo inductivo está diseñado para enseñar temas especificos en forma de conceptos, generalizaciones, principios y reglas académicas, el modelo integrativo enfoca combinaciones de esas formas específicas de contenido en grandes cuerpos organizados de conocimiento.

Los fundamentos del modelo integrativo están basados en las concepciones de Hilda Taba (1965, 1966, 1967), y queremos reconocer con gratitud su contribución a nuestro trabajo.

Los objetivos de este capítulo son los siguientes.

- Describir las características de cuerpos organizados de conocimiento.
- Identificar temas que existen bajo la forma de cuerpos organizados de conocimiento.
- Planificar clases utilizando el modelo integrativo.
- Implementar clases utilizando el modelo integrativo.
- Adaptar el modelo integrativo para alumnos de distintas edades y niveles.
- Evaluar la adquisición de objetivos de contenido enseñados con el modelo integrativo.
- Evaluar el desarrollo de las habilidades de pensamiento crítico y de nivel superior con el modelo integrativo.

Para comenzar nuestra discusión, observemos a dos docentes. Ambos utilizan el modelo integrativo para ayudar a los alumnos a comprender cuerpos organizados de conocimiento, al mismo tiempo que practican el pensamiento crítico y de nivel superior. (Las situaciones se basan en clases que hemos observado personalmente. Agradecemos la contribución de los docentes que las condujeron. Los estudios de casos fueron abreviados por razones de claridad, pero siguen captando la esencia de las clases.)

Kim Soo daba a sus alumnos de quinto año una unidad de Ciencias acerca de los anfibios. Hasta ese momento, la clase había leído acerca de los anfibios y Kim había utilizado su disco de video sobre ciencias para mostrar diferentes anfibios. Como proyecto de clase, algunos grupos de alumnos habían buscado ilustraciones y fotos de sapos, ranas y sus alimentos. Trajeron las ilustraciones a clase y, con la ayuda de Kim, las organizaron en una grilla. Kim proporcionó información adicional para la grilla. El resultado puede verse en la figura 5.1.

A continuación, Kim protegió la grilla con un plástico para poder volver a usarla y se preparó para guiar el análisis de la información de sus alumnos.

Después de pedir a la clase que estudiara el cuadro por un momento, comenzó la actividad:

—Primero, miremos las palabras que están en la parte de arriba del cuadro. Éstas grandes, ¿qué creen que significan? —dijo, señalando "características".

—Algo así como... ¿Cómo son? —respondió Andrea dubitativa.

—Claro —asintió Kim—. Es una forma de describirlos. Cómo son, su color, su forma.

Entonces Kim pidió a los alumnos que describiesen qué significaba para ellos "hábitat", y luego continuó:

—Comencemos con la comida, ya que estamos familiarizados con ella. Observen con cuidado la parte en que dice qué comen los sapos. ¿Qué notan aquí?... ¿Serena?

—Bueno, comen lombrices —respondió Serena.

—¿Y qué más?... ¿Dominique?

—Arañas —contestó Dominique.

—También langostas —intervino David.

—Sí, muy bien, todos —sonrió Kim—. Ahora miren las ranas. Hagamos lo mismo con ellas. ¿Qué me pueden decir acerca de lo que comen? ¿Judy?

—Comen insectos —replicó Judy.

—También lombrices —agregó Bill.

—Ahora vayamos un poco más allá —los alentó Kim—. Miren las ranas y los sapos. ¿Cómo compararían lo que comen? ¿Hay alguna clase de patrón?

—Ambos comen insectos —notó Tim.

—¿Leroy?

—También ambos comen lombrices —dijo Leroy.

—... La comida de ambos parece ser casi la misma —agregó Kristy tentativamente.

—¿Por qué suponen que la comida parece ser la misma?... ¿Fernando? —continuó Kim, confirmando con una sonrisa la respuesta de Kristy.

Sapos	Características	Comida	Hábitat
Espalda ancha y plana Torpe Sin cola	Huevos Renacuajos Colores oscuros Patas traseras más cortas Piel áspera con verrugas Veneno sobre la piel	Lombrices Insectos Arañas	Agua Tierra

Ranas	Características	Comida	Hábitat
Espalda angosta Se mueve rápido Sin cola	Huevos Renacuajos Diferentes colores Patas traseras largas Piel suave Veneno debajo de la piel	Insectos Arañas Lombrices	Agua Tierra Árboles

FIGURA 5.1. *Cuadro con información acerca de las ranas y los sapos*

—...Las ranas y los sapos viven casi en los mismos lugares —respondió Fernando después de estudiar el cuadro por algunos segundos.

—¿Cómo decidiste eso? —preguntó Kim.

—...Dice en el cuadro que la rana vive en la tierra, en el agua y en los árboles y dice que el sapo vive en la tierra y en el agua —respondió Fernando, señalando el cuadro.

—Sí, excelente, Fernando —asintió Kim—. Recuerden lo que hablamos acerca de justificar lo que pensamos en algunos de nuestros trabajos de Matemática. Esto es exactamente lo mismo. Fernando ofreció evidencias para su conclusión de que los medios en que viven son casi iguales, señalando dónde viven en el cuadro. Ésta es la clase de pensamiento que estamos buscando.

—También la rana y el sapo se parecen mucho —agregó Sonya, señalando el cuadro.

—¿Qué ves en el cuadro que indique eso, Sonya?

—De las figuras, vemos que son casi iguales —respondió Sonya.

—También ambos comienzan siendo huevos y luego se transforman en renacuajos. ¿Ven en el cuadro donde hay huevos y renacuajos? —agregó Lakesha.

—¡Muy bien todos! —dijo Kim con entusiasmo—. Eso está particularmente bien, Lakesha. Diste evidencia para tu comentario, sin que se te lo pidiera. Todos están pensando realmente bien.

—Veamos algo más difícil —continuó Kim—. Supongamos que los sapos y las ranas fueran diferentes en lugar de ser muy similares. ¿A qué clase de conclusiones llegaríamos acerca de ellos?... ¿Donna?

—Tal vez que la comida es diferente —Donna se encogió de hombros.

—¿Puedes darnos un ejemplo de un caso así, Donna? —preguntó Kim.

—...

—Piensen en animales que conocemos. ¿Qué comen?

—Los perros comen comida para perros y esas cosas.

—Claro. Ése es un ejemplo —sonrió Kim—. Los perros son diferentes de las ranas y los sapos, y vemos que comen diferentes clases de comida.

—Esperen —levantó la mano Emmitt—. Los perros y los gatos son diferentes pero comen la misma clase de comida.

—Excelente, Emmitt —asintió Kim—. Ahora piensen todos acerca de lo que dijo Emmitt. ¿Piensan alguna otra cosa?

—...Los perros y los gatos son diferentes, pero un gato es más parecido a un perro que un sapo —agregó Tabatha, haciendo reír a algunos estudiantes.

—Se están riendo —Kim sonrió—, pero consideren lo que dijo Tabatha. ¿Qué piensan?

—...Creo que tiene razón —respondió Sylvia—. Las vacas y los caballos son diferentes pero comen lo mismo.

—Está bien —Kim hizo un gesto de aprobación con la mano—. Creo que todos tuvieron buenas ideas... Ahora pensemos un poco más acerca de todo esto. Miren de nuevo la rana y el sapo en la primera columna del cuadro. ¿En qué son diferentes?... ¿Fred?

—Dice que el sapo es torpe, pero no dice nada acerca de la rana.

—...Supongamos que el sapo no fuese torpe —continuó Kim, asintiendo en reconocimiento a la respuesta de Fred—. ¿Cómo afectaría eso a su alimentación o al lugar en donde vive? ¿Alguien?

—...

—Observen la columna de la comida y la del hábitat.

—Tal vez los sapos podrían vivir en los árboles si no fuesen torpes —sugirió Marcy.

—Ésa es una idea interesante —asintió Kim—. ¿Por qué piensas eso?

—...No pueden llegar allí arriba siendo torpes... Al ser torpes se caerían —sugirió Andre, después de estudiar el cuadro por algunos segundos.

—Suena inteligente. ¿Qué piensan los demás?

El resto de la clase asentía y murmuraba. Kim continuó: —¿Qué pasa con la comida?

—También sería diferente —dijo Kathy apresuradamente.

—¿Por qué piensas eso, Kathy? —sondeó Kim.

—Bueno,... ¿Tal vez no?

—¿Por qué no?

—La rana y el sapo comen la misma comida.

—¿Eso qué tiene que ver?

—...La rana no es torpe y el sapo sí,... y comen la misma comida,... no importa.

—¿Qué es lo que no importa?

—¿Si el sapo es torpe o no?

—¿Qué piensan de lo que sugiere Kathy?

La clase discutió las ideas de Kathy durante algunos minutos, y finalmente se concluyó que éstas tenían sentido.

Kim siguió:

—Ahora hagamos un resumen de lo que hemos descubierto aquí, y pensemos en los animales en general... Quiero que lo intenten y vayan más allá de la rana y el sapo, yo los ayudaré si alguien lo necesita. Por ejemplo, ¿qué podemos decir acerca de animales que se parecen mucho?

—Tienen casi las mismas características.

—Entonces, ¿cómo lo escribiríamos? Ayúdenme —pidió Kim mientras se dirigía hacia el pizarrón.

—...

—Voy a comenzar —dijo, y escribió:"Animales que se parecen".

—...Tendrán las mismas características —sugirió Carol.

—Bien —replicó Kim y escribió:"Los animales que se parecen tienen características similares", en el pizarrón.

—¿Qué más? —los animó.

—Comen la misma clase de comida —sugirió Tonya.

—Bien. Entonces díganme qué tengo que escribir.

—Los animales que se parecen...

—Y tienen las mismas características —intervino Nancy.

—...Y tienen las mismas características —repitió Tonya— comen la misma clase de comida.

Kim escribió la oración en el pizarrón, y luego pidió a los alumnos que construyeran más oraciones para resumir lo hablado.

Finalmente, obtuvo la siguiente lista de oraciones:

1. Los animales que se parecen tienen características similares.
2. Los animales que se parecen y tienen características similares comen la misma clase de alimentos.
3. Los animales similares viven en hábitats similares.

Finalmente, Kim pidió a los alumnos que pensaran algunos ejemplos para sus afirmaciones, y discutieron acerca de animales como el ciervo y el alce, diferentes clases de pájaros y depredadores como los leones y los leopardos. También discutieron excepciones, como el hecho de que, si bien ciervos y alces viven en las montañas, algunos ciervos viven además en las llanuras. Luego Kim cerró la clase.

Observemos ahora a otro docente que utilizó el modelo integrativo en su clase de Historia de octavo año. Es interesante comparar el planteo del docente en esta segunda clase con el de Kim Soo.

Tony Horton comenzó una unidad acerca de la inmigración con sus estudiantes de historia de los Estados Unidos de América. Preguntó a los alumnos qué quería decir *inmigrante* y después les pidió que sugiriesen algunos grupos representativos de inmigrantes desde fines del siglo XIX hasta mediados del siglo XX. Luego les dijo que más adelante examinarían la inmigración desde mediados del siglo XX hasta la actualidad. Los alumnos sugirieron el estudio de un grupo de Europa y otro del Lejano Oriente. Tony les pidió también que considerasen uno o más grupos cercanos a los Estados Unidos, y a partir de esta sugerencia los alumnos eligieron Puerto Rico.
　　Cuando estaba por seguir, Juan intervino:
—¿Qué les parece Cuba? Tengo algunos parientes en Florida que vinieron de Cuba.
—Me parece bien —aprobó Tony—. ¿Qué piensan los demás?
　　La clase estuvo de acuerdo en que era una buena idea y Tony comentó:
—Esto extenderá nuestro estudio a un poco después de mediados de siglo, pero realmente me gusta tu idea, Juan. También nos extenderemos para considerar a los hispanoamericanos en el sudoeste, en particular algunos de los grupos que inmigraron a California.
　　A continuación, Tony dibujó una grilla en el pizarrón como la que muestra la figura 5.2.

Razones para venir	Características	Adaptación
Italianos		
Chinos		
Portorriqueños		
Cubanos		

FIGURA 5.2. *Grilla organizada para reunir información*

Luego organizó la clase en pares, y a cada par de alumnos le asignó que reuniera información acerca de las razones para venir, características y adaptación de los cuatro grupos de inmigrantes. Los pares entregaron las notas reunidas y Tony compiló la información junto con otra suya en el cuadro que aparece en la figura 5.3.

Razones para venir	Características	Adaptación
ITALIANOS		
Las granjas pequeñas no podían mantener a las familias.	Muchos provenientes de medios de bajos ingresos.	La primera generación no se mezcló.
Grandes extensiones de tierra controladas por los Estados.	Religiosos; católicos.	Colegios en iglesias.
Aumento en la población	Familias grandes.	La segunda generación se mudó
Tierra pobre, poca irrigación, arados de madera.	Estructura familiar bien constituida.	de "Pequeña Italia" natal en la ciudad de Nueva York.
Pocas fábricas, poca industria.	Muchos provenientes de ocupaciones del campo.	Segunda generación "americanizada".
Impuestos altos.	La mayoría no sabía leer ni escribir en inglés.	
Relatos de riqueza en América.	La lengua inglesa fue aprendida rápidamente por la segunda generación.	
CHINOS		
Gran población.	Muchos traídos a los Estados Unidos inicialmente como obreros.	Los hombres en busca de empleo vivían juntos al principio.
Tierra controlada por jefes militares.	Religiosos; confucianismo.	"Barrios Chinos" establecidos en las principales ciudades.
Impuestos altos.	La mayoría no sabía leer ni escribir en inglés.	Mayor influjo desde 1868-1890.
Pérdidas de cosechas.	Mantuvieron muchas costumbres.	Poco intercambio social con otros.
Hambrunas.	Estructura familiar bien constituida.	Grandes poblaciones en el oeste de los Estados Unidos.
Promesas de salarios altos en Estados Unidos.		Interesados en preservar las costumbres.
PORTORRIQUEÑOS		
Grandes poblaciones en crecimiento.	Muchos venían de medios de bajos recursos.	Influjo principal en las décadas de 1940 y 1950.
Pocas fábricas.	Religiosos; católicos.	"Harlem español" en Nueva York.
Poca tierra.	Familias grandes.	Muchos se establecieron en el noreste de los Estados Unidos.
Cercanía con los Estados Unidos.	La mayoría no sabía leer ni escribir en inglés.	Inicialmente, colegios en iglesias; luego, públicos.
Comentarios de "buena vida" en Estados Unidos de América.	La lengua inglesa fue aprendida rápidamente por la segunda generación.	Segunda generación "americanizada".
	Estructura familiar bien constituida.	

CUBANOS

Batista derrocado.	Muchos venían de medios de altos ingresos.	Principal influjo en la década de 1960.
Castro en el poder.	Religiosos; católicos.	Grandes poblaciones en el sur de Florida.
Promesas de oportunidades de retornar a Cuba.	Estructura familiar bien constituida.	Se adaptaron rápidamente a la política estadounidense.
	Muchos no sabían leer ni escribir en inglés.	Se adaptaron rápidamente a las prácticas comerciales estadounidenses.
	Políticamente influyentes en el sur de Florida.	
	Económicamente poderosos en el sur de Florida.	

FIGURA 5.3. *Grilla elaborada con la información reunida*

Al día siguiente, Tony comenzó la clase diciendo:

—Muy bien, corran el escritorio junto al de su compañero y analizaremos la información que pusimos en el cuadro —y pasó una copia a cada par de alumnos.

Después de que cada par recibió una copia, continuó:

—Ésta es la consigna. Quiero que observen cada columna del cuadro y busquen patrones. Por ejemplo, cuando observen las razones por las que los inmigrantes vinieron, comparen todos los grupos para ver qué tienen en común. Luego, pónganlo por escrito. Tomemos un ejemplo: observen la primera columna y vean si descubren algo que los cuatro grupos tengan en común, o algo que dos o tres grupos tengan en común.

Después de medio minuto, Aurelia, algo dudosa, dijo:

—Parece que los italianos, los chinos y los portorriqueños tenían problemas de población, pero parece que no fue el caso de los cubanos.

—Excelente, Aurelia. Eso es exactamente lo que tratamos de hacer —la elogió Tony, y escribió en el pizarrón "Problemas de población para los italianos, chinos y portorriqueños; para los cubanos, no".

Luego continuó:

—Ahora quiero que trabajen con su compañero y encuentren todos los patrones que aparezcan en cada una de las columnas. Escríbanlos en una hoja de la misma manera en que lo hicimos con la información de Aurelia. Tienen diez minutos.

—¿Es para entregar, Sr. Horton? —preguntó James.

—Absolutamente —asintió Tony—. Ahora hagan el trabajo rápido y en calma.

El aula se volvió un zumbido de voces cuando los estudiantes comenzaron a estudiar el cuadro y escribir la información en sus hojas.

Después de diez minutos, Tony dijo:

—Muy bien, veamos. ¿Qué tienen allí?

—Espere, no terminamos —protestaron varios alumnos.

—Está bien, cinco minutos más.

Después de que los cinco minutos pasaron, Tony dijo:

—Bien, aquí vamos. ¿Cuáles son las comparaciones que hicieron?

Cada uno de los pares informó acerca de las comparaciones que encontraron y a medida que lo hacían, Tony las registraba en el pizarrón. Al finalizar, tenían las siguientes listas:

Razones para venir	**Características**	**Adaptación**
Agricultura pobre excepto los cubanos.	Tendían a venir de clases bajas excepto los cubanos.	Las primeras generaciones no se mezclaron.
Gran población excepto por los cubanos.	La mayoría no hablaba inglés.	Los chinos se adaptaron más despacio que los otros.
Promesas de una vida mejor en Estados Unidos de América.	Todos eran religiosos.	Al menos al principio, tendían a quedarse donde habían llegado.
Problemas políticos en Cuba.	Todos excepto los chinos aprendieron rápidamente el inglés.	

—Bien hecho —asintió Tony, señalando las listas—. Buen trabajo... Ahora examinemos la información con más detenimiento. ¿Por qué suponen que los italianos, los chinos y los portorriqueños tendían a venir de clases socioeconómicas más bajas, mientras que los cubanos no?... ¿Alguien quiere responder?

—Creo que es por la razón por la que vinieron —sugirió Antonio—. Los italianos, los chinos y los portorriqueños vinieron para tener una vida mejor, pero los cubanos estaban escapando de la revolución de Fidel Castro.

—Ellos también querían una mejor vida —intervino Kevin.

—Sí, eso es verdad, pero las razones eran diferentes. Los otros querían vivir mejor y en Cuba las razones fueron principalmente políticas.

—Buenas ideas, todos —continuó Tony—. ¿Hay algo que podamos decir en general acerca de las razones por las que los inmigrantes se van de un país a otro?

—...Creo que piensan que tendrán una vida mejor en el nuevo país —añadió Laquana—. Tal vez sea para tener más dinero o por razones políticas, pero todos piensan que estarán mejor en el nuevo país que en el viejo.

—¿Están todos de acuerdo con eso? —preguntó Tony, dirigiéndose al resto de la clase.

Viendo que varios alumnos asentían, Tony escribió en el pizarrón "Los inmigrantes cambian de país en busca de una vida mejor".

Entonces continuó:

—Veamos nuevamente algunas comparaciones que hicimos. Escribimos que los chinos se adaptaron más lentamente que los otros grupos. ¿Por qué suponen que ocurrió?

—...Culturalmente se diferenciaban más que los otros grupos —se ofreció finalmente Christine.

—¿Qué información en el cuadro nos dice que se diferenciaban más?

—...La religión por un lado. Los italianos, los portorriqueños y los cubanos en su mayoría eran católicos, y en los Estados Unidos de América hay muchas personas que lo son, pero los chinos eran confus... confucistas... o como se llame esa religión —siguió Christine.

—También dice en el cuadro que los chinos aprendían inglés más lentamente que los otros —agregó Estella.

—¿Y a qué podría deberse eso?

—El idioma es diferente. Cada uno de los idiomas del cuadro tiene sus letras. Los italianos, los portorriqueños y los cubanos usan las mismas letras que en inglés, pero las letras de los chinos son verdaderamente diferentes.

—Supongamos que no fuesen diferentes, me refiero a que usaran las mismas letras que nosotros. ¿Cómo supones que esto hubiese afectado a la rapidez de la adaptación?

—La hubiese acelerado —sugirió Dean.

—¿Qué opinas, Gayle? Has estado callada —la alentó Tony.

—...Tal vez la hubiese acelerado, pero aún seguiría siendo más lenta que las otras.

—¿Por qué piensas eso?

—Bueno, la religión por un lado.

—Y conservaron muchas de las costumbres que tenían —agregó Shelli.

Tony continuó con el proceso de hacer que los alumnos explicasen sus comparaciones e hicieran hipótesis acerca de los resultados, hasta que cubrieron toda la información contenida en el cuadro.

A continuación dijo:

—Intentemos hacer algunas generalizaciones para resumir la información que tenemos aquí, y luego veremos si se aplican a grupos de inmigrantes en la actualidad.

Con la guía de Tony, los estudiantes sugirieron algunas generalizaciones, que escribió en el pizarrón. La lista es la siguiente:

- Los inmigrantes cambian de país buscando una vida mejor.
- Los inmigrantes generalmente se trasladan para llevar una vida mejor (Tony agregó, "Generalmente, por razones económicas").
- Algunos inmigrantes cambian de país por razones políticas.
- Los inmigrantes a menudo escuchan relatos sobre lo buena que será la vida en el nuevo país.
- Si los inmigrantes se trasladan por razones económicas, generalmente provienen de las clases sociales más bajas en su país natal.
- Los inmigrantes se adaptan más fácilmente si su lengua y sus costumbres son similares al lenguaje y las costumbres del nuevo país.
- Los inmigrantes tienden a establecerse en la misma zona a la que llegaron.

—Ahora observemos nuestra lista y veamos si pensamos que todo lo que hemos dicho es válido. ¿Qué les parece?

—...No creo que "razones económicas" esté bien —dijo Troy después de varios segundos.

—Continúa Troy. ¿Por que piensas eso?

—...Me parece que tanto los italianos como los chinos tenían también problemas políticos, igual que los cubanos. Los portorriqueños son los únicos que parecen no tener problemas políticos.

—¿Qué evidencias tienes de eso?

Entonces Troy se remitió a la información en el cuadro, como "impuestos altos del gobierno" para los italianos y "jefes militares" e "impuestos altos" para los chinos.

Tony reconoció lo que decía Troy. A continuación preguntó al resto de la clase si pensaban que la generalización debía ser revisada, y lo hicieron de acuerdo a los comentarios que surgían. Después analizaron cada una de las generalizaciones de la misma manera.

Finalmente dijo:

—Vamos a dejar esta lista en el pizarrón y cuando continuemos estudiando los inmigrantes, veremos si nuestras generalizaciones siguen siendo válidas. Nos preguntaremos, ¿generalizamos demasiado o tal vez demasiado poco? ¿Hemos aplicado algún estereotipo sobre alguno de los grupos de inmigrantes? Luego veremos algunas de las primeras colonizaciones, como las colonias de Jamestown y Plymouth. ¿Las personas que se establecieron en aquel entonces pueden ser legítimamente llamadas inmigrantes? Mañana comenzaremos desde allí.

El modelo integrativo: una visión general

Al igual que con los otros modelos, comenzaremos nuestra discusión acerca del modelo integrativo volviendo a observar las situaciones de enseñanza e identificando los elementos comunes y las diferencias. Después pasaremos a una discusión detallada acerca de la planificación y la implementación de las clases utilizando el modelo integrativo.

Las clases fueron similares en los siguientes aspectos:

- Primero, los temas enseñados eran cuerpos organizados de conocimientos. Las características, la comida y el hábitat de los sapos y las ranas en la clase de Kim Soo, y las razones para venir, las características y la adaptación de distintos grupos de inmigrantes en la de Tony Horton.
- Ambos docentes comenzaron la clase mostrando información que el docente y los estudiantes habían reunido y compilado en una grilla.
- En cada clase, los estudiantes utilizaron la información de la grilla como base para incrementar la profundidad de su comprensión mediante la búsqueda de patrones, la explicación de similitudes y diferencias, la formulación de hipótesis sobre resultados con condiciones cambiantes y, finalmente, la generalización de los resultados. Los estudiantes practicaron pensamiento de nivel superior y crítico al mismo tiempo que incrementaban la profundidad de la comprensión de cada tema.
- El docente guió el análisis de los alumnos: comenzó haciendo observaciones y comparaciones, luego explicaciones e hipótesis y, finalmente, generalizaciones basadas en aquéllas. Las conclusiones y afirmaciones generales eran las metas de contenido de la clase.
- Ambos docentes enfatizaron la justificación de su pensamiento proporcionando evidencias para las conclusiones a las que arribaban.

Debido a los temas, las edades de los alumnos y las metas de los docentes, las clases presentaban algunas diferencias menores:

- Kim Soo comenzó la clase haciendo que los alumnos observaran y describiesen la información de una celda específica de la grilla, mientras que Tony Horton pidió a los estudiantes que hicieran comparaciones y buscaran patrones como primera parte de la actividad.

- Kim planteó su clase como la actividad de un grupo grande, mientras que Tony hizo que los alumnos trabajaran en pares, informaran lo que averiguaron y luego lo analizaran con todo el grupo.
- Kim siguió una secuencia haciendo que los alumnos formularan primero observaciones, las cuales eran seguidas –en forma bastante ordenada– por comparaciones, explicaciones, hipótesis y generalizaciones. Tony hizo también que sus alumnos practicasen cada uno de los procesos, pero no siguió la secuencia de la misma manera en que lo hicieron los alumnos de Kim.

TABLA 5.1. *Comparación de las dos clases*

Similitudes	Diferencias
Ambos docentes enseñaron un cuerpo organizado de conocimientos.	Los alumnos de Kim comenzaron por describir información en una única celda. Los alumnos de Tony comenzaron por hacer comparaciones y buscar patrones.
Los docentes mostraron la información a los alumnos en una grilla.	Kim condujo su clase como una actividad de todo el grupo. Los alumnos de Tony comenzaron trabajando en pares y siguieron con una discusión general.
En ambos casos, el análisis se basó en la información de la grilla más que en información memorizada a partir de una lectura o clase expositiva.	Kim guió a sus alumnos en orden a través de las etapas del modelo. Tony no siguió una secuencia definida.
Los docentes guiaron los análisis con preguntas dirigidas.	
Ambas clases se centraron en una comprensión profunda del contenido y en el pensamiento de nivel superior y crítico.	
Ambas clases incluyeron todas las etapas del modelo.	

Estructura social del modelo

Como con los modelos inductivo y de adquisición de conceptos, el modelo integrativo requiere de un ambiente particular en la clase, donde los alumnos se sientan libres de correr riesgos y sugerir conclusiones, conjeturas y evidencias sin tener vergüenza o miedo a las críticas. El clima de apoyo se logra, al utilizar el modelo integrativo, de la misma manera que con el modelo inductivo:

1. Proporcionando virtualmente toda la información que los alumnos necesitan para alcanzar las metas de contenido de la clase. Kim Soo y Tony Horton usaron la información de sus grillas con este fin.
2. Comenzando la clase con preguntas de final abierto. Ambos docentes pidieron a los alumnos que respondan preguntas con final abierto: las observaciones iniciales en la clase de Kim y las comparaciones registradas por los alumnos en la de Tony.
3. Proporcionando ayuda desde la enseñanza cuando los alumnos realizaban sus análisis. En cada caso, los docentes guiaron a sus alumnos apuntalándolos cuando era necesario y guiando la clase hacia la meta.

Proveer toda la información que los alumnos necesitan para alcanzar las metas de la clase asegura el éxito de los alumnos, porque pueden elaborar sus conclusiones basándose en información que ven, en lugar de la información que pueden o no recordar. Al mismo tiempo, las preguntas y los trabajos con final abierto permiten que los estudiantes respondan a sus propias percepciones y a su propio pensamiento, sin temor a fallar. Además, las preguntas con final abierto fueron documentadas como eficaces para estimular la participación de los alumnos que provienen de minorías culturales, así como angloparlantes no nativos que están desarrollando su manejo del inglés (Langer, Bartolome, Vasques y Lucas, 1990).

En los noventa se ha hablado extensamente sobre la apatía de muchos de nuestros alumnos; esta apatía a menudo se manifiesta en la falta de deseo por participar en las discusiones de la clase (Raffini, 1993). Aunque no es una panacea, la combinación entre proporcionar toda la información que los alumnos necesitan para alcanzar la meta de la clase -como hicieron Kim Soo y Tony Horton- y las preguntas con final abierto, pueden ayudar en gran medida a promover un clima positivo y a aumentar el deseo de los alumnos por participar en actividades de aprendizaje.

Rol del docente

Igual que el modelo inductivo, el docente guía el análisis que hacen los alumnos sobre la información proporcionada, comenzando con preguntas de final abierto y continuando a través de un proceso de explicación, hipótesis y generalización. El trabajo más importante del docente es tener en mente la meta de la clase mientras mantiene el flujo de la discusión.

Al igual que en el modelo inductivo, el éxito de la clase depende de la calidad de las representaciones utilizadas por el docente (las grillas en las clases de Kim y de Tony) y de su habilidad para guiar los análisis de los alumnos. Como con el modelo inductivo, el docente provee la información y guía a los estudiantes mientras éstos construyen su comprensión del tema. Como el modelo inductivo y el modelo de adquisición de conceptos, el uso del modelo integrativo requiere de docentes hábiles para formular preguntas y pensar en forma independiente.

El modelo integrativo: perspectivas teóricas

El modelo integrativo es coherente con las visiones constructivistas del aprendizaje, ya presentadas en el capítulo 3. Tanto en la clase de Kim como en la de Tony vimos que los docentes guiaban el pensamiento de los alumnos mientras desarrollaban su comprensión sobre los temas.

Por ejemplo, Kim guió así a sus alumnos en la clase:

D: —¿Cómo decidiste eso?
A: —... Dice en el cuadro que la rana vive en la tierra, en el agua y en los árboles y dice que el sapo vive en la tierra y en el agua.
A: —También la rana y el sapo se parecen mucho.
D: —¿Qué ves en el cuadro que indique eso?
A: —De las figuras, vemos que son casi iguales.
D: —También ambos comienzan siendo huevos y luego se transforman en renacuajos. ¿Ven en el cuadro donde hay huevos y renacuajos?

En la clase de Tony también vimos instancias en las que el docente asiste el proceso de construir comprensión. Por ejemplo:

D: ¿Por qué suponen que los italianos, los chinos y los portorriqueños tendían a venir de clases sociales más bajas, mientras que los cubanos no?
A: ... Creo que es por la razón por la cual vinieron... Los italianos, los chinos y los portorriqueños vinieron para tener una vida mejor, pero los cubanos se estaban escapando de Cuba.
A: También querían una vida mejor.
A: Bueno, eso es verdad, pero las razones eran diferentes. Los otros querían una vida mejor y en Cuba fue principalmente por política.

Ambas clases fueron planteadas en torno al desarrollo de la comprensión del tema por parte de los alumnos. La última parte de la discusión se apartó del típico patrón de preguntas docente-alumno-docente-alumno, hacia un patrón en el que los alumnos se respondían entre sí en lugar de responder preguntas directas del docente. El enfoque de ambos docentes capitalizó los aspectos sociales del aprendizaje y el hecho de que la comprensión es construida por los alumnos basándose en lo que ya saben. Así se tienen en cuenta algunos de los elementos críticos de la enseñanza basados en una visión constructivista del aprendizaje (Brooks y Brooks, 1993; Clements y Batista, 1990).

Metas del modelo integrativo

El modelo integrativo está diseñado para alcanzar dos metas interrelacionadas. La primera es ayudar a los estudiantes a construir una comprensión profunda y completa de cuerpos organizados de conocimiento; la segunda es practicar el pensamiento de nivel superior y el pensamiento crítico.

Existen tres requisitos para alcanzar estas metas:

1. Debe proporcionarse información que pueda ser analizada por los estudiantes: por ejemplo, los datos en las grillas de Kim y Tony.
2. Los estudiantes deben desempeñar un rol activo en el proceso de construir su comprensión.
3. Se debe permitir que los alumnos practiquen el pensamiento de nivel superior y el pensamiento crítico en actividades como encontrar patrones, explicar, hacer hipótesis, generalizar y evaluar las conclusiones a través de la evidencia.

El logro de estas metas requiere un alto desarrollo en la habilidad de formular preguntas por parte de los docentes. Observando las clases puede notarse que no hubo preguntas dirigidas a pedir información fáctica o memorizada a los alumnos; en lugar de eso, los docentes pidieron comparaciones, explicaciones, hipótesis y generalizaciones.

Desafortunadamente, este tipo de preguntas es infrecuente. John Goodlad (1984), en su conocido trabajo *Un lugar llamado escuela*, manifestó que sólo el 5 % del tiempo promedio de la clase se utiliza para la discusión. También informó:

Pocas veces encontramos evidencias que sugieran que la enseñanza (en lectura y en matemática) vaya mucho más allá de la mera posesión de información hacia un nivel de comprensión de sus implicancias, ni tampoco de aplicar o explorar sus posibles aplicaciones. Tampoco vimos actividades que puedan despertar la curiosidad de los alumnos o los comprometan a buscar soluciones a un problema que no haya sido ya resuelto por un docente o un libro de texto.

Y parece que esta preocupación por los procesos intelectuales inferiores prevalece en Ciencias Sociales y Naturales, también. Un análisis de los temas estudiados y de los materiales empleados no nos da la impresión de alumnos estudiando adaptaciones humanas y exploración, sino hechos a ser aprendidos (p. 236)

Además, Boyer (1983) informó que menos del uno por ciento de las preguntas de los docentes va más allá de preguntas fácticas o que demuestren un procedimiento de rutina. A partir de los estudios de casos, vemos que las conductas de enseñanza de Kim Soo y de Tony Horton son contrarias a los patrones identificados por estos estudios.

Aunque resulten muy diferentes de los patrones que prevalecen en las escuelas, las preguntas y la guía que Kim y Tony proporcionaron no son difíciles de lograr. Se necesita un pequeño ajuste en el pensamiento: apartarse del enseñar cómo *decir* hacia enseñar cómo *guiar*, y también requiere que se les proporcione a los alumnos información con la cual pensar, como las grillas de Kim y Tony.

Antes de pasar a la planificación e implementación de clases con el modelo integrativo, examinemos con mayor detenimiento los temas que Kim y Tony enseñaron.

Cuerpos organizados de conocimiento: relaciones entre hechos, conceptos y generalizaciones

Para poner nuestra discusión en contexto, volvamos a los temas enseñados por los docentes en las clases de los capítulos 3 y 4. En el capítulo 3 se desarrollaron los temas de *longitud* y *latitud* (conceptos), *la ley de Charles* y *las reglas para formar sustantivos posesivos*. En el capítulo 4, nociones como *fruta* y *metáfora* (también conceptos). La característica clave que estos temas tienen en común es el hecho de que son todos específicos y bien definidos. Cada uno tiene características precisamente descriptas (líneas paralelas imaginarias que miden distancias al norte y al sur del ecuador en el caso del concepto latitud, por ejemplo) o relaciones específicas (el aumento de la temperatura produce un aumento del volumen si la presión permanece constante, en el caso de la ley de Charles). Contrariamente, los temas que Kim Soo y Tony Horton enseñaron no tenían características, relaciones o límites específicos.

En lugar de eso eran **cuerpos organizados de conocimiento,** *que son temas que combinan hechos, conceptos, generalizaciones y las relaciones entre ellos* (Eggen y Kauchak, 1994). Por ejemplo, en la clase de Kim había varios hechos (los alimentos ingeridos por ranas y sapos), conceptos (hábitat) y generalizaciones (los animales con características similares tienden a comer la misma clase de comida y los animales con características similares tienden a vivir en hábitats similares).

La clase de Tony Horton fue similar. Había hechos (el principal influjo de cubanos fue en la década de 1960 y había en Nueva York un lugar llamado "Pequeña Italia"), conceptos (nivel socioeconómico, adaptación y confucianismo) y generalizaciones (los chinos deseaban preservar sus costumbres, los italianos de segunda generación aprendieron inglés rápidamente y los portorriqueños eran principalmente católicos, entre otras).

En las clases, sin embargo, la meta era buscar patrones en los hechos, los conceptos y las generalizaciones, describir relaciones causa-efecto (explicaciones) entre ellos, hacer hipótesis acerca de otras posibilidades y formar generalizaciones amplias que abarcaran toda la información. La meta no era enseñar un único concepto o una única generalización (o regla), como ocurrió en el caso en que el modelo inductivo fue utilizado.

Gran parte de los contenidos en las escuelas existen en forma de cuerpos organizados de conocimiento. Por ejemplo, los docentes de Geografía comparan el clima, la cultura, la economía y la geografía de Brasil, Argentina y Venezuela. Los docentes de Inglés comparan las obras de Faulkner, Fitzgerald y Hemingway o diferentes obras de Shakespeare. Los docentes de Ciencias Naturales comparan diferentes sistemas de cuerpos y su funcionamiento. Los docentes de los primeros niveles de la E.G.B. comparan las comidas y la ropa en las diferentes estaciones del año. Cada uno de esos temas combina hechos, conceptos y generalizaciones en cuerpos organizados de conocimiento, como Kim y Tony hicieron en sus clases.

Los siguientes son ejemplos adicionales de temas que incluyen cuerpos organizados de conocimiento:

- Una comparación de diferentes biomas, junto con las formas de vida y atributos de cada uno en Ciencias Naturales.
- Una comparación de comidas bien balanceadas y mal balanceadas, y la incorporación de diferentes grupos de comidas en cada una.
- Una comparación de formas artísticas en diferentes períodos históricos.
- Una comparación de las características del country, jazz, folk y rock en una clase de música.
- Una comparación de los diferentes servicios públicos en una clase de la E.G.B.
- Una comparación del establecimiento de las colonias en el Norte y el Sur de los Estados Unidos en una clase del ciclo intermedio de la E.G.B.

Todos estos temas combinan hechos, conceptos y generalizaciones, y el docente intentará que los alumnos identifiquen y comprendan las relaciones entre ellos en cada caso.

Planificar clases según el modelo integrativo

El proceso de planificación para utilizar el modelo integrativo es semejante al de los modelos inductivo y de adquisición de conceptos. Los pasos son esquematizados en la figura 5.4.

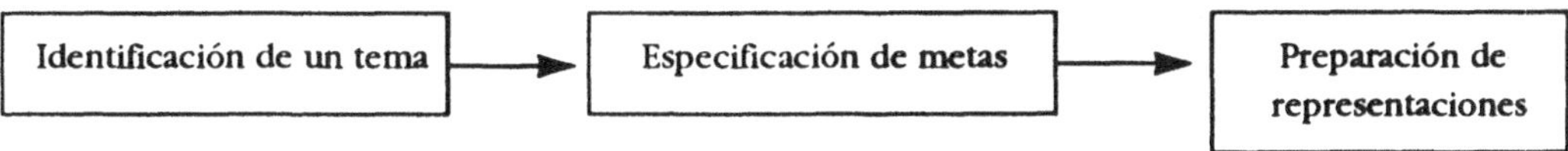

FIGURA 5.4. *Planificar con el modelo integrativo*

Identificar los temas

La investigación indica que la planificación del docente generalmente comienza con un tema (Morine-Dershimer y Vallance, 1976; Peterson, Marx y Clark, 1978). Éste es un punto de partida práctico y sensible a la intuición. Los temas en las dos clases que presentamos al comienzo del capítulo eran ranas y sapos, por un lado, e inmigrantes, por el otro. Estos temas luego se volvieron el punto central del proceso de planificación. Los temas provienen de los libros de texto, de los programas y de otras fuentes, incluyendo a los propios docentes. Cuando los temas están organizados en cuerpos de conocimiento, el modelo integrativo puede ser usado en forma efectiva.

Especificar las metas

El hecho de que la planificación generalmente comience con un tema no implica que las metas no sean importantes. De hecho, los docentes eficaces tienen en mente objetivos muy claros y enseñan en dirección a ellos (Berliner, 1985). Esto es cierto más allá de la meta que se enseña.

Metas de contenido

Una vez identificado el tema, debemos decidir qué queremos que los alumnos sepan sobre él (los resultados del alumno). La especificación de los resultados del alumno requiere un poco más de trabajo cuando los temas son cuerpos organizados de conocimiento, ya que éstos están definidos con menor precisión que los conceptos, las generalizaciones o las reglas. Por ejemplo, la sola intención de que sus alumnos comprendieran la relación entre las "razones para venir", "características" y "adaptación" de los cuatro grupos de inmigrantes, no hubiera sido suficiente para que Tony Horton guiara el análisis de sus estudiantes. Era necesario que además anticipara algunas de las generalizaciones que fueron resumidas en su clase, tales como las relaciones entre inmigración y economía, características de los inmigrantes y sus razones para venir, además de las características de los inmigrantes y sus tasas de adaptación. Pueden surgir otras generalizaciones como información incidental, lo que es muy positivo, siempre y cuando se tengan en mente las metas de la clase para no desviar su curso.

Desarrollo del pensamiento de nivel superior y crítico

La segunda parte de la especificación de metas es levemente distinta de la primera. Mientras que las metas de contenido se centran en los *resultados* (como identificar las relaciones entre las características de un animal y su hábitat o entre la inmigración y la economía) el pensamiento crítico y de nivel superior se centran en el *proceso* de encontrar patrones, hacer explicaciones, hipótesis y generalizaciones, y documentar cada una de las conclusiones con evidencia. Planificar para el pensamiento significa que los docentes se proponen conscientemente que los alumnos observen, comparen, busquen patrones, generalicen, predigan y expliquen mientras "construyen" activamente su comprensión del tema. Enseñar a pensar no cambia el objetivo de contenido, sino que cambia la manera en que el docente y los alumnos operan cuando se dirigen hacia él.

Vimos en el capítulo 2 que "El aprendizaje es una consecuencia del pensamiento" (Perkins, 1992, p. 8), lo cual significa que los objetivos de contenido y los objetivos de pensamiento están intrincadamente unidos. Los alumnos utilizarán automáticamente los procesos mientras construyen comprensiones profundas de los temas que están estudiando. El docente ayuda a hacer que su uso sea consciente y sistemático.

Preparar representaciones de la información

Habiendo identificado un tema y sus objetivos relacionados, el docente está preparado para dar el tercer paso, que es capturar la información de manera tal que los alumnos puedan procesarla. Como vimos en las clases de Kim Soo y de Tony Horton, los datos están a menudo organizados en forma de una grilla. En primer término, examinaremos el uso de las grillas como formas de recoger datos y, más adelante en el capítulo, mostraremos cómo otras formas de presentar la información pueden usarse eficazmente con el modelo integrativo.

En todos los ejemplos que discutimos, el tema implicaba una comparación: sapos y ranas en la clase de Kim Soo y cuatro grupos de inmigrantes en la de Tony Horton. También vimos que en la clase de Kim se comparaban dos ideas, mientras que en la de Tony se comparaban cuatro. El número de ideas que se comparan depende del desarrollo que se considere adecuado, así como del objetivo del docente.

El resto de los temas que ilustramos en la última sección también implicaban comparaciones. Sin embargo, éstas no deben necesariamente implicar conceptos estrechamente relacionados, como ranas y sapos o diferentes grupos de inmigrantes. Por ejemplo, un docente puede querer que comparen artrópodos y mamíferos para demostrar –entre otras cosas– que los animales con esqueleto externo son mucho más pequeños que los animales con esqueleto interno.

También se pueden utilizar las ideas y los intereses de los estudiantes. En la clase de Tony vimos que la elección de grupos de inmigrantes fue hecha en colaboración con los estudiantes, mientras que Kim tomó por su cuenta la decisión de estudiar ranas y sapos. Tony decidió incluir "razones para venir", "características" y "adaptación" como las dimensiones según las cuales serían comparados los grupos de inmigrantes, y Kim tomó la decisión de incluir aspecto, comida, características y hábitat como las dimensiones a ser examinadas. Aunque Tony y Kim tomaron esas decisiones podrían haber solicitado la participación de los estudiantes si hubieran elegido hacerlo. Todas estas decisiones quedan a cargo del docente.

Reunir información

Una vez que se han identificado las ideas y las dimensiones, el siguiente paso es reunir la información que aparecerá en la grilla. Aquí, el docente tiene por lo menos tres opciones:

1. Designar individuos o grupos de estudiantes para que reúnan los datos que aparecerán en cada una de las celdas de la grilla. El docente puede elegir esta opción si entre sus metas figura hacer investigaciones en biblioteca u organizar información.
2. Hacer que los estudiantes reúnan parte de la información y que el propio docente agregue información adicional. Ésta es la opción que Kim y Tony eligieron.
3. Preparar él mismo toda la grilla. Este enfoque no sólo ahorra valioso tiempo de clase; también asegura que la grilla contenga lo que el docente quiere. La desventaja es que los alumnos no se comprometen integralmente con el proceso.

Reunir y organizar los datos que se presentan en la grilla parece un proceso lento, y puede serlo si el docente lo prepara todo por sí mismo. Sin embargo, si los alumnos ayudan a reunir la información inicial, el tiempo de preparación se reduce. Además, con el creciente uso de la tecnología, puede almacenar información en una computadora y modificarla rápidamente la próxima vez que enseñe el tema. Entonces, si bien la preparación inicial puede ser exigente, una vez que la grilla está terminada, cualquier preparación adicional es mínima. A la larga, la preparación se reduce, porque ya existirá material eficaz que puede ser utilizado una y otra vez para comprometer a los alumnos.

Pasemos ahora a una breve discusión acerca de los modos más efectivos de presentar estos datos.

Presentación efectiva de los datos

Si bien pueden adoptarse muchos modos de presentar la información, algunos funcionan mucho mejor que otros. Hay dos factores importantes. El primero es presentar la información tan fundamentada como sea posible. Esto proporciona óptimas oportunidades de procesar los datos y practicar habilidades analíticas y de pensamiento. Si esto resulta imposible, lo mejor es una serie de generalizaciones relativamente precisas o una mezcla de generalizaciones precisas y hechos. Menos recomendable resulta presentar una serie de generalizaciones relativamente amplias. Por ejemplo, consideremos nuevamente la clase de Tony y comparemos la grilla que él usó con la que muestra la tabla 5.2.

Como la información en la tabla 5.2. ya tiene la forma de generalizaciones amplias, los alumnos perdieron la oportunidad de analizar la información y hacer esas generalizaciones. Para estar de acuerdo con el principio "Aprender es la consecuencia de pensar" se debe dar a los alumnos la oportunidad de pensar acerca de los temas que están estudiando. La reducción de esa oportunidad disminuye la probabilidad de que desarrollen la tan importante comprensión profunda.

TABLA 5.2. *Grilla con generalizaciones amplias*

Razones para venir	Características	Adaptación
ITALIANOS		
Problemas económicos	Clases socioeconómicas más bajas	Adaptación relativamente rápida
CHINOS		
Superpoblación	Religiosos	Adaptación
Oportunidad económica	Clases socioeconómicas	relativamente lenta
Problemas políticos	más bajas	
PORTORRIQUEÑOS		
Superpoblación	Religiosos	Adaptación
Oportunidad económica	Clases socioeconómicas más bajas	relativamente rápida
CUBANOS		
Problemas políticos	Clases socioeconómicas altas	Adaptación relativamente rápida

En segundo lugar, una presentación de datos eficaz incluye suficiente información como para que los alumnos puedan usar datos de una parte de la grilla como evidencia para una conclusión acerca de otra parte. Por ejemplo, Kim pidió a los alumnos que explicasen por qué la rana y el sapo comen los mismos alimentos y llamó a Fernando. Él notó que ambos animales viven esencialmente en los mismos lugares. Cuando se le pidió que dé evidencia para su respuesta, pudo señalar la sección del cuadro que mostraba el hábitat de ambos. Si esa sección del cuadro no hubiese existido, Fernando no hubiese podido utilizar la grilla para dar evidencia de su conclusión.

Vimos la misma clase de procesamiento en la clase de Tony. Por ejemplo, en el siguiente diálogo entre Tony y sus alumnos:

D: Volvamos a ver algunas de las comparaciones que hicimos. Escribimos que los chinos se adaptaban menos rápidamente que los otros grupos. ¿Por qué suponen que ocurrió eso?
A: Culturalmente, se diferenciaban más que los otros grupos.
D: ¿Qué información del cuadro dice eso?
A: Su religión, por un lado. Los italianos, los portorriqueños y los cubanos eran principalmente católicos, igual que muchas personas en los Estados Unidos, pero los chinos eran... confucistas... o como sea esa religión.
A: También dice en el cuadro que los chinos aprendieron el inglés más despacio que los demás.

Si la información acerca de las religiones de los grupos de inmigrantes o el tiempo en el que aprendieron inglés no hubiera estado en la grilla, los estudiantes no hubiesen podido proporcionar evidencia basada en datos que pudiesen observar.

Es muy importante incluir suficiente información en el cuadro para que los estudiantes puedan verificar sus respuestas mediante la observación. Ilustramos este proceso con mayor detalle cuando discutimos la implementación de clases con el modelo integrativo.

Como ejemplo adicional, miremos la grilla en la tabla 5.3. Aquí, la docente, como parte de una unidad acerca del sistema solar, asignó a grupos de alumnos reunir la información que aparece en la grilla. Entonces, si bien reunir y organizar la información requirió de la guía docente, ésta no tuvo que utilizar su tiempo de planificación en reunir la información.

Vemos que la grilla contiene una cantidad considerable de información basada en la realidad, que puede promover el análisis por parte de los alumnos. Es conveniente examinar la información de estas grillas otra vez al completar los ejercicios al final de este capítulo.

TABLA 5.3. *Grilla de información acerca del sistema solar*[1]

Nombre	Origen del nombre	Diámetro (en millas)	Distancia del Sol (en millas)	Largo del año (órbita)	Largo del día (rotación)	Gravedad comparada con la terrestre
Sol	Sol, dios romano del Sol	865 mil				
Mercurio	Mercurio, mensajero de los dioses romanos	3.030	35.900.000	88 días terrestres	59 días terrestres, en sentido antihorario	0,38
Venus	Diosa romana de la belleza y el amor	7.500	67.200.000	225 días terrestres	243 días, en sentido antihorario	0,88
Tierra	Terra mater, tierra madre romana	7.900	93.000.000	365 1/4 días	24 hs., en sentido antihorario	1
Marte	Marte, dios romano de la guerra	4.200	141.500.000	687 días terrestres	24 1/4 hs., en sentido antihorario	0,38
Júpiter	Júpiter, rey de todos los dioses romanos	88.700	483.400.000	12 años terrestres	10 hs. en sentido antihorario	2,34
Saturno	Saturno, dios romano de la agricultura	75.000	914.000.000	30 años terrestres	11 hs., en sentido antihorario	0,92
Urano	Urano, dios romano, padre de Saturno	31.566	1.782.400.000	84 años terrestres	24 hs., en sentido antihorario	0,79
Neptuno	Neptuno, dios romano del mar	30.200	2.792.000.900.000	165 años terrestres	17 hs., en sentido antihorario	1,12
Plutón	Plutón, dios griego del mundo subterráneo	1.423	3.665.000.000.000	248 años terrestres	6 1/2 días en sentido antihorario	0,43

[1] Grilla adaptada con permiso del Dr. June Main.

Nombre	Lunas	Temperatura media en superficie (°F)	Otras características interesantes
Sol		10.000°	El Sol es una estrella, la estrella de la Tierra; una bola gigante de gases ardientes; más de 1 millón de tierras podrían entrar en el Sol; la gravedad del Sol mantiene 9 planetas en órbita; el Sol da a los planetas luz y calor.
Mercurio	0	-300° a 800°	No hay atmósfera, no hay agua; numerosos cráteres.
Venus	0	900° promedio	Atmósfera mayormente de dióxido de carbono y ácido sulfúrico venenoso; no hay agua; es el planeta más brillante; el más caliente; desierto; enormes relámpagos; cubierto por nubes espesas; intensos vientos.
Tierra	1	57° promedio	La atmósfera contiene alrededor del 78% de nitrógeno, 21% de oxígeno, 1% de otros gases; el agua cubre cerca del 70% de la superficie; tiene vida vegetal, animal y personas.
Marte	2	-67° promedio	Atmósfera: dióxido de carbono enrarecido; no hay agua; capas de hielo blanco en los polos; cielo color salmón; tormentas de polvo frecuentes; superficie rocosa roja (el planeta rojo); aparentemente no hay vida; posible lugar de la primera colonia espacial terrestre.
Júpiter	16 o más	-162°	Atmósfera: posee hidrógeno, helio y amoníaco. No hay agua; franjas de color. Gran Lugar Rojo (huracanes); anillo horizontal tenue; enormes rayos.
Saturno	21 o más	-208°	Atmósfera: hidrógeno y helio; no hay agua; tiene al menos 4 anillos en posición horizontal. Principalmente, una gran bola de gas; nubes; algunas franjas de color en tonos de amarillo; mayormente gas; pequeño centro sólido.
Urano	15 o más	-355° promedio	Atmósfera: hidrógeno y helio; color verdoso; tiene al menos 9 anillos verticales; flotaría en agua.
Neptuno	2 o más	-266° promedio	Atmósfera: hidrógeno y helio; no hay agua; franjas de color azulado.
Plutón	1	-460° promedio	No hay oxígeno; no hay agua; extremadamente frío y oscuro. Órbita más cercana al Sol desde 1979-1999.

Implementar clases según el modelo integrativo

El modelo integrativo se implementa en cuatro etapas estrechamente relacionadas. Son:

- Etapa 1: describir, comparar y buscar patrones
- Etapa 2: explicar similitudes y diferencias
- Etapa 3: formular hipótesis sobre la obtención de resultados en diferentes condiciones.
- Etapa 4: generalizar para establecer relaciones amplias

Hay un aspecto importante acerca de las etapas que debe ser destacado. Si bien están en una lista ordenada y los docentes normalmente comienzan por la etapa 1, estas etapas no son jerárquicas y no implican una secuencia rígida. Un docente, por ejemplo, puede ir directamente de una comparación en la etapa 1 a una hipótesis en la etapa 3 y luego volver a otra comparación. Las habilidades para formular hipótesis de los alumnos en la etapa 3 no requieren que antes hayan hecho las explicaciones de la etapa 2 que se relacionan con las hipótesis. En muchos casos, las etapas serán conducidas en secuencia, que es más lógico, aunque no es un requerimiento rígido del modelo. Todas las etapas representan una forma de pensamiento de nivel superior, por eso los docentes dan a los alumnos la chance de practicar estas formas más allá de la secuencia.

Vimos ejemplos de esta flexibilidad en las clases de Kim y de Tony. Kim condujo su clase de manera que los alumnos atravesaran las etapas muy ordenadamente, mientras que Tony Horton varió la secuencia en las primeras tres etapas.

También vimos que Kim condujo su clase en un grupo grande, mientras que Tony condujo la primera etapa en pares. Otras modificaciones serán discutidas más adelante en el capítulo. Ahora pasamos a un análisis de cada etapa.

Etapa 1: describir, comparar y buscar patrones

La etapa 1 marca el momento en que los alumnos comienzan a analizar la información de la grilla. Si volvemos a mirar las clases de Kim y Tony, vemos que la etapa 1 puede comenzar de dos maneras:

1. El docente simplemente dirige la atención de los estudiantes hacia una celda en particular y les pide que observen y describan la información. Eso es lo que Kim hizo en su clase.
2. El docente pide a los alumnos que busquen diferencias y semejanzas en dos o más celdas de una columna de la grilla. Éste fue el enfoque de Tony.

La forma de comenzar la etapa 1 es una cuestión de preferencia y de juicio personal. Los alumnos de Kim eran menores que los de Tony y ella eligió centrarse en una única celda para asignar el trabajo que mejor tuviera en cuenta las capacidades de desarrollo de sus alumnos.

El docente puede comenzar la etapa 1 con la grilla que contiene información acerca del sistema solar pidiendo a los alumnos que busquen las tendencias en cada columna.

Este tipo de comienzo tiene las mismas ventajas que el del modelo inductivo. Como la etapa 1 tiene final abierto, rompe el hielo, asegura el éxito, promueve el compromiso y permite que el docente haga un gran número de preguntas, factor relacionado positivamente con el logro de los objetivos por parte del alumno (Gall, 1984).

La elección del lugar de la grilla en el que los estudiantes comienzan el análisis queda a juicio del docente. Lo más común es que el análisis comience en la celda superior izquierda, pero esto se debe probablemente a que tenemos el hábito de leer comenzando por arriba a la izquierda. Ninguna regla dice que debamos comenzar por allí, y si surge alguna razón para comenzar por otro lugar, sería igualmente apropiado.

El tiempo utilizado en cada una de las celdas individuales (o en las columnas) es también una cuestión librada al criterio del docente. Seguramente no pedirá una única observación o comparación, pero tampoco querrá demorarse en una única porción del cuadro perdiendo el ritmo de la clase.

Después de finalizar la descripción de la primera celda o de hacer comparaciones sobre la primera columna, el docente pasa a una segunda, una tercera y así sucesivamente hasta que se haya examinado la información de toda la grilla.

Volviendo a las clases de Kim y de Tony, vemos que el proceso es fluido, promoviendo niveles altos de éxito e interacción. Ambos docentes siguieron el método práctico, "Hazlo fácil". Primero, pidieron a los alumnos que hicieran observaciones (en el caso de Kim) o comparaciones (en el de Tony). Los docentes a veces sienten que deben trabajar más en la pregunta inicial, pero éste no es el caso. Las preguntas o las afirmaciones simples y directas son muy eficaces. Para ilustrarlo, veamos nuevamente parte del diálogo de la clase de Kim:

> KIM: Comencemos con la comida, ya que estamos familiarizados. Miren con cuidado la parte en que dice qué comen los sapos. ¿Qué notan aquí?... ¿Serena?
>
> SERENA: Bueno, comen lombrices.
>
> KIM: ¿Qué más?... ¿Dominique?
>
> DOMINIQUE: Arañas.
>
> DAVID: También langostas.
>
> KIM: Sí, muy bien, todos... Ahora miren las ranas. Hagamos lo mismo con ellas. ¿Qué me pueden decir acerca de lo que comen? ¿Judy?
>
> JUDY: Comen insectos.
>
> BILL: También lombrices.

Observamos en este diálogo que Kim comenzó la clase en forma cómoda y con final abierto, lo que permitió que los estudiantes comenzaran correctamente y construyeran el ritmo de la clase.

Por el contrario, Tony comenzó su clase haciendo trabajar en grupo a los estudiantes y les dijo: "Vean, ésta es la consigna. Quiero que busquen patrones en las columnas de este cuadro". A continuación les dio el modelo de cómo hacerlo: "Tomemos un ejemplo: observen la primera columna y vean si descubren algo que los cuatro grupos tengan en común, o algo que dos o tres grupos tengan en común". Las dos clases tienen en común el comienzo en forma directa y con final abierto.

Tener una actitud con final abierto requiere de algunas modificaciones por parte de muchos docentes porque no es una inclinación natural, y este método se le ha enseñado a pocos. Sin embargo, una vez hechas las modificaciones, los docentes encuentran esta alternativa más viable que los diálogos tradicionales de una pregunta con una respuesta específica que se ven en la mayoría de las clases.

Registro de la información

Cuando los alumnos realizan sus análisis, el docente suele escribir la información en el pizarrón. Esto brinda un registro público del proceso y puntos de referencia para los alumnos. Tony registró tanto las comparaciones que hicieron los alumnos en grupos como las generalizaciones obtenidas, mientras que Kim registró las afirmaciones. De cualquier manera, los dos docentes hicieron un registro de la información. Sin alguna clase de registro público, los estudiantes pueden perder fácilmente parte de los puntos importantes del análisis, y la comprensión resulta menos completa. El proceso de registro de la información continúa en las etapas 2, 3 y 4.

Etapa 2: explicar similitudes y diferencias

Si los modelos tienen siempre una etapa más emocionante que las demás, en el modelo integrativo ésa es la etapa 2. Éste es el punto en que los estudiantes están inmersos en los procesos de pensamiento de nivel superior y crítico y una vez que adquirieron destreza en la tarea, sus análisis pueden volverse muy sofisticados. Si bien el proceso de formular preguntas en la etapa 2 es más exigente que en la anterior, con la práctica, los docentes se vuelven hábiles hasta el punto de formular preguntas casi automáticamente.

Cuando Kim procesaba la información en la etapa 1, vimos que comparar era una consecuencia directa de observar. El paso de las comparaciones a las explicaciones tiene una relación similar, aunque no tan inmediata. Para ilustrar el proceso, volvamos a la clase de Kim:

KIM: Miren las ranas y los sapos ¿Cómo compararían lo que comen? ¿Encuentran alguna clase de patrón?

TIM: Ambos comen insectos.

LEROY: También ambos comen lombrices.

KRISTY: ...La comida de ambos parece ser casi la misma

KIM: ¿Por qué suponen que la comida parece ser la misma?

Pedir a los alumnos que expliquen por qué existe cierta similitud (o diferencia) marca el pasaje de la etapa 1 a la etapa 2. El cambio es virtualmente automático y la secuencia de preguntas permanece ininterrumpida. Sin embargo, el pensamiento por parte de los alumnos avanzó significativamente. En la etapa 1, sólo se pedía a los alumnos que hicieran una observación o que identificaran una similitud o una diferencia, mientras que en la etapa 2 se les pide que expliquen por qué existe, accediendo a un nivel más alto de razonamiento.

La transición a la etapa 2 en la clase de Tony Horton fue un poco más formal, principalmente porque hizo trabajar a los alumnos en pares durante la etapa 1. Veamos nuevamente el fragmento del diálogo:

TONY: Buen trabajo... Ahora, observemos la información con un poco más de detenimiento. ¿Por qué suponen que los italianos, los chinos y los portorriqueños tendían a venir de clases socioeconómicas más bajas, mientras que los cubanos no?... ¿Alguien?

ANTONIO: Creo que es por la razón por la cual vinieron... Los italianos, los chinos y los portorriqueños vinieron para tener una vida mejor, pero los cubanos estaban escapándose de la revolución de Fidel Castro.

KEVIN: Ellos también querían una mejor vida.
Antonio: Sí, eso es verdad pero las razones son diferentes. Los otros querían vivir mejor y en Cuba las razones fueron principalmente políticas.

Éste es el tipo de análisis que estamos buscando. Los estudiantes habían identificado una diferencia entre los cubanos y los otros tres grupos de inmigrantes; Tony capitalizó esta observación y les pidió que explicasen la diferencia. Antonio sugirió una explicación, que resultó en otra interacción estudiante-estudiante. Este proceso de desarrollo de la comprensión está de acuerdo con las visiones constructivistas de una enseñanza eficaz. Como en la etapa 1, el proceso continúa hasta que las posibilidades de construir explicaciones se hayan agotado.

Hemos presentado los ejemplos previos para ser claros y breves. Obviamente, existe una gran variedad de posibilidades en cada caso y, con la práctica, éstas llegarán a reconocerse fácilmente. Sin embargo, no todas las comparaciones pueden explicarse automáticamente.

Comparaciones explicables

Si bien las etapas 1 y 2 están estrechamente relacionadas y el pasaje de una a otra debe ser cómodo y continuo, el juicio del docente es necesario para manejar la transición eficazmente. Por ejemplo, considerando de nuevo el tema de los sapos y las ranas, podemos suponer que el docente dice "Observen la rana y el sapo en la columna izquierda. ¿Cómo los compararían?" (pregunta de la etapa 1).

Un alumno podría responder, "El sapo tiene una piel áspera con verrugas, mientras que la piel de la rana es suave". Este tipo de comparación es esencialmente "inexplicable". La diferencia es una característica de su fisiología: no hay datos en el cuadro (y es muy probable que tampoco los haya en los conocimientos previos del alumno) que puedan ser utilizados para formar una explicación. Pedir a los estudiantes que expliquen por qué la piel del sapo es verrugosa y la de la rana lisa es como preguntar "¿Por qué la gravedad hace que los objetos caigan a la tierra?" Es una de las características de la gravedad que sólo describimos; no tiene una explicación.

Como ejemplo opuesto, los estudiantes de Tony notaron en sus comparaciones que los chinos parecían adaptarse menos rápido que los otros grupos de inmigrantes. Ésta es una comparación explicable. Los alumnos explicaron la adaptación más lenta de los chinos sugiriendo como causa la diferencia de culturas y pudieron encontrar en la grilla información que fundamentara la explicación. La tarea del docente al guiar el análisis de los alumnos es reconocer comparaciones que puedan ser explicadas apropiadamente por los alumnos y, al mismo tiempo, dejar aquellas que son inexplicables como simples comparaciones. Al igual que con otros aspectos del modelo integrativo, no es difícil reconocer las comparaciones explicables, y sólo requiere acostumbrarse un poco. Los ejercicios que están al final del capítulo permiten ejercitar este proceso.

Promover el pensamiento crítico: la documentación de intervenciones orales

En el capítulo 2 dijimos que proporcionar evidencia es un elemento importante del pensamiento crítico. La etapa 2 del modelo integrativo brinda a los alumnos una excelente oportunidad de practicar esta habilidad. Para ejemplificarlo, observemos nuevamente una parte de la clase de Kim:

KIM: ¿Por qué suponen que la comida es la misma? ¿Fernando? (Pregunta en etapa 2.)

FERNANDO: ...La rana y el sapo viven casi en los mismos lugares.

KIM: ¿Cómo decidiste eso?

FERNANDO: ...Dice en el cuadro que las ranas viven en la tierra, el agua y los árboles y dice que los sapos viven en la tierra y en el agua.

KIM: Sí, excelente, Fernando... ¿Recuerdan lo que hablamos acerca de justificar lo que pensamos en algunos de nuestros trabajos de Matemática? Esto es exactamente lo mismo. Fernando ofreció evidencias para la conclusión de que los medios en que viven son casi iguales, señalando dónde viven en el cuadro. Ésta es la clase de pensamiento que estamos buscando.

La pregunta de Kim "¿Cómo decidiste eso?" pidió a Fernando la evidencia para su conclusión de que los hábitats de los animales eran casi iguales. Los docentes pueden pedir evidencia a los alumnos cuando hacen preguntas como: "¿Cómo lo sabes?", "¿Por qué dices eso?" o "¿Qué evidencia tenemos para esa conclusión?". Las palabras exactas de la pregunta no son importantes mientras pidan a los alumnos que ofrezcan la evidencia para sus conclusiones.

Si bien pedir evidencia a los alumnos es poco frecuente en una clase (Boyer, 1983), no es difícil una vez que los docentes se acostumbran y los estudiantes "se entrenan en la tarea", comenzando a ofrecer evidencias sin que sus docentes los alienten. Para ejemplificar, revisemos parte de la clase de Tony:

TONY: Observemos nuevamente algunas comparaciones que hicimos. Hemos escrito que los chinos se adaptaron más lentamente que los otros grupos. ¿Por qué suponen que ocurrió esto?

CHRISTINE: Culturalmente se diferenciaban más que los otros grupos.

TONY: ¿Qué información tenemos en el cuadro que nos diga eso?

CHRISTINE: La religión, por un lado. Los italianos, los portorriqueños y los cubanos en su mayoría eran católicos, y en Estados Unidos hay muchas personas que los son, pero los chinos eran confus... confucistas... o como sea esa religión.

ESTELLA: También dice en el cuadro que los chinos aprendían inglés más despacio que los otros.

Aquí vemos que Estella, sin intervención de Tony, se refirió a la grilla buscando información adicional como evidencia para fundamentar el argumento de las diferencias culturales.

Una vez que los estudiantes se acostumbran al proceso de ofrecer evidencias, los docentes pueden capitalizar estas oportunidades para promover discusiones sofisticadas de pensamiento crítico. Por ejemplo: Tony podría haber pedido a la clase que examinara el comentario de Estella con preguntas como "¿Acaso aprender inglés más lentamente es una verdadera evidencia de diferencias culturales?", "¿Por qué es o no 'buena' evidencia?", "¿Cuál sería una mejor evidencia de diferencias culturales?".

Cuando se discuten y analizan preguntas como éstas, los estudiantes pueden obtener experiencias valiosas en el proceso del pensamiento crítico.

También debemos notar que, si bien presentamos la discusión sobre la evidencia en el contexto de la etapa 2, resulta igualmente apropiada para la etapa 1. Ocurre que las oportunidades tienden a aparecer más rápido en la etapa 2 y por esa razón las hemos presentado aquí.

Etapa 3: formular hipótesis sobre la obtención de resultados en diferentes condiciones

La etapa 3 marca un paso más en el desarrollo de la capacidad de los alumnos para procesar información. Como en la transición de la etapa 1 a la 2, la etapa 3 suele surgir directamente de la etapa 2. Observemos nuevamente la clase de Tony:

> ESTELLA: ...dice en el cuadro que los chinos aprendían inglés más despacio que los demás. (Evidencia para una respuesta en la etapa 1.)
> TONY: ¿Y a qué podría deberse eso? (Pregunta que marca la transición a la etapa 2.)
> ESTELLA: El idioma es diferente. Cada uno de los lenguajes del cuadro tiene sus letras. Y los italianos, los portorriqueños y los cubanos usan las mismas letras que en inglés, pero las letras de los chinos son verdaderamente diferentes. (Explicación-respuesta en la etapa 2.)
> TONY: Supongamos que no fuesen diferentes, me refiero a que usaran las mismas letras que nosotros. ¿Cómo supones que esto hubiese afectado la rapidez de la adaptación?

La última pregunta de Tony pidió una hipótesis por parte de los alumnos. Los alumnos debían considerar cuál sería el resultado si las condiciones cambiaran: una situación hipotética en la que los chinos usarían las mismas letras que los italianos, los portorriqueños y los cubanos.

Si bien el diálogo que acabamos de leer ilustra cómo la etapa 3 puede surgir naturalmente de la etapa 2, esto no constituye un requisito. Para ejemplificarlo, veamos nuevamente la clase de Kim:

> KIM: Miren de nuevo la rana y el sapo en la primera columna del cuadro. ¿En qué son diferentes? (Pregunta en la etapa 1.)
> FRED: Dice que el sapo es torpe, pero no dice nada acerca de la rana. (Respuesta en la etapa 1.)
> KIM: Supongamos que el sapo no fuese torpe... ¿Cómo afectaría eso a las comidas que el sapo come o el lugar donde vive? ¿Alguien?

Aquí Kim hizo una pregunta para que los alumnos formularan una hipótesis (etapa 3) que sigue directamente a una comparación (etapa 1). El hecho de que Kim no pidiese a los alumnos que expliquen por qué el sapo es torpe (lo cual pudo haber sido una pregunta de la etapa 2) es un aspecto que queda librado al juicio del docente. Forma parte del proceso de tomar decisiones que hace de la enseñanza -al menos, parcialmente- un arte. Tal vez ella sintió que la torpeza del sapo era una comparación inexplicable, o tal vez tuvo otra razón para no pedir una explicación.

Como en la etapa 1 y 2, el proceso de formular hipótesis continúa hasta concluir con las oportunidades para el análisis.

Etapa 4: generalizar para establecer relaciones amplias

La clase se sintetiza y llega a un cierre cuando los alumnos derivan generalizaciones que sirven para resumir el contenido. Para ejemplificar este proceso, veamos nuevamente la clase de Kim:

> KIM: Ahora hagamos un resumen de lo que hemos descubierto aquí y pensemos en los animales en general... Quiero que lo intenten y vayan más allá del sapo y la rana, yo los ayu-

daré si alguien lo necesita... Por ejemplo, ¿qué podemos decir acerca de las características de los animales que se parecen mucho?

ADELLA: ...Tienen casi las mismas características.

KIM: Entonces, ¿cómo lo escribiríamos? Ayúdenme... Comencemos. (Escribió "Animales que se parecen..." en el pizarrón.)

CAROL: ...tendrán características similares.

KIM: ...¿Qué más? (Después de escribir, "Los animales que se parecen tienen características similares" en el pizarrón).

TONY: También comen la misma clase de alimentos.

KIM: Bien. Entonces... díganme qué escribir... Los animales que se parecen...

NANCY: Y tienen las mismas características.

TONYA: Y tienen las mismas características comen la misma clase de comida.

Entonces Kim escribió la oración en el pizarrón, pidió a los alumnos otras afirmaciones tendientes a resumir, y resultó la siguiente lista:

• Los animales que se parecen tienen características similares.
• Los animales que se parecen y tienen similares características comen la misma clase de comida.
• Los animales similares viven en hábitats similares.

Entonces Kim pidió a los estudiantes algunos ejemplos adicionales como el ciervo y el alce, diferentes pájaros y depredadores, como leones y leopardos, más algunas excepciones a los patrones y cerró la clase.

En este diálogo podemos observar que los alumnos no son automáticamente capaces de hacer afirmaciones que tiendan a resumir, y el docente deberá ayudarlos como hizo Kim en su clase. Con la práctica, sin embargo, la habilidad de los estudiantes para sintetizar se desarrolla rápidamente.

Los estudiantes de Tony Horton eran mayores que los de Kim y tenían más experiencia en resumir información, por eso Tony, al resumir la clase, no tuvo que ayudar y guiar a sus alumnos tanto como Kim.

Modificaciones del modelo integrativo

Consideraciones sobre el desarrollo

Hemos visto cómo se implementan las etapas del modelo integrativo y cómo se aplican en una actividad de aprendizaje. Pasemos ahora a otras consideraciones de desarrollo sobre el uso del modelo.

La presentación de la información

Comencemos por ver el modo de presentar la información en la grilla. La grilla de Tony –en una clase diseñada para alumnos de octavo año– presentaba la información en palabras. Kim utilizó tanto palabras como dibujos en su clase diseñada para alumnos de cuarto grado. Un docente de los primeros años de la E.G.B., o de alumnos que carezcan de las habilidades del lenguaje, podrá elegir presentar la información exclusivamente en dibujos. Como ejemplo, consideremos la información en la Figura 5.5.

Una grilla como ésta puede ser utilizada eficazmente como base para guiar el análisis de datos realizado por niños pequeños. Como ejemplo de su utilización, observemos un diálogo extraído de una clase centrada en esta grilla:

> D: ¿En qué se diferencian las comidas que comemos en invierno de las que comemos en verano? (Etapa 1.)
> A: En verano comemos comidas con hielo.
> A: En invierno tomamos bebidas calientes.
> D: ¿Por qué piensan que tomamos bebidas calientes en invierno? (Etapa 2.)
> A: Afuera hace frío.
> D: ¿Cómo sabemos que afuera hace frío?
> A: ...
> D: ¿Ven algo en el cuadro que les diga que en invierno hace frío afuera?
> A: Usan abrigos (señalando el cuadro).
> D: ¿Qué más?

FIGURA 5.5. *Grilla con información acerca del invierno y el verano*

A: No hay hojas en los árboles.

D: Supongamos que vivimos en el sur, donde hace calor todo el año. ¿En que serían diferentes las comidas que comemos en invierno a las que están en el cuadro? (Pregunta de la etapa 3.)

A: Las bebidas no estarían tan calientes.

D: ¿Qué aprendimos hoy acerca de nuestras comidas? (Pregunta que pide un resumen.)

A: Comemos diferentes comidas.

D: ¿En qué son diferentes?

A: Comemos comidas calientes cuando hace frío afuera.

D: ¿Y por qué hacemos eso?

A: Porque las comidas nos ayudan a mantenernos calentitos.

Cosas especiales que hacemos y *Ropa* fueron analizados y resumidos del mismo modo. A medida que los alumnos desarrollaban sus habilidades con el proceso, el docente pudo apartarse de la tradicional forma de interacción docente-alumno-docente-alumno hacia una discusión docente-alumno-alumno-alumno, como en las clases de Kim y Tony.

En algunos casos, los docentes pueden desarrollar una grilla junto con objetos o personas reales. Por ejemplo, un docente que quiera desarrollar una clase acerca de los servidores públicos puede pedirle a un bombero real y a un miembro de la policía que vengan a la clase como invitados. Después de que estos invitados visiten la clase, el docente y los alumnos pueden hacer una lista de la información reunida, la cual puede ser a su vez utilizada como base para el análisis.

Cualquier medio acorde con el nivel de desarrollo de los alumnos puede ser utilizado para las clases integrativas. Volvamos al ejemplo de los diferentes tipos de música popular. En esta clase, el docente no se centrará en figuras o en palabras; en lugar de eso presentará una selección de cada una de las formas musicales. Así como el tipo de ejemplo debe ser apropiado cuando se enseña un concepto o una generalización, el medio para presentar la información debe ser congruente con los objetivos cuando se dicta una clase con el modelo integrativo.

Las capacidades de comunicación de los niños

El segundo factor de desarrollo está relacionado con la habilidad de los estudiantes para procesar la información y expresar sus conclusiones. Con niños pequeños, la etapa 1 tal vez se enfatice más que las otras, ya que se centra en la observación y la comparación. Sin embargo, en la medida en que adquieren experiencia, hasta los niños pequeños aprenden rápidamente a dar explicaciones y hasta a responder preguntas hipotéticas. Una buena parte del valor de usar el modelo reside en la oportunidad que les brinda a los niños de practicar su lenguaje y sus habilidades de pensamiento en desarrollo.

Aumento en la eficacia: reducir el tiempo de preparación

Cualquiera que esté familiarizado con las aulas sabe que el trabajo del docente es enormemente complejo y exigente. Muchos docentes pasan una gran cantidad de tiempo después de clase corrigiendo ensayos, planificando y dialogando con padres. Todo lo que pueda hacerse para ayudarlos a reducir el tiempo que emplean en planificar nuevas clases –siempre que puedan seguir alcanzando sus metas– es beneficioso. En esta sección examinaremos algunas opciones que les permitirán a los docentes reducir el tiempo de planificación, e incluso ayudar a los alumnos a adquirir una comprensión profunda del contenido y de las habilidades de pensamiento de nivel superior y crítico.

El uso de materiales disponibles

Hasta ahora nos hemos centrado en datos presentados en grillas, los cuales sirvieron como base para el análisis. Antes, en este capítulo, discutimos brevemente los esfuerzos necesarios al principio para preparar la presentación de los datos y sugerimos que cuando la grilla está inicialmente preparada, cualquier agregado será mínimo.

Sin embargo, el proceso de planificación puede ser reducido en mayor medida. Las tablas, cuadros, gráficos y mapas que aparecen en los libros de texto, junto con otros recursos, son fuentes de información ya disponibles que proveen información para el análisis. Todo lo que el docente tiene que hacer es capitalizar esas representaciones y usarlas simultáneamente para promover el pensamiento de nivel superior junto con una comprensión profunda de los temas.

Para hacer esto, debe reconocerse el material disponible para ser utilizado. Cualquier cuadro, gráfico o mapa contiene material en bruto que puede usarse con el modelo integrativo. Veamos algunos ejemplos. La tabla 5.4. contiene información de un cuadro extraído de un libro típico de Química.

TABLA 5.4. *Ejemplo de cuadro encontrado en un texto*

RADIOS IÓNICOS *

IA	IIA	IIIA	VIA	VIIA
$Li+$	$Be^{2}+$		$O^{2}-$	$F-$
0,60	0,31		1,40	1,36
$Na+$	$Mg^{2}+$	$Al^{3}+$	$S^{2}-$	$Cl-$
0,95	0,65	0,50	1,84	1,81
$K+$	$Ca^{2}+$	$Ga^{3}+$	$Se^{2}-$	$Br-$
1,33	0,99	0,62	1,98	1,95
$Rb+$	$Sr^{2}+$	$In^{3}+$	$Te^{2}-$	$I-$
1,48	1,13	0,81	2,21	2,16
$Cs+$	$Ba^{2}+$	$Ti^{3}+$		
1,69	1,35	0,95		

*Radios dados en unidades *angstrom*.

Un cuadro como éste podría encontrarse en un texto, y el docente no tendría más que guiar a los estudiantes hacia la página en que está. El análisis de este proceso podría realizarse de la siguiente manera:

Etapa 1

D: ¿Qué clase de patrón ven en el Grupo IA de iones?
A: Los radios iónicos aumentan a medida que bajamos en la columna.
D: ¿Qué pasa con los otros grupos?
A: Todos aumentan a medida que bajamos en las columnas.
D: ¿Cómo compararían los radios de unas y otras columnas?
A: Se vuelven menores para los iones positivos y aumentan para los iones negativos.
D: ¿Qué quieres decir?
A: El magnesio (Mg) es menor que el sodio (Na), el aluminio es aún menor y el azufre y el cloro son mayores.

Etapa 2

D: ¿Por qué suponen que el magnesio es menor que el sodio?
A: El magnesio pierde dos electrones, por eso su radio decrece más que el del sodio, que pierde un solo electrón.

D: ¿Entonces por qué el radio iónico para el cloro no es mayor que para el del azufre?
A: El cloro sólo agrega un electrón, así que su radio iónico no aumentará tanto como el del azufre.

Etapa 3

D: Supongamos que el azufre participara de una reacción en la que perdiera electrones en lugar de aumentarlos. ¿En que afectaría eso al radio iónico?
A: El radio iónico sería menor que el del aluminio.
D: ¿Podemos estar seguros?
A: No, podría no seguir ese patrón. Necesitamos más información para estar seguros.

Etapa 4

D: ¿Qué clase de generalizaciones podemos hacer sobre los radios iónicos?
A: Cuando los elementos pierden electrones, sus radios iónicos se vuelven más pequeños, y cuanto más electrones pierden, más pequeños se vuelven.
A: Los radios iónicos con cargas positivas tienden a ser menores que aquéllos con cargas negativas en filas comparables.

Hemos abreviado esta clase para lograr una mayor claridad. No todo será tan fluido como en el ejemplo, y probablemente los docentes tengan que apuntalar a los alumnos para que reconozcan algunos de los patrones. Sin embargo, como la mayoría de la información necesaria para obtener las conclusiones está en el cuadro, los estudiantes sólo necesitan ayuda para comenzar.

También vemos en el diálogo que el cuadro ya existente en el texto puede utilizarse para desarrollar en gran medida el pensamiento de nivel superior. De hecho, un gran número de patrones, explicaciones, hipótesis y generalizaciones puede agregarse a los del ejemplo. En este caso, el uso del modelo integrativo no requirió de ninguna preparación adicional. El docente sólo tuvo que buscar oportunidades para capitalizar los datos ya existentes.

Como ejemplo adicional consideremos los mapas de las figuras 5.6.a y 5.6.b y observemos una nueva clase de ejemplo basada en los mapas:

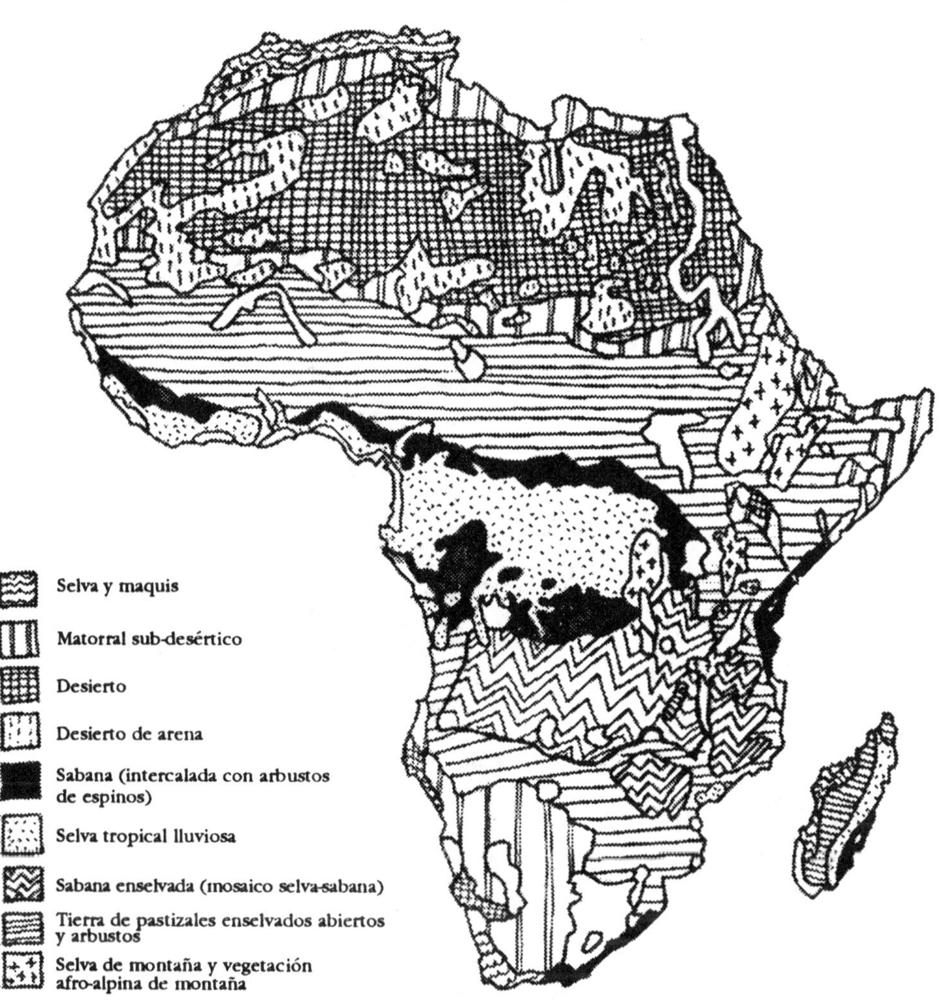

FIGURA 5.6.a *Vegetación en zonas de África*

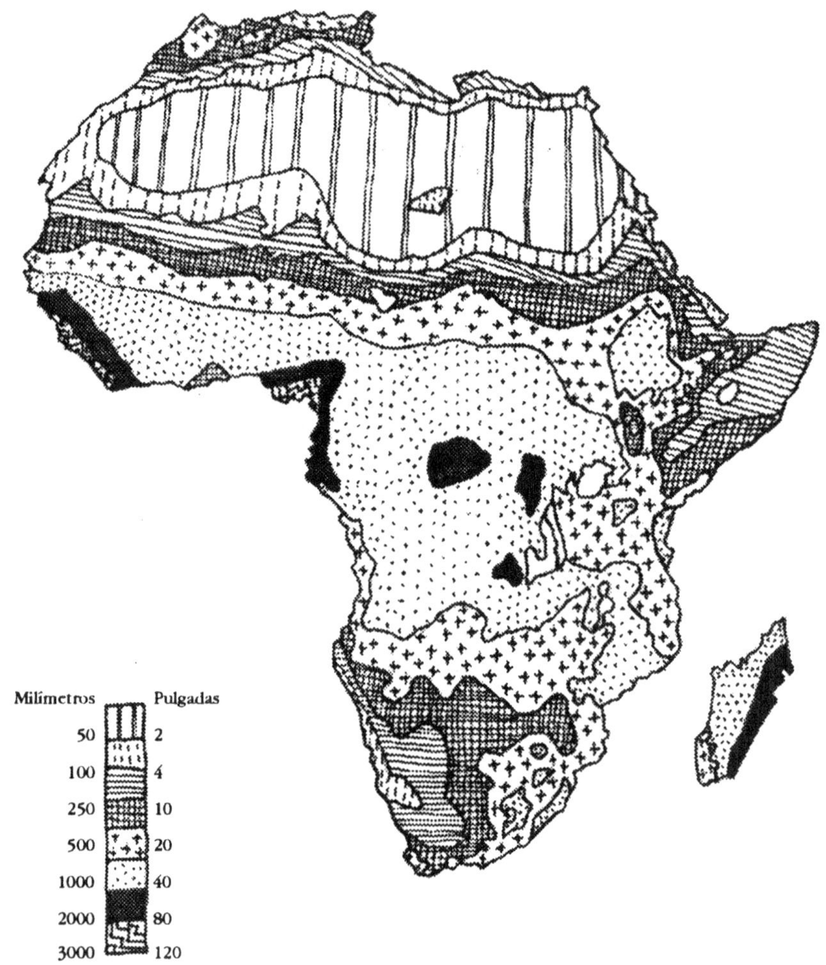

FIGURA 5.6.b *Precipitación anual promedio de África*

Etapa 1

D: Observen la parte norte de los dos mapas. ¿Cómo podemos compararlas?
A: La parte norte del primero es casi todo desierto.
D: ¿Y la segunda?
A: Muy poca lluvia, dos pulgadas al año.
D: ¿Qué pasa con las otras partes del mapa?
A: Hay selva tropical en el área cercana al ecuador, y hay muchas lluvias allí.

Etapa 2

D: ¿Por qué gran parte del norte del continente es desierto?

A: Recibe muy poca lluvia.

D: ¿Por qué creen que la lluvia es tan escasa?

A: Tal vez tenga que ver con la dirección del viento. Los principales vientos vienen de grandes áreas de territorio, por eso no contienen mucha lluvia.

D: ¿Qué más podría afectar la cantidad de lluvias que recibe la región? ¿Qué más ven en el mapa?

A: Tal vez la dirección de las corrientes del océano tenga algo que ver.

Etapa 3

D: Supongan que los vientos del norte de África vinieran principalmente del oeste. ¿Cómo sería afectado el clima de esa parte del continente?

A: Tal vez no sería un desierto.

D: ¿Pueden ver en alguna parte del mapa evidencia que apoye la idea?

A: Vemos que los vientos van desde el oeste hacia la parte central del continente.

Etapa 4

D: ¿Qué podemos decir para resumir basándonos en el mapa?

A: Las corrientes oceánicas y la dirección del viento tienen una influencia importante en la cantidad de lluvias que recibe la región.

Este diálogo es sólo una muestra de las muchas posibilidades existentes. Se podría haber analizado mucho más los mapas y se podría haber ampliado significativamente el proceso agregando un mapa que mostrara las regiones fisiográficas del continente. Los alumnos hubieran podido entonces considerar la altitud, la latitud, la dirección del viento y las corrientes oceánicas como factores que afectan el clima.

Principalmente, todo esto puede hacerse con poca preparación del docente; todo lo que el docente debe hacer es tener claros los objetivos y aprovechar las oportunidades cuando aparecen. A medida que los docentes se acostumbren a este proceso, podrán ver cada vez más oportunidades para usar cuadros, mapas y otros elementos de enseñanza de los libros de texto como base para promover el análisis de los estudiantes.

Desarrollo de grillas durante las discusiones en clase

Los docentes también pueden utilizar la información reunida en clase para tomar datos "en el momento", que puede servir para analizar más adelante el tema que se estudia. Observemos una clase de Inglés donde se discute *Romeo y Julieta*:

D: Pensemos acerca de algunas cosas que encontramos en la obra. Hagamos una lista de todo lo que piensen basándose en la lectura.

A: Los Montesco y los Capuleto estaban enemistados.

A: Escalo, el príncipe, amenazó a los Montesco y a los Capuleto de muerte si no paraban de pelear.

A: Algunas personas parecían estar preocupadas por el sexo.

D: ¿Por qué dices eso? ¿Puedes darnos un ejemplo?

A: Sansón y Gregorio están siempre fantaseando con mujeres.

A: Y la nodriza y Mercucio parecen estar concentrados en el sexo.

D: Bien, ¿qué más?

A: Teobaldo mató a Mercucio y luego Romeo mató a Teobaldo.

A: Romeo y Julieta se suicidaron.

D: Centrémonos un poquito más en los personajes. ¿Qué clase de hombre era Romeo?

A: Bueno, era realmente un chico.

A: Era más bien inocente e ingenuo.

Cuando los alumnos hacían sus comentarios, la docente los anotaba en una lista en papeles de gran tamaño, que enrolló y guardó después de la discusión. También les pedía información adicional, como la pregunta. "¿Qué clase de hombre era Romeo?". Luego agregó información propia acerca de los temas de la obra. Por último, guardó el papel y dijo a los alumnos que volverían a revisar la información después de leer otras obras. Entonces repitió el proceso con *Hamlet* y *Julio César*.

Después de que los alumnos trajeron la información obtenida acerca de las tres obras, la docente presentó toda la información y comenzó un análisis más extensivo de las obras, comparando unas con otras. La información del cuadro apareció como lo muestra la tabla 5.5.

En este caso, la docente utilizó como grilla la información proveniente de las lecturas de los alumnos y el tiempo de preparación fue mínimo.

Este tipo de análisis no tiene que ser el centro de toda la clase. Por ejemplo, la ilustración con la tabla de Química podría presentarse en un tema general de estructura atómica y toda la secuencia podría llevar sólo unos minutos. Lo mismo podría pasar con los mapas.

Como vemos, los cuadros, mapas y gráficos pueden ser muy útiles en las actividades con el modelo integrativo, y éste es utilizable en muchos niveles y áreas de contenido. Esperamos que esta discusión haya aumentado la consciencia de las posibilidades que ofrece.

Centrar el modelo integrativo en el alumno

Hasta el momento las descripciones del modelo integrativo se han centrado en actividades conducidas por el docente, quien dirigió las discusiones y el proceso.

Sin embargo, cuando los alumnos ganan experiencia, los docentes pueden dirigir un poco más el proceso hacia el alumno. Por ejemplo, en lugar de comenzar pidiendo que los alumnos busquen patrones en la información (etapa 1) y luego formular preguntas que pidan explicaciones (etapa 2), el docente puede comenzar el proceso haciendo trabajar a los estudiantes en equipos y pedir a cada equipo que genere una serie de preguntas que le gustaría responder basándose en la información del cuadro. Mediante este proceso, los estudiantes aprenden a formular sus propias preguntas en la etapa 2, en lugar de necesitar que el docente las haga.

A medida que los alumnos aprenden a hacer preguntas, adquieren una práctica valiosa en el proceso de indagación. Uno de los problemas de las actividades fuertemente dirigidas por el docente es que los alumnos no aprenden a generar sus propias preguntas, y aprender a generar preguntas es un elemento importante en el proceso de indagación.

TABLA 5.5. *Grilla con información acerca de las tragedias shakespeareanas*

Argumento	Personajes clave	Temas
Romeo y Julieta		
Los Montesco y los Capuleto están enemistados. Escalo, el príncipe, amenaza de muerte a los Montesco y a los Capuleto. Sansón y Gregorio fantasean con mujeres. La nodriza y Mercucio se centran en el sexo. Romeo y Julieta se enamoran. Teobaldo mata a Mercucio. Romeo mata a Teobaldo. Julieta toma una poción. Romeo se suicida. Julieta se suicida. Los Montesco y los Capuleto cesan la lucha.	Romeo: romántico, afectado por el amor, sincero, joven, impulsivo, inocente. Julieta: romántica, afectada por el amor, sincera, joven, inocente.	Simbolismo de amantes con mala suerte. El amor en medio del odio. La inocencia en medio de la hipocresía adulta. Conflicto de lealtad (hacia uno mismo o hacia la familia).
Hamlet		
El Rey Hamlet muere. Claudio se casa con Gertrudis. Hamlet deplora y lamenta ese matrimonio. Hamlet quiere vengarse de Claudio. Hamlet maltrata a Ofelia. Laertes hiere a Hamlet en un duelo. Hamlet hiere a Laertes en un duelo. Hamlet mata a Claudio. Gertrudis muere por el veneno destinado a Hamlet. Muere Laertes. Muere Hamlet.	Hamlet: soñador sentimental, ingenioso, sensible, leal, débil, inteligente, romántico, indeciso, ambicioso. Claudio: fuerte, hipócrita, hábil político, falso, sagaz.	Ingenuidad y engaño. Ambigüedad moral. Búsqueda de una justicia natural. Lealtad y venganza. Conflicto público y privado. Conflicto interno. Coraje y cobardía. Purga del mal. Restauración de una moralidad.
Julio César		
César vence a Pompeyo. César se convierte en dictador. César perdona a Bruto. Los romanos temen el creciente poder y ambición de César. Desarrollo de una conspiración en contra de César. Casio influye sobre Bruto. Bruto siente que debe detener a César. Bruto mata a César. Antonio incita a los ciudadanos. Roma está en caos. Los ejércitos de Bruto y Casio traban combate con los de Antonio y Octavio. Casio es apuñalado por su sirviente y muere. Bruto se arroja sobre su espada y muere.	César: gran soldado, gran político, brillante, arrogante, ambicioso. Bruto: tranquilo, idealista, amigo de César, temeroso de la ambición de César. Casio: flaco, irritable, práctico, rencor contra César.	Poder. Ambición. Celos. Venganza. Idealismo.

Esto es muy avanzado desde el punto de vista del desarrollo, así que en un principio los estudiantes no sabrán cómo responder. Sin embargo, a medida que adquieran experiencia viendo las preguntas modelo del docente en la etapa 2, los estudiantes aprenderán a buscar diferencias en la grilla, cuadro, mapa o gráfico y a preguntar por qué existen esas diferencias. Esto marca un salto hacia adelante en las habilidades de los estudiantes para procesar y aprender en forma auto-dirigida.

Evaluación diagnóstica

De los modelos discutidos hasta ahora, los resultados de contenido y pensamiento del modelo integrativo son los más complejos. En consecuencia, existe una variedad de opciones al preparar los ítems para medir la evolución del alumno. Hay que considerar que la información de esta sección propone ser ilustrativa más que exhaustiva. El objetivo al presentar estos ejemplos es estimular el pensamiento acerca de la evaluación diagnóstica.

Medición del aprendizaje de contenidos

En la sección de planificación de este capítulo encontramos que el modelo integrativo, en lugar de enseñar un único y preciso concepto o generalización, está diseñado para enseñar cuerpos organizados de conocimiento, que son combinaciones de hechos, conceptos y generalizaciones y relaciones entre ellos. Durante la etapa de evaluación del modelo, los docentes intentan medir la comprensión de esas relaciones por parte de los alumnos.

Para ejemplificar este proceso, veamos algunos ítems de papel y lápiz como muestra. Por ejemplo, consideremos cómo Kim Soo podría medir la comprensión de las generalizaciones obtenidas en clase por sus alumnos. Observemos el siguiente ítem:

Piensa en la conclusión que hicimos acerca de la rana y el sapo y sus hábitos. Basándote en esa conclusión, ¿en cuál de los siguientes pares de animales será más probable que existan hábitos similares?

a. un ciervo y un oso
b. un ciervo y un alce
c. un ciervo y un conejo
d. un conejo y un oso

Este ítem fue diseñado para medir la habilidad de los alumnos para aplicar la generalización: "Los animales con características similares tienen hábitos similares" a otros animales distintos de la rana y el sapo.

El ítem, sin embargo, tiene el defecto potencial de medir el conocimiento de los alumnos sobre los animales, más que su comprensión de la generalización. Por ejemplo, si un alumno no sabe qué es un alce o cuál es su apariencia, el ítem no será válido. Para eliminar esa posibilidad, el docente puede preparar un ítem como el siguiente:

Observa las siguientes descripciones de animales. Luego, basándote en las descripciones, decide cuál par tiene hábitos similares.

El lémur es un animal corredor de cuatro patas. Tiene alrededor de 1,20 mt. de alto y pesa más de 90 kg. Tiene piernas largas, pezuñas y grandes cuernos en la cabeza. El lémur tiene dientes muy filosos en la parte frontal de la boca y, en la parte de atrás, dientes grandes y chatos.

El hábax es un animal fornido de cuatro patas. Tiene un cuerpo fuerte y voluminoso cubierto por una gruesa piel. Sus dientes son filosos, y dos de ellos son más largos que el resto. El hábax mide cerca de 1 mt. de altura y pesa alrededor de 125 kg.

El crandle es un animal bajo con cola larga. Tiene cuatro patas cortas a los costados del cuerpo. Puede moverse rápidamente en distancias cortas. Puede mirar en todas las direcciones con sus ojos, que están en la parte de arriba de su cabeza. Sus dientes son filosos y sobresalen un poco, aun cuando tiene la boca cerrada.

El viben es un animal hermoso. Se para alto y gracioso en sus cuatro delgadas patas. Las pequeñas pezuñas le permiten moverse con rapidez si es necesario. Mide alrededor de 1,5 m. de alto hasta el hombro y pesa más de 130 kg. Está cubierto por un pelo corto marrón claro en todo el cuerpo.

En este ítem se describen las características de los animales, y los estudiantes hacen su interpretación a partir de estas descripciones. Se minimiza la necesidad de conocimientos previos acerca de algún animal en particular. Además, la descripción evita cualquier referencia a la comida o al hábitat. Si se hubiese incluido alguna de éstas, la validez de la evaluación se hubiese reducido, ya que el ítem estaría condicionado al determinar la comprensión de los estudiantes sobre la relación entre las características y los hábitos, como dónde viven y qué comen.

Otra ventaja de utilizar el segundo ítem es su potencial para habilitar otras discusiones. Basándose en las descripciones, los estudiantes pueden inferir el hábitat de cada animal, el tipo de alimentación y otros hábitos tales como el modo en que se protegen. De este modo, una medición de contenido tiene el potencial para desarrollar habilidades de pensamiento.

Medición del desarrollo de pensamiento crítico y de nivel superior

El pensamiento de los alumnos puede medirse en varios niveles. En el primero, se puede remitir a los estudiantes al cuadro usado en la clase y se les puede pedir que hagan conclusiones no desarrolladas en clase. Por ejemplo, volviendo a la clase de Kim, consideremos el siguiente ítem:

Mira nuevamente el cuadro acerca de ranas y sapos. Basándote en el cuadro, ¿cuál de las siguientes sería la mejor conclusión?

a. Es más probable que te haga daño una rana que un sapo, porque la rana es venenosa y el sapo no.
b. Es más probable que una rana sobreviva en un lugar extraño, porque su hábitat es más variado que el del sapo.
c. Un sapo ganaría una carrera con una rana porque corre más rápido.
d. Los sapos son más grandes que las ranas porque la comida que comen es diferente.

En este ítem, todas las posibilidades menos la (b) se contradicen directamente con la información del cuadro. Un ítem como este puede ser un buen punto de partida para ayudar a los estudiantes a desarrollar su capacidad de evaluar críticamente la información. No obstante, se puede hacer el proceso considerablemente más avanzado, cambiando el nivel de sofisticación. Por ejemplo, consideremos el siguiente ítem:

Observa de nuevo la información en el cuadro. Basándote en esa información, ¿cuál es la mejor conclusión?

a. La rana es más adaptable que el sapo.
b. La dieta del sapo es más variada que la de la rana.
c. Probablemente un sapo ganaría una carrera con una rana.
d. Sería más peligroso tomar con la mano una rana que un sapo.

En este ítem, los datos del cuadro justifican al punto (a) más que a los otros, pero se requiere aquí un mayor nivel de interpretación por parte de los alumnos que en el ítem anterior.

Como vimos en los ejemplos, el primer nivel de medición de las habilidades de pensamiento implica pedir a los alumnos que extiendan su pensamiento utilizando datos familiares, como en el caso de los sapos y las ranas. En los niveles subsiguientes, el docente puede preparar ítems similares a los ejemplos presentados en esta sección, pero los estudiantes tendrán menos experiencia previa con los contenidos. En estos casos, se presentará a los alumnos un cuadro no visto en clase, y luego se les pedirá que formen o identifiquen conclusiones basadas en la información.

Observemos nuevamente la tabla 5.2. Los siguientes son ítems de muestra diseñados para medir habilidades específicas de pensamiento de nivel superior. Por ejemplo, el siguiente ítem fue diseñado para medir la habilidad de los estudiantes para formar inferencias explicativas:

De las siguientes, la conclusión más respaldada por los datos del cuadro es:

a. Los chinos vinieron principalmente en busca de aventuras mientras que los portorriqueños vinieron por condiciones indeseables en su país de origen.
b. Mientras los chinos y los italianos vinieron por problemas de agricultura en el país de origen, los portorriqueños vinieron principalmente por presiones demográficas.
c. Los tres grupos vinieron, en parte, porque Estados Unidos les ofrecía más oportunidades que sus tierras natales.
d. Los tres grupos vinieron por problemas industriales en sus tierras natales.

Como último ejemplo, observemos un ítem diseñado para medir la habilidad de los estudiantes para identificar información irrelevante, nuevamente en forma de *multiple-choice*.

Observa el cuadro. Basándote en la información que hay en él, ¿cuál de los puntos siguientes es menos relevante para el tema de la adaptación?

a. Los italianos eran católicos mientras que los chinos eran confucianistas.
b. Los italianos aprendieron inglés más rápido que los chinos.
c. Los chinos se establecieron principalmente al oeste de los Estados Unidos.
d. La segunda generación de italianos tendió a casarse con otros estadounidenses.

Hasta ahora, cada ítem de muestra ha sido escrito en la forma de *multiple-choice*. La forma *ensayo corto* puede utilizarse igual o más eficazmente. Por ejemplo, consideremos el siguiente ítem diseñado para medir la habilidad de los estudiantes para establecer hipótesis:

> Pensemos en algunos grupos de inmigrantes. Considera inmigrantes a los Estados Unidos, que vienen de Pakistán, Grecia y Kenia. Basándote en la información del cuadro, ¿cuál de los tres se adaptará más rápido y cuál probablemente se adaptará menos rápido? Justifica tu respuesta basándote en el cuadro (tabla 5.2.) y tu comprensión acerca de los grupos de inmigrantes.

Este ítem mide varios resultados:

- El conocimiento de los alumnos acerca de los grupos de inmigrantes y sus culturas.
- La capacidad de aplicar generalizaciones acerca de la adaptación a nuevos grupos de inmigrantes.
- La capacidad de construir y justificar un argumento con evidencias.
- La capacidad de escribir.

Todos estos son resultados apropiados si el docente ayudó a los alumnos a desarrollar estas habilidades y la evaluación está en relación con las metas del docente.

La medición del pensamiento de nivel superior y del pensamiento crítico requiere de una planificación y un juicio cuidadosos por parte del docente. Por ejemplo, si los ítems están basados en el cuadro utilizado en clase y la información relacionada con el ítem fue discutida, entonces mide conocimiento y no pensamiento. Esto es apropiado si el objetivo del docente es medir conocimiento; nos importa que el docente tenga en claro qué es lo que él o ella está tratando de lograr y, en consecuencia, se dirija hacia ese objetivo.

Una solución a la dificultad para separar las habilidades de contenido de las de pensamiento es desarrollar ítems basados en contenidos no vistos en clase. Para esto, toda la información necesaria para formar las conclusiones debe estar incluida en el cuadro, y los estudiantes deben comprender el contenido del cuadro. De otro modo, el ítem sólo mide el conocimiento de los estudiantes del contenido o su comprensión de lo que leen.

No queremos sugerir, sin embargo, que medir pensamiento es imposible. Con cuidado y práctica, puede desarrollarse la habilidad de preparar ítems que no sólo midan la comprensión y el pensamiento de los alumnos, sino que también sirvan como medio para promover un mayor pensamiento crítico.

Ahora pasemos al resumen y a los ejercicios diseñados para reforzar la comprensión del contenido de este capítulo.

Resumen

El modelo integrativo es un modelo de enseñanza inductiva conceptualmente fundado en una visión constructivista del aprendizaje. El modelo, que puede desarrollarse en grupos pequeños o con toda la clase, está diseñado para enseñar relaciones entre hechos, conceptos, principios y generalizaciones, los cuales están combinados en cuerpos organizados de conocimiento. La información se organiza en presentaciones de datos, generalmente grillas, cuadros, tablas, mapas o gráficos. Los análisis de los estudiantes comienzan con observaciones y búsquedas de patrones en la información, continúan con la explicación de similitudes y diferencias, y luego con la formulación de hipótesis acerca de resultados que varían según las condiciones. Por último se resume y generaliza. El análisis está guiado por preguntas del docente, que se dirigen tanto a la comprensión de contenidos como a los pensamientos crítico y de nivel superior.

Conceptos Importantes

Cuerpos organizados de conocimiento (p. 164)

Ejercicios

Observe el siguiente diálogo, basado en la grilla que contiene información acerca de *Romeo y Julieta, Hamlet* y *Julio César* (tabla 5.5.). Clasifique cada pregunta del docente como etapa 1, etapa 2, etapa 3, etapa 4 o JP (una pregunta que pide a los alumnos que justifiquen lo que piensan).

1 D: Observen los "acontecimientos" de las tres obras. ¿Qué semejanzas ven entre ellos?
  A: Hay gente que muere o es asesinada en cada una de las obras.

2 D: ¿Qué más?
  A: Hay conflictos y peleas en todos.

3 D: ¿Por ejemplo?
  A: En *Romeo y Julieta* dice que los Montesco y los Capuleto estaban enemistados, en *Hamlet* dice que Hamlet quería vengarse de Claudio y en *Julio César* dice que los ejércitos de Bruto y Casio luchaban contra los ejércitos de Antonio y Octavio.

4 D: Sabemos que las tres obras son tragedias. Supongamos que una o más fuesen comedias. ¿Piensas que las regularidades de los acontecimientos serían diferentes? Si la respuesta es sí, ¿de qué manera?
  A: No esperaríamos tanto conflicto y muerte.

5 D: ¿Qué te hace decir eso?
  A: Los conflictos y la muerte no son felices, entonces no van con las comedias.

6 D: Veamos la segunda columna. ¿Qué similitudes y diferencias ven?
  A: Los personajes en *Hamlet* y en *Julio César* parecen ser menos agradables que los personajes en *Romeo y Julieta*.

7 D: ¿Qué te hace decir eso?
  A: Dice que Romeo y Julieta eran inocentes y sinceros, pero en *Hamlet* dice que Claudio es mentiroso e hipócrita y en *Julio César* dice que César es arrogante y Casio irascible.

8 D: Observen los temas en *Julio César*. Vemos ambición, celos y venganza como temas, que son de alguna manera negativos, pero también vemos idealismo. ¿Por qué suponen que idealismo aparece como tema?

A: Bruto era idealista. Él hizo lo que hizo porque pensó que era lo mejor para los intereses de Roma y su pueblo.

9 D: Describamos algunas regularidades generales en las tragedias de Shakespeare, si podemos.

A: Los temas son complejos y varían mucho.

10 D: ¿Qué más?

A: Los personajes no son buenos o malos del todo; tienen características buenas y malas.

A: Hay muchos conflictos entre los personajes en la obra.

A: Todos los personajes tienen conflictos internos también.

11 D: ¿Puedes darnos un ejemplo de lo que quieres decir?

A: Se describe a Hamlet como sentimental y sensible y al mismo tiempo es ambicioso.

A: Bruto está atrapado entre su sentimiento de lealtad a César y su miedo a la ambición de César.

Observe otra vez la grilla que contiene información acerca del sistema solar. Escriba un mínimo de dos preguntas sobre cada una de las etapas y proporcione respuestas aceptables a las preguntas.

Preguntas para la discusión

1. Dijimos que el modelo inductivo está diseñado para enseñar conceptos, generalizaciones, principios y reglas académicas, y el modelo integrativo está diseñado para enseñar cuerpos organizados de conocimiento. Prepare una lista de temas que haya enseñado o haya visto enseñar en las escuelas, e identifique cuál de los dos modelos es más apropiado para cada uno de los temas. ¿Hay temas inapropiados para ambos modelos? ¿Cuáles son las características que los hacen inapropiados?

2. Prepare una grilla de las habilidades de pensamiento inductivo y deductivo. ¿En qué dimensiones pueden compararse? Prepare otra grilla sobre el modelo inductivo, el modelo de adquisición de conceptos y el modelo integrativo. Utilice la grilla como base para armar un esquema de los modelos como el que se discutió en el capítulo 1.

3. La etapa 4, de cierre, es semejante para el modelo inductivo y el de adquisición de conceptos. ¿Cuáles son las similitudes y las diferencias respecto a la etapa 4 de los otros dos modelos?

4. Discutimos acerca del apuntalamiento y la repetición como estrategias para la formulación de preguntas en el modelo inductivo. ¿Cómo pueden ser utilizadas en el modelo integrativo?

5. Dijimos que el modelo integrativo pertenece a la categoría de los modelos inductivos y también dijimos que formular explicaciones e hipótesis es un proceso deductivo. ¿No hay una contradicción entre estas ideas? Si no es así, ¿por qué?

6. Considere el uso del modelo integrativo en áreas de contenido como arte, música, educación física y tecnología. Discuta cómo podrían diseñarse las clases para promover el pensamiento en esas áreas.

7. Discuta cómo se podría reunir y presentar información de maneras distintas a las grilla, cuadros, mapas u otros materiales escritos. Dé un ejemplo en un área de contenido de su elección.

6. El modelo de enseñanza directa

La enseñanza directa: una visión general
Estructura social del modelo

La enseñanza directa: perspectivas teóricas
Investigación sobre la eficacia del docente
Modelización: aprender observando a otros
Vygotsky: el lado social del aprendizaje de habilidades

Planificar clases según el modelo de enseñanza directa
Especificar metas
Identificar el conocimiento previo necesario
Seleccionar los ejemplos y problemas

Implementar clases según el modelo de enseñanza directa
Etapa 1: introducción
Etapa 2: presentación
Etapa 3: práctica guiada
Etapa 4: práctica independiente

El modelo de enseñanza directa: variaciones
Planificar
Implementar

Evaluación diagnóstica

El modelo de enseñanza directa es una estrategia ampliamente aplicable porque puede ser usada tanto para enseñar conceptos como habilidades. Basado en la investigación sobre la eficacia del docente, este modelo lo ubica como centro de la enseñanza. Cuando se aplica este modelo, el docente asume la responsabilidad de estructurar el contenido o la habilidad, explicándoselo a los alumnos, dándoles oportunidades para practicar y brindando retroalimentación. La enseñanza directa deriva de cientos de estudios que han intentado identificar conexiones entre las acciones del docente y el aprendizaje del alumno (Brophy y Good, 1986; Rosenshine y Stevens, 1986). El modelo de enseñanza directa descripto en este capítulo convierte esta investigación en una estrategia de enseñanza.

El desarrollo de este capítulo propone alcanzar las siguientes metas:

• Identificar los temas que se pueden enseñar más eficazmente con el modelo de enseñanza directa.

- Describir cómo se pueden usar ejemplos para ilustrar ideas en el modelo de enseñanza directa.
- Planificar la aplicación del modelo de enseñanza directa.
- Implementar el modelo de enseñanza directa, a través de las cuatro etapas que conlleva la clase.
- Evaluar diferentes formas de adquisición de contenidos a través del modelo de enseñanza directa.

Para comenzar nuestra discusión, veamos a dos docentes que usan el modelo de enseñanza directa en su clase.

Tim Hardaway levantó la vista de su cuaderno de planificaciones y miró largamente por la ventana. "Me pregunto si estarán listos", pensó. "Hemos estado trabajando con la adición durante semanas y todos comprenden el proceso y la mayoría incluso comprende la matemática en hechos, pero ¿será esto difícil? Me pregunto si están listos para la suma con números de dos dígitos. Tengo que asegurarme de que revisemos la asignación de valores antes de comenzar. Espero que funcione."

El lunes siguiente, Tim comenzó su clase de matemática diciendo:

—Alumnos, por favor guarden sus libros de lectura y saquen sus palillos de matemática. Hoy vamos a aprender una nueva manera de sumar. Esta nueva manera de sumar nos va a ayudar a resolver problemas como éste. Luego expuso lo siguiente en el pizarrón.

Sonya y Willy eran hermanos. Estaban juntando latas de gaseosa para ganarse una pelota de fútbol. Sonya tenía 13 latas y Willy tenía 14. ¿Cuántas tenían entre los dos?

Después de una pausa para darles a los alumnos la oportunidad de leer, Tim prosiguió.

—Los problemas como éste son importantes en matemáticas porque nos ayudan en nuestra vida diaria. Cuando finalicemos la clase de hoy, podrán resolver problemas de este tipo. Volveremos a este problema en un minuto, pero antes, es necesario que revisemos la información que ya aprendimos. Para ayudarnos en esto, usaremos nuestros palillos de matemática. Antes de hacerlo, sin embargo, revisemos lo que ya hemos aprendido. Todos saquen sus palillos y resuelvan este problema.

Tim anotó otro problema en el pizarrón. Caminaba alrededor del aula mientras los estudiantes trabajaban con el problema, usando sus palillos.

$$
\begin{array}{r}
5 \\
+\ 4 \\
\hline
\end{array}
$$

—¡Muy bien! Realmente sabemos cómo hacer eso. Ahora quiero que intenten con uno levemente más difícil. Háganlo con los palillos —dijo mientras escribía el siguiente problema en el pizarrón.

$$
\begin{array}{r}
6 \\
+\ 7 \\
\hline
\end{array}
$$

Nuevamente, Tim circulaba alrededor del aula ayudando a los alumnos y respondiendo a las preguntas que se les planteaban.

—¿Quién quiere venir adelante y mostrarnos cómo hizo este problema? ¿Antonio? ¡Bien! Ven aquí y usa los mismos palillos de colores que usaste en tu escritorio.

Antonio caminó hasta el frente del aula y comenzó a arreglar los palillos frente a la clase.

—Antonio, habla en voz alta mientras lo haces, para que todos entiendan.

—Bueno, tomas seis palillos y le agregas siete palillos y obtienes... trece unidades, trece palillos. Ésa es la respuesta.

—Excelente Antonio. ¿Todos ven cómo lo hizo? ¿Ahora, Antonio, recuerdas qué podemos hacer cuando tenemos diez unidades? ¿Cómo podemos hacer para que el problema sea más simple?

—Podemos cambiar diez unidades por un palillo de decena.

—Está bien, continúen y hagan esto. Alumnos, si todavía no hicieron esto, háganlo en sus escritorios.

Tim se detuvo un segundo mientras la clase reagrupaba sus palillos para contar de manera que quedaron un palillo de decena y tres palillos de unidades.

—¿Todos ven lo que hizo Antonio? Cambió diez de sus palillos de unidades por uno de una decena de palillos y siguió teniendo trece. Bien pensado, Antonio.

—Ahora, alumnos, estamos listos para aprender algo nuevo. Hoy vamos a aprender cómo sumar números que tienen decenas. Ya sabemos cómo sumar números más pequeños y sabemos cómo convertir grupos de diez, entonces no será difícil si todos trabajamos duro. Cuando sumamos números con decenas y unidades sólo tenemos que acordarnos de sumar las unidades con las unidades y las decenas con las decenas. Comencemos con un problema.

Entonces, volvió al problema que había escrito antes en el pizarrón.

Sonya y Willy eran hermanos. Estaban juntando latas de gaseosa para ganarse una pelota de fútbol. Sonya tenía 13 latas y Willy tenía 14. ¿Cuántas tenían entre los dos?

—Todos miren adelante. Bien. ¿Ahora, qué nos pregunta el problema? ¿Shalinda?

—¿Cuántas latas tienen juntos? —preguntó Shalinda dubitativa.

—Bien. ¿Y qué hacemos cuando queremos saber qué cantidad es la unión de dos cosas? Todos.

—¡Sumar! —respondió la clase al unísono.

—Excelente —replicó Tim—. Ahora anotemos el problema en el pizarrón. ¿Cuál es el número que sumamos? ¿Carlos?

—Trece.

—Bien, Carlos. ¿Y cuál es el otro número que sumamos, Cheryl?

—Catorce.

—Bien, entonces escribamos el problema en el pizarrón así —Tim continuó escribiendo lo siguiente en el pizarrón:

$$\begin{array}{r} 14 \\ + 13 \\ \hline \end{array}$$

—Ahora, quiero que todos me muestren cómo hacer catorce unidades en sus escritorios, usando palillos de decenas y de unidades.

Tim hizo una pausa mientras la clase trabajaba en sus escritorios.

—¿Todos hicieron así? —preguntó Tim e hizo lo mismo delante de todos.

—Ahora quiero que hagan lo mismo con trece. Cada uno hágalo en su banco —agregó Tim y después hizo una pausa para que sus alumnos trabajasen.

—Yo creo que trece es así. ¿Está bien? Bueno, ahora estamos listos para sumarlos. Cuando sumo tres y cuatro, ¿qué obtengo? Mmm, déjenme pensar... Tres y cuatro son siete. Pongamos un siete en el pizarrón —dijo Tim mientras caminaba hacia el pizarrón y agregaba un siete.

$$
\begin{array}{r}
14 \\
+\ 13 \\
\hline
7
\end{array}
$$

—Ahora, todavía nos falta agregar las decenas. ¿Qué obtenemos cuando sumamos dos decenas? Mmm, eso debe ser fácil. Una decena y una decena son dos decenas. Chicos, miren dónde tengo que poner el dos: debajo de la columna de las decenas porque el dos significa dos decenas. Luego, escribió lo siguiente en el pizarrón:

$$
\begin{array}{r}
14 \\
+\ 13 \\
\hline
27
\end{array}
$$

— ¿Entonces cuántas latas tenían Sonya y Willy juntos? ¿Alesha?

—¿Veintisiete?

—Bien, Alesha. Tenían veintisiete en total. Probemos con otro.

Dejemos a Tim y su clase de matemática de primer año y visitemos a Karen Hendricks, una docente de Ciencias Naturales del nivel intermedio del E.G.B., que comienza una unidad acerca de las plantas.

—Chicos, tocó el timbre. Necesito que todos miren hacia aquí —anunció Karen en voz alta mientras recorría el aula pidiendo silencio.

—Gracias, Billy... gracias. Sandra, estamos esperando.

Después de una corta pausa Karen continuó:

—Como recordarán, hemos estado estudiando diferentes clases de plantas durante las últimas semanas. Hablamos sobre plantas de una célula, algas, musgos y helechos y la semana pasada hablamos acerca de las gimnospermas. ¿Quién recuerda plantas que sean gimnospermas? ¿Becky?

—Los pinos y ese árbol gracioso de China, el Ginko.

—Bien, Becky. La semana pasada también aprendimos acerca de los angiospermas o plantas con flores. ¿Quién recuerda algunos ejemplos de angiospermas? ¿Wade?

—Uhmm, rosas y uhh... arces.

—Bien, Wade. Hoy, chicos, aprenderemos acerca de dos clases de angiospermas: las monocotiledóneas y dicotiledóneas. Éstas son importantes miembros de las familias de las plantas porque la mayoría de los alimentos que comemos provienen de ellas. Cuando hayamos terminado, podrán reconocer la diferencia entre las monocotiledóneas y las dicotiledóneas y explicar cómo están relacionadas con las angiospermas. Miren esta proyección y verán los términos definidos.

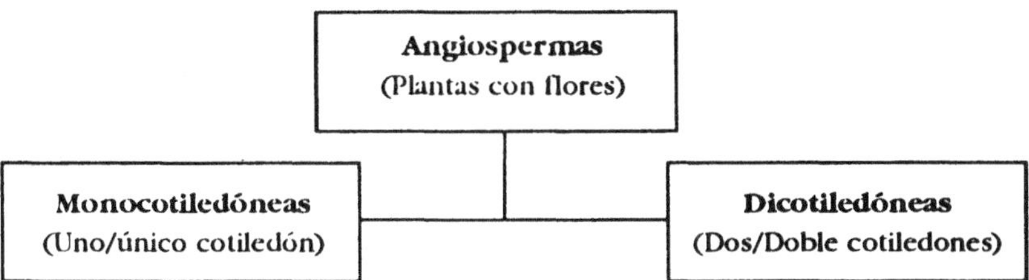

—Ahora, primero quiero que nos centremos en las monocotiledóneas. Miren aquí (levantando una planta de pasto). Ésta es una monocotiledónea que encontré en el patio. Las monocotiledóneas son plantas con flores que producen semillas con un único cotiledón. Es por eso que las llamamos monocotiledóneas, porque mono significa uno. Si miran adelante, verán un corte de una semilla de maíz. Noten que tiene una construcción unitaria, no está dividida en partes, y hay un solo cotiledón en la semilla. El maíz y este pasto son ejemplos de monocotiledóneas. El segundo tipo de angiosperma que vamos a aprender hoy es el dicotiledóneo. ¿Quién sabe qué significa *di-*?¿María?

—Si la otra palabra significaba uno,... ésta debe significar dos —respondió María.

—Excelente, María. Entonces, las dicotiledóneas tienen dos cotiledones. Miren el corte de una planta de arveja. ¿Pueden ver las dos mitades de la semilla y los dos cotiledones. Bien. Ahora, además de los cotiledones, hay una segunda diferencia entre las monocotiledóneas y las dicotiledóneas. Miren las hojas de esta planta de pasto y las de esta planta de arvejas y vean si nos pueden decir cuál es la otra diferencia. ¿Clarice?

—...Bueno, las hojas de pasto son largas y delgadas y las hojas de la arveja son redondeadas.

—Bien, Clarice. ¿Qué pasa con las nervaduras de las hojas? Mira más de cerca. Alfredo, ¿qué ves? —preguntó Karen.

—... Las nervaduras en la planta de pasto son largas y delgadas; las nervaduras en la planta de arvejas recorren toda la hoja y son ganchudas.

—Bien, Alfredo. Entonces una segunda diferencia es la forma de las hojas y de las nervaduras en las hojas. Agreguemos estas ideas a nuestro diagrama.

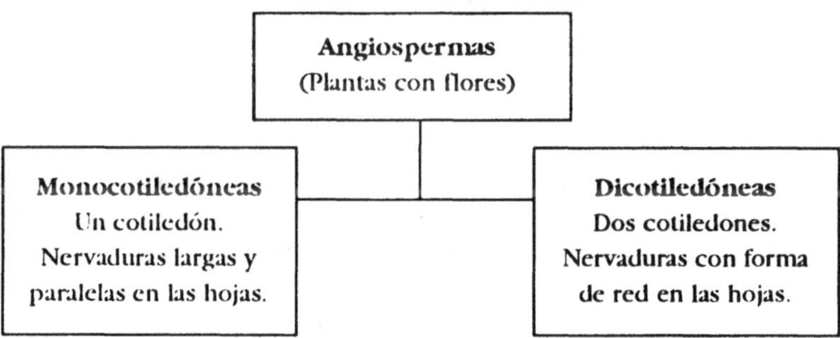

—Probemos con otra planta y veamos si estas características tienen sentido —continuó Karen, sacando una cebolla verde y mostrándola a toda la clase—. ¿Qué tenemos aquí y por qué?

La clase continuó, Karen presentó plantas e ilustraciones de plantas de arroz, maíz, narciso, rosa y girasol. En cada caso, hablaron de la estructura de la planta y, cuando había, analizaron las semillas.

Finalmente, Karen cerró la clase diciendo:

—Alumnos, resumamos lo que aprendimos hoy... Cheryl, dinos una cosa de las que aprendimos hoy.

—Las plantas angiospermas y las dos familias en que se dividen —respondió Cheryl, señalando el pizarrón.

—Bien, ¿qué más?... ¿Kenny?

—Aprendimos acerca de las monocotiledóneas y dicotiledóneas, y cómo se diferencian —replicó Kenny.

—Bueno, Trang, dinos una diferencia.

—Las monocotiledóneas tienen un cotiledón y nervaduras largas y paralelas.

—Excelente, Trang. Estabas escuchando atentamente. ¿Y qué pasa con las dicotiledóneas? ¿Kaylynne?

—... Ummmm, las dicotiledóneas tienen dos cotiledones y sus hojas son más redondeadas y tienen muchas nervaduras que van por todos lados.

—Bien, Kaylynne. Alumnos, parece que comprendieron las diferencias entre estos dos tipos de plantas. Lo que quiero que hagan ahora es que trabajen sobre lo que les voy a entregar, que es una hoja donde aparecen ejemplos adicionales de plantas. Su tarea es clasificarlas como monocotiledóneas o dicotiledóneas y luego explicar por qué.

Karen pasó la hoja con la información a los alumnos y recorrió la clase respondiendo preguntas. Hacia el final de la clase, Karen volvió a hablar en voz alta:

—Alumnos, ésta es una tarea para todos: quiero que esta noche, en casa, busquen en sus jardines o en sus heladeras o incluso en un parque, y que encuentren un ejemplo más de monocotiledonea o de dicotiledonea. Tráiganla, si pueden, pero no le roben flores a nadie. (Karen hizo una pausa mientras la clase se reía e intercambiaba miradas.) Asegúrense de que anotaron la tarea, porque lo que encuentren será lo primero que discutiremos mañana a la mañana.

La enseñanza directa: una visión general

El **modelo de enseñanza directa** *es una estrategia centrada en el docente. Utiliza la explicación y la modelización, y enseña conceptos y habilidades combinando la práctica y la retroalimentación.* Está centrada en el docente en tanto éste asume la responsabilidad de identificar las metas de la clase y luego desempeña un rol activo en explicar contenidos o habilidades a los alumnos. Entonces, ofrece numerosas oportunidades para practicar el concepto o la habilidad que se está enseñando, proveyendo retroalimentación. El proceso tiene lugar en el marco de una actividad de aprendizaje altamente estructurada.

El modelo de enseñanza directa transcurre en cuatro etapas. En la *introducción*, el docente revisa con los estudiantes lo aprendido previamente, comparte las metas del aprendizaje y provee razones sobre el valor de aprender el nuevo contenido. Durante la etapa de *presentación*, el docente explica el nuevo concepto o provee un modelo para la habilidad. En la *práctica guiada* el docente brinda a los alumnos oportunidades para practicar esta destreza o categorizar ejemplos del nuevo concepto. Finalmente, durante la *práctica independiente*, se les pide a los estudiantes que practiquen la habilidad o el concepto por sí mismos, lo que estimula la transferencia. Estas etapas están resumidas en la tabla 6.1.

TABLA 6.1. *Etapas en el modelo de enseñanza directa*

Etapa	Propósito	Ejemplo
Introducción	Provee una visión general del contenido nuevo, explora las conexiones con los conocimientos previos del alumno y ayuda a los alumnos a comprender el valor del nuevo contenido.	Karen revisó los conceptos de gimnospermas y angiospermas. Explicó que las monocotiledóneas y las dicotiledóneas eran importantes fuentes de alimentación.
Presentación	Un nuevo contenido es explicado y modelizado por el docente en forma interactiva.	Karen presentó un cuadro que explicaba las relaciones de monocotiledóneas y dicotiledóneas con otros conceptos y dio ejemplos de cada una.
Práctica guiada	Se proporciona a los alumnos oportunidades para aplicar el nuevo contenido.	Karen pidió a los alumnos que clasificasen ejemplos de monocotiledóneas en forma oral y escrita.
Práctica independiente	Se promueve la retención y la transferencia, haciendo que los estudiantes practiquen solos el concepto o la habilidad.	Karen pidió a los alumnos que buscasen ejemplos adicionales y los aportaran a la clase siguiente.

El modelo de enseñanza directa es una estrategia de enseñanza basada en la información, que tiene amplia aplicabilidad en un buen número de áreas curriculares. Una de las características que lo distinguen es el patrón de interacción entre el docente y los estudiantes. Examinaremos esta interacción en la próxima sección.

Estructura social del modelo

El modelo de enseñanza directa está centrado en el docente, lo que quiere decir que el docente desempeña un rol primordial en la estructuración del contenido, en la explicación del mismo y en el uso de ejemplos para incrementar la comprensión por parte de los alumnos.

Sin embargo, queremos enfatizar que "centrado en el docente" no implica que los estudiantes sean pasivos. Las clases de enseñanza directa eficaz comprometen activamente a los alumnos mediante el uso de las preguntas, los ejemplos, la práctica y la retroalimentación que provea el docente.

Una idea central que guía los patrones de interacción en el modelo de enseñanza directa, es la de transferencia de la responsabilidad. En la primera parte de la clase, el docente asume la responsabilidad de explicar y describir el contenido. A medida que la clase progresa y los alumnos comienzan a comprender el contenido o la habilidad, asumen mayor responsabilidad para resolver problemas y para analizar ejemplos.

Los patrones de interacción entre el docente y el estudiante corresponden a esta transferencia de responsabilidad. Inicialmente, son los docentes los que más hablan y asumen la responsabilidad de presentar el contenido. Paulatinamente, a lo largo de la clase, el docente habla menos y se usan más las preguntas que las explicaciones. Cuando los alumnos se vuelven más hábiles y confiados, hablan más, asumiendo mayor responsabilidad en la explicación y descripción de sus respuestas. Estas transiciones graduales, tanto en términos de responsabilidad como de discurso, son características de clases exitosas de enseñanza directa. Observemos ahora la investigación que fundamenta el modelo.

La enseñanza directa: perspectivas teóricas

La estructura del modelo de enseñanza directa está basada en tres líneas de investigación. En una, los investigadores observaban clases con docentes eficaces y trataban de descubrir qué hacían estos docentes para promover el aprendizaje. Ésta es la investigación sobre la eficacia del docente que discutimos en los capítulos 1 y 2. Muchos de los elementos de esta investigación están incorporados en el modelo de enseñanza directa.

El modelo de enseñanza directa también se basa en una segunda línea de investigación que enfatiza el rol de la observación en el aprendizaje de conductas y habilidades complejas. Basada en el trabajo de Albert Bandura (1989,1986), esta investigación demuestra que la modelización que elabora el docente sobre un tema desempeña un rol fundamental en el aprendizaje de nuevas habilidades. Un tercer fundamento provisto por la investigación para el desarrollo posterior del modelo de enseñanza directa considera al aprendizaje como un proceso social. Basada en el trabajo de Lev Vygotsky (1978), un psicólogo ruso, esta línea de investigación explora cómo las interacciones sociales entre las personas facilitan el aprendizaje. Discutiremos estas tres perspectivas en las siguientes secciones.

Investigación sobre la eficacia del docente

Examinamos esta investigación. Allí vimos que las actitudes de los docentes constituían realmente la diferencia en el aprendizaje del alumno; los docentes eficaces ayudaban a sus alumnos a aprender significativamente más –como lo indican pruebas estandarizadas– que sus colegas menos eficaces. La investigación también ayudaba a identificar un número de conductas específicas que poseían con mayor frecuencia los docentes eficaces que sus pares que lo eran menos. Estas conductas incluyen el uso productivo del tiempo, hábiles preguntas, buen manejo de las estrategias y el uso de los conocimientos previos de los alumnos para promover el éxito en el aprendizaje.

Cuando los investigadores analizaron sus conclusiones, identificaron un patrón general o enfoque de la enseñanza que produjo mejoras en ésta. Los expertos usaron varias denominaciones para este enfoque y una de ellas fue *enseñanza directa* (Rosenshine, 1979).

Rosenshine (1979) la describió de la siguiente manera:

La enseñanza directa se refiere a clases académicamente enfocadas y dirigidas por el docente, con la utilización de materiales secuenciados y estructurados. El nombre se refiere a actividades de enseñanza donde las metas están claras para los alumnos; el tiempo asignado para la enseñanza es suficiente y continuo; la cobertura del contenido es extensiva; el desempeño de los alumnos es monitoreado [...] y la retroalimentación con los alumnos es inmediata y orientada académicamente. En la enseñanza directa, el docente controla las metas de aprendizaje, elige los materiales apropiados para las habilidades del alumno y marca el ritmo de la secuencia de enseñanza. La interacción es [...] estructurada, pero no autoritaria. El aprendizaje tiene lugar en una atmósfera académica agradable (p. 38).

La investigación sobre este enfoque de enseñanza proporciona el principal fundamento conceptual del modelo de enseñanza directa descripto en este capítulo.

La enseñanza directa incorpora seis funciones que son eficaces en los diferentes niveles y en un amplio espectro de áreas de contenido:

- Revisión del trabajo del día anterior.
- Presentación de material nuevo en pasos claros y lógicos.
- Suministro de práctica guiada.
- Retroalimentación con correcciones.
- Suministro de práctica independiente.
- Revisión para consolidar el aprendizaje (Rosenshine y Stevens, 1986).

Estas funciones son las que organizan la estructura del modelo de enseñanza directa.

Modelización: aprender observando a otros

Un segundo pilar conceptual del modelo de enseñanza directa es el trabajo sobre aprendizaje por la observación, hecho por Albert Bandura (1986, 1989). El principio sobre el cual se basa este modo de aprendizaje dice que las personas tienden a imitar conductas que observan en otros. No sólo hemos visto niños pequeños imitar a otros, sino que la tendencia de los adolescentes a imitar el peinado y el estilo de las estrellas de rock o de cine es la base de la multimillonaria industria de la moda.

Los estudiantes también aprenden en la clase mediante la observación y este aprendizaje a menudo tiene lugar a través de modelos. *El* **aprendizaje por observación** *incluye cambios en la conducta, el pensamiento o las emociones que resultan de observar la conducta de otra persona (un modelo), por lo tanto,* **modelizar** *es exponer aquellas conductas que constituyen la meta de aprendizaje.* En la enseñanza directa, la modelización proporciona un camino importante para ayudar a los estudiantes a aprender habilidades complejas. Tim Hardaway usó este recurso cuando demostró la suma en el pizarrón y también lo utilizó cuando pidió a los alumnos que demostraran delante de la clase la habilidad para resolver el problema.

La modelización de estrategias cognitivas complejas es más efectiva cuando el pensamiento que es la base de ellas se hace explícito. *El* **pensamiento en voz alta** *es un intento consciente de verbalizar estrategias cognitivas internas.* Tim Hardaway usó el pensamiento en voz alta en dos circunstancias y de dos maneras diferentes. La primera vez lo hizo mientras resolvía el problema en el pizarrón. La segunda, alentó a los estudiantes a pensar en voz alta mientras trabajaban delante de la clase. Ambos fueron intentos de hacer el modelado más eficaz, compartiendo los procesos de pensamiento interno con otros estudiantes.

Vygotsky: el lado social del aprendizaje de habilidades

El modelo de enseñanza directa enfatiza la función del docente en la estructuración de los contenidos en el ofrecimiento de esta información a los alumnos. Sin embargo, parte de la eficacia del modelo radica en su capacidad de proveer oportunidades, tanto para los docentes como para los alumnos, de interactuar cuando un nuevo contenido es presentado. La investigación acerca de los aspectos sociales del aprendizaje da especial importancia al rol que desempeña esta interacción verbal en el aprendizaje de los alumnos (Wertsch, 1991).

Gran parte de este trabajo se basa en los escritos de Lev Vygotsky (1978), un psicólogo ruso que vivió en la primera parte de este siglo. Desafortunadamente, Vygotsky murió cuando tenía treinta y ocho años y la mayor parte de su trabajo no fue traducida hasta hace poco. Vygotsky centraba su investigación principalmente en los aspectos sociales del aprendizaje y creía que la mayor parte del aprendizaje humano resultaba de la interacción entre las personas, tanto entre adulto y niño como entre los niños mismos.

Hay dos conceptos del trabajo de Vygotsky que son relevantes para el modelo de enseñanza directa. Uno es la noción de andamiaje. *El* **andamiaje** *se refiere al apoyo que permite que los alumnos realicen una habilidad.* Los docentes proveen andamiaje en la enseñanza de maneras diferentes: entre ellas, descomponiendo las habilidades complejas en subcomponentes; ajustando la dificultad de las preguntas, dando ejemplos y ofreciendo consignas de apuntalamiento y pistas. Los docentes eficaces ayudan a los alumnos a conseguir altos niveles de logro y el andamiaje demuestra la manera en que los docentes ajustan lo que enseñan para ayudar a los alumnos a alcanzar las metas.

Un segundo concepto importante del trabajo de Vygotsky se denomina zona de desarrollo próximo. *La* **zona de desarrollo próximo** *es la etapa del proceso de aprendizaje en la cual el alumno todavía no puede resolver un problema o realizar una habilidad solo, pero puede hacerlo bien con la ayuda del docente.* La zona de desarrollo próximo puede pensarse como un hallazgo en la enseñanza; es dentro de esa zona donde los docentes pueden ser más eficaces y ayudar a los alumnos a aprender. Fuera de la zona, los alumnos o no necesitan ayuda (ya manejan la nueva habilidad) o carecen de las habilidades requeridas o de los conocimientos previos para beneficiarse con la enseñanza.

Cuando se usa el modelo de enseñanza directa, intentamos implementar clases en las zonas de desarrollo próximo de los alumnos. Por ejemplo, cuando Tim Hardaway presentó por primera vez la suma de dos dígitos, la mayoría de sus alumnos no podían realizar esta habilidad por sí mismos. Sin embargo, hacia el final de la clase y con su ayuda, casi todos los alumnos de Tim podían hacerlo solos. Tim los había ayudado correctamente a avanzar a través de la zona de desarrollo próximo mediante una enseñanza diestra.

En resumen, tres líneas de investigación proveen el fundamento conceptual del modelo de enseñanza directa.

- La investigación de la eficacia analiza las acciones de los docentes más efectivos y resume estos métodos en términos de estrategias que promueven el aprendizaje.

- El trabajo de Bandura acerca del aprendizaje por observación se centra en la importancia de los modelos para aprender conductas complejas.
- El trabajo de Vygotsky acentúa la importancia del conocimiento de los otros en el aprendizaje, pero se centra más en las interacciones verbales entre los adultos y los niños.

Juntas, estas tres fuentes pintan la tarea de la enseñanza como una actividad en la que el docente asume el rol central en el aprendizaje, guiando activamente a los estudiantes en la comprensión del nuevo contenido. En la próxima sección de este capítulo examinamos cómo se inicia el proceso de planificación para desarrollar el modelo de enseñanza directa.

Planificar clases según el modelo de enseñanza directa

Planificar para el modelo de enseñanza directa requiere la concepción de tres pasos. Comienza por la especificación de las metas, continúa por la identificación del conocimiento previo necesario y concluye cuando se preparan o se seleccionan problemas para la aplicación. Describimos cada uno de estos pasos en las secciones siguientes.

Especificar metas

El modelo de enseñanza directa está diseñado para enseñar conceptos y habilidades específicas, y una de sus virtudes es la capacidad para concentrar la atención de los alumnos en un contenido específico. Para que el modelo funcione efectivamente, el docente debe identificar temas específicos y crear o encontrar ejemplos que los hagan comprensibles.

Conceptos

Los conceptos son un contenido muy importante del modelo de enseñanza directa. Como vimos en el capítulo 3, los estudiantes aprenden conceptos, interrelaciones y características, examinando ejemplos positivos y negativos.

Karen Hendricks enseñó dos conceptos interrelacionados –monocotiledóneas y dicotiledóneas– en su clase de Ciencias Naturales. En primer término, revisó el concepto supraordenado, *angiosperma*, y luego lo relacionó con *dicotiledóneas* y *monocotiledóneas*. Karen usó plantas reales e ilustraciones para ejemplificar.

En esta clase, Karen realmente enseñó dos conceptos en forma conjunta, usando uno como contraejemplo del otro. Hay un buen número de situaciones de enseñanza en las que presentar dos conceptos relacionados de una sola vez no sólo es beneficioso desde el punto de vista del aprovechamiento del tiempo, sino que también es eficaz desde el punto de vista del aprendizaje (Tennyson y Cocchiarella, 1986). Algunos otros pares de conceptos podrían ser *antónimos/sinónimos* o *comparación/metáfora,* en Lengua; *longitud/latitud,* en Geografía y *ácido/base,* en Ciencias. En estos casos, enseñar los dos ítems simultáneamente ayuda a los estudiantes a ver la relación entre ellos y evitar confusiones frecuentes. Cuando no hay un concepto coordinado, estrechamente relacionado, se puede usar una gama de ejemplos negativos para ayudar a clarificar los límites del concepto.

Habilidades

Para comenzar esta sección nos gustaría plantear este problema:

$$987 - \underline{788}$$

La respuesta a este problema es fácil para la mayoría de nosotros, pero, cambiando el punto de vista: ¿Cómo enseñar este problema a un niño de segundo año que entiende la sustracción simple pero no conoce la idea de reagrupar (por ejemplo:"7 menos 8 no se puede, entonces tenemos que pedir prestado para hacer del 7 un 17", etc.)? Es necesario explicar el proceso de manera tal que el alumno comprenda qué está haciendo y por qué, así como lograr que lo haga automáticamente (y no solamente en problemas y tareas sino también en el almacén y en el banco). Este tipo de contenido implica el aprendizaje de habilidades. El modelo de enseñanza directa provee una alternativa para enseñar habilidades como éstas.

Las **habilidades** *son operaciones cognitivas* con tres características esenciales:

* Tienen un conjunto específico de operaciones o procedimientos identificables.
* Pueden ser ilustradas con un número abundante y variado de ejemplos.
* Se desarrollan mediante la práctica (Doyle, 1983).

Estas características están interrelacionadas: las operaciones se ilustran mediante ejemplos o problemas modelo que proveen práctica a los alumnos.

Las habilidades se pueden encontrar en todo el currículum y virtualmente en todos los niveles. Por ejemplo, el programa de Lengua contiene la habilidad de escribir, incluyendo estrategias organizativas generales, así como habilidades específicas como el uso de mayúsculas y la puntuación. Como vimos en el estudio de caso introductorio, el área de Matemática está repleta de habilidades, que van desde las básicas como la adición y la sustracción hasta aquéllas más complejas como factorear y resolver ecuaciones de segundo grado. Las Ciencias Naturales y Sociales también contienen numerosas áreas de habilidades. Por ejemplo, la lectura de mapas y la organización de información en cuadros y gráficos, así como la experimentación científica y el uso de equipo de laboratorio.

Podemos pensar las habilidades como capacidades generalizadas. Por ejemplo, las habilidades en Matemática, como la suma y la resta, nos permiten realizar esas operaciones con objetos concretos como manzanas o galletitas, así como con operaciones abstractas, si estamos en el ámbito de la Contabilidad o las Ciencias. Del mismo modo, conocer el uso de mayúsculas y las normas de puntuación permite desarrollar destreza para escribir y comunicarse en cualquier situación.

Cuando enseñamos habilidades, tenemos dos metas de largo alcance: automatización y transferencia. Como vimos en el capítulo 2, *la* **automatización** *resulta del sobreaprendizaje de una habilidad hasta el punto en que ésta pueda realizarse con poco esfuerzo consciente*. El manejo de un auto y el uso de un procesador de textos son dos habilidades que se desarrollan hasta el punto de la automatización. Por ejemplo, cuando el uso de un teclado se ha automatizado, no implica esfuerzo pensar qué teclas presionar cuando tipiamos. En lugar de eso, nuestro esfuerzo está puesto en la composición del documento que estamos preparando. De la misma manera, para resolver problemas matemáticos con enunciado, la automatización en las operaciones básicas –como la suma y la multiplicación– es importante porque permite que centremos la mayor parte de nuestra atención en la solución del problema, en lugar de usar la energía mental en las operaciones.

Los docentes promueven la automatización brindando oportunidades de práctica hasta el punto de sobreaprender. Esto puede darse durante la práctica guiada, durante la práctica independiente en la que los alumnos prueban la habilidad por sí mismos o mediante revisiones que ayudan a reforzar la habilidad.

Con respecto a la **transferencia**, *ésta ocurre cuando una habilidad o un conocimiento aprendido en una circunstancia específica puede aplicarse en circunstancias diferentes*. Por ejemplo, la transferencia ocurre cuando los estudiantes aplican álgebra para resolver problemas de física o cuando los alumnos usan las habilidades de matemática para determinar cuál de dos productos conviene comprar.

Existen no menos de tres maneras en las que un docente puede promover la transferencia. La primera es asegurarse de que los alumnos comprenden la habilidad en un nivel conceptual. Tim Hardaway usó sus palillos de contar para ayudar a alcanzar esta meta. Una segunda manera de promover la transferencia es proveer diferentes ejemplos en los que se requiera la habilidad. La tercera manera es proporcionar a los alumnos oportunidades para practicar la habilidad independientemente en problemas suministrados *ad hoc*. Una vez que la meta de contenido de una clase es identificada, el docente está listo para examinar el conocimiento previo necesario.

Identificar el conocimiento previo necesario

El modelo de enseñanza directa se centra en la enseñanza y el aprendizaje de conceptos o habilidades específicos. Sin embargo, la investigación sobre la enseñanza enfatiza la importancia de los conocimientos previos para el nuevo aprendizaje (Eggen y Kauchak, 1994). El conocimiento previo provee "anzuelos" para el nuevo aprendizaje. Para planificar las clases de enseñanza directa, es necesario que los docentes prevean cómo será presentado el concepto o la habilidad y cómo se conectará esto con lo que los alumnos ya saben.

La planificación para acceder al conocimiento previo necesario es levemente diferente si se enseña un concepto o una habilidad. Para los conceptos, el trabajo generalmente implica identificar un concepto supraordenado con el cual el concepto está conectado. Karen utilizó el concepto supraordenado *angiosperma*, porque ya lo había enseñado y era significativo para los alumnos. Si bien la meta, en una clase de enseñanza directa, puede ser la de comprender un concepto (o conceptos) específico, una meta más amplia es que los estudiantes comprendan cómo se relaciona ese concepto con otros hechos, conceptos, generalizaciones y principios.

La identificación de requisitos previos para una clase orientada hacia las habilidades es levemente más complicada, porque implica identificar sub-habilidades que asientan la base para la nueva habilidad. *El* **análisis de tareas**, *o el proceso de descomponer una habilidad en sus subpartes componentes,* puede ser útil aquí. Tim Hardaway hizo esto cuando determinó que los estudiantes necesitaban primero comprender la asignación de valores antes de que pudieran aprender la suma con decenas.

Veamos un segundo ejemplo del área de la escritura o de Lengua. Si nuestra meta última es enseñar a los alumnos a escribir bien, necesitamos establecer primero qué conocimiento o qué habilidades se requieren para alcanzar esta meta. Entre ellas está comprender qué es una oración, puntuarlas correctamente, conocer la diferencia entre fragmentos de oración y oraciones completas y poder usar los símbolos específicos para cada tipo de oración. Una vez aprendidas, estas habilidades prerrequeridas permiten a los estudiantes aplicarlas en forma habitual.

Seleccionar los ejemplos y problemas

La etapa final de la planificación para las clases de enseñanza directa es la selección de ejemplos o problemas. Una de las virtudes más importantes del modelo es que brinda a los alumnos oportunidades para practicar. Cuando aprenden un concepto, los estudiantes pueden relacionar la definición con ejemplos reales y pueden categorizarlos por sí mismos. En la enseñanza de una habilidad, los problemas seleccionados ayudan a los estudiantes a comprender los procedimientos y les dan la oportunidad de practicar la nueva habilidad. En ambos casos –en el aprendizaje de conceptos y de habilidades–, la selección de ejemplos y problemas concretos es esencial para lograr el éxito de la clase.

Cuando el docente enseña conceptos con el modelo de enseñanza directa realiza dos tareas: seleccionar y secuenciar ejemplos. Se seleccionan ejemplos teniendo en cuenta hasta qué punto éstos ilustran las características esenciales del concepto. En la clase de Karen Hendricks, estas características incluían el número de cotiledones y el tipo de nervaduras. Karen usó una combinación de ejemplos reales e ilustraciones para dar cuenta de estas características.

Después de elegir los ejemplos, la tarea siguiente es secuenciarlos. Generalmente, los más claros y obvios son presentados primero para ayudar a que los alumnos comprendan el concepto rápidamente. Por ejemplo, cuando se enseña un concepto simple como *mamífero*, primero usamos ejemplos obvios, como perro, gato, vaca o cebra en lugar de ballena, foca o murciélago. Una vez que el concepto básico está entendido, pueden usarse ejemplos adicionales para enriquecer los conocimientos de los alumnos.

Esta secuenciación se explica también considerando hasta qué punto los ejemplos ilustran las características esenciales. Nuevamente, en una clase acerca de los mamíferos, perro y gato son buenos ejemplos porque ilustran características como el pelo, la sangre caliente y la producción de leche. Además, la mayoría de los estudiantes tienen experiencias directas con estos mamíferos, lo que los hace más significativos para ellos.

Al seleccionar y secuenciar ejemplos y problemas para adquirir la habilidad, es importante considerar el éxito de los alumnos. Una de las ventajas del modelo de enseñanza directa es que colabora en la adquisición rápida y no traumática de sus nuevas habilidades. Esto sugiere que los problemas deben ser seleccionados y secuenciados de manera tal que los estudiantes puedan desarrollar destreza y confianza en el uso de sus habilidades a través de una práctica exitosa.

Tim Hardaway ayudó a sus alumnos a alcanzar esta meta, dando los problemas más fáciles al principio. Primero seleccionó problemas que implicaban la suma de un solo dígito sin reagrupar, luego pasó a la suma de un solo dígito con reagrupamiento, avanzó hacia la suma de dos dígitos sin reagrupar y finalmente llegó a la suma de dos dígitos con reagrupamiento. Pasando de lo simple a lo complejo, Tim proporcionó andamiaje de enseñanza, asegurándose que sus alumnos tuvieran altas tasas de éxito y minimizando la frustración y la confusión.

Una vez que el docente especificó las metas, identificó los conocimientos y las habilidades prerrequeridas y seleccionó y secuenció ejemplos y problemas, entonces está listo para poner estas etapas planificadas en acción. En la próxima sección discutiremos las etapas de implementación del modelo de enseñanza directa.

Implementar clases según el modelo de enseñanza directa

La implementación de clases usando el modelo de enseñanza directa se hace generalmente en cuatro etapas. En la primera, se introduce el nuevo contenido y se lo conecta con los conocimientos previos del alumno. En la segunda etapa se describe y explica el nuevo contenido usando ejemplos concretos para hacer que el tema sea significativo. A continuación se realiza la práctica guiada, en la que los alumnos experimentan con el nuevo contenido, ya sea aplicándolo a otros ejemplos o probándolo en nuevos problemas. En la cuarta etapa, los alumnos practican solos, lo que promueve la automatización y la transferencia. Examinamos estas etapas en las siguientes secciones.

Etapa 1: introducción

La etapa introductoria de una clase con el modelo de enseñanza directa desempeña varias funciones. Primero, atrae a los alumnos a la clase; sin la atención del alumno, los mejores esfuerzos del docente se desperdician. Además, la introducción proporciona una visión general del contenido que sigue y permite que los alumnos observen en el curso de la clase cómo se relaciona aquél con contenidos aprendidos anteriormente. La introducción también da al docente la oportunidad de motivar a los alumnos y de explicar cómo el nuevo contenido será beneficioso para ellos en el futuro. Examinemos cada una de estas funciones.

Foco introductorio

En el capítulo 2 definimos el foco introductorio como "las acciones que realiza el docente al comienzo de una clase, diseñadas para atraer la atención de los estudiantes e introducirlos en ella". Es importante atraer a los alumnos y concentrar su atención en la tarea de aprendizaje. Sin embargo, la investigación indica que los docentes a menudo descuidan esta función esencial de capturar la atención. En un estudio de habilidades de la enseñanza, los investigadores encontraron que sólo el 5% de los docentes hacía un esfuerzo consciente de atraer a sus alumnos a la clase (Anderson y otros, 1984).

Madelaine Hunter (1984) llamó a esta parte de la clase *curso anticipatorio* y enfatizó la necesidad de que los docentes atraigan y mantengan la atención del alumno desde el comienzo de la clase. Tim Hardaway proporcionó un foco introductorio presentando a sus alumnos el problema con enunciado, al que volvió más tarde, y Karen Hendricks usó una filmina que mostraba la relación entre monocotiledóneas, dicotiledóneas y angiospermas, a modo de foco introductorio.

Visión general de la clase

Una segunda función de la introducción es brindar a los alumnos una orientación sobre los contenidos que se tratarán. La visión general de la clase a menudo incluye metas, un breve resumen del nuevo contenido y los procedimientos que se emplearán en la clase (Murphy, Weil y Mc-Greal,1986). Tim Hardaway presentó un problema de muestra y explicó que los alumnos podrían hacerlo cuando la clase finalizara, proveyendo así una visión general del desarrollo de su módulo, y Karen Hendricks estructuró su clase con una filmina inicial explicando a los alumnos que podrían diferenciar entre plantas monocotiledóneas y dicotiledóneas al terminar.

Motivar a los alumnos

La motivación es la tercera función que desempeña la introducción. El docente explica cómo y por qué el nuevo tema debe ser estudiado en un intento por motivar a los alumnos. Tim Hardaway intentó esto cuando enfatizaba a sus alumnos la importancia de su nueva habilidad matemática para resolver problemas comunes y cotidianos. También Karen Hendricks estimuló el interés de sus alumnos explicando que las plantas monocotiledóneas y las dicotiledóneas eran una importante fuente de alimentación para los humanos. El componente motivacional se construye sobre el foco introductorio y ayuda a mantener la atención.

Etapa 2: presentación

Durante la etapa de presentación de una clase de enseñanza directa, el docente explica el concepto o explica y se constituye como modelo de la habilidad que enseña. En ocasiones se llama "etapa de desarrollo" (Murphy y otros, 1996) o "de entrada y modelo" (Hunter, 1984) a este paso de la implementación, donde el docente usa demostraciones y modelos para ayudar a que el tema se vuelva significativo para los alumnos.

Si bien esta etapa parece simple y directa, la investigación indica que su implementación resulta difícil para los docentes. Uno de los problemas es ponerse en el lugar de los estudiantes y conceptualizar el nuevo contenido de una manera tal que tenga sentido para ellos. Los docentes describen el problema de la siguiente manera:

> Nunca pude concebir completamente (cómo enseñar una habilidad cognitiva). Lo más difícil es pensar cómo hacerlo... Imaginar cómo modelar (la habilidad) es difícil para mí... Realmente tengo que sentarme y escribirlo. Quiero decir, todavía lo hago, todos los días, con ese grupo (Duffy y Roehler, 1985, p.6).

Una explicación para este problema se relaciona con la internalización y la automatización. Los conceptos y habilidades que enseñamos se vuelven a menudo tan automáticos que los realizamos casi inconscientemente. Por eso, tenemos problemas cuando tratamos de verbalizarlos –o incluso modelizarlos– para nuestros alumnos. Por ejemplo, pensemos cómo explicar y modelar esta situación para un niño pequeño: atar los cordones. Nuestra explicación sería algo vaga, como "Bueno, primero haces esto y luego pones un cordón encima de otro..." y nuestra demostración sería confusa y algo improvisada. Esta dificultad es similar a la que encuentran los docentes cuando tratan de enseñar habilidades con las que están muy familiarizados.

Como reacción a este problema, los docentes a menudo pasan esta etapa rápidamente y proporcionan modelos y explicaciones escasos, pidiendo que los alumnos intenten realizar las operaciones antes de estar listos (Good y Grouws, 1979; Good, Grouws y Ebmeier, 1983). Una solución parcial para este problema es usar el análisis del trabajo y descomponer las habilidades complejas en mayor cantidad de partes específicas.

Las presentaciones más productivas son claras, interactivas y contienen la ejemplificación y modelos suficientes para desarrollar la comprensión de los estudiantes. Tanto Tim Hardaway como Karen Hendricks implementaron esta etapa eficazmente en sus clases. Por ejemplo, el mismo Tim demostró para sus alumnos cómo eran los procesos de resolución de problemas, pidiéndole luego a Antonio que explicara y modelizara para sus compañeros la forma en la que había resuelto su problema. También, tanto Tim como Antonio hablaron mientras resolvían el problema, compartiendo con otros lo que pensaban.

Karen usó varios ejemplos para hacer una presentación eficaz. Cuando introdujo el concepto *planta monocotiledónea o dicotiledónea*, compartió cada ejemplo con los alumnos y mientras discutía las características esenciales, las relacionó con las ilustraciones o las plantas que había mostrado. Ella también puso por escrito las características y la información importante en el pizarrón. Tanto Tim Hardaway como Karen Hendricks comprometieron a los alumnos mediante preguntas durante las etapas de presentación de sus clases.

Etapa 3: práctica guiada

Durante la práctica guiada, los estudiantes prueban el nuevo contenido mientras el docente monitorea cuidadosamente su progreso y retroalimenta el proceso que sus alumnos realizan. Durante la etapa de práctica, tanto el rol del docente como el del alumno se modifican. El docente cambia su función de proveedor de información y modelo a la de apoyo, mientras que los alumnos cambian de receptores a examinadores de su propia comprensión con los ejemplos y problemas provistos por el docente.

Durante las primeras etapas de la práctica guiada, el docente proporciona el andamiaje necesario para asegurar que los alumnos obtengan éxitos cuando prueben nuevas habilidades. Gradualmente, los docentes reducen el número de este apuntalamiento y transfieren más responsabilidad a los estudiantes. La calidad y cantidad de lo que el docente dice caracterizan esta etapa. Inicialmente, el docente ofrece pistas y consignas de apoyo que constituyen el andamiaje. Luego, a medida que los alumnos asumen mayor responsabilidad en explicar problemas y clasificar ejemplos, la participación del docente estará enfocada hacia el sondeo, diseñada para elevar el nivel de la reflexión y la aplicación por parte del alumno.

La práctica guiada, tuvo lugar en la clase de Tim cuando ayudó a sus alumnos a resolver problemas usando sus palillos de contar y el pizarrón. Karen proporcionó práctica guiada cuando mostró ilustraciones y filminas de plantas como el arroz y el maíz y pidió a los alumnos que las clasificaran explicando sus respuestas.

Durante la práctica guiada los docentes deben decidir cuándo hacer la transición. La práctica independiente eficaz requiere que los alumnos tengan suficiente pericia para resolverla correctamente con poca ayuda del docente.

Hay muchas maneras de verificar si los estudiantes están listos para esta transición. Una es la proporción de éxito entre los alumnos; cuando las respuestas de los estudiantes durante la práctica guiada son correctas en un 80 o 90%, la clase probablemente ya esté lista para la práctica independiente. Otra forma de verificación es la calidad de las respuestas. Las respuestas rápidas y confiadas son la seña de que los alumnos están listos; las respuestas dubitativas o parcialmente correctas sugieren la necesidad de mayor cantidad de práctica guiada.

Durante esta etapa es esencial sostener un alto nivel de interacción entre docente y alumno. Es necesario que los docentes formulen preguntas que clarifiquen y sondeen, con el fin de determinar si los alumnos realmente comprenden el nuevo contenido o están siguiendo un conjunto de procedimientos memorizados. La investigación indica que los docentes más eficaces hacen tres veces más preguntas durante esta etapa de la enseñanza directa que sus colegas menos eficaces (Evertson y otros, 1980). La interacción docente-alumno también abre a los docentes el acceso al pensamiento de los alumnos y les permite comprender y "limpiar" los errores que ellos puedan cometer.

Hasta el momento, se ha presentado, explicado y modelado el tema y los estudiantes tuvieron la oportunidad de practicar con la guía del docente. Ahora deben estar listos para la práctica independiente.

Etapa 4: práctica independiente

Ésta es la etapa final del modelo de enseñanza directa. Durante su transcurso, los alumnos practican la nueva habilidad o aplican el concepto por sí mismos y desarrollan tanto la automatización como la transferencia.

Idealmente, la práctica independiente ocurre en dos fases. Durante la primera, los estudiantes practican en clase con la ayuda del docente. Luego, los estudiantes trabajan solos realizando tareas en sus casas.

La práctica independiente en el aula es importante porque posibilita que el docente monitoree el progreso del aprendizaje y ofrezca ayuda si es necesario. Tanto la proporción de éxito, como los conflictos con que los alumnos se encuentran ayudan al docente a diagnosticar problemas. Si pocos alumnos tienen problemas, el docente puede trabajar con algunos de ellos individualmente. Si varios tienen el mismo problema, tal vez sea necesario trabajar con toda la clase y volver a enseñar los aspectos del tema que los alumnos no entienden (Brophy y Good, 1986).

Los estudiantes comenzaron la práctica independiente en la clase de Karen Hendricks cuando ella repartió una hoja y pidió que los alumnos clasificaran ejemplos adicionales de monocotiledóneas y dicotiledóneas. Dejamos la clase de Tim Hardaway antes de que progresara hacia la práctica independiente.

Así, esto concluye nuestra discusión acerca de los procedimientos generales para implementar el modelo de enseñanza directa. En la próxima sección discutiremos la adaptación de este modelo para la enseñanza de principios, generalizaciones y reglas académicas.

El modelo de enseñanza directa: variaciones

Hasta este punto, en el capítulo hemos descripto el modelo de enseñanza directa como una estrategia para enseñar conceptos y habilidades. Sin embargo, el modelo también puede ser usado para enseñar generalizaciones, principios y reglas académicas.

En el capítulo 3 dijimos que las generalizaciones, los principios y las reglas implican una relación entre conceptos y que describen tendencias o patrones en el mundo. Los siguientes son algunos ejemplos:

- Las personas inmigran por razones económicas. (Una generalización.)
- Una dieta rica en grasas saturadas eleva el nivel de colesterol. (Una generalización.)
- Cuanto mayor es la fuerza no equilibrada sobre un objeto, mayor es su aceleración. (Un principio.)
- El pronombre debe concordar en género y número con su antecedente. (Una regla académica.)
- Al redondear un número, si el último dígito es 5 o más se redondea hacia arriba, si es 4 o menos se redondea hacia abajo. (Una regla académica.)

Las generalizaciones, los principios y las reglas son semejantes a los conceptos, en el sentido de que pueden ser ilustrados con ejemplos, y los ejemplos de alta calidad son la clave para un aprendizaje exitoso en todos los casos. En esta sección discutiremos el uso del modelo de enseñanza directa para enseñar estas formas de contenido.

Planificar

La planificación para la enseñanza de generalizaciones, principios y reglas con el modelo de enseñanza directa es semejante al proceso de planificación necesario para enseñar conceptos. Es necesario que las metas estén claramente determinadas, que el conocimiento previo requerido esté identificado y los ejemplos hayan sido seleccionados y secuenciados. Como cuando enseñamos conceptos, es esencial tener una idea precisa de las metas de la enseñanza y una comprensión completa de la exposición que se hará.

Implementar

Como en la etapa de planificación, la implementación del modelo de enseñanza directa para enseñar generalizaciones, principios y reglas es similar a su uso para enseñar conceptos. Durante la etapa introductoria, el docente da una visión general del contenido, establece conexiones con el conocimiento previo de los estudiantes y los ayuda a comprender el valor del nuevo contenido. Durante la etapa de presentación, el docente describe el tema, explica los conceptos incluidos en la exposición y usa ejemplos para ayudar a los alumnos a comprender las relaciones descriptas en él. La práctica guiada permite a los estudiantes experimentar con el tema y la práctica independiente brinda ejemplos adicionales para desarrollar automatización y transferencia. Sugerimos identificar las etapas en el siguiente estudio de caso:

Tamra Evans, una docente de Estudios Sociales de la escuela secundaria, quería enseñar a sus alumnos la siguiente generalización: "Si la demanda permanece constante, el precio está inversamente relacionado con la oferta".

Para comenzar la clase afirmó:

—Hemos estado estudiando la economía de los países durante varias clases, entonces revisemos lo que vimos hasta ahora. ¿Qué queremos decir con economía?... ¿Jerry?

—Economía es lo que tiene que ver con el dinero —respondió.

—Bien, ¿y qué aspectos particulares del dinero? ¿Tim?

—Bueno, dice cómo se hace el dinero y cómo se distribuye —contestó Tim.

—Excelente, Tim —sonrió Tamra—. Hoy vamos a ver una ley particular en economía. Esta ley dice que: "Cuando la demanda permanece constante, el precio y la oferta están inversamente relacionados".

Mientras enunciaba la generalización, la escribió en el pizarrón.

—Esta ley es importante —continuó—. Porque nos va ayudar a comprender por qué los precios de las cosas que compramos en los negocios suben y bajan. La oferta, como veremos en la clase de hoy, es un importante factor que influye sobre el precio.

—Ahora,... ¿cómo se relacionan, la oferta, la demanda y el precio con el tema de la economía?... ¿Cheryl?

—...Creo... que el precio se relaciona con el dinero y... con cómo alguien hace dinero —respondió Cheryl dubitativa.

—¡Sí! Muy bien, Cheryl. Ahora veamos los términos "oferta", "demanda", "precio" e "inversamente". ¿Qué significa la palabra inversamente?... ¿Mike?

—... Significa que cuando algo se hace más grande, otra cosa se hace más pequeña —respondió Mike.

Tamra continuó la discusión de cada término hasta que estuvo satisfecha con la comprensión de los alumnos. A partir de entonces, continuó con la clase y dijo:

—Miren. El párrafo que hay en el pizarrón ilustra la generalización.

Entonces mostró a los alumnos el siguiente ejemplo:

Viajé a una ciudad de aproximadamente medio millón de habitantes en agosto de 1992; ahí cargué combustible en una estación independiente a un precio de $ 0,949 el litro. En marzo de 1993, hice otro viaje a la misma ciudad. En ese momento, el combustible sin plomo se vendía a $ 1,249 el litro. Cuando pregunté al empleado el porqué de este gran salto en el precio, me explicó que una huelga en las refinerías locales había hecho que el combustible fuera más difícil de conseguir.

Después de darles tiempo a los alumnos para leer la anécdota, preguntó:

—¿En qué se relaciona el ejemplo con nuestra generalización?... ¿Judy?

—... La huelga implica que la oferta disminuyó, supongo.

—Sí, bien, identificaste la variable clave en el ejemplo, Judy. ¿Qué más?... ¿David?

— El precio subió —respondió David rápidamente.

—¿Y cómo llamamos esa clase de relación?

—... Oh. Eso es lo que significa inverso —contestó David después de pensar un momento.

—Y la cantidad de personas que querían comprar permaneció igual —agregó Ann.

—Muy bien hecho —sonrió Tamra—. Vemos cómo el ejemplo ilustra que el precio y la oferta están inversamente relacionados, si la demanda permanece igual.

—Ahora miren otro ejemplo y díganme si ilustra la ley —continuó.

Y mostró el siguiente ejemplo:

Jimmy decidió poner un puesto de limonada en la esquina de la casa del padre. Cobraba cuatro centavos el vaso y la gente le compraba limonada mucho más rápido de lo que él podía hacerla. Jimmy decidió: "Seguramente, la seguirán comprando si cobro cinco centavos el vaso". Y eso hizo. Dos días más tarde Joey, que vio lo bien que le iba a Jimmy, decidió abrir su propio puesto de limonada frente al de Jimmy. Cobraba tres centavos el vaso, y pronto toda la gente que paraba en el puesto de Jimmy fue al de Joey. Entonces Jimmy bajó el precio a tres centavos, y ambos niños vendieron limonada.

—¿Este ejemplo ilustra el principio que estuvimos discutiendo? —se preguntó Tamra— ¿Cómo afectó a la demanda que Joey abriera el puesto?... ¿Jason?

—Creo que no lo hizo. Debió haber sido casi la misma.

—Muy bien, Jason. No hay razones para pensar que el puesto de Joey haya tenido algún efecto en la cantidad de personas que querían comprar.

—Sí, Kristy —Tamra sonrió en respuesta a que Kristy había levantado la mano.

—Lo tengo —dijo Kristy con entusiasmo—. Como la demanda era la misma y el puesto de Joey aumentó la oferta, tuvo que bajar el precio, y eso es una relación inversa.

—Excelente análisis, Kristy. ¿Entonces el ejemplo ilustra el principio?

—Sí —replicó Kristy con seguridad.
—Les mostraré uno más —dijo Tamra y mostró el siguiente ejemplo en la pantalla:

En los años ochenta, con el *boom* de la tecnología computada, muchas universidades ampliaron notablemente sus currículum sobre computación. Además surgió una campaña para intentar y mantener el liderazgo sobre otros países industrializados, como Alemania y Japón. En ese momento, todos las personas que tenían títulos universitarios en computación científica podían estipular libremente sus salarios en la mayoría de las universidades.

Con el paso de los años ochenta a los noventa, muchos estudiantes todavía se especializaban en computación científica, pero con la reestructuración del negocio y las "reducciones", el énfasis en esta especialidad se redujo un poco.

A mediados de los años noventa, muchos expertos en computación científica no han podido conseguir empleo y, aquellos que están empleados, reciben salarios comparativamente más bajos que los que recibían diez años antes.

—¿Este ejemplo ilustra la ley que estamos discutiendo? —preguntó Tamra—. ¿Karen?
—... No... No estoy segura —respondió Karen.
—Veámoslo con detenimiento —sugirió Tamra—. ¿Qué pasó con el precio?
—... Los salarios bajaron —Karen sugirió vacilante.
—Sí, es así. Está bien, Karen. Ahora, ¿qué pasó con la oferta?... ¿Jan?
—No me parece que haya cambiado mucho.
—¡Ah! ¡Pero bajó la demanda! —agregó John, con una mirada sagaz—. El ejemplo no ilustra la idea que estamos discutiendo, porque nuestra generalización dice que la demanda permanece constante.
—¡Bravo, todos! —los elogió Tamra—. Ése es un excelente análisis. Como lo hicieron tan bien, piensen ahora y vean si pueden crear algunos ejemplos más que ilustren la generalización.
Con la ayuda de Tamra los alumnos generaron algunos ejemplos nuevos, que analizaron como los tres primeros. Entonces ella continuó:
—Alumnos, tengo algunos casos más que quiero que analicen ahora. Con cada uno quiero que hagan lo siguiente: si ilustra la generalización, expliquen cómo lo hace e identifiquen cada término -oferta, demanda y precio- de la generalización, y si no la ilustra, expliquen por qué. Quiero que comiencen a hacerlo en el tiempo que queda y yo recorreré el aula para ver si tienen preguntas. Si no terminan, llévenlo a casa de tarea y lo discutiremos mañana.

Como podemos ver, el uso del modelo de enseñanza directa para enfocar el aprendizaje de generalizaciones, principios y reglas es muy semejante a los procedimientos usados al enseñar conceptos. En la etapa introductoria, el docente también esboza la clase e intenta explicar cómo se relaciona el nuevo contenido con las vidas de los alumnos. Durante la etapa de presentación, el docente describe la generalización y se asegura de que los alumnos comprendan los conceptos que contiene.

El docente, entonces, usa estudios de casos para ilustrar la generalización y para ayudar a los alumnos a ver cómo se relacionan con el mundo real. Durante la práctica independiente, los estudiantes analizan otros ejemplos.

En resumen, el modelo de enseñanza directa proporciona una manera eficaz y económica de enseñar generalizaciones, principios y reglas. Como con la enseñanza de conceptos, los ingredientes esenciales para clases exitosas son el uso abundante de ejemplos y la interacción docente-estudiante y estudiante-estudiante que compromete a los alumnos a dar sentido a los ejemplos.

Evaluación diagnóstica

La evaluación de los resultados de aprendizaje de contenido en una clase de enseñanza directa es similar al proceso con el modelo inductivo y el modelo de adquisición de conceptos. Este proceso fue discutido en detalle en el capítulo 3 y reforzado en el capítulo 4. Se pueden revisar esas secciones si se cree necesario.

Para reforzar el proceso de evaluación, observemos nuevamente la clase de Karen Hendricks. Tiene numerosas opciones para elegir cómo evaluar a sus alumnos. Por ejemplo, pudo elegir una o varias de las siguientes posibilidades:

1. Pedir a los alumnos que definan monocotiledóneas y dicotiledóneas.
2. Repartir figuras de monocotiledóneas y dicotiledóneas y pedirles que identifiquen cada una.
3. Ofrecer ejemplos reales de monocotiledóneas y dicotiledóneas para que los alumnos los clasifiquen, explicando sus decisiones.
4. Pedir que los alumnos provean sus propios ejemplos de monocotiledóneas y dicotiledóneas, explicando cada caso.

Podemos ver fácilmente que pedir a los alumnos que definan estos conceptos es un recurso muy superficial para medir su comprensión del concepto, a menos que sea usado junto con otras medidas. Sin embargo, las demás serían un indicador válido de la comprensión de los estudiantes y la exigencia hacia éstos aumenta progresivamente en ellas

Una evaluación eficaz del aprendizaje de conceptos, en general, es hacer que los estudiantes clasifiquen ejemplos positivos y negativos de cada concepto. Por ejemplo, para una clase sobre los adjetivos, el docente puede presentar a los alumnos un ítem como el siguiente:

Rodee con un círculo las palabras que sean adjetivos:

a. bonito
b. ir
c. pelota
d. temprano
e. grande
f. locamente
g. evento

Un ítem de este tipo es fácil de preparar y de corregir. Sin embargo, esta eficacia tiene su precio. En el mundo real queremos que los estudiantes puedan escribir utilizando apropiadamente los adjetivos. Un ítem mucho más válido con respecto a esta meta es pedir a los alumnos que escriban un párrafo y que identifiquen los adjetivos que usaron. Estas evaluaciones intentan ubicar a los estudiantes en situaciones más realistas y hacen que el proceso de evaluación sea tan cercano a la vida real como sea posible.

Sin embargo, corregir un ítem de este tipo lleva mucho tiempo. Una solución razonable podría ser presentar a los estudiantes un pasaje ya preparado para que identifiquen los adjetivos. Si bien no es tan efectivo como hacer que lo escriban ellos mismos, puede ser evaluado eficazmente con un puntaje. Obviamente, pueden usarse también otros procedimientos de medición. Hemos presentado el ejemplo anterior como ayuda, para facilitar la comprensión, pero no nos proponemos sugerir que es el único formato apropiado.

La búsqueda de un término medio entre la validez de la evaluación y la exigencia que ello implica para el docente es una decisión profesional. Sólo el docente puede tomarla.

Resumen

El modelo de enseñanza directa es una estrategia fuertemente dirigida por el docente que puede emplearse para enseñar conceptos y habilidades. El modelo, derivado de la investigación de la eficacia del docente, de la teoría del aprendizaje por observación y del trabajo de Lev Vygotsky, consta de una serie de cuatro etapas: introducción, presentación, práctica guiada y práctica independiente. El uso de ejemplos y problemas bien pensados es la clave del éxito de las actividades de aprendizaje en todos de los modelos.

Aunque muy dirigido por el docente, el uso eficaz del modelo de enseñanza directa requiere de altos niveles de interacción entre el docente y los estudiantes. Los patrones en esta interacción cambian a medida que se desarrolla la clase. Inicialmente, el docente presenta información y guía cuidadosamente a los estudiantes cuando trabajan con ejemplos y problemas. Luego, los estudiantes trabajan cada vez más independientemente, hasta que logran analizar ejemplos y resolver problemas sin la ayuda del docente.

Si bien el modelo está diseñado específicamente para enseñar habilidades y conceptos, puede ser modificado fácilmente para enseñar principios, generalizaciones y reglas académicas.

Conceptos importantes

Análisis de tareas (p. 207)
Andamiaje (p. 204)
Aprendizaje por observación (p. 203)
Automatización (p. 206)
Curso anticipatorio (p. 209)
Habilidades (p. 206)

Modelo de enseñanza directa (p. 200)
Modelizar (p. 203)
Pensamiento en voz alta (p. 203)
Transferencia (p. 207)
Zona de desarrollo próximo (p. 204)

Ejercicios

1. Considere la siguiente lista de metas. Identifique las que puedan alcanzarse más apropiadamente con el modelo de enseñanza directa:
   a. Comprender el concepto de número primo.

b. Simplificar expresiones aritméticas siguiendo la regla: multiplicar y dividir de izquierda a derecha y luego sumar y restar de izquierda a derecha.

c. Comprender el concepto de cuadrado.

d. Comprender el concepto de escala mayor.

e. Comprender: "Cuando dos sustancias no se mezclan, los materiales menos densos flotan en los materiales más densos".

f. Comprender el concepto de gerundio.

g. Determinar las relaciones mundiales entre la economía y el espacio geográfico, previas a la Segunda Guerra Mundial.

2. Elija un tema de su área de enseñanza. Luego prepare un conjunto de ejemplos que puedan usarse para enseñarlo eficazmente.

3. Lea el siguiente ejemplo de clase, donde una docente usa el modelo de enseñanza directa. Luego responda las preguntas que siguen.

Al comenzar su clase de Lengua, Kathe Lake dijo:
—Hoy, alumnos, vamos a hablar acerca de otra clase de pares de palabras. ¿Quién recuerda qué otro par de palabras hemos estudiado? ¿John?
—Ayer hablamos acerca de los sinónimos —respondió John.
—Bien, ¿quién sabe qué es un sinónimo?... ¿Mary?
—Sinónimos son pares de palabras que significan lo mismo, como grande y extenso.
—Muy bien, Mary. ¿Podrían darme algún otro ejemplo?... ¿Tony?
—... Rápido y veloz.
—¡Muy bien! ¿Y uno más? ¿Bob?
—¿Qué les parece flaco y delgado?
—Sí, muy buen ejemplo, Bob. Bueno, hoy estudiaremos una clase diferente de pares de palabras llamadas antónimos. Cuando terminemos la clase de hoy, podrán dar algunos ejemplos de antónimos. También, cuando yo les dé una palabra podrán encontrarle un antónimo.
     Entonces escribió lo siguiente en el pizarrón:

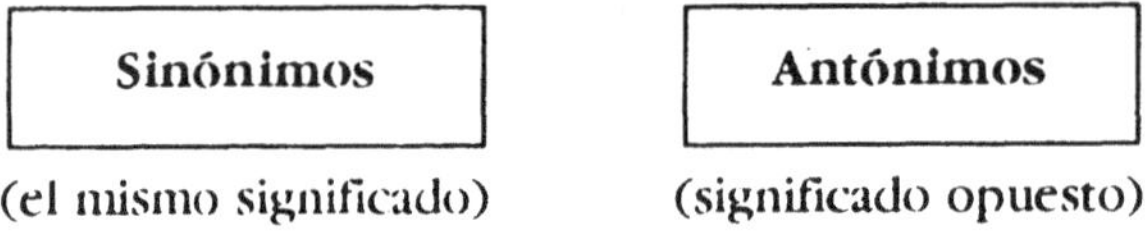

Sinónimos
Antónimos

(el mismo significado)   (significado opuesto)

—Los antónimos son pares de palabras que tienen significado opuesto. ¿Qué queremos decir con pares de palabras? —preguntó Kathe.
     Susan dudó y luego dijo:
—Creo que par significa dos.
—Bien Susan —asintió Kathe con una sonrisa—. Entonces par significa dos palabras. Ahora, ¿qué significa opuesto?
—Significa algo así como diferente o no igual, creo —se ofreció Joe.
—Eso está muy cerca, Joe —dijo Kathe—. Dejen que les dé un ejemplo. *Grande* y *chico* tienen significados opuestos y son dos palabras, entonces son antónimos. *Opuesto* significa que tiene significado diferente o casi inverso, como *grande* y *chico*.

Entonces, escribió "grande" y "chico" debajo del término antónimos.

—Otro ejemplo de antónimos es *arriba* y *abajo*. Son antónimos porque son pares de palabras cuyos significados son opuestos. Entonces, los colocamos aquí, en la columna de los antónimos. Vamos a probar con otro. ¿*Feliz* y *contento* son antónimos? ¿Andy?

—No —respondió Andy.

—¿Por qué no? —preguntó Kathe.

—Porque las palabras no tienen significado opuesto. Significan lo mismo.

—¿Entonces qué son, Andy?

—Sinónimos.

—Bien, Andy. Los ubicamos en la columna de los sinónimos. Ahora probemos con otro. ¿*Caliente* y *frío* son antónimos? ¿Ted?

—... Sí, porque es un par de palabras y tienen significado opuesto.

—Entonces, van aquí en el pizarrón. ¿Y qué pasa con *vivo* y *muerto*? ¿Pat?

—También son antónimos, porque significan lo contrario.

—Bien. Ahora quiero ver si pueden darme algunos ejemplos de antónimos. Piénsenlo muy bien. ¿Alguien? ¿Lynne?

—¿Qué les parece *adentro* y *afuera*?

—Bien. ¿Alguien más? ¿Ana?

—¿Puede ser *rápido* y *despacio*?

—¿Y por qué esos son antónimos? —preguntó Kathe.

—Porque son un par de palabras con significado opuesto.

—Muy bien. Ahora una última prueba. ¿Recuerdan que teníamos el par de palabras *feliz* y *contento*, y dijeron que no eran antónimos? ¿Alguien puede hacer antónimos con estas palabras? ¿Jim?

—¿Puede ser *contento* y *triste*?

—Bien, Sam, ¿tienes algún otro más?

—*Contento* y *angustiado*.

—Ambos son excelentes antónimos. Creo que todos lo hicieron muy bien y aprendieron acerca de esta nueva clase de pares de palabras. Ahora, que alguien me diga qué aprendimos hoy. ¿Susan?

—... Bueno aprendimos los antónimos.

—Bien. Continúa —sonrió Kathe.

—Antónimos significa lo contrario.

—¡Sí, excelente! Y algo más. ¿Brad?

—Son pares de palabras.

—Exactamente. Muy bien, Brad.

Entonces para cerrar la clase dijo:

—Recuerden, ¿los pares de palabras que significan lo mismo son... todos?

—¡Sinónimos! —respondieron al unísono.

—Bien. ¿Y los pares de palabras que son opuestos son...?

—¡Antónimos! —respondió la clase.

—Excelente. Ahora tengo unos ejercicios que quiero que resuelvan individualmente. Entonces distribuyó una hoja entre los alumnos, dejando que comenzaran a trabajar solos, mientras ella caminaba por el aula.

a. Identifique cada una de las etapas del modelo de enseñanza directa en la clase de Kathe Lake.

b. Considere cómo evaluar el concepto que enseñó Kathe Lake. Prepare un ítem que pueda ser usado con ese fin.

c. Si bien la enseñanza de Kathe siguió técnicamente el modelo de enseñanza directa, podemos criticar un aspecto importante. Realice esa crítica. (Puede reflexionar sobre la referencia al trabajo de Brown, Collins y Duguid [1989], que fue presentado por primera vez en el capítulo 3).

Preguntas para la discusión

1. Compare el modelo de enseñanza directa con los modelos inductivo y de adquisición de conceptos. ¿Cuáles son las semejanzas y las diferencias? ¿Cuáles son las ventajas y desventajas de cada uno?

2. ¿En qué difiere el modelo de enseñanza directa de una típica clase expositiva? ¿Cuáles son las ventajas y desventajas comparado con el método expositivo?

3. En los ejercicios alentamos un análisis de contenido que podría ser enseñado eficazmente con el modelo de enseñanza directa. Considere ahora otras circunstancias en las que una clase con el modelo de enseñanza directa sea más eficaz que una con el modelo inductivo. ¿En qué afectan a esta decisión el tipo de estudiantes y las metas de la clase?

4. Considere nuevamente las metas de contenido. ¿Cómo afectan esos contenidos en la decisión de elegir el modelo inductivo o el de enseñanza directa? Analice esta cuestión en términos de la abstracción del concepto o de la generalización, en lo "vago" que es el tema y los conocimientos previos de los alumnos.

5. ¿Qué alternativas tiene el docente si llega al final de la clase de enseñanza directa y los estudiantes aún no alcanzan la abstracción necesaria para comprender el concepto? ¿Cómo se compara esto con una clase inductiva?

6. Compare cuánto habla el docente y cuánto habla el alumno en una clase de enseñanza directa y en una clase inductiva. ¿Qué condiciones pueden ser la causa de que esto varíe?

7. Se puede argüir que el énfasis que pone el modelo de enseñanza directa en las habilidades de pensamiento es menor que el del modelo inductivo. Considere nuevamente la clase de Karen Hendricks. ¿Cómo promovía las habilidades de pensamiento de los alumnos usando el modelo de enseñanza directa?

7. Enseñar cuerpos organizados de conocimiento: el modelo de exposición y discusión

El modelo de exposición y discusión: una visión general
  Perspectivas teóricas
  La teoría de los esquemas: construir sobre los conocimientos previos de los alumnos
  Aprendizaje verbal significativo: el trabajo de David Ausubel
  Compromiso activo de los alumnos

Planificar clases de exposición y discusión
  Identificar metas
  Diagnóstico de los conocimientos previos de los alumnos
  Estructurar contenidos
  Preparar organizadores avanzados

Implementar clases de exposición y discusión
  Etapa 1: introducción
  Etapa 2: presentación
  Etapa 3: monitoreo de la comprensión
  Etapa 4: integración
  Etapa 5: revisión y cierre

Variaciones del modelo

Evaluación diagnóstica

Como vimos en el capítulo 6, el modelo de enseñanza directa está diseñado para enseñar habilidades, conceptos, principios y reglas, con énfasis en la enseñanza activa y en el logro de altos niveles de compromiso por parte de los estudiantes.

Sin embargo, vimos a lo largo del capítulo 5 que los docentes tienen muchas metas que no son sólo el aprendizaje de habilidades, conceptos, generalizaciones, principios y reglas. Metas como la comprensión de la Revolución Francesa en Estudios Sociales o el sistema respiratorio en Ciencias Naturales son cuerpos organizados de conocimiento mucho más amplios y el modelo de enseñanza directa es menos efectivo para alcanzar esas metas. Es necesario un modelo que ayude a los estudiantes a comprender tanto conceptos, generalizaciones, principios y reglas específicos, como las interconexiones entre ellos.

En este capítulo tratamos el modelo de exposición y discusión, un modelo diseñado para ayudar a los estudiantes a aprender cuerpos organizados de conocimiento. El modelo de exposición y discusión tiene todas las virtudes del recurso de la exposición -presentación clara de ideas y economía de esfuerzo- y las combina con un formato interactivo que alienta a los alumnos a construir activamente su propia comprensión.

Las siguientes son las metas de este capítulo:

- Describir el marco teórico del modelo de exposición y discusión.
- Usar el modelo de exposición y discusión para planificar la enseñanza de cuerpos organizados de conocimiento.
- Construir diferentes tipos de organizadores avanzados.
- Implementar clases de exposición y discusión sin saltear ninguno de los pasos que las componen.
- Evaluar la adquisición de contenidos que se produce en las clases de exposición y discusión.

Comencemos nuestro estudio observando a una docente que emplea el modelo de exposición y discusión para desarrollar una unidad sobre el conductismo en una clase de Psicología de la escuela secundaria

Lorie Martello comenzó su clase diciendo:

—Chicos, hoy continuaremos nuestra discusión acerca del condicionamiento instrumental y miraremos los diferentes programas de refuerzo. Para avanzar en el tema, traje una situación hipotética, acerca de la cual quiero que piensen: Una mujer tenía un perro llamado Paxie. Ella quería entrenarlo para que todas las mañanas tomase el diario del jardín y lo pusiera en el porche para que no se mojase ni se rompiera. Ella sabía que algunas mañanas no estaría en casa para recompensar a Paxie, pero quería que su perro, de cualquier manera, trajera el diario. ¿Qué podía hacer para entrenarlo?... Deténganse y piensen un momento acerca de la situación.

Lorie hizo una breve pausa y luego continuó:

—Mantengamos el problema en mente y volveremos a él en un minuto. Ahora revisemos algunas cosas que dijimos ayer. ¿Quién puede darnos un ejemplo de *condicionamiento instrumental* y explicar por qué es una forma de aprendizaje de conducta?... ¿Bill?

—... Creo... Creo que es porque en el condicionamiento instrumental nos centramos en conductas y en recompensas previsibles.

—Bien, Bill. Ahora ¿quién puede describir en qué difiere del condicionamiento clásico?... ¿Jack?

—... Bueno, en el condicionamiento clásico la respuesta es que... que... sea quien sea que lo haga es un mecanismo que está fuera de su control, como el perro con la saliva. En el condicionamiento instrumental la respuesta es voluntaria.

—¿Puedes darnos un ejemplo de esa respuesta voluntaria? —tanteó Lorie.

—... Bueno, mi madre siempre agradece a mi padre cuando él la ayuda a ordenar en la cocina y en el comedor, por eso ahora él lo hace más seguido —respondió Sherry dubitativa.

—También, en el condicionamiento clásico la conducta sigue al estímulo que la provoca y en el condicionamiento instrumental la conducta viene antes que el estímulo, como en... el refuerzo o en el castigo —se ofreció Hakeem.

—¡Muy bien! Hoy nos vamos a centrar en un aspecto del condicionamiento instrumental, que es el sistema de refuerzos que pueden proporcionarse para obtener conductas deseadas.

A continuación proyectó una filmina con el siguiente texto:

Los programas de refuerzo son aplicaciones de condicionamiento instrumental, en los cuales la frecuencia de las recompensas es específica. El refuerzo de conductas puede hacerse siempre, nunca o en otra forma intermedia de frecuencia. Esa forma intermedia puede basarse en el número de respuestas o en el tiempo. Cuando periódicamente elogiamos a un hermano o hermana por ayudarnos a limpiar la casa, estamos usando un programa de refuerzos.

El siguiente paso de Lorie fue proyectar un esquema.

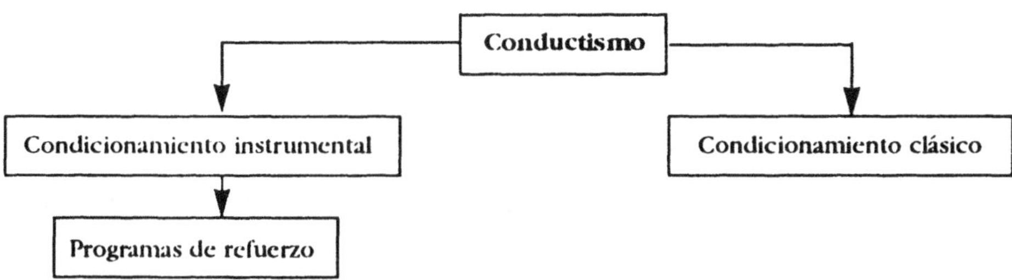

—Antes de continuar quiero que hablemos acerca de este párrafo. Si tiene sentido para nosotros, nos ayudará a comprender el tema. El primer concepto en el que nos tenemos que centrar es en *refuerzo*. Recuerden que dijimos que refuerzo es producir el aumento de una conducta a través de un programa particular, como elogiar a una persona o premiar a un perro, en pos de obtener una consecuencia deseable.

Ahora, podemos decidir reforzar una conducta cada vez que ocurre o sólo a veces. A eso nos referimos cuando hablamos de *frecuencia* o *intervalo*. Entonces, si estamos tratando de entrenar a un perro para que dé la pata, podemos recompensarlo siempre que lo hace o una vez de cada dos o guiarnos por algún otro patrón. Eso es lo que queremos decir con frecuencia.

Otra manera de reforzar es manejando el tiempo de la recompensa. Digamos que queremos entrenar un perro para que se quede en el porche. Podemos recompensarlo cada 15 segundos, cada 30 segundos o cada minuto que está en el porche. Eso es lo que queremos decir con intervalo.

Ahora centrémonos en este esquema. ¿Qué conclusiones pueden extraer basándose en él?... ¿Jim?

—... Bueno, aparentemente los programas de refuerzo sólo van con el condicionamiento instrumental —respondió Jim—. Porque los vemos debajo de él y no debajo del condicionamiento clásico.

—Excelente, Jim. Eso es exactamente. Ahora mira el párrafo que está en pantalla nuevamente. Habla acerca de recompensas para una conducta deseada. Esto significa que la recompensa viene después de que el organismo haya respondido, entonces se trata de una clase instrumental de condicionamiento. Ahora continuemos y centrémonos en las recompensas. ¿Qué sugiere el párrafo acerca de los programas de refuerzos?... ¿Juan?

—...Describen cada cuánto una persona, o incluso los animales, son recompensados.

—Bien, Juan, ¿y que significaría *refuerzos continuos*?... ¿Sandy?

—...Supongo que es cuando son recompensados todas las veces que hacen lo que queremos —respondió Sandy después de pensar un momento.

—Excelente, Sandy. Ahora, Susan danos un ejemplo de eso,...

—...Creo que sería que le den una galleta a Paxie cada una de las veces que traiga el diario.

—Bien, Susan. Ahora agreguen este esquema a sus notas.

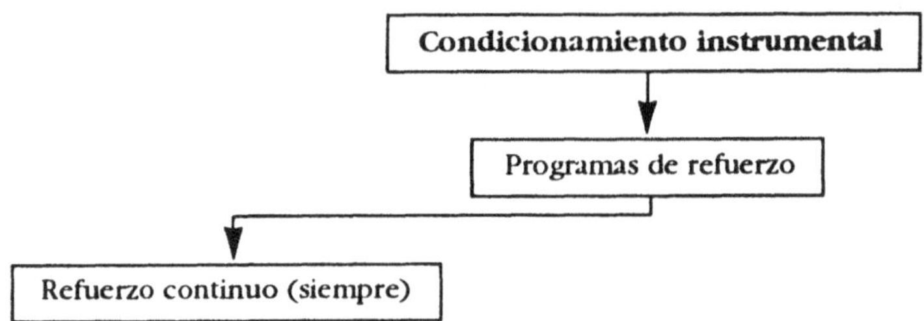

—¿Y qué tenemos en el otro extremo de continuo? ¿Qué pasa cuando una conducta nunca se refuerza? ¿Shanelle?

—...El perro o la persona o quien sea detiene la conducta después de un tiempo.

—Excelente, Shanelle. Eso se llama extinción. Pongámoslo en nuestro diagrama también.

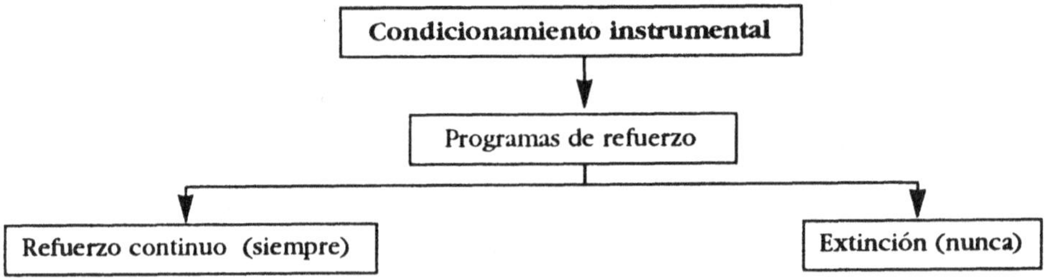

—¿Cómo se comparan el refuerzo continuo y la extinción? —continuó Lorie.

—Son... como opuestos el uno del otro —se ofreció Judy—. En un extremo te refuerzan por todo, y en el otro no te refuerzan por nada.

—Miremos de nuevo nuestro párrafo —siguió Lorie—. Dice que un programa de refuerzos es la frecuencia o el intervalo de recompensas. ¿Cómo se relacionan los dos ítems de nuestro esquema con el párrafo?... ¿Nikki?

—...En el primer caso, la frecuencia es alta y en el segundo es baja... en realidad no existe —respondió Nikki.

—Excelente, Nikki. Entonces vemos que ambas son formas de programas de refuerzos porque las dos describen una frecuencia de recompensas. Ahora agreguemos los refuerzos intermitentes a nuestro diagrama y definámoslos como un programa en el cual la conducta se refuerza parte del tiempo.

Después de escribir la definición en el pizarrón, continuó:

—Hay dos clases principales de programas de refuerzo intermitente, que dependen de cómo se da el refuerzo. Se llaman *programas de proporción* o *de intervalos*. Primero, hablemos acerca de los programas de proporción. En los programas de proporción, el organismo tiene que producir primero un cierto número de respuestas antes de ser reforzado. Es como el trabajo a destajo en una fábrica. ¿Quién sabe cómo funciona eso?... ¿Gerry?

—...Bueno, mi papá trabaja en una fábrica que tiene trabajo a destajo, y le pagan según cuántos autos produzcan por día.

—Bien, Jerry. Eso sería un ejemplo de un programa de ración. ¿Quién podría darnos un ejemplo de la caja de Skinner que vimos en el laboratorio?... ¿Latinda?

—...Sería como recompensar a un gato por el número de veces que presiona la barra.

—Bien, Latinda. Ahora comparemos refuerzos intermitentes y continuos. ¿Kathy?

—Creo que es algo fácil —respondió Kathy—. Cada conducta es recompensada con refuerzos continuos, y sólo algunas con refuerzos intermitentes.

—Bien, Kathy. Chicos, ¿cómo influye este tipo de refuerzo en la conducta? ¿Kwan?

—...

—Comparémoslo con el continuo —alentó Lorie—. ¿Piensan que la proporción de respuestas será mayor o menor?

—...Menor.

—¿Por qué?

—...Porque la rata tendría que presionar más rápido o más veces para obtener la recompensa y no usaría tanto tiempo para comer.

—Buena respuesta, Kwan. ¿Y qué pasaría si dejáramos de reforzar con un programa intermitente? ¿La conducta pararía más rápidamente o más lentamente que con el refuerzo continuo? ¿Por qué?... ¿Dan?

—...Creo... que más rápido, porque la conducta no está tan firmemente establecida.

—¿Sarah? Levantaste la mano.

—Creo que más lentamente porque el gato está acostumbrado a no ser reforzado.

—Interesante. Tenemos dos predicciones diferentes. ¿Recuerdan nuestro trabajo con condicionamiento clásico? ¿Nos ayuda en algo?

La clase continuó con la discusión acerca de los resultados de programas continuos o intermitentes. Lorie pasó a los temas de programas de proporción variable y fija y luego a una discusión acerca de programas de intervalo fijo y variable. El módulo de clase concluyó cuando Lorie usaba el siguiente esquema para revisar los principales conceptos discutidos durante el período.

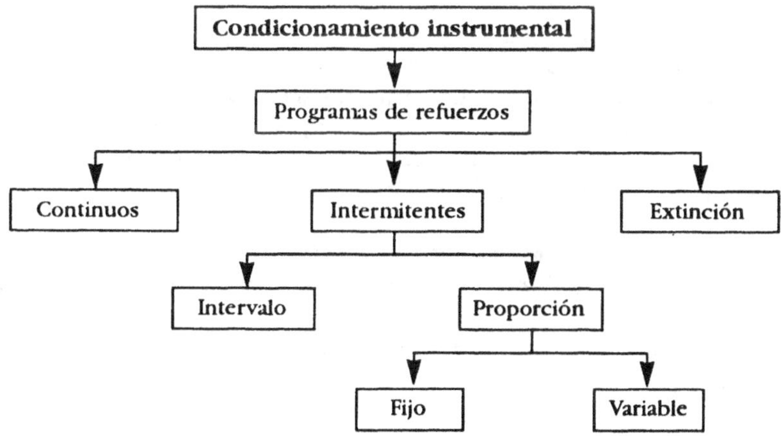

El modelo de exposición y discusión: una visión general

En la clase que acabamos de ver, Lorie Martello usó el modelo de exposición y discusión para ayudar a sus alumnos a comprender las conexiones entre ideas dentro del tema del conductismo. Al implementar el modelo dio primero un pantallazo general que serviría como marco teórico para la información. Luego introdujo nuevos conceptos y ayudó a los estudiantes a conectarlos entre sí y ponerlos en relación con los contenidos que ya comprendían. En toda la clase, Lorie usó las preguntas para monitorear la comprensión de los alumnos y para evitar que aprendieran los conceptos en forma de ideas aisladas. Finalmente, integró los temas con una detenida revisión y cierre. Estas etapas del modelo de exposición y discusión están resumidas en la tabla 7.1.

TABLA 7.1. *Estructura del modelo de exposición y discusión*

Etapa	Función
Introducción	Se describe el fin de la clase, se comparten las metas y una visión general ayuda a los alumnos a ver la organización de la clase.
Presentación	Las principales ideas son definidas y explicadas.
Monitoreo de la comprensión	El docente determina si los estudiantes comprenden los conceptos y las ideas, o no.
Integración	Se exploran las interconexiones entre ideas importantes.
Revisión y cierre	Se resume detenidamente la clase.

El modelo de exposición y discusión: perspectivas teóricas

La eficacia del modelo de exposición y discusión proviene de tres fuentes básicas. La primera propone utilizar lo que los alumnos ya saben y construir sobre ese conocimiento previo. Una segunda perspectiva, basada en el trabajo de David Ausubel (1963, 1968), lleva a los docentes a presentar la información de una manera sistemática, lo que ayuda a los estudiantes a construir su comprensión del tema. Como último punto, se sostiene la eficacia del empleo de preguntas para comprometer activamente a los alumnos en el proceso del aprendizaje. Examinaremos estas perspectivas teóricas en las secciones siguientes.

La teoría de los esquemas: construir sobre los conocimientos previos de los alumnos

La **teoría de los esquemas** *es una visión teórica de la construcción del conocimiento, que dice que la información que las personas almacenan en la memoria tiene la forma* *de redes de ideas, relaciones y procedimientos organizados e interconectados* (Good y Brophy, 1994). *Las ideas, relaciones y procedimientos interconectados se llaman* **esquemas** (Anderson, 1990). Por ejemplo, tomemos el esquema para el proceso del aprendizaje. Este esquema tiene información acerca del aprendizaje en general y otra información más específica acerca del aprendizaje en el colegio. Nos ayuda a saber cómo vestirnos, cuándo ir al colegio, qué hacer cuando llegamos allí, cómo actuar frente al docente y frente a los otros estudiantes. Dentro de él, hay procedimientos aun más específicos como las exposiciones, la discusión y el trabajo en grupo.

Los comienzos de la teoría de los esquemas se remontan al siglo XVIII, cuando el filósofo Kant describió que la mente usa activamente esquemas para guiar la percepción y categorizar la información (Rummelhart, 1980). El interés contemporáneo por el concepto de esquema data de la década de 1920 y del trabajo del psicólogo F. C. Bartlett (1932). Bartlett estaba interesado en el proceso de recordar información de pasajes escritos. Para examinar estos procesos, pidió a distintas personas que leyeran pasajes acerca del folklore hindú y que recordasen la información en diferentes momentos. Los resultados fueron sorprendentes. Primero, encontró que con el recuerdo inmediato los individuos recordaban diferentes partes de las historias. También, que como interpretaban las historias desde sus propios marcos de referencia, cambiaban los hechos para ajustarlos a esos marcos. Con el correr del tiempo, las distorsiones de las historias aumentaron, pero las distorsiones invariablemente estaban conectadas de tal manera que la información fuese significativa para los individuos mismos.

De los resultados, Bartlett concluyó que existe en las personas un fuerte impulso de encontrar un sentido para lo que tienen enfrente. (Esto se relaciona con la necesidad de estructura que discutimos en el capítulo 3.) Además, explicó la naturaleza personal e idiosincrática de las distorsiones mediante la idea de esquemas individuales; cada persona encuentra sentido al pasaje basándose en la manera en que sus experiencias anteriores estaban mentalmente organizadas. Veamos cómo funciona. Nuestra propuesta es leer ahora el siguiente párrafo y responder las preguntas que siguen.

En 1367, Marain y las colonias terminaron una guerra de siete años con los langurianos y los pitoks. Como resultado de esta guerra, Languria fue desplazada de las colonias de Bacol Oriental. Ahora Marain regiría Laman y otras tierras que habían pertenecido a Languria. Esto trajo paz a las colonias de Bacol. Los colonos no tuvieron que temer más los ataques de Laman. Los bacolios estaban felices de ser parte de Marain en 1367. Sin embargo, una docena de años después, este mismo pueblo estaría luchando contra los marainos por su independencia o su libertad del dominio de Marain unido (Beck y Mc Keown, 1993, p. 2).

¿Qué sucedía aquí? ¿Cuánto sentido tiene este párrafo? Probemos con otro párrafo.

En 1763, Gran Bretaña y las colonias finalizaron una guerra de siete años con los franceses y los hindúes. Como resultado de esta guerra, Francia fue desplazada de América del Norte. Gran Bretaña entonces regiría Canadá y otras tierras que habían pertenecido a Francia. Esto trajo paz a las colonias americanas. Los colonos ya no temían ataques de Canadá y los americanos estaban felices de ser parte de Gran Bretaña en 1763. Sin embargo, una docena de años después, esta misma gente estaría peleando en contra de los británicos por su independencia o libertad de la autoridad de Gran Bretaña (Beck y Mc Keown, 1993, p. 2).

Como para la mayoría de los lectores, el segundo pasaje tiene más sentido para nosotros que el primero, aunque ambos eran similares en largo, estructura y cantidad de detalle. El segundo es más significativo porque podemos utilizar nuestros conocimientos previos o esquema acerca de la Guerra de la Revolución para ayudar a integrar hechos aislados.

En todas las clases existe una situación similar. Cuando los estudiantes entran a la clase con creencias, actitudes y conocimientos previos muy diferentes, traen consigo diversos esquemas. Leen la misma historia acerca de la guerra de Vietnam y algunos se van convencidos de que en ese momento era necesario combatir incansablemente al comunismo, mientras que otros interpretan el pasaje como el ejemplo de un país todopoderoso que trata de ejercer control sobre la lucha básicamente interna de un país.

De estos ejemplos podemos ver que todos los esquemas tienen tres características principales (Rumelhart y Ortony, 1977). Primero, todos contienen material determinado por las experiencias pasadas de las personas. ¿Cuáles son nuestros conocimientos sobre fútbol? ¿Qué nos dicen los espectáculos de perros? La respuesta a estas preguntas indica la calidad de nuestros esquemas acerca de los temas y nuestra experiencia pasada en relación con ellos. En segundo lugar, cada esquema está insertado en otros esquemas mayores y tiene incluso otros insertados en él, como los esquemas del aprendizaje en el colegio están insertados en los esquemas más amplios de la formación general de los alumnos. Estas inserciones nos permiten unir esquemas para dotar de sentido al mundo.

En tercer término, los esquemas son activos. Son evaluados constantemente bajo la prerrogativa de explicar el funcionamiento del mundo. Cuando tienen sentido, no necesitan modificaciones; pero cuando pierden su actualidad, tenemos un motivo para ajustarlos (Eggen y Kauchak, 1994). Por ejemplo, si sostenemos en forma paralela dos trozos de papel y soplamos entre ellos, esperaremos que los extremos se separen. En lugar de eso, se juntan. Para la mayoría de las personas, este hecho no puede ser explicado con esquemas existentes y nos da un motivo para explicar por qué. Con experiencia adicional, adaptamos nuestros esquemas para acomodarlos al principio de que "cuando aumenta la velocidad del aire (u otros fluidos) sobre una superficie, disminuye la fuerza sobre esa superficie". Esto hace que nuestros esquemas sean más ricos y completos, porque ahora pueden explicar otros hechos, tales como el vuelo de los aeroplanos, el poder destructivo de los tornados, el funcionamiento de los atomizadores o el motivo de que las cortinas de ducha se enrosquen en nuestras piernas...

El proceso del aprendizaje puede ser pensado como el desarrollo de esquemas que permiten que los individuos comprendan y funcionen en su mundo. Podemos considerar a la enseñanza como un intento deliberado de influir sobre el contenido y la estructura de los esquemas de los alumnos. Al hacerlo, debemos tener en mente que los esquemas preexistentes de los estudiantes pueden ser impedimentos o ventajas; pueden ayudar u obstaculizar el nuevo aprendizaje.

Veamos cómo Lorie Martello aplicó la teoría de los esquemas en su clase acerca de *programas de refuerzo*. Intentaba ayudar a los estudiantes a desarrollar esquemas organizados acerca de la noción de *condicionamiento instrumental*, a través de la introducción sistemática de conceptos subordinados relacionados con los programas de refuerzo y mostrándolos en un esquema taxonómico. Comenzó por hacer que sus alumnos comparasen *condicionamiento instrumental* y *condicionamiento clásico*, para sacar provecho de un esquema mayor en el cual se insertaría el esquema presente. El hecho de ver programas de refuerzo debajo de condicionamiento instrumental ayudó a los estudiantes a evitar la confusión entre éste y el clásico. Además, solicitó ejemplos de condicionamiento instrumental y clásico para asegurarse de que los conocimientos de los alumnos se hubieran desarrollado en la medida suficiente como para empezar a discutir el tema de programas de refuerzo.

Cuando introducía conceptos nuevos, usaba sus diagramas y ejemplos para ayudar a los alumnos a vincularlos con sus esquemas en desarrollo. Asimismo, comparó cada concepto con los otros para asegurarse de que la conexión fuera clara.

Aprendizaje verbal significativo: el trabajo de David Ausubel

Una de las personas más importantes que llevó las ideas de la teoría de los esquemas a las aulas fue un psicólogo llamado David Ausubel. Comenzó sus estudios a principios de los años sesenta y los compendió en su libro *La psicología del aprendizaje verbal significativo* (1963), dónde acentuó la importancia de las estructuras cognitivas en el aprendizaje.

Ausubel enfatizó especialmente *el* **aprendizaje verbal significativo**, *que es la adquisición de ideas que están conectadas con otras ideas.* Contrariamente, *el* **aprendizaje memorístico** *enfatiza la memorización de ítems específicos de información en lugar de explorar las relaciones dentro del tema.* El aprendizaje significativo se da cuando las ideas de un nuevo esquema se conectan no sólo entre sí sino también a otros esquemas previamente establecidos.

Deben acentuarse las características de la teoría de Ausubel. Si bien favorecía las sesiones de enseñanza centradas en el docente, secuenciadas deductivamente, se oponía obstinadamente a que los alumnos fueran sujetos pasivos del aprendizaje. Según esta perspectiva, una tarea importante del docente es comprometer a los alumnos para que encontrasen relaciones entre el viejo y el nuevo contenido y entre las partes de un nuevo tema.

Una de las ideas más prominentes que surgieron del trabajo de Ausubel es el concepto de *organizadores avanzados.* Veamos ahora este concepto.

Organizadores avanzados

Los **organizadores avanzados** *son las afirmaciones verbales que se presentan al comienzo de una clase, y sirven para estructurar el nuevo material, uniéndolo simultáneamente a los esquemas previos de los estudiantes.* En este sentido, los organizadores avanzados son como hojas cognitivas de ruta; permiten que los alumnos vean con claridad de dónde vienen y hacia a dónde van.

Éstas son las características de los organizadores avanzados eficaces:

- Son presentados antes de aprender un cuerpo de conocimiento mayor.
- Están escritos como párrafos ordenados.
- Están escritos de manera concreta.
- Están diseñados para incluir un ejemplo que ayude a los estudiantes a identificar la relación entre las ideas del organizador y la información que sigue (Corkill, 1992).

Para ilustrar cómo funcionan los organizadores avanzados, veamos dos que han sido usados en diferentes niveles escolares. El primero es de una clase de Estudios Sociales de la E.G.B., acerca de los gobiernos.

> La organización de un gobierno es como una familia. Las diferentes personas que lo forman tienen diferentes responsabilidades y roles. Cuando todas las personas trabajan juntas, tanto las familias como los gobiernos funcionan eficazmente.

El segundo corresponde a una clase universitaria sobre Lingüística:

> Todos usamos el lenguaje todos los días. Y a pesar de eso, a menos que debamos redactar un examen o realicemos un trabajo para nuestra clase de Lengua, generalmente pensamos muy poco en el lenguaje. Hay personas que estudian el lenguaje, de la misma manera que hay eruditos que estudian otras importantes áreas de la vida. Estos estudiosos analizan nuestra lengua de maneras que son mucho más complejas que el análisis de oraciones que hemos hecho la mayoría de nosotros. No sólo estudian cómo funciona el lenguaje escrito, sino que también examinan cómo se genera. Estos eruditos estudian también la lengua hablada –cómo se aprende, cómo la usan las personas para compartir significados con otros y cuáles son sus partes–. Por lo tanto, el estudio del lenguaje se relaciona con lo que se sabe de la lengua hablada y la lengua escrita.
>
> Otra cuestión interesante en el estudio del lenguaje surge de comparar diferentes lenguajes. De la misma manera que los sociólogos comparan la vida en diferentes culturas y los antropólogos estudian el origen de las culturas, los eruditos del lenguaje comparan diferentes lenguas en términos de cómo se han desarrollado y cómo son actualmente en sus formas orales y escritas. Estos investigadores, acerca de los cuales vamos a leer, creen que el estudio del lenguaje puede arrojar luz acerca de cómo piensan las personas y como evolucionaron las ideas humanas. Al igual que en otros campos como el Derecho, la Educación o las Ciencias Naturales, todos los que estudian el lenguaje comparten algunas convenciones o normas básicas. El capítulo que leeremos explica el estudio del lenguaje y las reglas que siguen los profesionales del tema (Dinnel y Glover, 1985, p. 521).

Estos dos organizadores avanzados intentaron proveer un marco conceptual para el nuevo contenido. El segundo es obviamente más largo y más detallado porque fue diseñado para alumnos de la universidad.

Las diferencias entre estos organizadores avanzados ilustran otra característica importante: deben estar hechos a medida del alumno para ser realmente eficaces (Ausubel, 1978). La forma exacta que el organizador avanzado debe tener depende de: (1) el tipo de contenido; (2) la edad del alumno y (3) el nivel de familiaridad que tengan los alumnos con el nuevo tema. Las formas de construir organizadores avanzados basándose en estos principios se tratan en la sección de planificación de este capítulo.

Compromiso activo de los alumnos

Un tercer principio que aumenta la eficacia del modelo de exposición y discusión es el nivel de compromiso que se genera en los alumnos a través de las preguntas del docente. Como su nombre lo implica, las exposiciones-discusiones se basan en las virtudes de las exposiciones, pero sobre ellas se agregan algunas de las características positivas de las discusiones. En esta sección examinaremos las virtudes y los defectos de las clases expositivas y veremos cómo el modelo de exposición y discusión se adapta para paliar los defectos de las clases expositivas.

Clases expositivas: monólogos del docente

Una **clase expositiva** *es una forma de enseñanza en la cual los estudiantes reciben información pasivamente suministrada por los docentes de una manera (presumiblemente) organizada.* Las clases expositivas han sido el sostén principal de la enseñanza durante años y continúan siendo una de las estrategias más ampliamente usadas en las aulas (Cuban, 1984). La popularidad de las clases expositivas puede remontarse a tres factores (Eggen y Kauchak, 1994):

- Las clases expositivas son económicas en términos de planificación; la energía puede dedicarse a organizar contenidos.
- Las clases expositivas son flexibles; pueden aplicarse a la mayoría, si no a todas, las áreas de contenido.
- Las clases expositivas son relativamente fáciles de implementar; en su nivel más elemental implican la presentación de contenido.

A pesar de estas ventajas, las clases expositivas tienen dos problemas importantes que las hacen ineficaces para muchos alumnos. Primero, promueven el aprendizaje pasivo y alientan a los alumnos a la mera tarea de escuchar y absorber información, pero no necesariamente a interrelacionar ideas. Las exposiciones usualmente son monólogos donde el docente habla y los alumnos escuchan.

La investigación acerca de alumnos más pequeños (Berk, 1994) y poco motivados (Brophy, 1986) indica que la escucha pasiva·es una de las maneras menos efectivas de transmitir información. Esto es fácilmente verificable si observamos un grupo de niños de seis o siete años durante una presentación cualquiera. Al principio se sientan tranquilos, pero pronto comienzan a molestar y a mirar alrededor. Si el monólogo continúa, no sólo se distraen sino que también comienzan a hablar y a empujarse, buscando algún tipo de actividad.

Los alumnos mayores poco motivados son a menudo más disciplinados durante las exposiciones que los alumnos más pequeños, pero no aprenden mucho más. Como aprendieron que molestar y conversar les puede traer problemas, tal vez finjan interés sosteniendo sus cabezas con las manos e intentando hacer contacto visual. Otros casos más difíciles desertan completamente y trabajan en tareas de otras clases, leen o apoyan las cabezas sobre los escritorios. Desafortunadamente, vimos que algunos docentes continúan exponiendo a pesar de estas señales no verbales que están indicando que sólo unos pocos escuchan o aprenden.

El segundo problema con las clases expositivas es que el docente no puede, en el curso de la clase, evaluar la comprensión de los alumnos o el progreso del aprendizaje. Durante clases interactivas, los docentes pueden juzgar la comprensión del alumno informalmente, mediante preguntas. Como en las exposiciones la comunicación tiene un solo sentido, los docentes no pueden hacer esas evaluaciones.

La ineficacia de las clases expositivas como método de enseñanza está bien documentada. En siete comparaciones en las que se medía retención y pensamiento de nivel superior entre clases de exposición y clases de discusión, la de discusión fue superior en las siete. Además, la clase de discusión fue superior en siete de nueve estudios en los que se medía la actitud y la motivación del estudiante (McKeachie y Kulik, 1975). El hecho de que las clases expositivas requieran estudiantes pasivos es la razón principal de esas diferencias.

El modelo de exposición y discusión está diseñado para superar estas deficiencias, alentando la participación activa de los alumnos. Esta participación requiere que construyan sobre los esquemas existentes y que integren el viejo conocimiento al nuevo. Mediante las preguntas, los docentes no sólo impulsan la participación de los alumnos sino que también monitorean el progreso en el aprendizaje y les da la oportunidad de adaptar sus presentaciones si fuera necesario. Pasaremos ahora a la planificación de clases de exposición y discusión.

Planificar clases de exposición y discusión

En las secciones anteriores discutimos la teoría de los esquemas y las implicaciones de ésta en la enseñanza. Además, discutimos acerca del trabajo de David Ausubel en el área del aprendizaje verbal significativo y la necesidad de la participación activa de los estudiantes en las clases.

En esta sección trataremos el tema de la planificación de clases individuales, intentando incorporar el contenido de esa clase a los esquemas ya existentes. Además, discutiremos acerca de cómo construir organizadores avanzados, estructurar contenidos y planificar para el uso de preguntas durante la clase.

Identificar metas

Al comenzar a planificar clases de exposición y discusión, como con cualquier otra clase, el docente primero considera las metas. El modelo de exposición y discusión es semejante al modelo integrativo, porque ambos están diseñados para la enseñanza de cuerpos organizados de conocimiento, pero difiere del modelo integrativo en que el proceso es más expositivo y deductivo que inductivo.

El modelo puede usarse eficazmente en las clases de dos maneras distintas. Como primera medida, puede usarse para organizar contenidos de un curso completo, una unidad dentro de un curso o una sola clase. Los docentes pueden usarlo para decidir el alcance y la secuencia del contenido y puede guiar a los estudiantes en su progreso a través del tema.

En segundo lugar, el modelo puede ser usado para ayudar a los alumnos a hacer más significativa la información que ya aprendieron. Para ilustrar este proceso, consideremos nuevamente la clase de Lorie Martello. Usando el modelo, ayudó a los alumnos a comprender las interconexiones entre los conceptos de condicionamiento instrumental y condicionamiento clásico, refuerzo continuo, extinción y refuerzo intermitente.

Lorie fue clara y organizada en su planificación. Primero planificó asegurarse que los conceptos individuales fueran claros para todos y luego planificó ayudar a los estudiantes a que vieran las relaciones entre los conceptos que los ayudarían a formar comprensiones válidas (esquemas).

El mismo proceso se aplica en otras clases. La figura 7.1. muestra cómo funcionaría esto en una clase de Geografía.

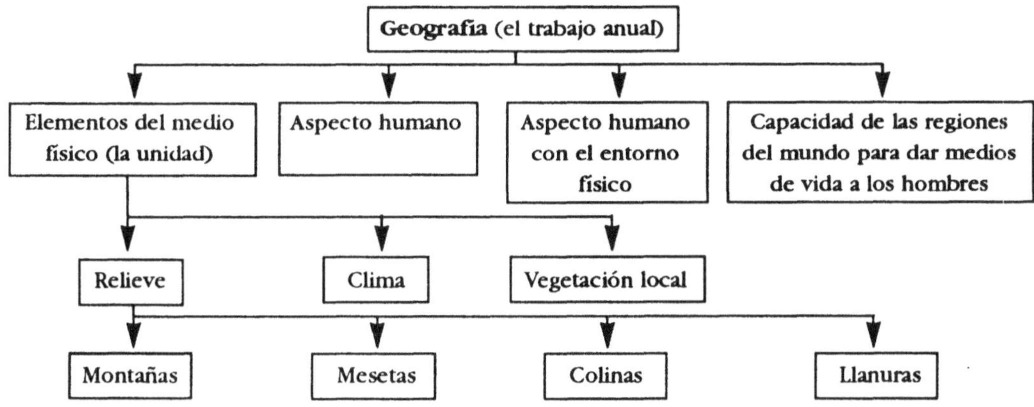

FIGURA 7.1. *Organización de contenidos en Geografía*

En el esquema vemos ilustradas las dos funciones del modelo. Primero, el modelo de exposición y discusión usado como guía de largo alcance para planificar el trabajo anual de Geografía, y una unidad más pequeña acerca de los elementos del medio físico. Además, fue usado para relacionar conceptos desarrollados en una sola clase que se centraba en accidentes geográficos. El objetivo central de la clase era comprender las características de los diferentes accidentes geográficos y formar una estructura general de esos aspectos. El modelo fue usado tanto para organizar contenido como para enseñar temas específicos.

Diagnóstico de los conocimientos previos de los alumnos

Para planificar una clase de exposición y discusión es esencial considerar lo que los alumnos ya saben. Sus conocimientos previos proveen las bases para el aprendizaje nuevo y proveen conexiones o ganchos con los cuales el nuevo conocimiento se conecta.

Hacerles una prueba previa es una manera obvia de evaluar su conocimiento. Pero preparar pruebas previas frecuentes es exigente y lleva mucho tiempo: la mayoría de los docentes buscan caminos más simples y efectivos de saber acerca de los conocimientos previos de los alumnos.

Una segunda manera de evaluar informalmente a los alumnos es pedirles que hagan una lista, que agrupen o rotulen ideas relacionadas con un concepto (Taba, 1966, 1967). Con el uso de esta estrategia, el docente preguntaría en primer término: "¿Qué les viene a la mente cuando digo la palabra...?" o "Anotemos todo lo que pensamos cuando vemos la palabra...". El concepto sería la idea central de la unidad o de la clase siguiente (por ejemplo, accidentes geográficos, reptiles, novelas, etcétera). Las respuestas de los alumnos dan al docente una visión de la comprensión previa que tiene el grupo acerca del tema.

El proceso puede ampliarse pidiendo a los alumnos que agrupen las ideas que pusieron en la lista, poniendo un nombre o rótulo a cada clasificación. Nuevamente, la calidad de estas categorizaciones informan al docente.

Un proceso de evaluación de este tipo, pero levemente más complicado, consiste en proponer el ejercicio de definir términos presentados en el pizarrón, en la forma en que puedan hacerlo (Champagne y otros, 1980). El ejercicio avanza con las explicaciones que los alumnos puedan elaborar respecto de las relaciones entre los términos. La combinación de las dos tareas da una descripción bastante acertada de sus conocimientos previos. Como proponer ejercicios escritos es más exigente, porque el docente debe recogerlos y dar a los alumnos alguna forma de retroalimentación, puede hacerse que los alumnos los completen y den respuestas orales.

Tal vez, la forma más simple de evaluar informalmente los conocimientos previos de los alumnos es revisar el tema (recordemos que en el capítulo 2 identificamos la revisión como una de las habilidades esenciales de enseñanza). El proceso lleva poco tiempo y, si el docente obtiene respuestas de varios alumnos, es una evaluación razonablemente adecuada de sus conocimientos previos. Éste es el proceso que Lorie Martello usó en su clase. Podemos considerar también como ejemplo al docente que en una clase sobre accidentes geográficos hiciera una lista de los conceptos en el pizarrón y pidiese a los alumnos que los ejemplificasen, si fuera posible, o que los describiesen con sus propias palabras.

Una desventaja de estas evaluaciones informales es que los alumnos menos tímidos y que más saben suelen dominar la actividad y dan al docente una falsa impresión acerca del conocimiento de toda la clase. El docente debe procurar que la respuesta sea mayoritaria, o lo suficientemente amplia como para que resulte representativa de los conocimientos de toda la clase.

Los resultados de estos diagnósticos ayudan a los docentes a decidir qué temas deben recibir mayor tiempo y esfuerzo, con qué rapidez se puede enseñar el tema y cómo se deben estructurar los contenidos, para hacerlos lo más significativos posible. Éstos son los temas de nuestras próximas secciones.

Estructurar los contenidos

Después de haber identificado las metas de la unidad o de la clase y de haber evaluado los conocimientos previos de los alumnos, el paso siguiente en la planificación es la estructuración del contenido de manera tal que sea lo más significativo posible para los alumnos.

Una manera eficaz de estructurar contenidos es usando esquemas jerárquicos. Hay muchos temas que pueden organizarse por niveles y a otros, a menudo, puede imponérseles una forma jerárquica de estructuración. Asimismo, la preparación de esquemas de este tipo es muy simple y las relaciones en ellos son claras. Por esas razones los examinaremos primero. Por ejemplo, una clase acerca de los mamíferos puede organizarse taxonómicamente. La figura 7.2. propone una estructura para ese tema. También el sistema de los números reales está jerárquicamente estructurado en la figura 7.3.

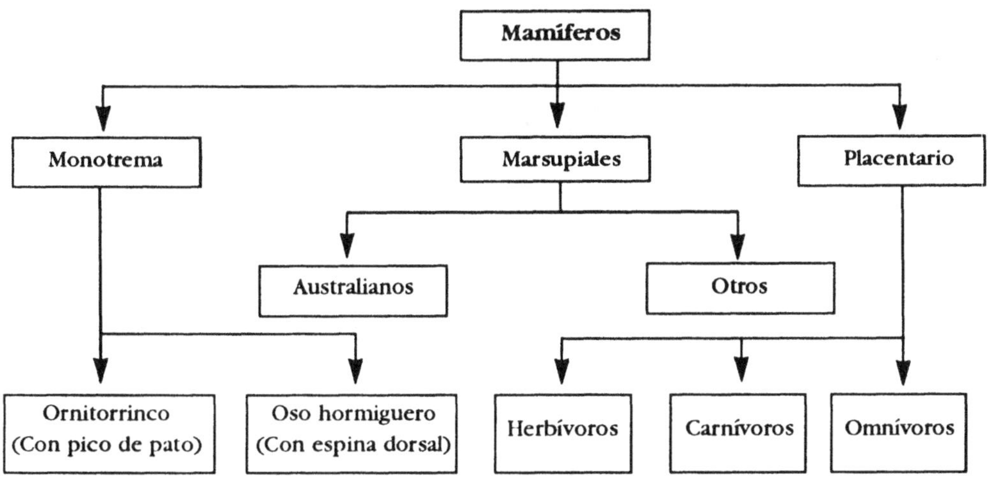

FIGURA 7.2. *Esquema jerárquico que organiza información acerca de los mamíferos*

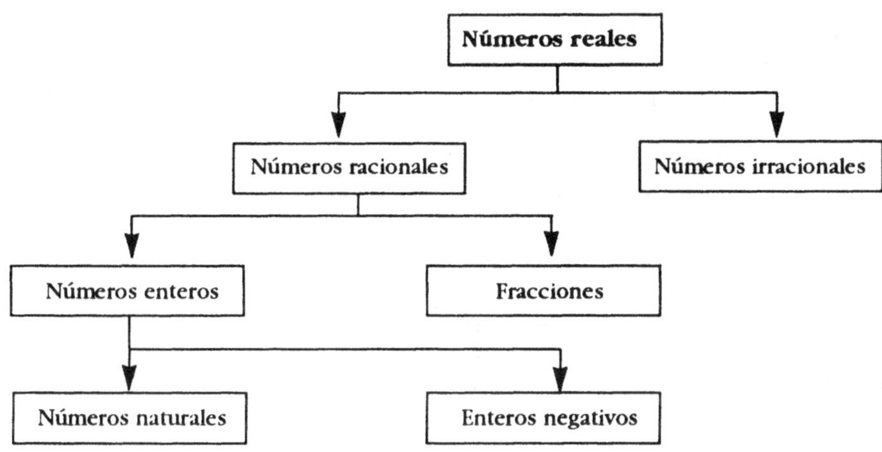

FIGURA 7.3. *Esquema jerárquico que organiza el sistema de números reales*

En muchos casos en los que el tema no tiene una estructura natural, el docente puede fácilmente imponer un orden en él. Por ejemplo, un tema de Estudios Sociales acerca de servidores de la comunidad puede estructurarse como lo muestra la **figura 7.4**.

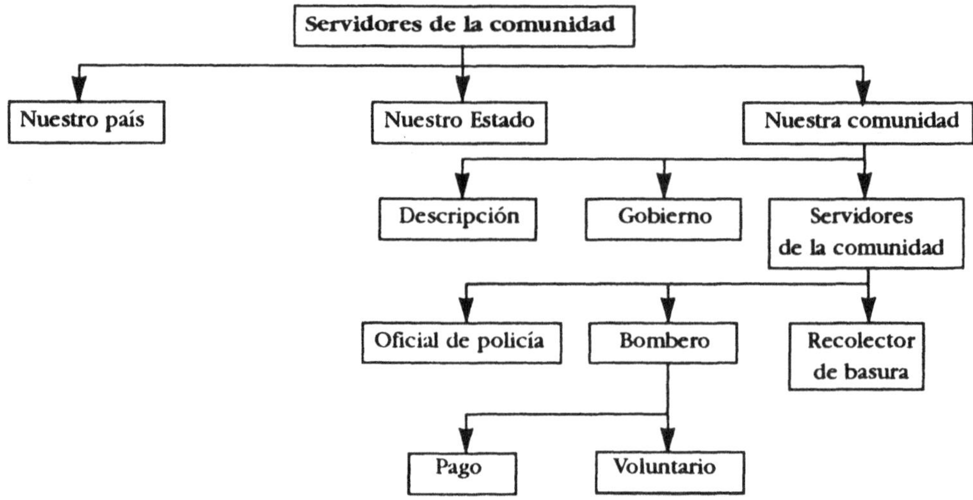

FIGURA 7.4. *Esquema jerárquico que organiza el tema servidores de la comunidad*

La estructuración de contenidos de esta manera permite que los estudiantes vean la relación de los servidores de la comunidad entre sí, así como su relación con la noción general. Otra manera de imponer un sistema de jerarquías al contenido es a través del uso de generalizaciones donde aparecen conceptos interrelacionados. Un ejemplo sería estructurar una clase sobre una generalización del tipo:"Los Estados Unidos de América crecieron por sus recursos naturales, su forma de gobierno y su mezcla particular de gente". La estructura desarrollada de esta generalización puede aparecer como lo muestra la figura 7.5.

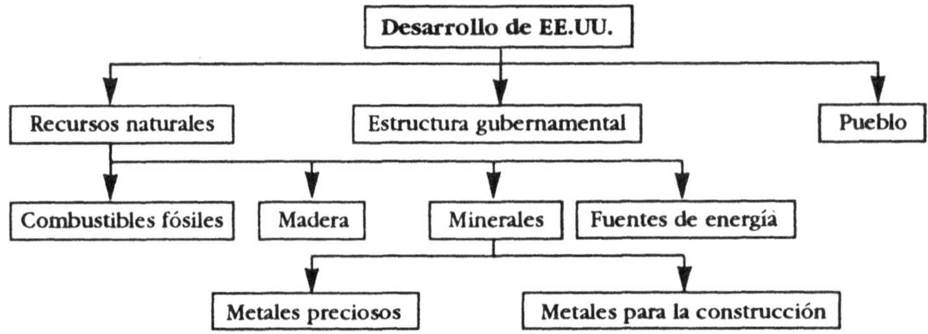

FIGURA 7.5. *Esquema jerárquico que organiza generalizaciones*

Nuevamente, con esta forma de estructura, la generalización es dividida en temas más particulares y éstos están ilustrados con ejemplos o divididos a su vez en conceptos subordinados.

Una analogía desplegada es una tercera modalidad para usar esquemas jerárquicos. Por ejemplo, la estructura de una clase que usa el sistema solar como analogía de la estructura del átomo puede ordenarse como lo muestra la figura 7.6.

Trataremos el uso de analogías con mayor detalle cuando desarrollemos el tema de la construcción de organizadores avanzados.

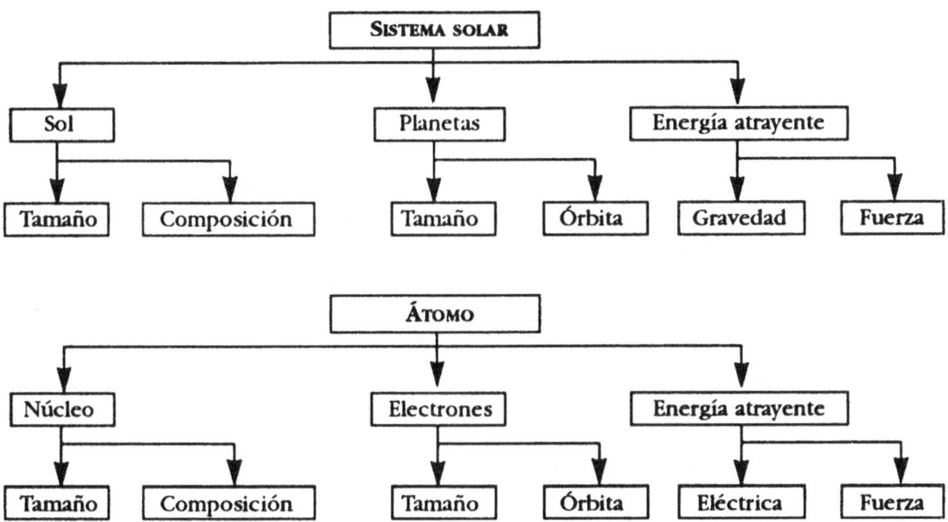

FIGURA 7.6. *Analogía para explicar la estructura del átomo*

En todos los casos que vimos anteriormente se usaron esquemas jerárquicos para imponer una forma de estructura al contenido. La estructura puede imponerse de muchas otras formas también. Los diagramas, los modelos, los gráficos, los mapas y las grillas imponen estructura al contenido. Por ejemplo, los esbozos que hemos incluido al comienzo de cada capítulo de este libro son intentos de estructurar el contenido para hacerlo lo más significativo posible. La figura 2.3. en la página 58 es un esquema jerárquico acerca de tipos diferentes de conclusiones: un intento de hacer que la información sea significativa, dando una forma tanto verbal como visual a la estructura. Las grillas que se vieron en el capítulo 5 son formas de estructurar contenido. En muchos casos, los docentes combinarán diferentes formas de estructura para organizar sus clases. Por ejemplo, un docente que planifica una unidad acerca de la Guerra Civil, tal vez use un esquema jerárquico para estructurar el contenido de la unidad. La jerarquía podría incluir elementos como las causas de la guerra, las batallas y hechos más significativos de la guerra, sus resultados y sus consecuencias en la actualidad. Una o más clases acerca de las causas de la guerra probablemente incluirían un mapa representativo de las colonias del Norte y de las del Sur, junto con una grilla o un diagrama que examine la geografía y la economía de las dos regiones. Las batallas y los eventos significativos pueden estar estructurados en otra grilla y los resultados podrían estar estructurados en otro tipo de organizador. No hay una única y mejor manera de estructurar el contenido, y la forma que usaremos es una decisión profesional. La clave para estructurar el contenido es aclarar las relaciones tanto como sea posible, lo que a su vez carga el tema de significatividad.

En todos los casos, cuando los docentes estructuran el material deben tener en mente los conocimientos previos de los alumnos. Por ejemplo, si "países democráticos capitalistas modernos" es parte del contenido y los estudiantes no entienden términos como capitalista y democrático, la planificación del docente debe incluir modos de ilustrar estos conceptos. Si no, toda la clase e incluso la unidad será menos significativa para los estudiantes.

Preparar organizadores avanzados

Otra manera de promover el aprendizaje en exposiciones-discusiones es hacerlo mediante organizadores avanzados. Ya hemos tratado el concepto de organizadores avanzados pues se relacionan con la teoría de Ausubel del aprendizaje verbal significativo. Ahora queremos describir los organizadores avanzados con un poco más de detalle y aplicar su uso a las clases.

Como vimos con anterioridad en el capítulo, un organizador avanzado es una afirmación que precede a la clase, que está diseñado para hacer una presentación preliminar del material y vincularlo al contenido que los alumnos ya comprenden. Es más general y abstracto que el contenido en sí mismo e incluye el tema que le sigue. Por ejemplo, el organizador avanzado de Lorie Martello había sido:

> Los programas de refuerzo son aplicaciones de condicionamiento instrumental, en los cuales la frecuencia de las recompensas es específica. El refuerzo de conductas puede hacerse siempre, nunca o en otra forma intermedia de frecuencia. Esa forma intermedia puede basarse en el número de respuestas o en el tiempo. Cuando periódicamente elogiamos a un hermano o hermana por ayudarnos a limpiar la casa, estamos usando un programa de refuerzos.

Este organizador fue presentado al comienzo de la clase; es más general que el contenido que lo siguió; fue escrito como un párrafo y contenía un ejemplo concreto –elogiar a un hermano o hermana– que ayudaba a los alumnos a identificar la relación entre las ideas del organizador y la información de la clase. Éstas son las características de los organizadores eficaces que Corkill (1992) identificó.

Implementar clases de exposición y discusión

Habiendo identificado las metas, diagnosticado los conocimientos previos de los alumnos, estructurado el contenido y preparado un organizador avanzado, el docente está preparado para implementar la clase.

Como se describe en la presentación de este capítulo, el modelo de exposición y discusión tiene cinco pasos:

1. Introducción.
2. Presentación.
3. Monitoreo de la comprensión.
4. Integración.
5. Revisión y cierre.

La implementación de cada uno de estos pasos individuales se tratará en las secciones que siguen.

Etapa 1: introducción

La etapa de introducción de una clase de exposición y discusión incluye tres elementos:

- Foco introductorio.
- Planteo de las metas de la clase.
- Visión general.

Estos elementos están esbozados en la tabla 7.2.

TABLA 7.2. *Componentes de la introducción a las clases de exposición y discusión*

Componente	Función
Foco introductorio	Atrae la atención de los alumnos a la clase.
Planteo de las metas de la clase	Identifica las metas importantes que deben ser alcanzadas.
Visión general	Proporciona una visión general del tema y muestra cómo están interrelacionados los conceptos más importantes.

Foco introductorio

Cuando comenzamos las clases o hacemos transiciones de una clase a otra, a menudo suponemos erróneamente que los alumnos tienen la habilidad o la inclinación a focalizar su atención en el nuevo tema. En un estudio en clases de la E.G.B., los investigadores encontraron que sólo el 5% de los docentes observados hacían un esfuerzo explícito de atraer a los estudiantes a la clase (Anderson y otros, 1985).

Para atraer a los alumnos, los docentes usan la habilidad esencial de enseñanza **foco introductorio**, que definimos en el capítulo 2 como *el conjunto de acciones que el docente efectúa al comienzo de la clase, diseñado para atraer la atención de los alumnos y hacerlos entrar a la clase.* También llamado set anticipatorio (Hunter,1984), el foco introductorio alerta a los estudiantes acerca de la transición que se está produciendo y proporciona algo tangible e interesante sobre lo cual pensar. Lorie Martello hizo esto cuando planteó el problema del entrenamiento del perro. Otras formas de foco introductorio están resumidas en la tabla 7.3.

Lo que es común a todas estas estrategias es que el docente hace un esfuerzo consciente al comienzo de la clase para atraer y mantener la atención de los alumnos.

Si bien el foco introductorio es importante para cualquier estrategia de enseñanza, es de especial valor cuando se usa el modelo de exposición y discusión porque, a diferencia del modelo inductivo, el de adquisición de conceptos y el integrativo, la actividad de aprendizaje comienza con la presentación de información por parte del docente. Si los alumnos no están concentrados en el tema al comienzo de la clases la información que sigue será mucho menos significativa.

TABLA 7.3. *Tipos de foco introductorio*

Tipos de foco introductorio	Ejemplo
Discrepancia (hechos contraintuitivos)	Se coloca un cubo de hielo en un vaso de agua y flota. Luego, se coloca un segundo cubo en un vaso con alcohol puro (haciendo creer a los alumnos que es agua) y se hunde.
Personalización	Una clase sobre genética comienza cuando el docente identifica a un alumno con ojos azules y "adivina" el color de ojos de los padres.
Ejemplificación	Una clase acerca de los adverbios comienza con la proyección de una filmina que presenta oraciones con los adverbios resaltados en color.
Demostración	Para iniciar una clase sobre electromagnetismo, un docente muestra cómo la fuerza de un imán puede atravesar ciertas sustancias (por ejemplo, un papel) y no otras como una hoja de metal.

Metas

Como vimos con el modelo de enseñanza directa, las metas ayudan a los estudiantes a identificar los puntos importantes en una clase, es decir, qué deben saber y qué podrán hacer cuando termine la clase. Compartir las metas es especialmente importante porque el contenido enseñado con el modelo de exposición-discusión se centra en cuerpos organizados de conocimiento que por su naturaleza son menos precisos que los conceptos, generalizaciones, principios y reglas. La investigación indica que las metas ayudan a los estudiantes a concentrarse en las ideas importantes que son parte de esos grandes cuerpos de información (Klauer, 1984).

Visión general

La visión general en una clase de exposición-discusión tiene dos aspectos. Uno de ellos es la estructuración de la clase -esquema jerárquico, modelo, diagrama, grilla, etcétera- que proporciona los medios para identificar relaciones entre las ideas principales y el otro es el organizador avanzado, proporciona una conexión entre el viejo y el nuevo contenido.

Un error común que cometen los docentes es presentar la estructura de la clase y un organizador avanzado y luego ignorarlo a lo largo del desarrollo del tema. Si nuestro objetivo es que los estudiantes comprendan relaciones entre ideas, se las debe recordar durante toda la clase. Exponer el esquema jerárquico, el modelo, etc. y un organizador avanzado en una filmina o en el pizarrón al comienzo de la clase y referirse constantemente a ellos, puede ayudar a alcanzar esta meta. Lorie mostró su esquema de jerarquías y un organizador avanzado al comienzo de la clase y los mantuvo frente a los alumnos durante todo el tiempo.

Etapa 2: presentación

Después de la introducción, la clase prosigue y el docente usa el organizador avanzado y el esquema jerárquico u otra forma de estructura como puntos de referencia. Lorie mostró su organizador avanzado y la primera parte del esquema y luego describió cuidadosamente el contenido, dividió el concepto *conductismo* entre *condicionamientos clásico e instrumental*. Después pasó a *programas de refuerzo*, como parte del condicionamiento instrumental y dividió los programas de refuerzo en refuerzo continuo, refuerzo intermitente y extinción. A medida que hacía las presentaciones, agregaba los conceptos al esquema jerárquico para ir estructurando el contenido. Todas sus descripciones seguían este esquema y cada concepto estaba conectado con el organizador avanzado.

El valor de este formato de presentación se relaciona con la teoría de los esquemas y las relaciones entre las ideas. Los conceptos más amplios son usados como base para nuevos conceptos que, cuando los estudiantes aprenden los nuevos conceptos, están conectados con aquéllos más amplios; no son aprendidos de manera aislada. El conocimiento es acumulativo y el resultado es un grupo de ideas interconectadas.

¿Cuánto debe durar esta información de presentación antes de que el docente use preguntas para chequear la comprensión de los estudiantes? La experiencia sugiere que debe ser un tiempo corto, apenas unos pocos minutos.

Los docentes sobrestiman continuamente las capacidades de escuchar de sus alumnos. Antes de un partido de fútbol del Campeonato Mundial, los publicistas estaban preocupados ante la posibilidad de que los comerciales de noventa segundos fueran demasiado largos para mantener la atención de los televidentes. ¡Noventa segundos! Comparemos esto con el largo de algunas exposiciones. La investigación indica que las tasas de retención caen abruptamente después del comienzo de una exposición (Gage y Berliner, 1992). La falta de atención por parte de los alumnos y la sobrecarga de información son explicaciones lógicas. (Es interesante recordar aquí lo que se dijo en el capítulo 2, respecto de que la capacidad de la memoria de trabajo es limitada. Es fácil sobrecargar las memorias de trabajo de los alumnos, y cuando esto sucede, la información se pierde, en lugar de quedar codificada en la memoria a largo plazo.) El monitoreo de la comprensión mediante las preguntas al alumno es una manera de evitar o minimizar este problema.

Etapa 3: monitoreo de la comprensión

El **monitoreo** de la **comprensión** *es el proceso de evaluar informalmente la comprensión de los alumnos en clases de exposición y discusión*, y normalmente se logra mediante preguntas del docente. Es crucial porque promueve la participación de los alumnos y les proporciona retroalimentación acerca de su comprensión.

¿Cada cuánto debe monitorearse la comprensión? Si bien técnicamente la respuesta depende de la dificultad del contenido y del desempeño de los estudiantes, sólo en pocas ocasiones se hace con toda la frecuencia necesaria. El monitoreo debería ser constante por diferentes motivos. En principio, es fácil que las clases de exposición y discusión se desintegren en los monólogos del docente. Segundo, es difícil que los estudiantes participen demasiado en una clase. Y tercero, los alumnos necesitan una retroalimentación permanente y los docentes necesitan evaluar continuamente la forma en-que se desarrolla su comprensión.

Para ver con cuánta rapidez Lorie pasó a la etapa de monitoreo de la comprensión de la clase, veamos nuevamente su presentación inicial.

> El primer concepto en el que nos tenemos que centrar es en *refuerzo*. Recuerden que dijimos que refuerzo es producir el aumento de una conducta a través de un programa particular, como elogiar a una persona o premiar a un perro, en pos de obtener una consecuencia deseable.
>
> Ahora, podemos decidir reforzar una conducta cada vez que ocurre o sólo a veces. A eso nos referimos cuando hablamos de *frecuencia* o *intervalo*. Entonces, si estamos tratando de entrenar a un perro para que dé la mano, podemos recompensarlo siempre que lo hace o una vez de cada dos o guiarnos por algún otro patrón. Eso es lo que queremos decir con frecuencia.
>
> Otra manera de reforzar es manejando el tiempo de la recompensa. Digamos que queremos entrenar un perro para que se quede en el porche. Podemos recompensarlo cada 15 segundos, cada 30 segundos o cada minuto que está en el porche. Eso es lo que queremos decir con intervalo.
>
> Ahora centrémonos en este esquema. ¿Qué conclusiones pueden extraer basándose en él?... ¿Jim?

En realidad, en la clase, esta descripción no llevaría más que un par de minutos. Esto es, verdaderamente, un tiempo de presentación muy corto, comparándolo con algunos monólogos de docentes que todos hemos presenciado.

La importancia de la etapa de monitoreo-comprensión se basa en la teoría de los esquemas. Como los alumnos traen consigo diversos esquemas y todo nuevo aprendizaje será interpretado en el contexto de una comprensión anterior, los estudiantes interpretarán la información que los docentes presentan de maneras diferentes. Si sus interpretaciones son inválidas, la totalidad de los nuevos esquemas quedará distorsionada. Para determinar si los estudiantes están interpretando la información adecuadamente, los docentes deben chequear la comprensión que los alumnos tienen de la información.

Etapa 4: integración

Las preguntas desempeñan otra función importante cuando se emplea el modelo de exposición y discusión. En tanto el modelo está diseñado para enseñar interrelaciones en cuerpos organizados de conocimiento, la manera de lograr esto es presentar, en primer término, la información en una manera sistemática y luego chequear la comprensión que tienen los estudiantes de la información.

Sin embargo, el simple monitoreo de la comprensión no es suficiente; es necesaria la integración. **Integración** *es el proceso de unir la nueva información a los conocimientos previos y de vincular entre sí las diferentes partes del nuevo conocimiento.* Si el nuevo conocimiento no se integra con el viejo y las partes de la nueva información no están integradas entre sí, no se alcanzará el objetivo de comprender las interrelaciones.

Al igual que con el monitoreo de la comprensión, los docentes usan las preguntas para alentar la integración. Las preguntas pueden alentar la integración vertical, pidiendo a los alumnos que conecten conceptos supraordenados con conceptos subordinados. (Así lo hizo Lorie, cuando pidió a los alumnos que explicasen por qué el condicionamiento instrumental es una forma de conductismo. La integración vertical hubiese sido más completa si también hubiera preguntado por qué el condicionamiento clásico era una forma de conductismo.)

Las preguntas también pueden alentar la integración horizontal. Éstas son las que generalmente piden que los alumnos describan semejanzas y diferencias entre ideas coordinadas o, simplemente, solicitan relacionar ideas. (También en el capítulo 2 se habló de la identificación de semejanzas y diferencias como una importante habilidad del pensamiento de nivel superior.) La identificación de diferencias ayuda a especificar qué es lo que hace a cada idea distinta, como comprender que el condicionamiento clásico es una forma involuntaria de conducta y que el condicionamiento instrumental es una forma voluntaria. La identificación de semejanzas ayuda a especificar relaciones importantes, como el hecho de que, tanto el condicionamiento clásico como el instrumental, ilustran una relación entre la conducta y la influencia del medio.

Lorie impulsó la integración horizontal en dos aspectos importantes. Además de pedir a los estudiantes que comparasen formas de condicionamiento, más adelante pidió también que describiesen las semejanzas y diferencias entre los programas de refuerzo.

Vimos el proceso de integración en dos puntos diferentes de la clase de Lorie. En las clases, esto debe tener lugar siempre que se introducen ideas nuevas. A medida que los docentes se sientan cómodos con el modelo, sabrán automáticamente cuándo chequear la comprensión y promover la integración, preguntando acerca de semejanzas y diferencias.

Etapa 5: revisión y cierre

La revisión y el cierre son esenciales para cualquier clase, como vimos en el capítulo 2. Son particularmente importantes cuando se usa el modelo de exposición-discusión, porque promueven una mayor integración. La revisión resume el tema, enfatiza los puntos importantes y proporciona conexiones con el nuevo aprendizaje. Aunque es apropiada en cualquier momento de una actividad de aprendizaje, se usa más comúnmente al comienzo y al final de las clases. Lorie hizo una revisión al comienzo de la clase, para recordar a los alumnos el tema general del conductismo y para asegurarse de que la nueva información estuviera conectada con ese contenido.

Como vimos en el capítulo 2, el cierre es una forma de revisión que ocurre al final de la clase: resume, estructura y completa el tema. Lorie cerró su clase cuando usó un diagrama para dar un pantallazo a los principales temas estudiados.

Variaciones del modelo

En las secciones que preceden, describimos que el fin primario del modelo de exposición y discusión es ayudar a los alumnos a formar esquemas, encontrando relaciones entre aprendizaje nuevo y viejo y entre las diferentes partes de un cuerpo organizado de conocimiento. Dentro de este marco general, sin embargo, se puede usar el modelo para organizar contenido de diferentes maneras. Una de ellas es el uso de "mini" jerarquías para complementar otros modelos. Por ejemplo, recordemos aquí la clase de Jim Rooney sobre las reglas para formar los posesivos en plural y en singular en el capítulo 3. En algún momento de la clase, una jerarquía para determinar con precisión las relaciones entre reglas haría el material más significativo para los estudiantes. La jerarquía podría ser como la de la figura 7.7.

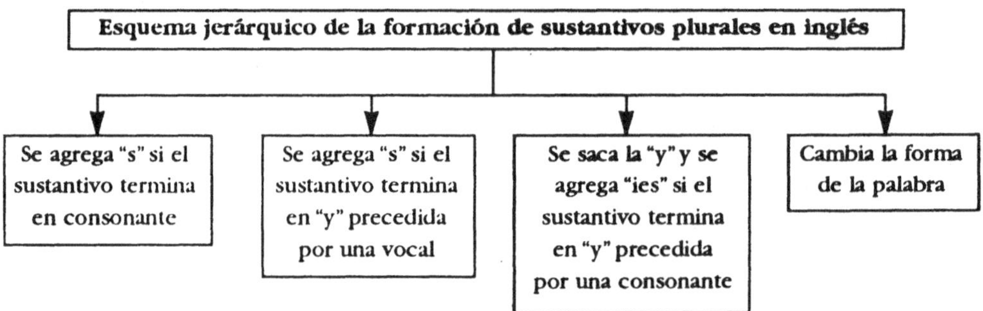

FIGURA 7.7. *Esquema jerearquico para las reglas de formación de sustantivos plurales*

El uso de este esquema podría ayudar a los estudiantes a ver las relaciones entre las diferentes partes de la regla. Provee una referencia visual acerca de la aparición del apóstrofo en relación con la letra "s" y los casos en los que no se usa apóstrofo.

Pensemos otro ejemplo: un docente de Matemáticas trabaja con sus alumnos sobre el tema *operaciones cerradas.* (Se considera que una operación es cerrada si el resultado de la operación da un número que pertenece al mismo conjunto que los números que se combinan en la operación.) Se puede complementar una discusión acerca del tema con una breve jerarquía como la que se muestra en la figura 7.8.

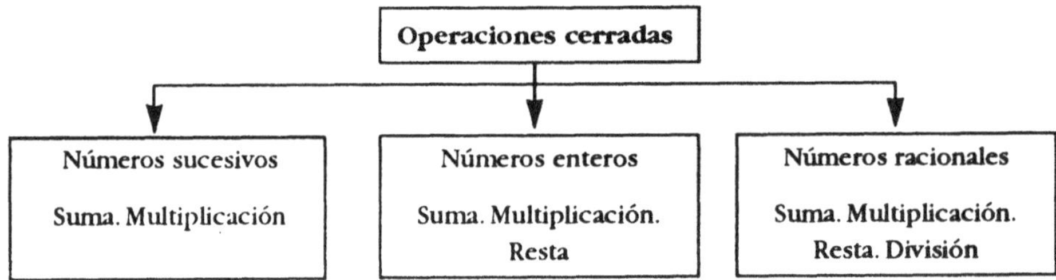

FIGURA 7.8. *Esquema jerárquico para representar el cierre en operaciones matemáticas*

Este diagrama es también interesante porque hay un patrón implicado en él; el número de operaciones cerradas aumenta en la medida en que vamos de números sucesivos a números racionales. Se puede entonces alentar a los alumnos para que hagan hipótesis sobre la base del patrón y que prueben sus hipótesis con otros números y conjuntos.

De esta manera, la jerarquía, además de ayudar a hacer los conceptos más significativos, puede proporcionar un medio para impulsar el pensamiento de nivel superior y el pensamiento crítico.

Cuando los docentes usan esquemas jerárquicos para complementar las clases, revelan otras oportunidades para mejorar el aprendizaje de sus alumnos. Presentamos estos ejemplos con la esperanza de que estimulen la reflexión de los docentes acerca de los usos del modelo de exposición-discusión.

Una segunda opción que aprovecha las capacidades organizativas del modelo de exposición-discusión usa las jerarquías junto con grillas (el uso de grillas ya fue ilustrado en el capítulo 5). Como ejemplo, presentamos el diagrama de la figura 7.9. usado para desarrollar una unidad acerca de la novela.

La ventaja de un diagrama como ése es que muestra de un vistazo las relaciones supraordenadas, coordinadas y subordinadas contenidas en el material. Sin embargo, los diagramas pueden volverse confusos y, cuando eso sucede, la información que está en ellos es más difícil de usar. En este caso, se puede usar una grilla como complemento, como la que muestra la figura 7.10. Las grillas que ilustran los aspectos más destacados de conceptos estrechamente relacionados pueden ayudar mucho a los estudiantes a organizar internamente la comprensión de diferencias y semejanzas.

El uso de un cuadro de recuperación de datos como complemento de un esquema jerárquico tiene dos ventajas. Una es que el cuadro permite que el docente incluya y organice la información y la segunda es que ayuda a promover una integración completa. El diagrama estructural ilustra gráficamente en qué se diferencian los conceptos, mientras el cuadro asegura su integración mediante un análisis de la información.

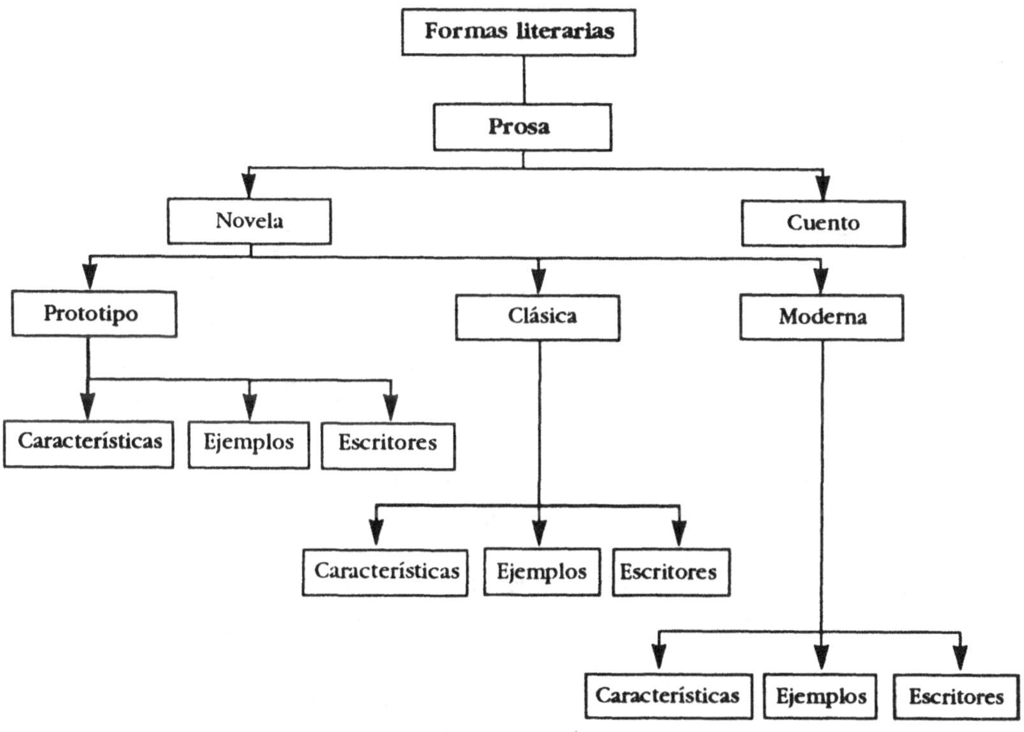

FIGURA 7.9. *Esquema jerárquico que organiza información acerca de la novela*

Tipos de novela

	Características	Ejemplos	Escritores
Prototipos			
Clásica			
Moderna			

FIGURA 7.10 *Grilla complementaria para organizar contenidos*

	Células	Método de reproduccón	Sistemas	Lapso de vida
Protozoo				
Metazoo				

FIGURA 7.11. *Grilla usada para organizar información sobre protozoos y metazoos*

La figura 7.11. presenta otro ejemplo de grilla para organizar contenido en una clase de exposición-discusión. Aquí son comparados los protozoos (animales de una célula) y los metazoos (animales de muchas células). Un cuadro como éste puede ser usado para complementar una jerarquía como la que muestra la figura 7.12.

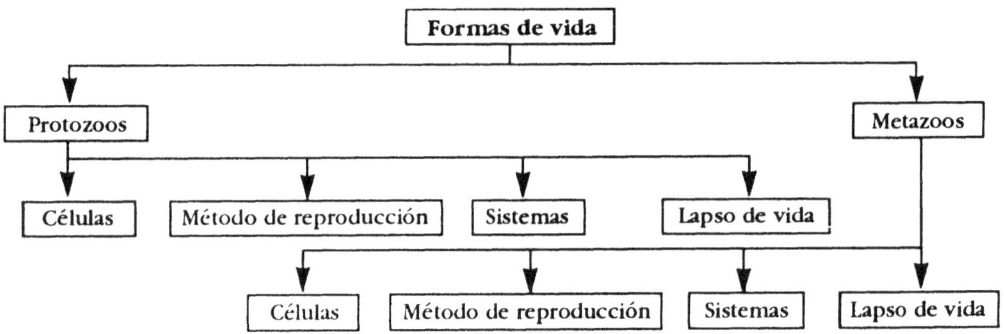

FIGURA 7.12. *Esquema jerárquico que organiza información
acerca de protozoos y metazoos*

Las grillas tienen además la ventaja adicional de ser fáciles de usar: la información que contienen puede organizarse y guardarse convencionalmente en celdas individuales. Esto permite presentar información, en lugar de conclusiones procesadas, lo que da a los alumnos mayores oportunidades para practicar el pensamiento de nivel superior y el pensamiento crítico.

Hemos visto cómo se pueden usar los esquemas jerárquicos junto con las grillas para ayudar a organizar la información. Mapas, gráficos, modelos y diagramas pueden ser usados de manera igualmente eficaz. Éstos son todos medios que van hacia la meta de que los alumnos comprendan cuerpos organizados de conocimiento. Si los diferentes métodos usados para combinar formas de estructurar la información ayudan a alcanzar el objetivo de la comprensión, todos son eficaces. La manera en que se usen estas formas de estructuración es una cuestión que queda librada al criterio profesional.

Esto completa nuestra discusión acerca de la implementación de clases de exposición y discusión. En la próxima sección examinamos el proceso de evaluación de la comprensión cuando se usa este modelo.

Evaluación diagnóstica

El modelo de exposición y discusión, como se lo describió hasta ahora en el capítulo, está diseñado para enseñar relaciones dentro de cuerpos organizados de conocimiento. Esto es semejante a las metas del modelo integrativo, pero diferente a las del inductivo, a las del de adquisición de conceptos y a las del de enseñanza directa, que están diseñadas para enseñar temas específicos (en la forma de conceptos, generalizaciones, principios, reglas académicas y habilidades de pensamiento).

Como se describe en las secciones anteriores, el modelo de exposición y discusión puede ser usado para enseñar relaciones entre conceptos, generalizaciones, principios y reglas. La evaluación de la comprensión de estas formas específicas de contenido ha sido discutida en capítulos previos, por eso no lo volveremos a examinar aquí. En lugar de eso, queremos centrarnos en las decisiones que los docentes deben tomar para evaluar la comprensión que los estudiantes han alcanzado de las relaciones entre temas.

La habilidad de relacionar diferentes temas depende de la comprensión de los temas en sí mismos, por eso la evaluación debe incluir tanto los temas específicos como las relaciones entre ellos. Como ejemplo, considérese el siguiente ítem, que podría ser usado para evaluar la comprensión por parte de los alumnos de Lorie del programa conductista de refuerzo.

Lee la siguiente anécdota y responda las siguientes preguntas:

La Srta. Cortez se lleva la tarea los lunes, miércoles y viernes, mientras que la Srta. Amato se la lleva periódicamente, pero no anuncia cuándo. (Lo hace con un promedio de tres veces por semana, en diferentes días.) Ambas docentes corrigen y devuelven la tarea al día siguiente de la entrega.

1. Identifica el tipo de programa de refuerzo que usa cada docente.
2. Explica por qué se trata de ese tipo de programa y no de otro, para cada caso.
3. Basándote en nuestra comprensión de los programas de refuerzo, ¿qué docente será más eficaz en la tarea de impulsar los esfuerzos de los alumnos para hacer las tareas?

Este ítem alcanza al menos tres metas:

- Mide la comprensión que tienen los alumnos de los conceptos *programas de refuerzo con intervalo fijo* y *programas de refuerzo con intervalo variable*.
- Mide la comprensión de las diferencias entre los dos conceptos.
- Muestra a los alumnos cómo los temas que están estudiando se relacionan con el mundo real.

Además, poder explicar por qué el primero era un intervalo fijo y el segundo un intervalo variable requiere de un pensamiento de nivel superior. Idealmente, las evaluaciones deben cumplir con todas estas metas.

El siguiente es otro ejemplo, donde se pide a los estudiantes que apliquen sus conocimientos en una nueva situación:

> Describe cómo diferiría el escenario de la obra griega *Edipo Rey*, si se la hiciera en un teatro isabelino.

Para responder esta pregunta correctamente, los estudiantes deben saber las características del teatro isabelino y aplicarlas a la obra griega. Este ejercicio provee al docente de información acerca de la medida en que el esquema de sus conocimientos de teatro fue integrado a otros esquemas de los estudiantes.

Otra forma para medir la comprensión de los alumnos de relaciones supraordenadas, coordinadas y subordinadas es proponer ejercicios donde se dispongan jerárquicamente una lista de conceptos. Un ejemplo sencillo de esto es el que sigue, basado en una clase de Biología de la escuela secundaria sobre animales vertebrados. El docente proporciona a los alumnos una lista de conceptos en relación con los vertebrados y les pide que los organicen jerárquicamente:

Reptiles	Aves	Vertebrados
Peces	De sangre caliente	Mamíferos
Víboras	Monotremas	Placentario
Ranas	Salamandras	De sangre fría
Marsupiales	Tortugas	Lagartijas
Anfibios		

La jerarquía podría establecerse como lo muestra la figura 7.13.

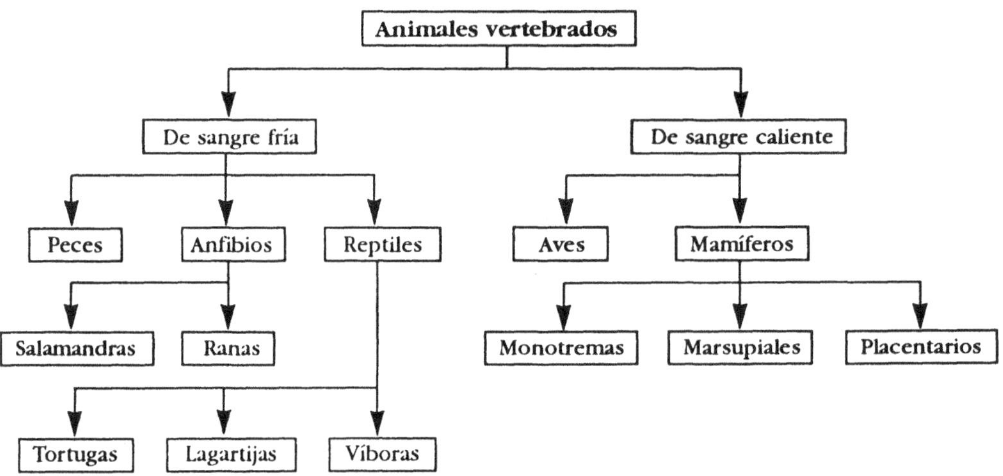

FIGURA 7.13. *Esquema jerárquico que organiza el tema de los animales vertebrados*

Este ítem es semejante al ejercicio diagnóstico descripto en la sección de planificación. La diferencia entre los dos es que este ítem se usó después de enseñados los conceptos y está explícitamente diseñado para medir relaciones entre ellos.

Obviamente, los ejemplos que dimos son sólo algunas de las maneras en que se puede evaluar la comprensión de las relaciones entre ideas; existen muchas más. Las razones por las cuales las ofrecemos es enfatizar que la enseñanza con el modelo de exposición y discusión se centra en las relaciones entre cuerpos organizados de conocimiento y no en información memorizada. Con esfuerzo y teniendo esto en cuenta, cualquier docente podrá mejorar continuamente sus evaluaciones y, por ende, la calidad del aprendizaje de sus alumnos.

Resumen

El modelo de exposición y discusión es un modelo centrado en el docente, diseñado para ayudar a los alumnos a comprender relaciones en cuerpos organizados de conocimiento. Basado en la teoría de los esquemas y en el concepto de David Ausubel de aprendizaje verbal significativo, el modelo está diseñado para ayudar a los alumnos a vincular el aprendizaje nuevo con el anterior y a relacionar entre sí las diferentes partes del nuevo aprendizaje. El modelo está diseñado para superar algunos de los defectos más importantes del método expositivo, poniendo el énfasis en la participación del alumno en el proceso del aprendizaje.

La planificación de clases con el modelo de exposición y discusión implica identificar metas, diagnosticar los conocimientos previos del alumno, estructurar los contenidos y preparar organizadores avanzados. Las clases son implementadas en tres etapas cíclicas: presentación (de contenido), monitoreo de la comprensión de los alumnos e integración de ideas (tanto nuevas como viejas entre sí).

La evaluación debe centrarse en la comprensión por parte de los alumnos de las relaciones entre los temas que estudian y la aplicación de esos temas a nuevas situaciones.

Conceptos importantes

Aprendizaje memorístico (p. 229)
Aprendizaje verbal significativo (p. 229)
Clase expositiva (p. 231)
Esquemas (p. 227)
Foco introductorio (p. 239)
Integración (p. 242)
Monitoreo de la comprensión (p. 241)
Organizadores avanzados (p. 229)
Teoría de los esquemas (p. 226)

Ejercicios

1. Lea el estudio de caso que sigue y responda las preguntas.

Iris Brown daba su clase de Lengua acerca de las partes del discurso. Quería que los alumnos comprendiesen la función de las diferentes partes del discurso en el proceso total de la comunicación y también la relación de las diferentes partes del discurso entre sí. Comenzó su clase con una revisión del material discutido previamente.

—¿Quién recuerda cómo comenzamos nuestra unidad sobre comunicación y partes del discurso? —preguntó Iris.

—...Dijimos que comunicación es... el... envío, que usualmente se hace mediante el lenguaje y tiene doble sentido, de información. Y dijimos que las partes del discurso son... partes de... un proceso total —dijo Steve, titubeante.

—Bien, Steve. ¿Qué dijimos acerca de las partes del discurso ayer? —continuó Iris.

Después de pensar por algunos segundos, Quiana respondió:

—Dijimos que las partes del discurso eran algo así como los ladrillos en una casa. Las partes del discurso son algo así como... los ladrillos de la manera en que nos comunicamos y la manera en que los bloques están dispuestos, determina la forma del mensaje y qué significa.

—También dijimos que las palabras podían ser divididas en palabras para nombrar, palabras de acciones, palabras para describir y otras palabras —añadió Evelyn.

—Eso está bien —sonrió Iris—. Ahora, ¿cómo describimos esos grupos?

La clase continuó con una discusión acerca de cada una de esas partes del discurso.

    a. Describa el alcance de la planificación que hizo el docente de la clase.

    b. Identifique y describa los dos organizadores avanzados en el estudio de caso.

    c. Diagrame la organización del tema ilustrado en la anécdota.

2. El siguiente ejemplo es una clase de la universidad que trata acerca de modelos de enseñanza. Éste es el último día de una presentación de tres días.

    a. Identifique los organizadores avanzados en la clase (algunos tal vez sean de clases anteriores).

    b. Trace un esquema jerárquico del contenido de la clase.

    c. Identifique dónde tuvo lugar la integración durante la clase.

1 La Sra. Peebles, docente, comenzó su clase del viernes con una revisión de las clases dadas el lunes y el miércoles.

2 —¿Cómo comenzamos la clase el lunes pasado? —preguntó.

3 —Bien —comenzó Ron—. Usted dijo que un modelo de enseñanza es como un proyecto conceptual en tanto ambos son usados para alcanzar un propósito. El proyecto se usa como guía para un objetivo en ingeniería, mientras que un modelo de enseñanza es una guía para lograr metas de contenido y de procesamiento.

4 Arlene agregó: —usted mencionó que los modelos pueden agruparse de acuerdo al énfasis puesto en metas cognitivas, afectivas, psicomotrices o en un tipo especial de meta cognitiva llamada procesamiento de la información.

5 —Dijo que en nuestra clase el énfasis estaría en el procesamiento de la información —agregó Mary.

6 —El miércoles comenzó a organizar la familia de temas vinculados al procesamiento de la información —interpuso Bob.

7 —Y dijo que quería tratar cada uno de los modelos por separado para que quedasen claros y definidos en nuestra mente —añadió Marta.

8 Entonces, George dijo: —Al comienzo de la clase sobre modelos de procesamiento de la información, dijo que éstos estaban diseñados para ayudar a los alumnos a manejar los estímulos y la información del entorno y transformarlo en un producto más significativo.

9 —Luego continuó diciendo que los modelos **están agrupados de acuerdo a su base**: pueden ser deductivos, inductivos o de indagación —notó Kay.

10 —Después agrupó como modelos inductivos **el modelo integrativo, el modelo inductivo** y el modelo de adquisición del conceptos. Luego, los modelos deductivos: modelo de enseñanza directa, que enseña conceptos y habilidades, y el modelo de exposición y discusión —agregó Russ.

11 —Asimismo, notó que si bien el **modelo de exposición y discusión es básicamente** expositivo y deductivo y el modelo integrativo es inductivo, no están tan poco relacionados como pareciera; ambos pueden ser usados para procesar grandes cantidades de información, pero de diferente manera.

12 —También agregamos que el modelo integrativo está mucho más orientado hacia el procesamiento que el modelo de exposición y discusión —comentó Carol.

13 —También sugirió —notó Linda— que Ausubel considera el sistema nervioso como un mecanismo de procesamiento de la información análogo a la disciplina que organiza conceptos jerárquicamente.

14 —Excelente —comentó la Sra. Peebles—. Parece ser que se han formado conceptos estables de las ideas que hemos discutido hasta ahora. Hoy quiero que consideren un nuevo modelo. Este modelo de procesamiento de la información es el modelo de indagación y está diseñado para ayudar a los estudiantes a desarrollar la habilidad de formar explicaciones causales de los hechos que ocurren en el entorno.

15 —Este modelo —continuó— combina modos de pensamiento tanto inductivos como deductivos. La primera parte del modelo implica la identificación de alguna clase de problema, y la segunda, recolecta información para explicarlo.

16 Wayne interrumpió: —Antes mencionamos que hay tres formas principales de conocimiento que tratamos de enseñar: conceptos, generalizaciones y hechos. ¿El modelo de indagación está diseñado para enseñar cuál de ellas?

17 —Ésa es una buena pregunta —indicó la Sra. Peebles—. Pero antes de contestarla quiero mostrarles algunos ejemplos del modelo de indagación y ver si pueden responder esa pregunta solos.

Entonces la clase procedió a analizar los ejemplos presentados y finalmente respondió la pregunta de Wayne. (Examinaremos el modelo de indagación en el capítulo 8.)

Preguntas para la discusión

1. ¿Cómo se adquieren los esquemas? Proponga al menos tres ejemplos de la experiencia común.
2. Si bien la teoría de los esquemas fue descripta como base teórica del modelo de exposición y discusión, también puede ser descripta como marco conceptual para otros modelos ya presentados hasta el momento. Entonces, ¿por qué fue descripta específicamente como la base teórica de este capítulo?
3. Se dijo que el modelo inductivo estaba basado en visiones constructivistas del aprendizaje. ¿De qué manera las clases de exposición y discusión pueden ser constructivistas? Proponga dos formas específicas.

4. ¿Cuáles son las virtudes particulares del modelo de exposición y discusión? ¿Cuáles son sus principales defectos?

5. ¿Qué condiciones podrían influir en la eficacia de los organizadores avanzados? ¿Son más efectivos con alumnos mayores o menores? ¿Son más efectivos con temas nuevos o viejos? ¿Son más efectivos con temas abstractos o concretos?

6. Considere los organizadores avanzados en un sentido amplio. ¿Qué clase de medios auxiliares y/o conductas del docente pueden servir como organizadores para los alumnos? ¿Cómo elaboraría una metáfora de los organizadores avanzados en el dominio de la afectividad? ¿Y en el dominio psicomotriz?

7. El modelo integrativo y el de exposición y discusión parecen ser muy diferentes, pero en realidad son semejantes en muchos aspectos. Identifique al menos tres de estos aspectos.

8. Identifique al menos tres semejanzas y al menos dos diferencias entre el modelo de exposición y discusión y el modelo de enseñanza directa.

9. ¿Cómo cree usted que reaccionaría David Ausubel frente al modelo inductivo? ¿Y frente al modelo integrativo? ¿Cómo lo haría frente al modelo de instrucción directa?

8. Desarrollar las habilidades de pensamiento mediante la indagación

Proceso de indagación suena como algo erudito y extraño, pero en realidad es parte de nuestra vida cotidiana. La investigación de las enfermedades y la conclusión de que el cigarrillo, las comidas con alto colesterol y la falta de ejercicio perjudican la salud, son todos resultados de procesos de indagación. Estas conclusiones resultan de estudios que hacen preguntas como "¿Por qué un grupo de personas tiene mayor incidencia de enfermedades cardíacas que otro?".

En muchos casos, las misiones de investigación del gobierno o las investigaciones acerca de supuestos delitos están basadas en la indagación. Los estudios de investigación citados anteriormente en este texto se basan en problemas de indagación que se propusieron responder a preguntas como: "¿Por qué alumnos de un tipo de clase aprenden más que los de otro?".

La indagación también tiene lugar en el ámbito de lo cotidiano. Un propietario que controla el consumo de combustible en su auto cuando prende el aire acondicionado y cuando no lo hace, está efectuando una indagación.

Comprometer a los alumnos en problemas de indagación es uno de los métodos más eficaces para ayudarlos a desarrollar sus habilidades de pensamiento de nivel superior y crítico. Los modelos de indagación en este capítulo fueron diseñados para que los alumnos adquieran práctica en este tipo de proceso.

Al finalizar este capítulo se podrán alcanzar las siguientes metas:

- Identificar las etapas del proceso de indagación.
- Identificar metas para el proceso de indagación.
- Diseñar clases de indagación que incluyan todas sus características.
- Describir las diferencias entre la indagación general y la indagación de Suchman.
- Formular preguntas apropiadas para recolectar datos de acuerdo al modelo de Suchman.
- Planificar clases incluyendo todos los elementos del proceso de indagación.
- Implementar clases de indagación.
- Preparar evaluaciones que midan en forma válida la comprensión de los alumnos del proceso de indagación.

Para comenzar, observemos a una docente de Economía del hogar que utiliza el proceso de indagación con sus alumnos.

Karen Hill, docente de economía del hogar en el penúltimo año del polimodal, comenzó una unidad acerca del horneado de panes y otros tipos de productos horneados. Al comienzo de la clase explicó los procedimientos generales de la preparación del pan. Mientras comentaba la importancia de amasar muy bien, José levantó la mano y preguntó:
—¿Por qué hay que amasarlo tanto?
—Es una buena pregunta, José. ¿Por qué crees?... ¿Alguien?
—...Tal vez sea para mezclar bien los ingredientes —sugirió Jill.
Ed agregó:
—Sí. Si la masa no está lo suficientemente bien mezclada, puede afectar la manera en que trabaja la levadura. Si no amasas bien, no se levanta.
Aprovechando la oportunidad de ampliar las metas de la clase, Karen escribió las ideas de los estudiantes en el pizarrón, y luego dijo:
—Lo que Jill y Ed sugirieron es una respuesta tentativa a la pregunta de José. Cuando se ofrecen respuestas tentativas a preguntas o soluciones tentativas a los problemas, podemos llamar a esas propuestas *hipótesis*. Entonces, ellos sugirieron que una mezcla exhaustiva afecta la levadura, que a su vez afecta al modo en que se levanta el pan. Ahora bien, ¿alguien tiene idea de cómo podemos chequear si esta idea es correcta?
—...Podemos tomar un pedazo de masa y separarla en alrededor de... tal vez... tres partes... y luego amasarlas durante diferentes cantidades de tiempo —sugirió Chris tentativamente después de pensar varios segundos.
—Excelente pensamiento, Chris —sonrió Karen—. ¿Y que piensan los demás? ¿Debemos intentarlo?
Los alumnos respondieron afirmativamente a la idea y Karen continuó:

—¿Por cuánto tiempo debemos amasar cada una? El libro recomienda alrededor de diez minutos.

—...¿Qué les parece cinco minutos la primera, diez la segunda y quince la tercera —sugirió Naomi.

—Luego podemos hornear todos los pedazos de la misma manera —intervino Natasha.

—Para asegurarnos hacer una prueba correcta de las hipótesis de Jill —continuó Karen—, ¿qué más tenemos que tener en cuenta?

—...Bueno, tenemos que usar la misma masa —sugirió Jeremy— y tenemos que tener la misma cantidad de masa, ¿no es cierto?

—Y tendremos que amasarla de la misma manera —agregó Andrea, que comenzaba a encontrarle sentido a la actividad—. Si el amasado es diferente, podría afectar la mezcla, y es sobre eso que estamos haciendo la prueba, ¿no?

—Muy bien pensado, Andrea —asintió Karen—. ¿Algo más? ¿Alguien?

—...Pienso una cosa más —agregó Mandy—. Dijo que los hornos aquí son diferentes. Debemos cocinarlos en el mismo horno o eso puede confundirnos, ¿no?

—Todos pensaron muy bien... Ahora volvamos atrás por un minuto... Hablamos de tener la misma masa, amasar cada bollo de la misma manera y de cocinarlos en el mismo horno... ¿Por qué queremos hacer eso?

—Bueno, si tuviéramos diferentes masas, saldrían diferentes... no sabríamos si fue la cantidad de tiempo de amasado o si fue la masa, ¿no es cierto? —sugirió Tollitha con algo de duda.

—Excelente, Tollitha. Lo que estamos haciendo es mantener esos factores constantes y cambiar sólo la cantidad de tiempo que amasamos cada pedazo de masa. Cuando las mantenemos iguales, decimos que controlamos esas variables... Entonces, revisemos por un minuto e identifiquemos las variables que controlamos... ¿Alguien?

—Tipo de masa —sugirió Adam.

—Bien,... ¿qué más?

—La manera en que amasamos.

—Excelente... ¿Qué más?

—El horno.

—Bien todos. Eso está excelentemente pensado.

Los estudiantes continuaron entonces con la masa que habían hecho. Separaron un pedazo en tres partes iguales, amasaron cada bollo cuidadosamente de la misma manera y los cocinaron en el mismo horno, pero amasaron una parte durante cinco minutos, la segunda durante diez y la tercera durante quince minutos. A continuación, controlaron si había diferencia en el modo en que se habían levantado, discutieron los resultados y los relacionaron con las hipótesis. Encontraron que los bollos amasados por diez y quince minutos se levantaron más que el pedazo amasado sólo por cinco minutos. Había mucha incertidumbre acerca de lo que esos resultados realmente significaban. Finalmente concluyeron en forma tentativa que el pan debe ser amasado una cantidad de tiempo adecuada, y que hacerlo por más tiempo no produce variaciones. Karen terminó el tema recordándoles que sólo habían estudiado tres pedazos y que, por lo tanto, debían generalizar con cuidado.

El modelo de indagación: una visión general

Para comenzar a analizar los modelos de indagación, comparemos el modo de enseñar de Karen Hill con los que vimos en otros capítulos del libro. Existe una importante diferencia entre esta clase y la mayoría de las otras. En los otros modelos analizados (exceptuando el de adquisición de conceptos), el centro de la clase era una meta específica de contenido. Así, en el caso del modelo inductivo se apuntaba hacia un concepto, una generalización, un principio o una regla; en el caso del modelo de enseñanza directa, hacia un concepto o una habilidad; en el caso de los modelos integrativo y de exposición y discusión se buscaba construir un cuerpo organizado de conocimiento. Apartándose de las propuestas anteriores, la meta de Karen fue el desarrollo de habilidades de pensamiento de nivel superior y crítico, centrando la clase en el desarrollo de éstas. (El modelo de adquisición de conceptos también considera el desarrollo de las actividades mencionadas como la meta a alcanzar.)

Indagación *puede considerarse en un sentido general como un proceso de respuesta a preguntas y resolución de problemas basado en hechos y observaciones.* Una de nuestras metas al tratar la indagación en este libro es mostrar el importante rol que este proceso desempeña en nuestras vidas.

Desde el punto de vista educativo, el **modelo general de indagación** es *una estrategia diseñada para enseñar a los alumnos cómo investigar problemas y responder preguntas basándose en hechos.* El modelo de indagación se implementa a través de cinco pasos, que son:

1. Identificación de una pregunta o problema.
2. Formulación de hipótesis.
3. Recolección de datos.
4. Evaluación de la hipótesis.
5. Generalización.

Con el modelo de indagación, los docentes guían a los alumnos a través de estos cinco pasos, mientras trabajan para encontrar una solución al problema. Tomemos un ejemplo: un problema/pregunta se identificó en la clase de Karen cuando José preguntó acerca del tiempo que debía durar el amasado. Éste fue seguido por la sugerencia de Jill y Ed de que el amasado afecta la manera en que se eleva la masa (la formulación de una hipótesis). La clase discutió entonces acerca de cómo controlar la investigación para que la información obtenida fuese válida. Luego hornearon los bollos y observaron los resultados. Todo esto es recolección de datos. Finalmente, los estudiantes discutieron los resultados y concluyeron que era necesaria una cantidad óptima de tiempo de amasado, lo que verificaba parcialmente la hipótesis. Esta discusión y la conclusión tentativa eran parte de la etapa de evaluación de las hipótesis. Luego terminaron la clase con una generalización -también tentativa- que relacionaba el tiempo óptimo de amasado con la elevación del pan.

En este capítulo se discuten dos modelos de indagación. El primero es una estrategia que enseña a los alumnos a investigar preguntas y problemas cuando éstos surgen naturalmente. Es el caso en la clase de Karen al surgir la pregunta acerca del mezclado de la masa del pan. El segundo, basado en el trabajo original de Richard Suchman (1996a), enseña habilidades de indagación por la simulación de recolección de datos a través de preguntas a los alumnos. Ambos modelos tienen por meta el desarrollo de los pensamientos de nivel superior y crítico, pero difieren en el modo en que son implementados.

Estructura social del modelo

Como con otros modelos discutidos en el texto, el modelo de indagación requiere un clima particular en la clase donde los alumnos se sientan libres de asumir riesgos y ofrecer sus conclusiones, conjeturas y evidencias sin tener vergüenza o miedo a las críticas. Al igual que en el modelo inductivo, el de adquisición de conceptos y el integrativo, este ambiente es particularmente importante, ya que el éxito de la clase depende del pensamiento de los alumnos. Si los alumnos tienen miedo o no desean participar, se pierde gran parte de la eficacia del proceso. El docente tiene un papel fundamental en el desarrollo de este ambiente.

El rol del docente

Al utilizar el modelo de indagación, tanto el rol de Karen como el de los estudiantes son muy diferentes de los que desempeñarían en un modelo "tradicional". En primer lugar, la docente activó el proceso en lugar de limitarse a exponer y presentar información a los alumnos. Por ejemplo, pudo haber respondido directamente la pregunta de José y continuar con la clase. El modo en que eligió responder está directamente relacionado con las metas buscadas, tanto a largo plazo como en lo inmediato. El desarrollo del pensamiento de nivel superior y crítico fue siempre una de sus metas, y por eso eligió aprovechar las oportunidades de desarrollarla cada vez que se presentara. Un docente con otras metas tal vez hubiese elegido responder a José directamente.

Al reseñar un trabajo que investiga el tipo de tareas asignadas a los alumnos, Doyle (1983) argumenta persuasivamente que los alumnos aprenden haciendo. Si pasan el tiempo aprendiendo hechos pasivamente, no sólo desarrollan concepciones equivocadas acerca de cómo y dónde se origina el conocimiento, sino que además dejan de desarrollar las habilidades necesarias para generar su propio conocimiento. Si, en cambio, experimentan procesos como el de la indagación, con el tiempo desarrollan importantes habilidades, como la inclinación a formular conclusiones basándose en la evidencia, considerar los puntos de vista de otros, reservarse el juicio y mantener un escepticismo sano. Obviamente, estas inclinaciones no se desarrollan en forma rápida, pero con tiempo y esfuerzo por parte del docente se pueden hacer progresos significativos. Es el docente quien determina si se les dan o no estas oportunidades al alumno. Observemos algunas consideraciones que el docente debe realizar al planificar actividades de indagación para la clase.

Planificar actividades de indagación

El uso del modelo de indagación es diferente del uso de los modelos discutidos hasta ahora. En primer lugar, el modelo de indagación se utiliza cuando las metas de los docentes apuntan hacia el pensamiento de nivel superior y crítico más que hacia la comprensión de un tema de contenido. (Comprender el contenido es importante, como siempre, porque la comprensión y el pensamiento son inseparables, pero en el modelo de indagación se enfatiza el pensamiento.)

En segundo lugar, como los problemas de indagación, las hipótesis y los datos a utilizar deberían provenir de los estudiantes, los docentes deben efectuar una planificación cuidadosa para guiar el desarrollo del proceso, pero a la vez evitar invadir la experiencia de los alumnos con una guía excesiva. Esto requiere de habilidad y experiencia.

En tercer lugar, la mayoría de las clases de indagación son progresivas, es decir que toman más de una clase; el docente debe considerar este factor cuando planifique.

Pasemos a la planificación de clases de indagación.

Identificar metas

Al igual que en todos los modelos considerados hasta ahora, el proceso de planificación comienza con una consideración cuidadosa de las metas. Hemos sugerido que las metas de contenido y aquellas que enseñan a pensar están muy relacionadas entre sí. De acuerdo al modelo que se utilice, puede enfatizarse más el contenido o el pensamiento, pero estas metas siempre se encuentran presentes. Los modelos de indagación descriptos en este capítulo siguen dicho patrón.

Metas de contenido

Al utilizar el modelo de indagación, el contenido sirve fundamentalmente como contexto para practicar el pensamiento de nivel superior y el pensamiento crítico. Sin embargo, el modelo de indagación también ayuda a los estudiantes a alcanzar una importante meta de contenido: encontrar relaciones entre diferentes ideas. En la clase de Karen, por ejemplo, los estudiantes buscaron la relación entre el tiempo de amasado del pan y la medida en que se elevó. La mayoría de las áreas de contenido poseen temas que contienen relaciones de causa y efecto. La tabla 8.1. incluye algunos ejemplos.

Como resultado de las clases de indagación, los estudiantes construyen generalizaciones como: "Cuanto mayor sea el nivel del ejercicio aeróbico, mejor será el estado de salud cardiovascular" o "Muchas guerras son el resultado de problemas económicos". Algunas generalizaciones son más válidas que otras. A medida que el pensamiento de los alumnos mejora, éstos desarrollan la habilidad para evaluar las generalizaciones basándose en hechos y observaciones. Esto ejemplifica la relación intrincada entre contenido y pensamiento.

TABLA 8.1. *Relaciones en diferentes áreas de contenido*

Área de contenido	Relación
Lengua	Las vidas de los autores comparadas con el contenido de lo que escribieron.
Ciencias Naturales	El crecimiento de una planta en relación a la cantidad de luz solar, agua y clase de suelo.
Ciencias Sociales	Las guerras en relación con la economía, los problemas políticos, la represión o la religión.
Tecnología	El tipo de material de construcción comparado con la durabilidad.
Salud	El tipo de ejercicio en relación con el estado de salud.

Pensamiento de nivel superior y pensamiento crítico

El docente que conduce clases de indagación tiene como meta principal el desarrollo de las habilidades de los estudiantes para reconocer problemas, sugerir respuestas tentativas, identificar y recolectar hechos relevantes y evaluar críticamente soluciones tentativas. Éstas son las habilidades de la indagación, y su desarrollo es una meta explícita del modelo.

Si bien son los alumnos quienes investigan en una clase de indagación, el docente debe planificar cuidadosamente para facilitar el proceso. Para llevar a cabo clases de indagación es necesario que haya un problema o una pregunta a ser examinado y, además, debe haber acceso a los datos que permiten la investigación del problema. Ambas cosas requieren de planificación.

Identificación de problemas

Una vez que el docente identificó una relación que puede ser investigada, su siguiente tarea es preparar una pregunta o problema para abordarla. Por ejemplo, un problema en una discusión de Lengua podría ser "¿Qué factores en la vida de Poe pueden haber influido sobre su estilo de escritura?". En una clase de Ciencias Naturales, el problema podría ser "¿Qué factores afectan el crecimiento de una planta?". Idealmente, estos problemas surgen espontáneamente de las discusiones en clase, como ocurrió en la de Karen, pero a menudo deben ser planificados por el docente con anticipación.

Mediante la planificación previa, el docente puede guiar a la clase hacia problemas de indagación. Por ejemplo, cuando los estudiantes discuten diferentes autores estadounidenses, el docente puede presentar hechos de la vida de uno o dos autores. Al discutir las obras de estos autores, el docente puede entonces plantear una pregunta como: "¿Qué influencia crees que tiene en general la vida de los autores en sus obras?". El estudio de otros autores, sus trabajos y sus vidas puede servir como etapa de recolección de datos para resolver el problema de indagación.

Veamos otro ejemplo. El docente de Ciencias Naturales insertó una clase de indagación acerca del crecimiento de las plantas en una unidad más amplia sobre las plantas en general. A medida que la clase se desarrollaba, el docente pudo relacionar la investigación acerca del crecimiento de las plantas con las características de las diferentes especies, y también lo hizo respecto al medio ambiente y la nutrición.

Planificar la recolección de datos

Una vez que el docente planificó para identificar problemas, él o ella deben considerar cómo los estudiantes recolectarán datos para establecer las hipótesis. Igual que con la identificación de problemas, el docente debe planificar con anticipación la recolección de datos para que una clase de indagación salga bien. Si no lo hace, puede desperdiciar tiempo valioso de clase y los alumnos pueden confundirse. Si bien los procedimientos para la recolección de datos deben provenir en lo posible de los estudiantes, el docente debe guiar y facilitar el proceso. Esto requiere de planificación.

Las opciones para la recolección de datos son tan diversas como las propias áreas de temas. La tabla 8.2. presenta ejemplos de problemas y posibles procedimientos para la recolección de datos.

TABLA 8.2. *Problemas y procedimientos para la recolección de datos*

Preguntas/Problemas	Posibles fuentes de datos
¿Cómo se relacionan las obras de los autores con sus vidas? (Lengua)	Biografías de los autores y fragmentos de sus obras.
¿Cómo se relaciona el sistema de calles en una ciudad con los patrones de tráfico? (Estudios sociales)	Observaciones del flujo de tránsito en diferentes momentos del día. Informes acerca del tráfico en la ciudad.
¿Cómo se relaciona el tipo de ripio con su durabilidad? (Tecnología industrial)	Ripios sujetos a diferentes tipos de uso.
¿Qué factores influyen sobre la tasa de crecimiento de las ciudades? (Estudios sociales)	Información geográfica, censos y eventos históricos.
¿Qué factores influyen sobre la frecuencia de un péndulo simple? (Ciencias/Matemática)	Péndulos de diferentes pesos y longitudes.

Fuentes de datos primarios y secundarios

Para alumnos avanzados y metas centradas en el pensamiento crítico, resulta importante diferenciar fuentes de datos primarios y secundarios. Las **fuentes de datos primarios** *son observaciones directas de individuos sobre los eventos que se estudian*. Las observaciones de los alumnos de Karen sobre el pan, las observaciones sobre el movimiento del péndulo bajo diferentes condiciones o las entrevistas son fuentes primarias. Las **fuentes de datos secundarios** *son interpretaciones de otros individuos sobre las fuentes primarias*. Los libros de texto, las enciclopedias, las biografías y otros libros de referencia son fuentes secundarias.

Como las fuentes secundarias han pasado a través de las percepciones y los posibles prejuicios de otros, se prefieren las fuentes primarias si se encuentran disponibles. En algunos casos, como en la clase de Karen o la clase sobre los péndulos o el crecimiento de las plantas, es muy fácil utilizar fuentes primarias. Karen pudo haber remitido a la clase a un libro de referencia sobre amasado, pero de esa manera los alumnos hubiesen tenido menos oportunidades de practicar las habilidades de pensamiento, como controlar variables y experimentar. En ese caso, el uso de fuentes primarias proporcionó una experiencia de aprendizaje mucho mejor. En otros casos, como en la clase sobre autores y sus obras, el uso de fuentes primarias es casi imposible y las fuentes secundarias son casi ineludibles. Además, realizar el análisis de fuentes secundarias considerando posibles prejuicios es en sí una valiosa actividad de pensamiento crítico. Por eso, tanto las fuentes primarias como las secundarias pueden ser utilizadas eficazmente para promover el pensamiento de nivel superior y el pensamiento crítico.

Agrupar a los alumnos

Cuando los docentes planifican la recolección de información, deben considerar si la realizarán colectivamente, en grupos pequeños o individualmente. Por ejemplo, en la investigación sobre autores estadounidenses, los alumnos pudieron recolectar datos individualmente o en grupos pequeños. La actividad con el crecimiento de las plantas puede ser conducida con toda la clase, con individuos a quienes se asigna la medición del agua y el cuidado de las plantas. La investigación acerca del péndulo podría resultar más eficaz en pares. Una solución no es necesariamente mejor que otra, pero el docente debe tomar la decisión de cómo agrupar a los alumnos con anticipación, o el proceso de recolección de datos puede ser desordenado y confuso.

Tiempo

Considerando lo visto hasta aquí, observamos que las clases de indagación suelen llevar más que un solo período de clase para completarse. Debido al tiempo que requieren, los docentes deben considerar de qué manera se integrará la clase con otras actividades. Por ejemplo, el docente de Lengua puede plantear la cuestión acerca de las vidas de los autores y sus obras. La discusión podría resultar en una o más hipótesis, como "la vida personal de los autores se ve reflejada en sus obras" o "los trabajos de los autores reflejan sus creencias y necesidades". Se puede asignar a individuos o a grupos de estudiantes la tarea de reunir información personal acerca de diferentes autores y dar esta información a la clase. Una vez que los alumnos completaron las tareas, se puede utilizar el tiempo de clase para discutir acerca de los trabajos de los diferentes autores u otro aspecto del programa, como redacción o incluso gramática. A medida que los estudiantes proveen la información, la clase vuelve a examinar el problema, discute las hipótesis y formula conclusiones tentativas acerca de su validez. Estas discusiones pueden llevar desde sólo unos pocos minutos a todo un período de clase.

En el ejemplo de Ciencias, el docente puede guiar a los alumnos mientras éstos siguen el crecimiento de una planta bajo diferentes condiciones y durante cierto número de semanas. Una vez más, mientras esto ocurre, el docente puede continuar con otros temas de la unidad o pasar a otras unidades y retornar al crecimiento de las plantas cuando haya datos disponibles.

Una vez que decidió cómo guiar a los alumnos para que identifiquen problemas significativos y reúnan los datos, y cómo integrar la clase con el programa regular, el docente está listo para implementar clases de indagación.

Implementar clases de indagación

Como lo hemos descripto al principio de este capítulo, las clases de indagación comienzan con una pregunta o problema, que es seguido de una respuesta o solución tentativa (hipótesis). Luego se reúnen los datos para ayudar a determinar la validez de las hipótesis y, una vez realizada la evaluación, se construyen generalizaciones. A continuación se analiza la implementación de estos pasos.

Presentar la pregunta o el problema

La investigación de indagación comienza cuando se identifica una pregunta o un problema. La pregunta puede surgir espontáneamente de una discusión en una clase, como vimos en la clase de Karen Hill, o el docente puede planificar y guiar a los estudiantes para que identifiquen la pregunta/problema.

Para asegurarse de que el problema resulte claro, el docente debe anotarlo en el pizarrón o mostrarlo en una filmina, y luego verificar que los alumnos comprendan el lenguaje y los conceptos. Para esto puede pedirles que expliquen el problema con sus propias palabras o lo relacionen con discusiones anteriores. Una opción aun mejor es proponer que formulen hipótesis para responder a la pregunta o resolver el problema.

Formular hipótesis

Una vez que la actividad es comprendida claramente, la clase está lista para resolverla. Al proporcionar respuestas tentativas, los estudiantes toman parte del proceso de formulación de hipótesis. Una **hipótesis** *es una respuesta tentativa a una pregunta o la solución a un problema, que puede verificarse con datos*. A menudo, una hipótesis es una generalización tentativa; al trabajar con niños pequeños puede presentarse como una "adivinanza" o "acertijo educado".

Para facilitar el proceso puede pedirse a los alumnos que sugieran hipótesis. En un principio, todas las ideas deben ser aceptadas y puestas en una lista. Luego se puede pedir a los alumnos que determinen cuáles son relevantes para la pregunta o problema. (La habilidad para identificar información relevante e irrelevante es parte del proceso de pensamiento crítico.)

Después de que los alumnos identificaron una lista de hipótesis, éstas deben ser priorizadas a los fines de la investigación. Por ejemplo, en una clase de Ciencias se investigó el problema: "¿Qué factores determinan la frecuencia de un péndulo simple?". Los estudiantes sugirieron hipótesis como:

"Cuanto más corto es el péndulo, mayor es la frecuencia";
"Cuanto más pesado, mayor es la frecuencia" y
"Cuanto mayor es el ángulo inicial, mayor es la frecuencia".

Los estudiantes deben ser claros respecto de las hipótesis que están investigando, para saber qué variables deben controlar y cómo recolectarán los datos. Después de haber investigado la primera hipótesis, pueden pasar a la segunda y luego a la tercera. (Si el problema genera sólo una hipótesis, no es necesario priorizar y la clase pasa al proceso de recolectar datos.) Una vez que las hipótesis han sido establecidas y priorizadas, la clase está lista para recolectar datos.

Recolectar datos

Aunque son provisorias, las hipótesis se utilizan para guiar el proceso de recolección de datos. La complejidad del proceso depende del problema. Por ejemplo, en la investigación acerca del crecimiento de las plantas, los estudiantes pueden plantar semillas y variar sistemáticamente las condiciones de crecimiento para efectuar mediciones. Al investigar la primera hipótesis en el problema del péndulo, los estudiantes pueden cambiar sistemáticamente la longitud del péndulo manteniendo constantes el peso y el ángulo, y midiendo el número de movimientos en una cantidad de tiempo estipulada para todas las longitudes. Al investigar la segunda, pueden variar sistemáticamente el peso manteniendo la longitud y el ángulo constantes, mientras que en la tercera pueden variar el ángulo manteniendo constantes los otros dos factores.

Para la clase sobre vidas de autores comparadas con sus obras, la recolección de datos sería más compleja y exigente, por lo que requeriría de alumnos mayores y más avanzados. Éstos deberían visitar bibliotecas y obtener información biográfica acerca de los autores, estudiar diferentes fuentes para obtener una visión de las necesidades y actitudes de los autores, y leer detenidamente sus obras. En este caso, el docente probablemente tenga que proporcionar ayuda para reunir la información.

Si bien esta última experiencia resulta exigente, puede ayudar a los alumnos a desarrollar habilidades más allá del problema de indagación. Por ejemplo, aprenderían técnicas de investigación en biblioteca, evaluación crítica de fuentes secundarias, modos de decidir qué información es importante y cuál debe ser desechada, y deberían desarrollar tolerancia por la ambigüedad cuando la información en las diferentes fuentes resulte contradictoria. Éstas son habilidades valiosas para los estudiantes.

Presentación de datos

El proceso de recolección de datos parece simple y directo y, al menos conceptualmente, lo es. Sin embargo, algunas técnicas son mucho mejores que otras y aun cuando se utilizan buenas técnicas de recolección de datos, los resultados pueden ser contradictorios. La mejor manera de desarrollar las habilidades de recolección de datos es hacer participar a los alumnos en el proceso, hacer que presenten sus resultados y discutan las técnicas utilizadas. Con la experiencia, sus habilidades para elegir los datos más válidos y confiables posiblemente mejore. Se pueden utilizar varios modos de presentación, tales como tablas, grillas o gráficos. La tabla 8.3. muestra una forma de presentar los datos reunidos para el problema del péndulo.

Peso: dos clips grandes de papel
Tiempo: 15 segundos
Ángulo: 45°

TABLA 8.3. *Datos reunidos para el problema del péndulo*

Longitud	Número promedio de movimientos para tres pruebas
30 cm	12
40 cm	11
50 cm	10
60 cm	9
70 cm	8,5
80 cm	8
90 cm	7,5
100 cm	7

El problema del péndulo resulta en cierta forma único, ya que se puede reunir información muy firme con un equipo muy simple. Sin embargo, incluso en ese caso vale la pena examinar la recolección de datos. Por ejemplo, vemos que los estudiantes hicieron tres pruebas para cada longitud y promediaron el número de movimientos. El docente puede pedirles que consideren qué harían si dos de las pruebas fuesen idénticas y una tercera muy diferente (sugiriendo un error humano en la tercera prueba), preguntarles en qué se basaron para elegir el tiempo, el peso, el ángulo y las variaciones en la longitud (probablemente arbitrarios). El docente también puede preguntar si es necesario variar la longitud siempre en la misma medida (diez centímetros en este caso). Por último, también puede preguntar a la clase qué mejoras harían a la técnica de recolección de datos.

En la clase acerca de autores y sus obras, los datos pueden ser presentados en una grilla similar a las del modelo integrativo. La siguiente podría ser la estructura de la grilla:

Autor	Características personales	Experiencias	Partes de trabajos
Poe			
Faulkner			
Hemingway			
Fitzgerald			

Igual que en el problema del péndulo, se puede guiar una discusión acerca de por qué se incluyó cierta información mientras que otra fue desechada, y por qué la grilla fue organizada de esa manera. Este proceso es valioso y ayuda a los estudiantes a comprender la clase de decisiones que hacen los periodistas, escritores e historiadores.

Analizar los datos

En esta etapa de la clase, los estudiantes son responsables de evaluar sus hipótesis basándose en datos. En algunos casos, el análisis es simple. Por ejemplo, una simple mirada a la tabla, comparando las longitudes de los péndulos con el número de movimientos, indica que la frecuencia baja a medida que la longitud aumenta. También resultaría sencillo evaluar otras hipótesis sobre el péndulo, y lo mismo ocurre en el caso del crecimiento de las plantas.

Sin embargo, en otros casos, como el problema de los autores, el proceso será mucho más complejo. No existirán patrones definidos como la relación entre frecuencia y longitud del péndulo. Las tendencias existentes serán mucho más problemáticas y discutibles. La observación de datos contradictorios es de por sí una experiencia valiosa para los estudiantes. Pocas cosas en la vida son claras y carecen de ambigüedad, y cuanto mayor sea la experiencia de los alumnos para manejarse con ambigüedades (lo cual requiere de conclusiones tentativas firmes), mejor preparados estarán para el "mundo real". La discusión sobre cómo se relacionan los datos con las hipótesis es la parte más valiosa del proceso de indagación.

Un factor importante en la evaluación de hipótesis es la noción de "correcto" e "incorrecto". De acuerdo con esta perspectiva, si los datos no corroboran una hipótesis, ésta se considera incorrecta, con la implicación de que aquél que la propuso cometió un error. Se trata de una visión inapropiada del proceso de indagación; las hipótesis proveen un marco a la investigación y siempre son presentadas como tentativas. En el momento en que la hipótesis fue propuesta, era la conclusión más apropiada para la información disponible. Los nuevos datos tal vez lleven a un rechazo de las hipótesis, pero considerar o describir las hipótesis como correctas o incorrectas da a los estudiantes una visión distorsionada del proceso de indagación.

Generalizar

El cierre de una clase de indagación se efectúa cuando los alumnos generalizan (si resulta posible) sobre los resultados basándose en datos. Por ejemplo, al investigar la relación entre la frecuencia de un péndulo y su peso, si los datos indican que el peso no influye sobre la frecuencia, los alumnos desecharán la hipótesis:"Cuanto más pesado es el péndulo, mayor es la frecuencia" y concluirán que "el peso de un péndulo no afecta a su frecuencia". (La hipótesis: "Cuanto más pesado es el péndulo, menor es la frecuencia" debería, por supuesto, ser también rechazada.) Como los datos son coherentes, la generalización es directa.

En otros casos, como en el problema entre autores y sus obras, los datos serán menos coherentes; la aceptación o el rechazo de las hipótesis, menos claro y la generalización deberá ser más tentativa. De hecho, la generalización puede llevar a otras preguntas, haciendo aparecer nuevos problemas para la indagación. Éste es el proceso que tiene lugar continuamente en la ciencia y en el mundo. Los ejemplos que citamos en la introducción del capítulo son casos oportunos. Al aprender a generalizar tentativamente, los estudiantes aprenden una importante lección de vida. Comienzan a darse cuenta de que las respuestas prolijas y estructuradas por las que tanto nos esforzamos, no existen. Con el tiempo desarrollan tolerancia por la ambigüedad, la cual es una importante ayuda para comprender y enfrentar la vida.

Indagación espontánea

Hasta ahora nos centramos en aproximaciones cuidadosas y planificadas a las clases de indagación. Sin embargo, uno de los beneficios de estudiar la indagación es la creciente certeza de que estas actividades pueden partir de preguntas espontáneas.Tal fue el caso en la clase de Karen Hill, al comienzo del capítulo, donde la investigación se desarrolló "en el momento". La clase planteó una pregunta y Karen estuvo lo suficientemente alerta como para capitalizar la oportunidad cuando se presentó. El resultado fue una clase de indagación completa.

Las oportunidades abundan si los docentes están atentos. En cierto modo es como aprender una nueva palabra. Una vez aprendida, comienza a "aparecer" en todo lo que leemos. Una de nuestras metas al escribir este capítulo es aumentar la atención del docente para que pueda aprovechar las oportunidades cuando éstas se presenten.

Las oportunidades suelen aparecer cuando los alumnos se encuentran ante situaciones que no tienen una respuesta clara. Por ejemplo, en una demostración simple de Ciencias, los alumnos ven una taza invertida con agua cubierta por una carta. La carta permanece sobre la taza impidiendo que ésta se vuelque, como lo muestra la figura 8.1.Vimos que esta clase era conducida con estudiantes de la E.G.B., y escuchamos a alumnos hacer preguntas como:

"¿Qué pasaría si la taza no estuviera completamente llena?"
"¿Qué pasaría si la taza tuviera poca cantidad de agua?"

"¿Qué pasaría si la taza fuese girada 90 grados?"
"¿Qué pasaría si usáramos un líquido que no fuera agua?"

Todas estas preguntas podrían tomarse como punto de partida para una mini-clase de indagación. Se puede pedir a los alumnos que conjeturen respuestas a las preguntas y que expliquen lo que creen; luego, aquéllas podrían ser sistemáticamente investigadas. Por ejemplo, la clase podría variar la cantidad de agua y ver si esta variación introduce alguna diferencia (no lo hace). Al dejar la carta sobre la taza en todos los casos, la clase eliminaría la cantidad de agua como variable y seguiría entonces con las demás.

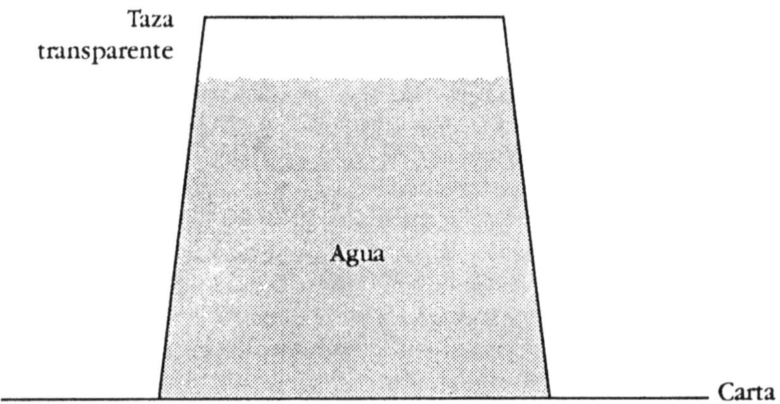

FIGURA 8.1. *Demostración simple de Ciencias*

Las clases de indagación espontánea tienen varias ventajas. En primer lugar, la motivación es alta. Los estudiantes pueden ver que la investigación resulta directamente de una pregunta que ellos (y no el docente) hicieron. A menudo, los alumnos pueden sugerir maneras inteligentes de investigar un problema y se desarrolla un clima de trabajo en grupo y cooperación en la clase. En segundo lugar, se captura el espíritu de la indagación, y se requiere de muy poco tiempo y esfuerzo por parte del docente: tan sólo guiar a los alumnos para que piensen acerca de la pregunta y el modo de investigarla en lugar de apresurarse a dar una respuesta definitiva.

Otra ventaja de las clases de indagación generadas espontáneamente es que los alumnos ven cómo se relaciona el proceso con los temas que estudian. La diferencia entre las preguntas generadas por el docente o por el alumno es sutil pero importante. Cuando los estudiantes sólo investigan preguntas generadas por otros, ven que el conocimiento es externo e impersonal en lugar de funcional e integrado. Nuestra visión, corroborada por otros (Goodlad, 1984), es que el contenido se presenta demasiado a menudo como verdades preestablecidas para ser memorizadas y repetidas. Pocas veces se les pide a los alumnos que investiguen y generen sus propios problemas. El uso de investigaciones generadas espontáneamente por los estudiantes puede ayudarlos a comprender cómo se produce el conocimiento y cuál es la relación que pueden establecer con él.

Indagación y adquisición de conceptos

Cuando analizamos el modelo de adquisición de conceptos en el capítulo 4, sugerimos que éste también puede ser utilizado para ayudar a los alumnos a comprender el proceso de indagación y el método científico. Basándose en el primer ejemplo positivo y en el primero negativo, los alumnos formulan hipótesis en torno al concepto, y dichas hipótesis son analizadas mediante ejemplos adicionales. Los ejemplos positivos y negativos sirven entonces como datos para analizar las hipótesis. La tabla 8.4. brinda una comparación entre las actividades de indagación y las de adquisición de conceptos.

Indagación	Adquisición de conceptos
1. Problema o pregunta	Problema: ¿Cuál es el concepto?
2. Formulación de hipótesis	Formulación de hipótesis: El nombre del concepto podría ser...
3. Recolección de datos	Recolección de datos: Se presenta a los alumnos ejemplos positivos y negativos.
4. Análisis de las hipótesis	Análisis de las hipótesis: Las hipótesis que no son corroboradas por los ejemplos son rechazadas.
5. Generalización	Generalización: Se define el concepto.

TABLA 8.4. *Una comparación entre los procesos de indagación y de adquisición de conceptos*

La adquisición de conceptos puede ser una herramienta eficaz para presentar a los alumnos el proceso de indagación. Completar una clase no lleva mucho tiempo, y el docente sólo necesita preparar ejemplos positivos y negativos. No da a los alumnos una noción totalmente válida del proceso de indagación, ya que el docente provee todos los datos (los ejemplos positivos y negativos). Sin embargo, puede servir de ayuda para que los alumnos desarrollen una idea general acerca de la indagación, antes de encarar por sí mismos una investigación de indagación completa.

Con esto concluye nuestra exposición del modelo general de indagación. A continuación analizaremos el modelo de indagación de Suchman, una manera inteligente y creativa de conducir investigaciones de indagación en un solo período de clase.

La indagación de Suchman: preguntas de los alumnos en clases de indagación

En la primera parte del capítulo describimos el proceso general de indagación y su aplicación en las aulas. Vimos también que el tiempo y los recursos disponibles pueden convertirse en obstáculos al llevar adelante clases de indagación. Ciertos problemas o temas a menudo requieren de más tiempo, equipo y esfuerzos de los que disponemos.

Para resolver esos problemas, Richard Suchman (1966a,1966b) desarrolló una modificación del modelo de indagación. Esta variante utiliza las preguntas de los alumnos como alternativa a otros procedimientos de recolección de datos que resultan caros o difíciles de implementar. La investigación sobre el modelo de indagación de Suchman demostró que los estudiantes aprendían contenido tan bien como un grupo de control, y mejoraban sus habilidades de indagación. En un experimento conducido con 196 alumnos de quinto y sexto año, Suchman (1996a) encontró que los estudiantes aprendían tanto contenido en clases de indagación como un grupo de control al que se le enseñó en una clase tradicional. Lo más importante es que el grupo de indagación produjo un 50 % más de preguntas en una tarea posterior a la prueba, y los investigadores juzgaron que las preguntas eran de mayor calidad que las generadas por el grupo de control. Además, los estudiantes del grupo de indagación estaban más motivados para aprender.

La indagación de Suchman *es una forma de indagación en la que los datos son reunidos en un marco simulado mediante un proceso de preguntas de los alumnos.* La indagación de Suchman tiene dos ventajas sobre el modelo general de indagación. En primer lugar, normalmente, la investigación se puede completar en un solo período de clase. La brevedad del proceso permite que los alumnos experimenten el ciclo completo de indagación relativamente rápido y se vuelvan muy buenos para esto con la práctica. En segundo lugar, la indagación de Suchman puede ser utilizada eficazmente en todas las áreas del programa. Como vimos en los ejemplos de la primera parte del capítulo, la indagación general es más fácil de utilizar en Ciencia que en áreas como Lengua o Estudios Sociales. Sin embargo, la experimentación de estos procesos de pensamiento es valiosa en todas las áreas del programa.

La principal diferencia entre la indagación de Suchman y la indagación general reside en el proceso de recolección de datos. Suchman desarrolló una manera innovadora de hacer que los alumnos reúnan la información haciendo preguntas. Observemos una clase como ejemplo.

Chris Florio, una docente de Biología, daba una unidad acerca de las relaciones entre depredadores y presas en el equilibrio de la naturaleza. Terminó con sus rutinas de comienzo de clase y luego dijo:
—Hemos estado estudiando las relaciones entre los depredadores y sus presas en el equilibrio de la naturaleza por tres días. Hoy quiero ampliar nuestra discusión y ver si podemos aplicar nuestros conocimientos para resolver un problema. Entonces, la meta de la clase de hoy es examinar y responder el siguiente problema... ¿Todos listos?... Bien... Comencemos.
Luego mostró la siguiente información en una filmina.

Hace muchos años, en las montañas del sudoeste abundaban los ciervos, aunque la población era fluctuante. También había lobos en las montañas. Algunas personas de un pueblo pequeño vieron cómo una jauría de lobos mataba a dos de los ciervos más jóvenes y se horrorizaron. Entonces lanzaron una campaña para eliminar a los lobos. Para la sorpresa de la gente, los años que siguieron a la eliminación de los lobos presentaron un marcado descenso en la población de ciervos. ¿Por qué, si el lobo es el depredador natural del ciervo, sucedió esto?

Entonces Chris continuó:

—Todos recuerdan cómo hacíamos estas clases. Tenemos un problema y tratamos de resolverlo. ¿Alguien quiere ofrecer una solución tentativa?

Después de varios segundos de duda, Damon sugirió:

—Después de que los lobos fueron eliminados, fue más fácil para otros depredadores, como los pumas, los coyotes y las águilas, apresar a los ciervos; por lo tanto, la población decreció.

—Sí, bien pensado, Damon —sonrió Chris—. Es nuestra primera hipótesis... Probablemente tengamos otras, o tal vez debamos revisar ésta. Quiero recordarles que podemos ofrecer hipótesis alternativas en cualquier momento... ¿Alguna otra?... Está bien. Continuemos —dijo mientras escribía la idea de Damon en el pizarrón.

—Ahora imaginemos que somos biólogos de campo y estamos afuera, en los bosques y en las montañas, tratando de buscar alguna evidencia que nos ayude a tomar decisiones sobre nuestras hipótesis. Eso significa que estamos observando para ver qué podemos encontrar. Es importante imaginar que estamos allá afuera, porque nos hará sentir cómo funciona el proceso. En realidad, como saben, estaremos en nuestra clase, y la forma de hacer las observaciones será a través de las preguntas que ustedes formulen. Sus preguntas, junto con mis respuestas, les darán los datos. ¿Ahora, qué sabemos acerca de las preguntas que harán?... ¿Alguien?

—... Debes poder responder "sí" o "no" —dijo Miguel.

—Bien. ¿Y por qué?

—Si contestaras con algo más que "sí" o "no", ya no sería hacer una observación.

—Sí, bien pensado, Miguel. Ésa es exactamente la razón... Ahora iremos un poco más allá. No sólo la pregunta debe ser respondida por sí o por no, sino... ¿qué más?... ¿Alguien?... Vamos, Tanya.

—...A veces, aunque respondas por sí o por no, la respuesta podría ser más que una observación.

—¿Puedes pensar en un ejemplo de eso?

—...Bueno, si preguntáramos algo como... "¿El número de depredadores que pueden cazar ciervos está relacionado con la explicación?"

—Excelente ejemplo, Tanya. Esa pregunta requiere de una conclusión. En otras palabras, va más allá de la observación, por eso debemos volver a formularla para convertirla en observación... Que alguien lo intente y reformule la pregunta para que sea una observación.

—...Tal vez algo así como... "¿Se vio a los pumas cazando ciervos?"

—¿Qué piensan, todos?... ¿Es ésa una pregunta apropiada para la actividad de indagación de Suchman?

La clase discutió la pregunta brevemente y concluyó que era aceptable.

Entonces Chris continuó con la clase y dijo:

—Ahora que revisamos cómo trabajar en clase, volvamos a nuestra hipótesis y comencemos a recolectar algunos datos para determinar si la podemos aceptar o debemos desecharla o, tal vez, modificarla... Recuerden que imaginamos que estamos afuera en el campo tratando de recolectar evidencias y tratamos de pensar como biólogos de campo... Bien... Miren otra vez la hipótesis y comencemos.

Tras estudiar la afirmación del pizarrón y pensar durante varios segundos, Steve comenzó:

—¿Fueron vistos otros animales matando ciervos?

Chris respondió:

—Sí, Steve —mientras escribía la pregunta de Steve en el pizarrón y ponía una S al lado.

—¡Tengo una idea! —exclamó Pam.

—Bien, Pam —sonrió Chris—, pero por favor que tu idea espere hasta que Steve pueda terminar con su línea de pensamiento.

Steve continuó:

—¿El equilibrio presa-depredador tiene algo que ver con el problema?

—Muy bien pensado, Steve. Queremos intentar responder a eso. Pero si estuvieras fuera en los bosques buscando evidencias, ¿qué buscarías para responder a la pregunta? —asintió Chris animándolo.

—...Voy a pensarlo un minuto —dijo Steve.

Parecía que Steve había terminado por el momento, así que Chris se dirigió a Pam.

—Jim y yo tenemos otra idea —sugirió Pam.

—Está bien —sonrió Chris—. Díganla.

—Después de que el depredador de los ciervos fue eliminado, la población se volvió tan numerosa que su hábitat no pudo sustentarlos, entonces murieron de hambre y la población bajó —dijo Pam.

—Muy bien —Chris hizo un gesto de aprobación con la mano—. ¿Qué tenemos aquí?

—Otra hipótesis —dijeron al unísono varios alumnos.

—Bien, exactamente... Dijimos que lo más probable era que tuviésemos algunas hipótesis más, entonces anotemos ésta también y tratemos de recolectar datos para las dos que tenemos hasta ahora. Sigamos adelante.

—...¿Se vieron más pumas en el hábitat de los ciervos después de que los ciervos fueran eliminados? —preguntó Leroy después de pensar durante unos segundos.

—No —Chris sacudió la cabeza mientras escribía la pregunta en el pizarrón y ponía una N entre paréntesis.

—¿Y coyotes? —continuó Leroy.

—No de nuevo —replicó Chris, y escribió de nuevo la oración en el pizarrón.

Entonces intervino:

—¿Con cuál hipótesis están más relacionadas las preguntas de Leroy?... Piénsenlo por un momento.

—...Creo que con la primera —sugirió Dawn tras estudiar la información del pizarrón.

—Continúa —Chris hizo un gesto de aprobación.

—Bueno, Leroy hizo preguntas acerca de pumas y coyotes, que son otros depredadores, y la hipótesis dice que cuando los lobos fueron eliminados otros depredadores tomaron su lugar.

—¿Qué piensa el resto? —preguntó Chris.

La clase estuvo de acuerdo en que los datos eran más relevantes para la primera hipótesis y luego Chris dijo:

—¿Los datos parecen sustentar la hipótesis en general o parecen rechazarla?

—Creo que la rechazan —dijo Felicia.

—¿Por qué, Felicia? —preguntó Chris.

—La hipótesis dice que otros depredadores cazaron los ciervos después de que los lobos se fueron... pero no había más pumas en el área después de los lobos —dijo mientras señalaba la pregunta acerca de los pumas en el pizarrón—. Y tampoco había más coyotes, según parece.

—¿Qué nos dice eso? —preguntó Chris.

—La hipótesis es equivocada —respondió Michele.

—Ey, tengamos cuidado —advirtió Chris—. ¿En qué forma pensamos acerca de las hipótesis?

—No usamos la idea de correcto o incorrecto —contestó Heather—. Además sólo tenemos dos preguntas relacionadas con la hipótesis, por lo tanto no podemos estar seguros.

—Bien pensado, Heather. Así es exactamente como queremos trabajar... ¿Ahora, qué pensamos acerca de los datos?

—...La evidencia que tenemos parece rechazar la hipótesis —dijo Débora.

—¿Y qué piensan los demás?

La clase estuvo de acuerdo en que los datos parecían rechazar la primera hipótesis, y Chris les recordó que sus conclusiones hasta ese momento tenían que ser tentativas. Entonces animó a la clase a continuar.

—Ey, tengo una idea —Carla levantó la mano después de unos segundos—... Déjenme ver cómo quiero decir esto... ¿Se encontraron muchos árboles?... no, ¿había muchos árboles con la corteza mordida en el hábitat de los ciervos después de que los lobos fueron eliminados?

—Sí —asintió Chris sonriendo y registró la pregunta en el pizarrón.

—¿Se encontraron cuerpos de ciervos en la región después de que los lobos fueron eliminados? —continuó Harold.

—Sí —respondió Chris, registrando también esta pregunta.

—¿Y antes de que los lobos fueran eliminados? —continuó Harold.

—Sí —contestó Chris.

—¿Más tarde? —agregó Steve.

—Sí —asintió Chris.

—¿Los cuerpos eran esqueléticos? —continuó Jama.

—Sí.

—¿Los cuerpos estaban deformados como por una enfermedad? —preguntó Ed.

—Algunos sí —respondió Chris.

—¿Son los inviernos fríos en la región? —preguntó Susan.

—Sí —contestó Chris.

—¿Hay mucha nieve?

—Sí, otra vez.

Chris esperó algunos segundos para ver si surgían más preguntas y luego intervino:

—Examinemos las hipótesis nuevamente y veamos qué dicen los datos acerca de ellas.

Tras observar las hipótesis detenidamente, Bill levantó la mano y dijo:

—Creo que tenemos que cambiar la segunda hipótesis un poco.

—Hazlo, Bill —lo alentó Chris.

Bill comenzó:

—Encontramos que algunos ciervos murieron de hambre porque fueron encontrados cadáveres esqueléticos y los árboles estaban despellejados de su corteza, pero también encontramos que algunos cuerpos habían estado enfermos, por lo tanto, tal vez algunas muertes fueron causadas por enfermedad... Creo que la hipótesis debería decir que, después de que los lobos fueron eliminados, la población creció tanto que su hábitat natural no la pudo sustentar, y se volvieron susceptibles tanto de morir de hambre como de enfermarse. Los lobos atacan a los miembros más débiles, por eso en realidad ayudan a la manada a estar sana.

—Piensen en esto. ¿Qué dicen nuestras evidencias acerca de la sugerencia de Bill?

La clase discutió acerca de la modificación sugerida por Bill y otras preguntas adicionales de recolección de datos, para investigar la sugerencia de que los lobos sólo atacan a los miembros más débiles de una población. Entonces discutieron la hipótesis y concluyeron tentativamente que parecía ser válida.

Luego Chris continuó:

—¿Qué nos dice en principio esto acerca de las relaciones entre presa y depredador? Vamos, Alicia.

—Creo que debe ser algo así como... para mantener sano un grupo de animales como los ciervos, deben tener algunos depredadores para que su número sea el correcto.

—¿Alguien puede agregar algo a lo que dijo Alicia?

—La presa y el depredador tienen que estar en un cierto equilibrio. No demasiados depredadores y no demasiadas presas —intervino Dawn.

—Muy buena descripción, los dos —Chris hizo un gesto de aprobación con la mano—. Describieron la relación entre presa y depredador en general, y resulta válida para la mayoría de las poblaciones de animales.

La clase, entonces, discutió por algunos minutos qué pasa cuando se rompe el equilibrio y luego volvieron a lo que pasó con los ciervos en el problema estudiado. Luego, Chris terminó la clase por el día.

Este caso muestra a un docente que utiliza el modelo de indagación de Suchman para una clase sobre Ecología. Pasemos ahora a una descripción del modelo y veamos cómo se relaciona con la indagación en general.

El modelo de Suchman: una visión general

La indagación de Suchman es una forma especializada de indagación y, por eso, sigue los mismos pasos que la indagación general. La tabla 8.5. muestra una comparación entre las dos formas de indagación, utilizando las clases de Karen Hill y Chris Florio como ejemplos.

En la tabla vemos que los procesos (exceptuado la forma de reunir los datos) son bastante similares entre sí. La diferencia es que en la indagación general se utilizan datos reales en forma de fuentes primarias o secundarias, mientras que en la indagación de Suchman los datos son reunidos en forma simulada.

Etapa de indagación	Clase de Karen	Clase de Chris
Problema	¿Por qué el pan debe ser amasado tanto tiempo?	¿Por qué cuando los lobos fueron eliminados la población de ciervos disminuyó?
Hipótesis	Los ingredientes deben ser mezclados de manera que el pan se eleve.	Otros depredadores redujeron la población. El hábitat del ciervo no pudo sustentarlos, por eso murieron de hambre o enfermaron.

Etapa de indagación	Clase de Karen	Clase de Chris
Recolección de datos	Horneado de muestras de pan amasadas por diferentes cantidades de tiempo.	Preguntas acerca de las poblaciones de coyotes y pumas. Preguntas acerca de árboles sin corteza y de cadáveres de ciervos.
Evaluación de las hipótesis	Comparación de cuánto se levantó cada muestra.	Uso de respuestas para determinar qué hipótesis resultó más válida.
Generalización	Generalización acerca de la cantidad óptima de amasado para producir el mejor pan.	Generalizaciones acerca de las relaciones entre presa y depredador en el equilibrio de la naturaleza.

TABLA 8.5. *Una comparación entre la indagación general y la indagación de Suchman*

La estructura social del modelo

El ambiente de clase para que la indagación de Suchman sea exitosa debe ser similar al que se requiere en los demás modelos. Es importante un ambiente de seguridad emocional, de modo que los alumnos se sientan libres para sugerir sus pensamientos sin sentirse amenazados. Este ambiente resulta particularmente importante al conducir clases de indagación de Suchman, ya que las preguntas deben provenir de los estudiantes para que la clase funcione. A diferencia del modelo inductivo, donde el docente puede dirigir preguntas con final abierto a alumnos en particular, si los alumnos no quieren participar en las clases de indagación de Suchman, aquél se encuentra con menos técnicas a su disposición.

Por otra parte, la colaboración no sólo es adecuada en las clases de indagación de Suchman: es activamente alentada. Si dos o más alumnos pueden construir una línea de pensamiento en colaboración y desarrollar una línea de preguntas en consecuencia, los resultados suelen ser mejores que en el trabajo individual. Suchman (1966a, 1966b), en su desarrollo original del modelo, hizo hincapié en la colaboración.

El rol del docente

El rol del docente en las clases de indagación de Suchman, es similar al que tiene en los modelos en que guía el aprendizaje de los alumnos. Si éstos no pueden ofrecer hipótesis o hacer preguntas para recolectar datos, el docente debe ser capaz de intervenir y mantener la clase en movimiento.

En las clases de indagación de Suchman los docentes tienen además un segundo rol, bastante sutil y sofisticado. Deben monitorear las preguntas de los estudiantes para evitar que el proceso se convierta en un juego de adivinanzas. Esto implica la adhesión a ciertas reglas básicas. En primer lugar, las preguntas sólo pueden responderse por "sí" o por "no" y deben estar formuladas de manera tal que sólo puedan contestarse con observaciones.

La segunda regla es la que requiere de un monitoreo más cuidadoso. Consideremos las siguientes preguntas como ejemplo:

- ¿Se encontraron más pumas en el hábitat del ciervo después de que los lobos fueron eliminados?
- ¿El número de depredadores que pueden cazar ciervos se relaciona con la explicación?

La primera pregunta puede ser respondida sobre la base de la observación, mientras que la segunda requiere de una inferencia o conclusión. Si el docente responde preguntas como la segunda, priva a los alumnos de gran parte del proceso de pensamiento crítico, que es una meta primordial de las clases de indagación de Suchman. Lo sutil y sofisticado del proceso es que la aceptabilidad de la pregunta no se planifica de antemano. Algunas preguntas no podrán responderse con una observación, o requerirán claramente una conclusión, y el docente deberá juzgar la pregunta "en el momento". Esto requiere de un poco de práctica. En las secciones que siguen examinaremos en detalle el rol del docente.

Planificar clases según el modelo de Suchman

Identificar metas

Metas de contenido. Al igual que en el modelo de indagación general, la planificación para la indagación de Suchman presupone la identificación de las metas adecuadas. Como la clase comienza con un problema, los resultados de contenido de las actividades de Suchman son las soluciones al problema y las generalizaciones, basadas en la solución. En el caso de Chris, la solución sugería que el hambre y la enfermedad causaron el descenso en la población de ciervos, y los estudiantes después generalizaron acerca de las relaciones entre presa y depredador en el equilibrio de la naturaleza.

Como ejemplo para la indagación de Suchman, se puede pedir a una clase de Lengua que explique por qué el estilo de un escritor cambió abruptamente en la mitad de su carrera; o a una clase de Estudios Sociales, por qué un candidato político fue elegido cuando todos los escrutinios indicaban que ganaría su oponente. Estos ejemplos requieren de una explicación por parte de los alumnos, la cual puede ser seguida por generalizaciones (tentativas).

El desarrollo del pensamiento. Como en la indagación general, el desarrollo del pensamiento crítico y de nivel superior es una meta fundamental en la indagación de Suchman. En la clase de Chris pudo verse cómo se ponía el énfasis sobre el pensamiento. La meta principal era la evaluación de las hipótesis basándose en la evidencia. Ésta es una habilidad que mejora con la práctica y resume las metas del modelo de Suchman.

Consideremos una vez más la clase de Chris. La primera hipótesis sugería que otros depredadores redujeron la población cuando los lobos fueron eliminados, pero el hecho de que la población de pumas no se hubiese incrementado los alejó de la hipótesis. Aprender a relacionar hechos (la estabilidad en la población de los pumas) con hipótesis (otros depredadores redujeron la población del ciervo) requiere práctica. Con una práctica continua, los estudiantes desarrollan la inclinación a establecer conclusiones basándose en la evidencia y no en el capricho, la autoridad o la emoción. Ésta es una habilidad de vida importante y debería considerarse fundamental para todos los procesos de aprendizaje.

Preparar un problema

Después de identificar las metas para las actividades, la siguiente tarea del docente es desarrollar un problema que funcione como centro de la actividad. A menudo aparecen dificultades cuando se intenta integrar la indagación con el programa regular. Esto ocurre porque existe la responsabilidad de dar unidades de contenido a los alumnos basándose en programas provinciales o nacionales. (Sin embargo, como vimos en el capítulo 3, esto está cambiando y, en la actualidad, se apunta a presentar menos temas con mayor profundidad [Brophy, 1992].) Los problemas deben basarse siempre en temas del programa regular.

Consideremos los siguientes temas como ejemplos de este proceso:

- Un docente de Estudios Sociales quiere enseñar una unidad acerca de los principales centros de transporte en Estados Unidos. La unidad incluye los factores que contribuyen al crecimiento de las ciudades.
- Un docente de Literatura quiere que la clase lea la novela *El incidente de Oxbow* y comprenda la dinámica humana del relato. El estudio incluiría puntos como el comportamiento de las masas, la violencia y el modo en que estos temas aparecen en el argumento de la novela.
- Un docente de Física quiere que los alumnos comprendan los conceptos de *densidad* y *flotación* y el principio de Arquímedes.
- Estudiantes de Psicología participan de una investigación acerca de *motivación*, *concepto de sí*, *rivalidad entre hermanos* y conceptos relacionados.

Pueden ser citados ejemplos parecidos en casi todas las disciplinas. Veamos qué tienen en común.

Consideremos el primer ejemplo. En un enfoque tradicional, el docente tal vez haga una lista y describa factores asociados al crecimiento de las ciudades. A esta descripción le puede seguir una selección de grandes ciudades y un análisis sobre el modo en que los factores se dan en cada una.

Sin embargo, el docente puede presentar la unidad de la siguiente manera: muestra a los alumnos el esbozo de un mapa con la ubicación de dos ciudades ficticias y dice:

> Miren el mapa detenidamente. Estas dos ciudades están en el estuario de un río, en la costa de este país. Sin embargo, una de estas dos ciudades (Metrópolis) ha crecido y prosperado mientras que la otra (Podunk) es insignificante como centro de población. ¿Por qué suponen que ocurrió esto?

Éste es un ejemplo de problema que podría utilizarse para comenzar una actividad de indagación de Suchman. A continuación se pide a los alumnos que sugieran algunas explicaciones tentativas sobre la diferencia (hipótesis) y que reúnan datos para evaluar las hipótesis. La explicación sería la base para generalizar sobre el crecimiento de las ciudades.

En el caso de *El incidente de Oxbow*, el docente puede introducir la unidad y decir:

Tres hombres inocentes cabalgan hacia una ciudad del oeste, son tomados cautivos, juzgados y colgados por un crimen que no cometieron. ¿Por qué sucedió esto?

Nuevamente, los alumnos son conducidos a la meta de contenido mediante la indagación, al tiempo que practican sus habilidades de pensamiento.

En el ejemplo de Psicología, el docente puede preguntar a la clase por qué un hermano llega a ser erudito y alumno con honores, mientras que otro hermano de la misma familia se convierte en delincuente. Al diseñar problemas, el docente debe considerar los siguientes dos factores.

Conocimientos previos del alumno. El primer factor que los docentes deben considerar son los conocimientos previos del alumno. Los trabajos de investigación coinciden en sugerir que todo aprendizaje nuevo se basa en la comprensión previa (Bransford, 1993; Good y Brophy, 1994; Resnick y Klopfer, 1989). Por ejemplo, la clase de Chris no podría haber funcionado si los alumnos no hubiesen sabido que los ciervos son herbívoros y que los pumas y coyotes a veces se alimentan de los ciervos. También era necesario que comprendiesen los efectos de la superpoblación. Al planificar, el docente diseña el problema de modo que los alumnos tengan que "alcanzar" la resolución, pero debe cuidar que los problemas no estén más allá de la comprensión del alumno.

Estructuración de problemas. La experiencia indica que la forma de estructurar los problemas contribuye en gran medida al éxito de la clase. Los problemas más eficaces tienen tres características fundamentales:

- Parecen discrepantes o contra-intuitivos.
- Son específicos.
- Contienen una comparación.

Examinemos estas características.

Se puede aumentar la motivación de los alumnos estructurando los problemas de manera que parezcan discrepantes. Por ejemplo, es más frecuente esperar que dos hermanos de la misma familia sean parecidos a que sean sumamente distintos. Las grandes diferencias en actitud y conducta son de algún modo discrepantes. La gran diferencia entre las tasas de crecimiento de dos ciudades con las mismas condiciones geográficas resulta también discrepante. Lo mismo ocurre con el caso de la ejecución de tres hombres inocentes sin que medie ninguna razón visible. La presentación de una discordancia tiene como propósito despertar la curiosidad de los alumnos y crear un mayor interés por el problema.

Los problemas pueden estructurarse de modo de incrementar su discrepancia. Por ejemplo, en una clase acerca del efecto de la altura en la temperatura del hervor, en lugar de tan sólo preguntar por qué lleva tanto tiempo hervir un huevo en las montañas, el docente podría presentar el siguiente problema.

Dos grupos de niñas acampaban en diferentes lugares y comenzaron a preparar la comida de la noche. El grupo de Sondra hizo un fuego, preparó un guiso de carne y vegetales, y lo puso a cocinar. El grupo de Gloria hizo lo mismo. Después de un corto período de tiempo, el grupo de Sondra probó su guiso y lo encontró listo para comer. El grupo de Gloria probó su guiso y encontró que las papas y las zanahorias estaban todavía crudas. ¿Por qué hubo esa diferencia?

Un problema presentado de este modo despierta más la curiosidad de los alumnos que la pregunta sobre el tiempo que lleva hervir un huevo en las montañas. La presentación del tema como problema requiere de un poco más de esfuerzo que la sola pregunta y demanda un poco de conocimiento e imaginación por parte del docente.

Veamos otro ejemplo. Un docente cuya meta sea promover los hábitos de buena salud, puede plantear el siguiente problema:

Pat y Jean son hermanas. Pat es una niña brillante, con mucha energía, que se enferma poco y casi nunca falta a la escuela. Por el contrario Jean, quien es también brillante, se enferma a menudo y falta bastante a la escuela. ¿Por qué habrá tanta diferencia entre la salud de dos niñas de la misma familia?

Este ejemplo se parece al anterior en que fue desarrollado de modo que parece carecer de sentido. La solución del problema se referirá a los mejores hábitos de salud de Jean.

La segunda característica –especificidad– hace que los alumnos comprendan el problema, aumenta las posibilidades de que lo perciban de la misma manera y vuelve más fáciles la formulación de las hipótesis y la recolección de datos. Por ejemplo, es más sencillo recolectar datos acerca de dos niñas en una familia que analizar hábitos de salud de la población en general; centrarse en dos ciudades hace el problema más concreto y específico que observar el crecimiento de las ciudades en general; por último, examinar las experiencias de dos grupos de niñas en un campamento es más fácil que considerar la relación general entre altura y punto de hervor.

Además de ser discrepantes y específicos, los problemas de indagación más eficaces contienen una comparación. Si observamos los ejemplos, vemos en cada caso una comparación. En la clase de Chris, la población de ciervos fue comparada antes y después de que los lobos fueran eliminados. Se compararon dos ciudades en el ejemplo de Estudios Sociales, dos hermanos en Psicología y dos hermanas en el ejemplo de la clase de salud. El único caso que no contiene una comparación es el ejemplo que utiliza *El incidente de Oxbow*.

En general, los problemas discrepantes, específicos y que contienen una comparación ayudan en la eficacia de este tipo de clases, ya que suministran un punto de partida productivo para la indagación. El propósito del problema es presentar una porción simulada del mundo real para el análisis. Las películas, los videos, las exposiciones, los gráficos, las tablas, los mapas y los estudios de casos pueden ser utilizados para comenzar actividades de indagación y, si son planificados adecuadamente, todos pueden brindar información suficiente para iniciar el proceso de recolección de datos.

Diseño de problemas para alumnos pequeños. Con los alumnos más pequeños, los problemas de indagación deben ser tan concretos como resulte posible. Por ejemplo, un docente de primer año, al planificar una clase de indagación de Suchman, plantó dos semillas. Después de un lapso trajo las plantas a clase y las mostró a los niños. Una de ellas había crecido más alto y se veía mucho más saludable que la otra. El problema era intentar explicar por qué las plantas se veían tan diferentes. Su actividad con los niños funcionó muy bien, sobre todo porque pudieron ver plantas reales. Con alumnos mayores tal vez se hubiesen necesitado dibujos o una descripción verbal.

En resumen, las características de un problema de indagación eficaz pueden ser esbozadas de la siguiente manera:

1. El problema debe tener en cuenta el nivel de desarrollo de los estudiantes.
2. La curiosidad y la motivación aumentan si se presenta el problema de manera que parezca discrepante.
3. Los problemas eficaces son enunciados específicamente.
4. Los problemas eficaces generalmente contienen una comparación.

Una vez identificadas las metas y preparado el problema, se puede pasar a implementar la clase.

Implementar clases según el modelo de Suchman

Presentación del problema

Luego de las rutinas de comienzo de clase, el docente presenta el problema. Si bien éste puede ser planteado de diferentes maneras, una descripción como la que Chris Florio usó en su clase resulta muy eficaz. Ella dijo:

> Hemos estado estudiando las relaciones entre la presa y el depredador y el equilibrio de la naturaleza durante los últimos tres días, y hoy quiero ampliar nuestra discusión y ver si podemos aplicar nuestros conocimientos previos para resolver un problema. Entonces, la meta de la clase de hoy es examinar y resolver el siguiente problema. ¿Todos listos? Bien...Vamos.

La meta hasta aquí es asegurarse de que el problema sea claro y los estudiantes puedan comenzar a trabajar en él. El problema puede ser mostrado en una filmina o escrito en el pizarrón, para dar un punto de referencia a los alumnos durante la clase.

Formular hipótesis

Después de presentar el problema, se anima a los alumnos para que formulen hipótesis. Esto ocurre en clase de Chris cuando Damon sugirió:

> Después de que los lobos fueron eliminados, fue fácil para los depredadores, como los pumas, los coyotes y las águilas cazar al ciervo, por eso su población bajó.

Si bien la clase de Chris siguió la secuencia sugerida para actividades de indagación, en algunos casos se comienza la actividad haciendo preguntas (reuniendo datos) hasta que los alumnos comprenden el proceso. Comenzar recolectando datos no es una realización tan "pura" del modelo, pero la meta en la indagación es el desarrollo de las habilidades de pensamiento y puede cumplirse de las dos maneras. Si los estudiantes tienden a comenzar con la recolección de datos, nuestra sugerencia es que se les permita hacerlo por algunos minutos, y luego se los anime para que intenten formular una hipótesis sobre la base de la información reunida. Otra posibilidad puede verse en el comentario de Chris: "Quiero recordarles que podemos sugerir hipótesis alternativas en cualquier momento". Los estudiantes de Chris pasaron a la recolección de datos después de presentar la primera hipótesis, pero pudieron haber ofrecido más hipótesis antes de comenzar a recolectar información.

Sin embargo, aquí debemos hacer una advertencia. El número de hipótesis debe ser lo suficientemente limitado como para que los alumnos puedan ver con qué hipótesis se relacionan sus datos. Una de las metas en un proceso de indagación es recolectar evidencias para probar una determinada hipótesis, no reunir información al azar y esperar que surja alguna conclusión de ella. Se deben evaluar las hipótesis con los datos, pero para esto la hipótesis debe existir previamente.

Formulación de las hipótesis de manera general. Alentar a los alumnos a que formulen hipótesis de manera general, en lugar de hacerlo con afirmaciones particulares, hace funcionar la actividad del aprendizaje más fluidamente.

Para ejemplificar esto, veamos el siguiente problema y dos posibles hipótesis:

Jim calcula los kilómetros que recorre su auto por cada litro de combustible y los compara con los de su vecina Judy. Al hacerlo, encuentra que él tiene cinco kilómetros menos que Judy por litro, aunque sus autos son aproximadamente del mismo tamaño. ¿Por qué ocurre esto?

Una hipótesis en relación con este problema puede ser:

El auto de Jim tiene problemas mecánicos y, por eso, su rendimiento es menor.

Una segunda hipótesis podría ser:

El auto de Judy tiene neumáticos radiales y el de Jim no, de ahí la diferencia.

La primera hipótesis es más eficaz, y si los estudiantes ofrecieran una como la segunda, se los podrá guiar hacia una alternativa, o sugerirla a partir de sus respuestas, como lo muestra el siguiente diálogo:

D: ¿Entonces cuál sería la hipótesis?
A: El auto de Judy tiene neumáticos radiales y el de Jim no, por eso tiene mayor rendimiento.
D: ¿Entonces, sugieres que tal vez Judy tiene mejor equipo en su auto que Jim?

Si bien podríamos criticar al docente por "conducir" al alumno, la primera hipótesis es mucho más eficaz para la recolección de datos que la segunda. En la próxima sección veremos la causa de esto.

Recolección de datos

Al presentar la indagación general vimos que la evaluación de las hipótesis con datos "reales", como una visita a una ciudad, la observación de una población animal o el estudio de diferentes referencias escritas, puede ser un proceso largo y desalentar el aprendizaje de indagación. Además, como las clases de indagación pueden llevar varios días o hasta semanas, los alumnos pueden perder de vista las metas en el proceso.

Para superar esas dificultades, Suchman creó una manera inteligente de recolectar datos para que las clases de indagación puedan completarse en un solo período de clase. Así, la indagación puede volverse una parte integral de la enseñanza, en lugar de una actividad que ocurre una o dos veces por año.

Recordemos la clase de Chris y revisemos las dos reglas importantes para la recolección de datos en las actividades de indagación de Suchman.

- Los estudiantes reúnen datos a través de preguntas que puedan responderse por sí o por no. Esto hace que los estudiantes tengan la responsabilidad de formar explicaciones y promueve el desarrollo del pensamiento crítico y de nivel superior.
- La pregunta debe ser formulada de manera tal que la respuesta sólo pueda obtenerse mediante la observación.

Para ejemplificar estas reglas, volvamos al problema de los autos de Jim y Judy.

Jim calcula los kilómetros que recorre su auto por cada litro de combustible y los compara con los de su vecina Judy. Al hacerlo, encuentra que él tiene cinco kilómetros menos que Judy por litro, aunque sus autos son aproximadamente del mismo tamaño. ¿Por qué ocurre esto?

Veamos la primera hipótesis:

El auto de Jim tiene problemas mecánicos y, por eso, su rendimiento es menor.

Respetar la primer regla es muy simple. Si la respuesta no puede darse en forma afirmativa o negativa, debe ser reformulada.

La segunda regla es más sutil y requiere de mayor juicio por parte del docente. Por ejemplo, al investigar la hipótesis que sugiere que el auto de Jim tiene problemas mecánicos, un estudiante puede preguntar:

¿El auto de Jim tiene problemas mecánicos?

Si bien se responde por sí o por no, la pregunta requiere de una conclusión del docente, que implica evaluar la hipótesis como negativa. Además, permitir esa pregunta reduciría la actividad de aprendizaje a un simple juego de adivinanzas: los estudiantes "adivinarían" una hipótesis y luego preguntarían si es válida.

Ahora consideremos las siguientes preguntas relacionadas con la hipótesis de "problemas mecánicos":

¿El auto de Judy es más nuevo que el de Jim?
¿El auto de Judy ha sido puesto a punto más recientemente que el de Jim?
¿Jim usa su auto para ir y volver del trabajo?

¿Judy usa su auto para ir y volver del trabajo?
¿Jim y Judy trabajan cerca de su casa?

Las respuestas a estas preguntas sólo pueden obtenerse mediante la observación y sirven para evaluar la hipótesis (y también otras). Por ejemplo, si los autos de Jim y Judy son del mismo año y han sido puestos a punto aproximadamente en el mismo momento, los datos rechazarían la hipótesis.

Otra posible hipótesis es examinada con las preguntas. Por ejemplo, si Jim usa su auto para viajar ida y vuelta del trabajo o si tiene que manejar en un tránsito más lento. Las preguntas se refieren a las condiciones de manejo, por lo que se podría formular la siguiente hipótesis:

El rendimiento del auto de Jim es más bajo porque sus condiciones de manejo son más difíciles que las de Judy.

Volvamos a la sugerencia acerca de enunciar hipótesis generales, en lugar de hacerlo en términos específicos. Por ejemplo, la segunda hipótesis decía:

El auto de Judy tiene neumáticos radiales y el de Jim no; por eso, tiene mayor rendimiento.

Entonces los estudiantes podrían preguntar: "¿El auto de Jim tiene neumáticos radiales?" y "¿El auto de Judy tiene neumáticos radiales?". Estas preguntas se atienen a la regla, pero hacen muy poco para promover el proceso de evaluar hipótesis con conclusiones. Como la hipótesis es una afirmación específica, la actividad se convierte en un juego de adivinanzas.

Por el contrario, si la hipótesis es "El auto de Judy está mejor equipado que el de Jim", las preguntas acerca de los neumáticos radiales requieren algunas conclusiones por parte de los estudiantes, y aparecen más oportunidades de desarrollar el pensamiento. Por esta razón sugerimos que las hipótesis tomen la forma de afirmaciones generales y no específicas.

Reformulación de preguntas. Veamos un diálogo de la clase de Chris.

STEVE: ¿El equilibrio entre presa y depredador tiene algo que ver con el problema?
CHRIS: Muy bien pensado, Steve. Queremos intentar responder a eso. Si estuvieras en el bosque buscando evidencias, ¿qué buscarías para intentar responder a la pregunta?

La pregunta de Steve podía responderse por sí o por no, pero no con una observación, por eso Chris pidió a Steve que la reformulase. Es importante notar que Chris animó a Steve a pensar cuando le pidió que reformulase la pregunta en lugar de limitarse a decirle que la pregunta no era aceptable. Al comenzar a utilizar este modelo, los alumnos pueden requerir una guía que los ayude a reformular las preguntas hasta hacerlas aceptables.

Veamos otras posibles preguntas relacionadas con la clase de Chris:

"¿Los ciervos se murieron de hambre?"
"¿La fertilidad de los ciervos fue afectada?"

Ninguna de las respuestas a estas preguntas se basa en la observación (no se observa la fertilidad ni la mortandad por hambre), por eso deberían ser reformuladas. Respecto a la primera pregunta, el docente podría decir:

La pregunta acerca de la mortandad por hambre está muy bien pensada. Ahora, ¿qué deberíamos buscar para saber si podemos hacer conclusiones sobre la muerte por hambre?

Se podría hacer una afirmación similar para la pregunta sobre la fertilidad.

Como ejemplo adicional del proceso de recolección de datos, volvamos al problema de las dos ciudades:

Miren el mapa detenidamente. Estas dos ciudades están en el estuario de un río, en la costa de este país. Sin embargo, una de estas dos ciudades (Metrópolis) ha crecido y prosperado mientras que la otra (Podunk) es insignificante como centro de población. ¿Por qué suponen que ocurrió esto?

Consideremos las siguientes preguntas:

1. ¿Hay un gran cordón de montañas alrededor de Metrópolis?
2. ¿Hay un gran cordón de montañas alrededor de Podunk?
3. ¿El pico más alto de las montañas alrededor de Metrópolis tiene más de 5.000 pies de altura?
4. ¿El pico más alto de las montañas alrededor de Podunk tiene más de 5.000 pies de altura?

Las primeras dos preguntas indican que el alumno intenta averiguar si alguna de las ciudades está aislada por montañas, lo cual podría afectar su crecimiento. (Si se formulan la tercera y la cuarta pregunta antes de las dos primeras, el docente puede sugerir que no se ha establecido si hay montañas alrededor de las ciudades, y que tal vez los estudiantes deban reunir esta información.)

Comparemos las primeras cuatro preguntas con las siguientes:

5. ¿Las montañas del área son un factor en el crecimiento de las ciudades?
6. ¿Las montañas están relacionadas con la tasa de crecimiento?
7. ¿Las montañas del área son significativas en el crecimiento de las ciudades?
8. ¿Qué tan grandes son las montañas alrededor de Podunk?

Las preguntas 5, 6 y 7 se pueden contestar por sí o por no, pero la información no puede obtenerse sólo mediante la observación. La pregunta 8 resulta inaceptable porque requiere de otro tipo de respuesta.

Consideremos la siguiente hipótesis:

El río que está cerca de Metrópolis tiene una mayor capacidad que el río cercano a Podunk; puede transportar bienes y personas desde y hacia el interior. Por esta razón, Metrópolis creció más que Podunk.

Ahora consideremos las siguientes preguntas relacionadas con la hipótesis:

1. ¿Podunk se encuentra en el estuario de un río grande?
2. ¿Los ríos cercanos a las ciudades influyen en su crecimiento?

3. ¿Metrópolis se encuentra en el estuario de un río grande?
4. ¿El acceso al interior del país es un factor importante?
5. ¿En el río que está cerca de Podunk pueden navegar buques transoceánicos?
6. ¿Es importante saber acerca de los ríos?
7. ¿En el río que está cerca de Metrópolis pueden navegar buques transoceánicos?

Las preguntas 1, 3, 5 y 7 son aceptables, mientras que la 2, 4 y 6 no lo son. Se debe pedir a los estudiantes que hacen preguntas inaceptables que las reformulen, animándolos a pensar. El docente no debe desalentar a los alumnos que hacen "preguntas inaceptables". A menudo basta con un elogio acerca de lo pensado o una oportunidad de reformular la pregunta para que el alumno no se desanime.

Evaluar las hipótesis

Para ejemplificar el proceso de evaluación de hipótesis, veamos una parte de la clase de Chris.

LEROY:... ¿Se vieron más pumas en el hábitat de los ciervos después de que los ciervos fueran eliminados?
CHRIS: No.
LEROY: ¿Y coyotes?
CHRIS: No de nuevo.
CHRIS: ¿Con cuál hipótesis están más relacionadas las preguntas de Leroy?... Piénsenlo por un momento.
DAWN:...Creo que con la primera
CHRIS: Continúa.
DAWN: Bueno, Leroy hizo preguntas acerca de pumas y coyotes, que son otros depredadores, y la hipótesis dice que cuando los lobos fueron eliminados otros depredadores tomaron su lugar.
CHRIS: ¿Los datos parecen sustentar la hipótesis en general o parecen rechazarla?
FELICIA: Creo que la rechazan.
CHRIS: ¿Por qué, Felicia?
FELICIA: La hipótesis dice que otros depredadores cazaron los ciervos después de que los lobos se fueron... pero no había más pumas en el área después de los lobos. Y tampoco había más coyotes, según parece.
CHRIS: ¿Qué nos dice eso?
MICHELE: La hipótesis es equivocada.
CHRIS: Ey, tengamos cuidado. ¿En qué forma pensamos acerca de las hipótesis?
HEATHER: No usamos la idea de correcto o incorrecto. Además sólo tenemos dos preguntas relacionadas con la hipótesis, por lo tanto no podemos estar seguros.
CHRIS: Bien pensado, Heather. Así es exactamente como queremos trabajar... Ahora, ¿qué pensamos acerca de los datos?
DEBORAH:...La evidencia que tenemos parece rechazar la hipótesis.

Chris fue muy eficaz al conducir a los alumnos en la evaluación de la hipótesis, y también lo fue al mantener las conclusiones como tentativas. El docente decide en qué momento sugerir a los estudiantes que evalúen una hipótesis basándose en los datos. Cuando a Chris le pareció que había suficientes datos como para hacer una evaluación, guió a los alumnos en esa dirección. Después de decidir que los datos rechazaban la hipótesis, "almacenaron" la información y continuaron con el proceso de recolectar datos. Veamos otra parte del diálogo.

> CHRIS: Examinemos las hipótesis nuevamente y veamos qué dicen los datos acerca de ellas.
> BILL: Creo que tenemos que cambiar la segunda hipótesis un poco.
> CHRIS: Hazlo, Bill.
> BILL: Encontramos que algunos ciervos murieron de hambre, porque fueron encontrados cadáveres esqueléticos y los árboles estaban despellejados de su corteza, pero también encontramos que algunos cuerpos habían estado enfermos, por lo tanto, tal vez algunas muertes fueron causadas por enfermedad... Creo que la hipótesis debería decir que, después de que los lobos fueron eliminados, la población creció tanto que su hábitat natural no la pudo sustentar, y se volvieron susceptibles tanto de morir de hambre como de enfermarse. Los lobos atacan a los miembros más débiles, por eso en realidad ayudan a la manada a estar sana.
> CHRIS: Piensen en esto. ¿Qué dicen nuestras evidencias acerca de la sugerencia de Bill?

Aquí vemos cómo la evaluación de las hipótesis puede implicar su eliminación. Esto muestra la naturaleza cíclica del proceso de formulación de las hipótesis, la recolección de datos y la modificación de hipótesis o creación de otras nuevas. Este proceso está representado gráficamente en la figura 8.2.

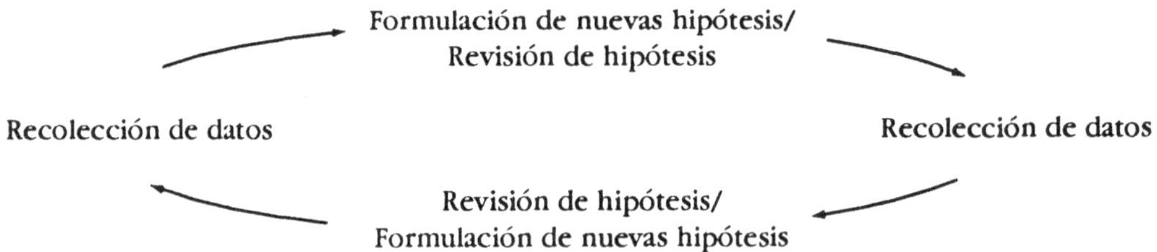

FIGURA 8.2. *La naturaleza cíclica de la formulación de hipótesis y la recolección de datos*

Cierre

Una característica intrínseca del proceso de evaluación de hipótesis es que conduce al cierre. Una clase de indagación de Suchman llega al cierre cuando se desarrolla la explicación que mejor se ajusta a los datos. (En el mundo real existen situaciones en que no puede encontrarse una explicación claramente mejor que el resto. Cuando el trabajo de los alumnos en el proceso de indagación se vuelve sofisticado, pueden llegar a este punto en la solución a los problemas. En ese caso, el cierre ocurriría cuando queda más de una explicación al final de la clase.)

Para ver cómo Chris guió a su clase hacia el cierre, veamos nuevamente un fragmento del diálogo de la clase.

CHRIS: ¿Qué nos dice esto [el problema con la población de ciervos] en principio acerca de las relaciones entre presa y depredador? Vamos, Alicia.
ALICIA:...Creo que debe ser algo así como... para mantener a un grupo de animales... como los ciervos, sanos, debe haber algunos depredadores para que su número sea el correcto.
CHRIS: ¿Alguien puede agregar algo a lo que dijo Alicia?
DAWN:...La presa y los depredadores tienen que estar en un cierto equilibrio. No demasiados depredadores y no demasiadas presas.
CHRIS: Muy buenas descripciones. Describieron la relación entre presa y depredador en general, y es válida para la mayoría de las poblaciones de animales.

Los alumnos de Chris resumieron su conclusión y generalizaron (aunque no en forma típica) las relaciones entre presa y depredador. Luego, la clase siguió discutiendo acerca de lo que pasa cuando se rompe el equilibrio en la relación.

Si bien puede pensarse que la confirmación de una explicación por parte del docente no ayuda a activar la indagación independiente, éste puede verse obligado a tomar decisiones espontáneas. Es preferible que los alumnos tengan una experiencia positiva y eficaz con el proceso de indagación a que éste quede indefinido y frustrado. Si es necesario para el proceso, el docente debe confirmar las explicaciones. A medida que los alumnos ganan experiencia y confianza en su habilidad para formar y analizar explicaciones, se vuelven más capaces de aceptar sus propias conclusiones, y habrán dado un paso más para ser indagadores verdaderamente independientes.

Consideraciones de desarrollo paraimplementar clases de indagación según el modelo de Suchman

Cuando se utilizan por primera vez las actividades de indagación de Suchman, los docentes a menudo experimentan dificultades y dicen:"Mis alumnos no pueden hacer esto". Por supuesto que no; si fueran buenos estudiantes autodidactas, no tendríamos que enseñarles estas actividades. Las actividades descriptas en este capítulo necesitan de mucho apoyo la primera vez que son presentadas. Cuando los alumnos ganan experiencia, sus habilidades se desarrollan con rapidez; pero para llegar a eso el docente debe atravesar las dificultades iniciales.

En cierto sentido es similar a aprender un nuevo juego. Debemos comprender cómo "se juega" y "cómo jugar". El primer tipo de conocimiento tiene que ver con las reglas y las metas del juego (cómo funciona). El segundo se relaciona con las estrategias para ganar.

Al principio, los docentes pueden elegir una clase de muestra con problemas como los siguientes:

* ¿Por qué la actividad preferida de Billy en su tiempo libre es mirar TV, mientras que la de Joe es leer?
* ¿Por qué a Nikki le gusta un programa de TV y a Megan otro?
* ¿Por qué a un grupo de alumnos les gusta una estrella de rock, mientras que otro grupo prefiere otra?

Como los alumnos estarán muy familiarizados con el tema, podrán concentrar su energía en "cómo jugar". Luego, cuando tengan mayor experiencia, el docente puede centrarse en otros problemas.

Tanto en clases de principiantes como en las más avanzadas, los modelos pueden ayudar mucho. El docente puede servir como modelo "pensando en voz alta" mientras ejemplifica un aspecto del proceso o puede alentar a los alumnos a que piensen en voz alta cuando explican sus propias ideas.

Un último comentario acerca de los aspectos de desarrollo en el uso de la indagación: algunos docentes cuestionan la capacidad de los niños pequeños para participar de este tipo de procesos. Nuestra experiencia ha sido que incluso los niños de preescolar pueden sacar provecho a las actividades de indagación general, siempre que se traten áreas de contenido comprensibles y adecuadamente estructuradas por el docente.

Evaluación diagnóstica

Hasta aquí analizamos cómo planificar e implementar la indagación general y la variante de Suchman. A continuación analizaremos cómo evaluar la comprensión del alumno en estos modelos.

Evaluación de la adquisición de contenidos y de habilidades de pensamiento

Como en otros modelos analizados, el contenido y los pensamientos crítico y de nivel superior se encuentran aquí tan ligados que resulta difícil evaluarlos separadamente. Debido a esto, las evaluaciones deben intentar privilegiar uno de dichos aspectos por encima del otro, en lugar de plantear dos evaluaciones distintas.

La etapa de evaluación de cualquier clase es importante porque proporciona al docente información acerca del progreso individual, algo que puede ser difícil de notar en el proceso de indagación grupal. Se intenta que los alumnos participen por igual, pero en realidad no lo hacen, y por eso hay que informarse mediante una evaluación de los alumnos individuales.

Uno de los aspectos más importantes de la evaluación de procesos de indagación es determinar si los alumnos pueden formular hipótesis y relacionar los datos con las explicaciones. Los estudios de casos permiten lograr esto. Se entrega un problema a los estudiantes y se les pide que formulen hipótesis relevantes, preguntas para reunir información y observaciones o datos sobre el propio problema.

Tomemos como ejemplo el siguiente ítem.

Considera la siguiente situación y desarrolla una hipótesis acerca de la conducta de Joe, escribe dos preguntas de recolección de datos que puedan ser utilizadas para probar la hipótesis y prepara una lista con tres observaciones sobre la lectura del fragmento.

Dos niños han sido amigos durante toda su infancia. Un día estaban saltando desde un árbol a un lago en el que solían nadar. En un momento en que Lionel se deslizó hacia el final de la rama y se preparó para saltar, Joe sacudió la rama haciendo caer a Lionel al suelo, lo cual le causó una lesión permanente en la cadera. ¿Por qué sucedió esto?

A. Hipótesis:
B. Preguntas para la recolección de datos:
C. Observaciones:

Las siguientes pueden ser respuestas a las preguntas.

A. Hipótesis: Joe estaba celoso de la capacidad atlética de Lionel.
B. Preguntas para la recolección de datos:
1 ¿Joe es el más pequeño de los dos?
2 ¿Lionel y Joe están juntos en un grupo de atletismo?
C. Observaciones:
1 Los niños eran buenos amigos.
2 Los niños nadaban juntos.
3 Joe sacudió la rama.

(Este problema fue adaptado de la novela de John Knowles, *A separate peace*.)

Otro modo de medir las habilidades de indagación de los alumnos es darles una copia de una actividad de indagación junto con una explicación posible y pedirles que determinen la relación entre los datos y esa explicación. Veamos un ejemplo basado en el problema de Estudios Sociales sobre las dos ciudades.

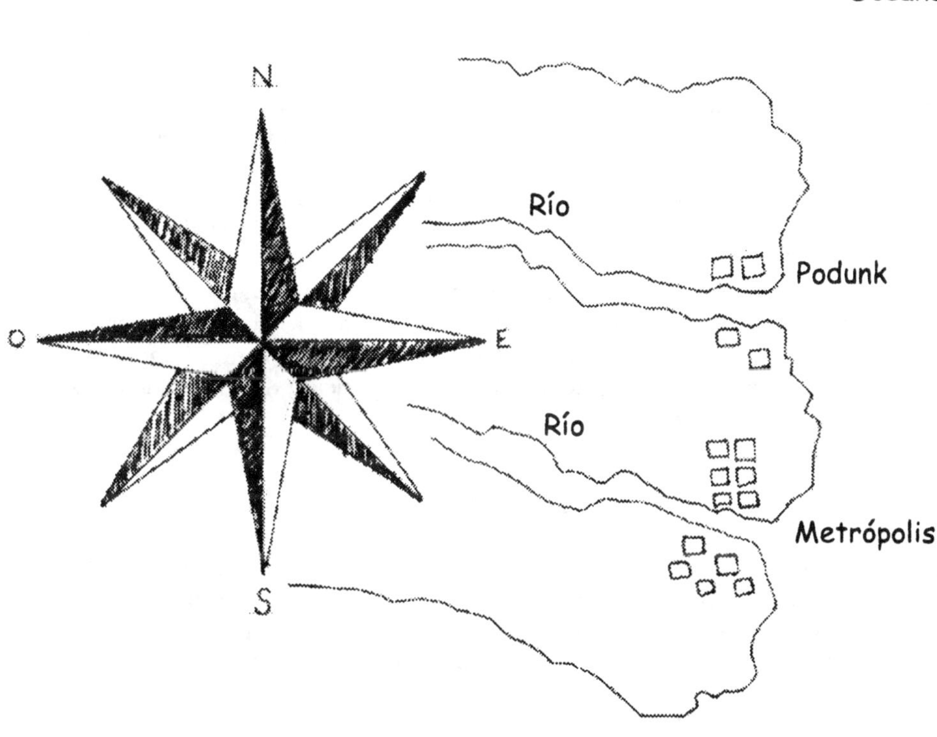

Ambas ciudades están en la costa y en el estuario de un río. Sin embargo, Metrópolis es un centro de transporte grande y animado, mientras que la ciudad de Podunk es pequeña y tranquila.

La siguiente es una explicación de por qué hay tanta diferencia en tamaño e importancia:

Tanto Podunk como Metrópolis están en la costa y en el estuario de un río, pero la entrada al puerto de Podunk es muy pequeña, y los vientos y corrientes de la zona hacían peligroso el acceso en los años en que se usaban barcos veleros. Además, el cordón costero de montañas aislaba por tierra a Podunk, pero se trasformaba en colinas alrededor de Metrópolis, permitendo el acceso por tierra.

Los siguientes datos fueron reunidos en la forma de preguntas con las respuestas entre paréntesis. En el espacio en blanco que está al lado de cada pregunta, escribe Fundamenta (F), No fundamenta (NF) o Irrelevante (I) de acuerdo a la relación entre los datos y la explicación.

a. ¿La corriente de la costa va de norte a sur? (Sí)

b. ¿El puerto de Metrópolis es más grande que el de Podunk? (Sí)

c. ¿Metrópolis y Podunk están separadas por más de cien millas? (Sí)

d. ¿En la época de la navegación a vela, encallaba aproximadamente la misma cantidad de barcos en Podunk que en Metrópolis? (Sí)

e. ¿El río cercano a Metrópolis es capaz de transportar barcos más pesados que el río cercano a Podunk? (Sí)

f. ¿Las montañas alrededor de Podunk son más altas que las montañas alrededor de Metrópolis? (Sí)

g. ¿Metrópolis y Podunk están en el cinturón meteorológico de vientos del oeste? (Sí)

h. ¿Los vientos locales son más variables en Podunk que en Metrópolis? (Sí)

Como medición adicional de las habilidades de indagación, el docente puede ampliar el proceso de medición pidiendo a los alumnos que reescriban la explicación (hipótesis) de acuerdo con los datos adicionales.

El docente debe estar seguro de que la situación utilizada para evaluar no fue presentada antes. Si no fuera así, los estudiantes podrían limitarse a recordar información conocida.

Hasta aquí presentamos la medición de los aspectos de pensamiento de nivel superior y crítico de la indagación. El docente puede evaluar la adquisición de contenido de la misma manera en que lo hace al aplicar otros modelos.

Resumen

La indagación es un proceso de resolución de problemas basado en la evidencia. El proceso de indagación suele comenzar con un problema o pregunta. Se sugieren soluciones o respuestas tentativas (hipótesis) y se reúnen datos, lo que permite la evaluación de éstas. Las hipótesis son evaluadas de acuerdo a los datos disponibles y las generalizaciones se formulan a partir de las conclusiones.

El proceso de indagación forma parte de nuestra vida cotidiana y está presente en actividades tan simples como decidir entre dos productos al efectuar una compra.

La indagación de Suchman es similar a la indagación general, salvo por el modo en que se recolectan los datos. Para superar las dificultades con el tiempo y los recursos disponibles,

Suchman ideó una manera de hacer que los estudiantes recolecten datos mediante preguntas en lugar de observaciones reales. Por otra parte, los procedimientos de Suchman hicieron la indagación accesible en todas las áreas de contenido, mientras que la indagación general sólo se suele ver en Ciencias.

Conceptos importantes

Fuentes de datos primarios (p. 260)　　　Indagación (p. 256)
Fuentes de datos secundarios (p. 260)　　Indagación de Suchman (p. 268)
Hipótesis (p. 262)　　　　　　　　　　　Modelo general de indagación (p. 256)

Ejercicios

1. Observe las siguientes metas de contenido. Identifique aquéllas no aptas para la indagación de Suchman y explique por qué no resultan apropiadas.

   a. Un docente de Estudios Sociales quiere enseñar la duración de una guerra civil.

   b. Un docente de Ciencias quiere explicar la diferencia entre los procesos de observación e inferencia.

   c. Un docente de Educación Artística quiere explicar las variaciones en el trabajo de Van Gogh a lo largo de su vida productiva.

   d. Un docente de Matemáticas quiere enseñar la regla de tres simple.

   e. Un docente de Ciencias quiere que los alumnos sepan por qué se forma el rocío.

2. Seleccione en la siguiente lista una o más metas apropiadas para su área de enseñanza. Describa un problema que permita cumplir la meta utilizando una actividad de indagación de Suchman.

   a. Un docente de Música quiere transmitir a los alumnos las razones por las que algunos sonidos son considerados música y otros ruido.

   b. Un docente de Literatura quiere estudiar la naturaleza de las tradiciones y eligió el cuento "La lotería" como medio de estudio.

   c. Un docente de Ciencias Sociales quiere explicar las razones por las que se arrojó la primera bomba atómica en Hiroshima.

   d. Un docente de Ciencias Sociales quiere explicar los factores de la sorprendente victoria de Truman sobre Dewey en 1948.

   e. Un docente de Ciencias quiere enseñar la Ley de flotación.

   f. Un docente de Arte quiere explicar los factores que afectan al precio de una pintura en el mercado.

3. Lea los siguientes problemas diseñados para actividades de indagación de Suchman y decida cuál es más apropiado.

   a. Dos países limítrofes, de aproximadamente el mismo tamaño, tienen recursos naturales similares, con una gran riqueza en minerales y madera. El país A posee una sociedad próspera y dinámica con una economía estable, mientras que el país B lucha por su supervivencia económica y está al borde de la bancarrota. ¿Por qué existe esta diferencia entre ambos?

b. Los animales tienen diferentes maneras de protegerse. Algunos son pequeños y se pueden defender, otros tienen piernas largas y pueden correr. Existen otros que tienen una forma de protección llamada coloración protectora. ¿Qué significa esa expresión?
c. Se pide a un grupo de alumnos que escriban trabajos. Algunos obtienen notas altas y otros, notas bajas. ¿Por qué existe esa diferencia?

4. En la situación que sigue una docente utiliza el modelo de indagación. Analice y responda las preguntas que aparecen a continuación.

Renee Stanley comenzaba una unidad acerca de los diarios en su clase de Periodismo de polimodal. Ella quería explicar los factores que dieron forma a los diarios y la función que éstos tuvieron en el ámbito del periodismo. Para comenzar su clase dijo:
—Hoy comenzaremos nuestra unidad acerca de los diarios. Como actividad introductoria, quisiera que mirasen algunos diarios de la semana pasada y veamos qué podemos descubrir.
A continuación, colocó los diarios de cada día de la semana anterior en una mesa frente a la clase.
—¿Qué notan acerca de estos diarios? ¿Jill?
—Los de final de la semana son más gruesos que los del principio de semana.
—Bien, ¿algo más? ¿Tod?
—El del domingo parece ser el más grueso y el que más fotografías en color tiene.
—¿Están todos de acuerdo? ¿Alguna otra observación? ¿Mary?
—Parece haber más suplementos en los diarios del miércoles y el jueves.
—Son todas buenas observaciones. Ahora quiero que investiguemos los factores que influyen en el tamaño y la composición de nuestro diario.
Luego escribió lo siguiente en el pizarrón:
¿Qué factores influyen en el tamaño y la composición del diario?
Continuó:
—¿Alguna idea? ¿Rob, tienes alguna hipótesis?
—Deben ser secciones especiales, como cosas para hacer en el fin de semana o cosas de viajes. Eso puede hacer a algunos diarios más gruesos que otros.
—Está bien, pongamos eso en el pizarrón como hipótesis. ¿Alguna otra idea, Sally?
—También podría ser publicidad. La gente tiene más tiempo para hacer compras en el fin de semana.
—Bien, pongamos publicidad también. ¿Alguna otra, Dave?
—Otro factor puede ser los deportes. Hay más eventos deportivos los fines de semana. Ésa puede ser una razón por la cual el diario del domingo es tan grueso.
—Ésa es también una buena idea. Dejemos por un momento las hipótesis y pensemos cómo recolectar algunos datos en relación con nuestras hipótesis. ¿Alguna idea, Susan?
—No estoy segura de que esto funcione, pero podemos contar el número de páginas que tienen esas secciones.
—Interesante idea.
La clase siguió discutiendo sobre los procedimientos que utilizarían para analizar los diarios y, finalmente, se construyó la siguiente tabla:

Noticias nacionales e internacionales, noticias locales
Número de páginas
Secciones especiales
Deportes
Publicidad
Porcentaje del total

Renee dividió a los alumnos en siete grupos, cada uno de los cuales era responsable de analizar el diario de un día de la semana. Luego, anotaron la información obtenida en la tabla del pizarrón para compartirla con los demás.

—Bueno, ¿qué tenemos aquí? Seguro que es un montón de horribles datos. Para hacer que nuestro trabajo sea un poco más fácil, creo que debemos analizar los datos sistemáticamente. Tomemos las hipótesis una por una y veamos qué podemos averiguar. ¿Podemos ver la hipótesis de las "secciones especiales" primero? ¿Qué patrones ven? ¿Jackie?

—Parece que en términos de páginas hay más secciones especiales los domingos.

—¿Todos están de acuerdo? ¿Por qué crees que vemos ese patrón, Sam?

—Creo que es porque la gente tiene más tiempo libre los domingos para leer cosas de las secciones especiales.

—¿Están todos de acuerdo? ¿Joe?

—Miren la columna de porcentajes de secciones especiales los domingos. No es mayor que las demás. No puedo explicarme eso.

—¿Alguna idea, alumnos? Creo que va a sonar el timbre en unos minutos. Guardemos la información que está en el pizarrón y continuemos la discusión mañana. Comenzaremos con la pregunta de Joe.

Responda las siguientes preguntas basándose en la información del caso.

a. ¿La clase de indagación de Renee fue espontánea o planificada con anticipación?
b. ¿Las fuentes de datos utilizadas por los estudiantes eran primarias o secundarias? Explique.
c. Identifique cada una de estas etapas en el desarrollo de la clase.

    1. Definición del problema o pregunta.
    2. Formulación de hipótesis.
    3. Recolección de datos.
    4. Investigación de las hipótesis mediante el análisis de los datos.
    5. Generalización.

5. David Smith preparó el estudio de un caso para evaluar a sus alumnos en las habilidades de indagación. El estudio estaba compuesto por (a) un problema, (b) hipótesis sugeridas como explicación del problema y (c) datos reunidos para probar la hipótesis. Luego preparó varias preguntas para los alumnos. Su tarea es analizar la calidad de éstas y considerar si son apropiadas. El estudio de caso es el siguiente:

Existe un país cuya forma es la que aparece en el mapa. Lo extraño es que la mayoría de la población vive en la costa este. ¿Por qué ocurre esto?

Las siguientes hipótesis estaban incluidas en el estudio de caso.

1. Hay más puertos naturales en el este que promueven el comercio en esa área, lo cual conduce a un desarrollo en la población.
2. Hay un cordón de montañas en la costa oeste que impide el desarrollo del área.
3. Una línea de ferrocarril se extiende desde un país al norte hacia la costa este, y promueve la inmigración y el comercio entre ambos países, conduciendo al desarrollo de la población en el este.

Los datos relacionados con el problema son los siguientes:

    a. La cantidad de puertos en las costas este y oeste es aproximadamente la misma.
    b. El país es llano en toda su superficie.
    c. El clima es uniforme en todo el país.
    d. Las corrientes oceánicas en la costa este van de sur a norte.
    e. Las líneas de ferrocarril van de norte a sur del país en ambas costas.
    f. El primer ferrocarril fue construido en la costa este.
    g. Existe un cordón de montañas en sentido norte-sur en el país que limita al norte, a alrededor de 200 kilómetros de la costa.

David preparó las tres preguntas que siguen. Analice cada pregunta y determine si son apropiadas para medir las habilidades de proceso de los estudiantes de David.

Pregunta a. ¿Cuál de estos factores puede influir en la ubicación de las ciudades?
    1. Ferrocarril.
    2. Corrientes.
    3. Montañas.
    4. Puertos.

Pregunta b. Basándote en los datos, decide cuál de las tres hipótesis puede ser aceptada y cuál debe ser rechazada. Explica las razones para tu decisión.

Pregunta c. Basándote en los datos, revisa las hipótesis para formar una explicación final del problema.

6. Considere el problema citado que describía a dos niñas llamadas Pat y Jean. Pat casi nunca se enfermaba, mientras que Jean se enfermaba a menudo. La pregunta era por qué existía esa diferencia entre las niñas. En la siguiente lista, identifique las preguntas que no satisfacen las reglas del modelo de indagación de Suchman y deben por lo tanto ser reformuladas.
a. ¿Qué edad tienen las niñas?
b. ¿Jean es más pesada que Pat?
c. ¿Son sus hábitos de limpieza un factor en la diferencia en su salud?
d. ¿Pat toma vitaminas todos los días?
e. ¿Jean hace suficiente ejercicio?
f. ¿Pat come alimentos de los grupos básicos todos los días? ¿Y Jean?

7. Lea el siguiente caso y responda las preguntas a continuación.

Dos docentes, Susan y Bill, comentaban un incidente entre dos colegas.

—Nunca había visto a Joan enfurecerse así —dijo Susan a Bill—. ¿Por qué crees que criticó a Mary?

—No estoy seguro —respondió Bill—. Pero creo que tiene problemas en la casa. La noto nerviosa cuando llega a la mañana, pero se calma en el transcurso del día. Además, hizo un comentario sarcástico acerca de su marido ayer a la mañana.

—Sí, escuché eso también —asintió Susan—. Pero creo que es todo pasajero. La semana pasada habló de lo feliz que estaba y lo bien que marchaban las cosas, tanto en casa como en la escuela. Realmente no creo que su vida privada influyera en su modo de tratar a Mary.

Joe también había presenciado el incidente.

—Yo creo —dijo— que está simplemente exhausta y que sus nervios están a punto de estallar. Tiene dos cursos en la universidad. Además es la coordinadora de área y ahora que es primavera trata de ayudar a las niñas con el equipo de tenis. Simplemente es demasiado.

—Probablemente sea eso —coincidió Susan.

—Comentó que dormía un promedio de cinco horas diarias desde que comenzó a dar clases de apoyo. Son tres semanas, así que debe estar exhausta.

—Además, su marido es vendedor —agregó Bill— y ellos siempre tienen que atender a posibles compradores.

a. Identifique el problema/pregunta de indagación en la anécdota.

b. Identifique dos hipótesis ofrecidas para responder a la pregunta.

c. Identifique al menos cuatro comentarios en la anécdota que puedan ser ítems de datos. (Algunos de ellos son referenciales y, por esa razón, no son tan válidos como las observaciones, pero inclúyalos de todas formas).

d. Identifique con qué hipótesis se relaciona cada ítem de datos y si sustenta la hipótesis o la rechaza.

Preguntas para la discusión

1. Identifique al menos dos áreas del programa que se adapten a las actividades de indagación y otras dos en las que sea difícil implementar dichas actividades. Fundamente sus respuestas.

2. ¿Las actividades de indagación son enseñadas más eficazmente al comienzo o al final de una unidad? ¿Por qué?

3. Desde la perspectiva teórica del desarrollo, ¿cuál sería una secuencia óptima para presentar el modelo de indagación general, la indagación de Suchman y los modelos de adquisición de conceptos I, II y III?

4. ¿Cuáles son las ventajas y desventajas de pedir a los estudiantes que desarrollen independientemente un tema de investigación con el modelo de indagación general? Si ya lo ha hecho, ¿qué cree que debería hacerse antes de pasar a la indagación individual?

5. Haga una lista con todas las fuentes primarias de datos que encuentre en su área del programa. Haga lo mismo con las fuentes de datos secundarios. Compare sus respuestas con otros docentes de su área.

6. El modelo de indagación de Suchman ha sido erróneamente comparado con un juego de veinte preguntas. En realidad, es muy distinto de eso. Identifique las principales características que lo diferencian.

7. ¿En qué se asemejan los procesos de planificación para el modelo de indagación general y para la indagación de Suchman? ¿En qué se diferencian?

8. Si se utiliza el aprendizaje de conceptos como perspectiva, ¿qué puede hacer el docente para mejorar la calidad de las preguntas en la indagación de Suchman?

9. El modelo de aprendizaje cooperativo

El aprendizaje cooperativo: una visión general
    Metas grupales
    Responsabilidad individual
    Igualdad de oportunidades para el logro del éxito
    Estructura social del aprendizaje cooperativo

Aprendizaje cooperativo: por qué funciona
    Perspectivas conductistas
    Explicaciones sociales
    Perspectivas cognitivas

División de la clase en grupos de aprendizaje (DCGA)
    Planificar clases según el método DCGA
    Implementar clases según el método DCGA
    Evaluación diagnóstica

Método del rompecabezas II
    Estructura del método del rompecabezas II
    Planificar clases según el método del rompecabezas II
    Implementar clases según el método del rompecabezas II
    Evaluación diagnóstica

Investigación grupal
    La investigación grupal: una visión general
    Planificar clases según el método de investigación grupal
    Implementar actividades de investigación grupal
    Evaluación diagnóstica

Aprendizaje cooperativo *es un grupo de estrategias de enseñanza que compromete a los alumnos a trabajar en colaboración para alcanzar metas comunes.* El aprendizaje cooperativo se desarrolló en un esfuerzo para aumentar la participación de los alumnos, proporcionarles liderazgo y experiencia en la toma de decisiones en grupo. Al mismo tiempo se propone darles a los estudiantes la oportunidad de interactuar y aprender con estudiantes de diferentes ámbitos culturales, habilidades y conocimientos previos. En este capítulo se desarrollará la filosofía y la investigación que sustentan el aprendizaje cooperativo para aprender cómo implementar tres estrategias específicas del aprendizaje cooperativo en las clases.

    Éstas son las metas específicas del capítulo:

- Describir cómo el aprendizaje cooperativo difiere de las tradicionales estrategias competitivas de aprendizaje.
- Explicar, con la base en dos enfoques teóricos, por qué el aprendizaje cooperativo es eficaz.
- Identificar los elementos comunes de todos los métodos de aprendizaje cooperativo.
- Planificar, implementar y evaluar clases usando el modelo de aprendizaje cooperativo con DCGA.
- Planificar, implementar y evaluar clases con el método del rompecabezas II.
- Planificar, implementar y evaluar clases con el método de investigación grupal de aprendizaje cooperativo.

Para comenzar nuestra discusión acerca del aprendizaje cooperativo, veamos a tres docentes que usan la estrategia en sus clases.

Isabel Ortega camina alrededor de su clase de quinto año, mientras grupos de alumnos se turnan para interrogarse acerca de temas ortográficos de su cuestionario semanal. Isabel implementó el trabajo en grupos cuando se dio cuenta de que las calificaciones de ortografía eran muy desiguales; algunos alumnos iban bien, pero otros parecían estar "fuera de sintonía".

Como experimento, formó equipos de aprendizaje. Los alumnos se turnaban para interrogarse mutuamente acerca de la ortografía de las palabras y proporcionaban retroalimentación. Al final de cada semana, Isabel le daba a la clase un cuestionario y evaluaba a los alumnos individualmente basándose en cuánto habían progresado desde las semanas previas.

Jim Felton sonrió cuando vio las diferentes cajas de cereales en la primera mesa de su aula. Finalmente había encontrado un tema que no sólo les interesaba a sus alumnos de la E.G.B., sino que también eran expertos en él. Los alumnos de las clases de salud de Jim habían estado estudiando nutrición y debatiendo acerca de los desayunos. Algunos estudiantes dijeron que el cereal proporcionaba una comida equilibrada; otros argumentaron que la mayoría de los cereales estaban cargados de azúcar, sal y grasas. Entonces apareció el tema de los almuerzos del comedor escolar. Algunos alumnos defendían los almuerzos de la escuela, pero los que traían vianda decían que las comidas eran ricas en grasas y calorías. Jim decidió hacer algo para capitalizar este interés y energía.

Dividió a sus estudiantes en equipos, cada equipo se centró en un aspecto diferente de la nutrición. Un grupo se centró en los cereales, otro en las bebidas sin alcohol y un tercero en los almuerzos del comedor escolar. Cada grupo usó fuentes de información como cajas de cereal, artículos de revistas y entrevistas con el médico del colegio para reunir información sobre su tema. Los grupos habían presentado luego lo que encontraron y la clase había debatido acerca de eso.

Jesse Kantor observaba mientras sus alumnos de Biología I leían en silencio el capítulo acerca de los anfibios. Los estudiantes tenían guías de estudio que los ayudaban a centrarse en diferentes aspectos de la anatomía de estos animales. Algunos estudiaban el aparato digestivo; otros, el circulatorio y otros, el sistema nervioso. Al día siguiente los "expertos" en cada aparato se reunirían para intercambiar sus conocimientos y comparar notas.

Al tercer día, estos "expertos" se turnarían para enseñar sus temas a los otros miembros de sus grupos. Esto iría seguido de un cuestionario que evaluaría el conocimiento de los alumnos acerca de todos los temas.

¿En qué se asemejan estos episodios? ¿En qué son diferentes? ¿Qué características comparten y cómo esas características promueven el aprendizaje? ¿Qué roles desempeñan en estos casos el docente y los estudiantes?

En este capítulo veremos tres estrategias de aprendizaje cooperativo. Comenzaremos por examinar sus semejanzas y luego, las maneras en que se puede adaptar el aprendizaje cooperativo para alcanzar metas de aprendizaje específico.

El aprendizaje cooperativo: una visión general

Como vimos en la introducción del capítulo, el aprendizaje cooperativo es un grupo de estrategias de enseñanza que ubica a los alumnos en roles de aprendizaje y de enseñanza. Además, el aprendizaje cooperativo requiere que los alumnos aprendan a trabajar en colaboración hacia metas comunes, lo que desarrolla habilidades que tienen que ver con las relaciones humanas, semejantes a aquellas que son útiles también fuera del colegio. En el capítulo veremos tres métodos de enseñanza cooperativa: trabajo en equipos, rompecabezas II y grupo de investigación. Todos ellos tienen tres componentes esenciales:

- Metas grupales.
- Responsabilidad individual.
- Igualdad de oportunidades para el logro del éxito (Slavin, 1995).

Examinemos cada uno con mayor detenimiento.

Metas grupales

El aprendizaje cooperativo toma su nombre del hecho de que los estudiantes se encuentran en situaciones de aprendizaje en las cuales trabajan juntos para alcanzar metas comunes. Estas metas grupales tienen ventajas, tanto desde el aprendizaje como desde la motivación.

Las clases funcionan generalmente bajo una de tres estructuras de objetivo (Slavin, 1989). En las clases competitivas, los esfuerzos de un individuo dirigidos a una meta pueden frustrar a otros alumnos. Esto ocurre cuando los docentes califican "en la clase" y los alumnos compiten entre ellos por las notas; el éxito de un alumno significa el fracaso de otro. En clases individualistas, los esfuerzos de cada estudiante no tienen consecuencias en los demás. El aprendizaje individualista ocurre cuando cada estudiante trabaja solo. En las clases cooperativas, los esfuerzos de los individuos contribuyen al logro de la meta de los demás. Esto es similar a la estructura de recompensa grupal que ocurre en los equipos de fútbol, donde individuos con diferentes habilidades trabajan juntos para cumplir con las metas del equipo. Si bien el esfuerzo individual es importante, el marcador de ese esfuerzo es el desempeño del equipo.

Las **metas grupales** *son incentivos dentro del aprendizaje cooperativo que ayudan a crear un espíritu de equipo y alientan a los estudiantes a ayudarse entre sí.* No hay nada más sencillo que comparar esta orientación grupal con aquella que normalmente se da en las clases.

El docente está al frente de la clase; él o ella hacen preguntas a los alumnos. Después de cada pregunta un número de manos se levantan. Algunos alumnos alzan sus brazos ansiosamente con la esperanza de ser llamados. Otros, por supuesto, no levantan la mano y tratan de que sus ojos no se encuentren con los del docente, esperando no ser llamados. El docente llama a Juan. Peter, que se sienta al lado de Juan, sabe la respuesta correcta. Como Juan comienza a dudar, Peter se alegra y levanta la mano más alto. Peter sabe que si Juan no sabe, el docente tal vez lo llame. De hecho, de la única manera en que Peter puede obtener una recompensa en esta situación es esperando que Juan no sepa. Es muy natural, en esta estructura de clase competitiva, que los alumnos comiencen a sentir placer cuando los demás fallan. Sus propias recompensas dependen de la falla de los demás (S. Kagan, p. 250).

El aprendizaje cooperativo trata de evitar estos problemas y ubica a los estudiantes en situaciones de aprendizaje en que las metas grupales recompensan la cooperación.

Responsabilidad individual

Si bien se enfatizan las metas grupales, el aprendizaje individual es importante en el modelo de aprendizaje cooperativo. *La* **responsabilidad individual** *requiere que cada miembro de un grupo de aprendizaje cooperativo demuestre su destreza en los conceptos y las habilidades que se enseñan.* Isabel promovió la responsabilidad individual de sus alumnos, dándole a cada uno un ejercicio ortográfico al final de la semana, pero también podría haber usado informes, pruebas o proyectos. El docente comunica lo que se espera de la responsabilidad individual, enfatizando el hecho de que todos los estudiantes deben comprender el contenido y exigiendo que todos los estudiantes puedan demostrar esa comprensión.

Igualdad de oportunidades para el logro del éxito

Las metas grupales construyen la cohesión grupal; la responsabilidad individual asegura que cada miembro del equipo aprenda el contenido. La igualdad de oportunidades para el logro del éxito es el tercer elemento del aprendizaje cooperativo, que puede aumentar la motivación del alumno. Este elemento es particularmente importante en clases heterogéneas en las que el nivel de los conocimientos previos y de las habilidades varía. **Igualdad de oportunidades para logro del éxito** *significa que todos los estudiantes, más allá de la habilidad o de los conocimientos previos, pueden esperar ser reconocidos por sus esfuerzos.*

Para promover el éxito, las estrategias del aprendizaje cooperativo se centran en el esfuerzo individual y en el deseo de superarse. Cuando se usan equipos, como en la clase de Isabel, el progreso del grupo se basa en los puntos de desarrollo individual. Cada alumno gana puntos de superación cuando obtiene puntaje más alto en su ejercicio individual que los promedios totales. Los promedios son llamados puntajes básicos, que consideran el nivel de desempeño inicial de los alumnos. Los puntos de desarrollo individual, entonces, contribuyen al desempeño total del equipo. Con el uso de este sistema, los estudiantes que comienzan con un bajo nivel de desempeño realmente pueden hacer una contribución mayor a los logros grupales que un estudiante con mejor desempeño. Hacer que los estudiantes compitan sólo contra sus desempeños pasados no sólo promueve la motivación individual sino que también reduce la competencia entre los estudiantes. Discutiremos la implementación de los puntajes de superación más adelante.

Estructura social del aprendizaje cooperativo

Los métodos de aprendizaje cooperativo requieren que docentes y alumnos asuman roles diferentes de aquellos que se encuentran en las clases tradicionales. En las clases tradicionales, los docentes son el centro de la actividad y comúnmente usan la enseñanza en forma generalizada, para diseminar la información o para explicar habilidades. También en estas clases, los alumnos son a menudo pasivos y pasan la mayoría del tiempo escuchando o tomando notas. La investigación indica que los estudiantes pasivos aprenden menos que aquellos que son más activos (Eggen y Kauchak, 1994; Wittrock, 1986).

El rol del docente

En las actividades de aprendizaje cooperativo, los docentes a menudo usan la enseñanza dirigida a todo el grupo para presentar y explicar conceptos y habilidades básicos pero, después de esta presentación, el docente facilita el aprendizaje en grupos pequeños. Esto comienza con el agrupamiento de los alumnos, continúa con la construcción de un sentido del trabajo en equipo e incluye el monitoreo para asegurar que todos los alumnos estén aprendiendo.

El rol del alumno

Los roles del estudiante también cambian. El aprendizaje cooperativo requiere que los estudiantes sean activos y que se responsabilicen por su propio aprendizaje. Este objetivo se alcanza haciendo que los alumnos actúen como docentes y como estudiantes. Además, los alumnos también aprenden a explicar, comprometerse, negociar y motivar cuando participan como miembros del grupo. El crecimiento de estas habilidades de interacción social tal vez sea uno de los resultados más importantes de las actividades del aprendizaje cooperativo.

Aprendizaje cooperativo: por qué funciona

El aprendizaje cooperativo ha sido investigado exhaustivamente y los resultados generalmente indican que es eficaz (Slavin, 1995). Ha sido usado para alcanzar metas académicas que van desde habilidades básicas hasta el desarrollo del pensamiento de nivel superior y crítico. También fue usado para mejorar las habilidades de interacción de los alumnos y para ayudar a diferentes grupos raciales y étnicos a aprender a trabajar juntos. La investigación indica que también puede ayudar a incrementar la aceptación de estudiantes con discapacidades que cursan clases regulares (Slavin, 1995). ¿Cómo alcanza todas estas metas?

El éxito del aprendizaje cooperativo puede ser explicado por un mínimo de tres perspectivas diferentes (Slavin, 1989). Cada una de estas posiciones teóricas ofrece un punto de vista diferente acerca de lo que es el aprendizaje cooperativo y de cómo promueve el crecimiento de los estudiantes.

Perspectivas conductistas

Desde una visión conductista, el aprendizaje cooperativo funciona por la manera en que motiva a los estudiantes. El aprendizaje cooperativo ubica a quienes aprenden en situaciones en las que se dan recompensas grupales basándose en los desempeños individuales de los miembros de los grupos. Esto es similar al uso de emergentes grupales usados para la modificación de conductas, en los cuales toda la clase es recompensada por los esfuerzos colectivos de los miembros individuales. El aprendizaje cooperativo funciona porque los alumnos son recompensados por trabajar juntos.

Explicaciones sociales

Otros investigadores se centran en los aspectos sociales del aprendizaje cooperativo y enfatizan el poder de la cohesión social para construir y sostener los esfuerzos individuales (Sharon y Sharon, 1988). La perspectiva de la cohesión argumenta que si una tarea de aprendizaje resulta interesante y desafiante, el proceso de trabajar como equipo puede ser intrínsecamente motivador. En esencia, es más reconfortante trabajar en grupo que solo. Para tener éxito, esta opción a menudo requiere de actividades de armado del grupo antes que se inicien las actividades de aprendizaje cooperativo, así como son necesarias tareas de auto-evaluación grupal durante y después del trabajo. Estos procesos pueden ser largos y exigentes, pero sus defensores alegan que los beneficios sociales e interpersonales son iguales o mayores que los cognitivos (Johnson y Johnson, 1991). Los estudiantes no sólo aprenden más eficazmente, también aprenden cómo cooperar con otros. La importancia del crecimiento de esas habilidades interpersonales no puede subvalorarse.

Perspectivas cognitivas

Un tercer grupo de investigadores acentúa los beneficios cognitivos del aprendizaje cooperativo. Las perspectivas cognitivas enfatizan los distintos tipos de procesamiento de información que se dan en el interior de los grupos de aprendizaje cooperativo. Bajo esta perspectiva, los expertos acentúan el desarrollo de los estudiantes, la elaboración cognitiva o la práctica con retroalimentación.

Desarrollo de los estudiantes

Desde una perspectiva del desarrollo, el aprendizaje cooperativo funciona porque los alumnos tienen la posibilidad de interactuar y aprender de otros estudiantes. Desde el punto de vista del desarrollo, una de las maneras más eficaces de alentar el crecimiento conceptual es exponer a los estudiantes al encuentro con formas de pensamiento superiores o más complejas (Eggen y Kauchak, 1994). Por ejemplo, si varios estudiantes en una clase de Ciencia están resolviendo problemas con cálculo de variables para sus experimentos, una manera de incrementar la comprensión es ponerlos con estudiantes que ya comprenden el proceso. Cuando los estudiantes trabajan juntos, los alumnos menos hábiles aprenden de sus pares más avanzados y la comprensión de éstos se incrementa cuando tratan de explicar ideas abstractas a sus compañeros de equipo. El aprendizaje cooperativo promueve este aprendizaje mediante el *dar y recibir* que ocurre en los grupos.

Elaboración cognitiva

El aprendizaje cooperativo es también eficaz para alentar la elaboración cognitiva. La investigación indica que la elaboración –el proceso de formar uniones entre ideas que son almacenadas en la memoria– es una de las maneras más efectivas de promover el aprendizaje y la retención a largo plazo (Eggen y Kauchak, 1994; Wittrock, 1986). Los docentes usan la elaboración para promover el aprendizaje y alientan a los estudiantes a buscar y a formar conexiones entre el nuevo contenido y los conceptos que ya comprenden. En las actividades de aprendizaje cooperativo, una de las maneras más eficaces para alentar la elaboración es pedir a los estudiantes que expliquen el trabajo de otro. La investigación acerca de este proceso indica que los estudiantes que explican y elaboran, aprenden más que los que solamente escuchan explicaciones quienes, a su vez, aprenden más que los estudiantes que aprenden solos (Slavin, 1989).

Pueden encontrarse aplicaciones del concepto de *elaboración* en todo el espectro de la educación. Los docentes a menudo piden a los alumnos que parafraseen ideas y que las expresen en sus propias palabras. Muchas estrategias de estudio recomiendan que los alumnos resuman, esbocen y dibujen representaciones de las conexiones entre las ideas, usando así el proceso de elaboración (Eggen y Kauchak, 1994). La enseñanza recíproca usa los procesos de resumir, clarificar, predecir y preguntar sobre el contenido, para alentar la elaboración (Brown y Palincsar, 1985). El aprendizaje cooperativo alienta la elaboración, pidiendo a los alumnos que hablen acerca de nuevas ideas con otros estudiantes de su grupo.

Práctica y retroalimentación

La última explicación de la eficacia de las actividades de aprendizaje cooperativo se relaciona con la práctica y la retroalimentación que los alumnos reciben en los grupos. A diferencia de lo que sucede en las clases generalizadas, la retroalimentación en grupos pequeños puede ser individualizada y relacionada con la comprensión inmediata de los alumnos. Las explicaciones de los alumnos son a veces más efectivas que las de los adultos, porque son propuestas en términos que otros alumnos pueden relacionar.

La perspectiva que la gente encuentra como más satisfactoria no tiene en realidad demasiada importancia: la evidencia indica insistentemente que el aprendizaje cooperativo puede ser usado para alcanzar diferentes metas. Sin embargo, como con cualquier modelo, la implementación exitosa requiere de una planificación detenida. Veamos la planificación de la división de la clase en grupos de aprendizaje (DCGA).

División de la clase en grupos de aprendizaje (DCGA)[*]

Anya Lozano comienza una unidad acerca de las fracciones con sus alumnos de quinto año de la E.G.B. Considera que parte del contenido de la clase es de revisión, entonces da una preprueba para determinar con precisión cuánto saben ya sus alumnos. Mientras reparte las hojas con las consignas, comienza a decir:

---

[*] En inglés, STAD (Students Teams Achievement Division). (N. de la T.)

—Alumnos, esta semana comenzaremos una nueva unidad en Matemática acerca de las fracciones y estoy dándoles esta preprueba para que me ayude a averiguar cuánto recuerdan del año pasado.

Mientras camina entre los bancos escucha comentarios como: —¡Odio las fracciones! o —¡No, fracciones otra vez!

Si bien a sus alumnos no les disgustaba la matemática, se sorprendió por lo negativos que estaban. Decidió hablar con su amiga, co-docente y consejera, Kay Reilly, en el almuerzo.

—¿Qué haces cuando los niños odian lo que tienes que enseñar? —preguntó, mientras miraba su bolsa del almuerzo y trataba de decidir por dónde comenzar.

—"Odian" es una palabra muy fuerte —sonrió Kay mostrando los dientes—. ¿Qué puede provocar esos sentimientos a nuestros niños de quinto año?

—¡Fracciones! —respondió Anya—. Cuando les di hoy la preprueba, me sorprendieron las caras y las quejas. No todos ellos, seguro, pero la queja fue mayor que lo usual... No estoy motivada por dar esta unidad.

—Bueno, ten cuidado en hacer conclusiones apresuradas y piensa un minuto. ¿Qué nos dicen usualmente los niños cuando dicen odiar algo? —contestó Kate.

—... Buena pregunta —asintió Anya después de pensar por unos segundos—. Usualmente es algo así como "Me disgusta verdaderamente esto y voy a hacer que te sientas desdichada si intentas enseñármelo".

—Bien, Anya, muy analítica y perceptiva —respondió Kay secamente—. Pero hablando en serio, usualmente cuando dicen que odian algo, significa que no lo comprenden o que le tienen miedo. Tal vez tuvieron una mala experiencia el año pasado con las fracciones y simplemente tienen miedo de que les pase lo mismo nuevamente.

—... Podría ser... realmente, estás probablemente en lo cierto —reconoció Anya—. Los que se quejaban más son aquellos que están un poquitito flojos en Matemática. Tiene sentido... pero ¿ahora qué? ¿Qué hago ahora? ¡Socorro! ¡Ayuda!

—Bueno, esto es lo que podrías intentar. Lo he estado haciendo por un tiempo. Lleva un poco de trabajo, pero está comenzando a dar sus frutos... ¿Ya corregiste las prepruebas?... Bien. Deja que te explique qué estoy haciendo.

Al día siguiente, Anya comenzó su clase de la misma manera en que lo había planificado: pasando cuadrados de papel, pidiéndoles a los alumnos que dividieran los cuadrados en mitades, tercios y cuartos. Utilizando el pizarrón, las diapositivas y los papeles, guió a sus alumnos hacia el concepto de fracción y el proceso de suma de fracciones con igual denominador.

Cuando parecía que los alumnos habían comprendido el concepto y los procesos, Anya continuó:

—Todos han trabajado duro y parece que recuerdan las fracciones. Ahora, para practicar las ideas que discutimos, intentaremos algo diferente. En lugar de trabajar con nuestras hojas de práctica solos, trabajaremos sobre ellas en grupos. En un minuto les diré cómo lo haremos y en qué grupo están.

Ella continuó:

—Una de las primeras cosas que quiero que hagan cuando estén en grupos, es que se conozcan entre sí y que decidan el nombre del grupo. Sus grupos son importantes porque trabajarán juntos durante toda la unidad. Todos miren aquí por un momento. Paso esta hoja con un trabajo que quiero que todos hagan. Es importante que todos lo hagan y que trabajen duro con la tarea que está en la hoja porque les daré un cuestionario dentro de una semana, y el puntaje de sus equipos dependerá de si les ha ido bien a todos los miembros, no sólo a algunos. ¿Alguna pregunta?... ¿Hakeem?

—¿Pero cómo sabremos si los equipos son buenos? —preguntó Hakeem—. Tal vez algunos equipos sean más inteligentes que otros.

—Buena pregunta, Hakeem. Nos aseguraremos que los equipos sean justos de dos maneras. Primero, todos hicieron una preprueba, y puse a los alumnos en diferentes equipos sobre la base de sus notas. Segundo, los equipos no compiten entre sí. Todos pueden hacerlo bien. Todos los equipos pueden ganar y ningún equipo tiene que perder. Eso es lo lindo de esta manera de trabajar.

Ella continuó:

—Todos ganamos porque los miembros de los equipos mejoran su propia comprensión. Si mejoramos, ganamos, si todos mejoramos, todos ganamos. Les explicaré cómo funciona después del primer cuestionario. Por ahora pongámonos en grupo y comencemos. Escuchen atentamente cuando los llamo. Equipo uno, aquí en esta esquina. Alysia, Manuel...

Después de la formación de los grupos, Anya usó la siguiente media hora para explicar cómo funciona el aprendizaje cooperativo y para demostrales cuáles son las conductas eficaces para trabajar en grupos pequeños.

Cuando Kay Reilly explicó por primera vez el aprendizaje cooperativo a Anya, acentuó la importancia del trabajo y la atención del docente en este tema.

—Los buenos grupos de aprendizaje cooperativo no suceden simplemente, necesitan ser desarrollados —acentuó Kay.

Al principio, Anya estaba un poco escéptica, pero escuchó de cualquier manera y en la medida en que escuchaba, iba convenciéndose.

Mientras Anya trabajaba con sus estudiantes en esos grupos, se sentía agradecida por el consejo de Kay. Algunos de los alumnos se peleaban y otros tuvieron problemas en compartir materiales; pero después de algo de trabajo en estas áreas, Anya finalmente hizo que cada grupo trabajase como equipo.

Mientras los alumnos hablaban entre sí, Anya circulaba por el aula para asegurarse de que todos los grupos estuvieran funcionando tan fluidamente como fuera posible. En unos pocos de ellos tuvo que detener a algunos alumnos que dominaban la actividad, mientras que en otros tuvo que clarificar procedimientos y expectativas. Una vez que los grupos estuvieron trabajando satisfactoriamente, Anya circulaba callada por el aula y pensaba para sí: "Tal vez esto funcione".

Todas las clases de matemáticas siguieron un formato similar. Anya comenzaba por introducir el concepto o la habilidad, luego demostraba mediante la modelización diferentes procesos de cálculo y de resolución de problemas y finalmente pedía a los alumnos que trabajasen y practicasen en sus grupos. Cuando trabajaban, Anya continuaba circulando por el aula, mientras monitoreaba el trabajo y ofrecía sugerencias.

Al cuarto día de trabajo en grupo, interrumpió a los alumnos para anunciar:

—Chicos, ¿pueden atenderme por un minuto? Solamente quiero compartir una idea que el grupo "Águila" intentó. Como se sentían inseguros acerca del tema de hoy, comenzaron a hacer los primeros tres problemas juntos. Cuando pensaron que todos habían comprendido lo que hacían, volvieron a hacerlos solos y a controlarlos después con los de los demás. Ésta es una idea que tal vez quieran probar en su grupo; para mí está bien cualquier manera en la que quieran hacerlos. Lo importante es, cuando terminen, que todos hayan comprendido muy bien cómo hacer los problemas.

Anya chequeó todas las noches los trabajos de los estudiantes para monitorear el progreso en el aprendizaje. Estaba positivamente sorprendida por el trabajo que los alumnos entregaban, especialmente algunos estudiantes que habían tenido bajo desempeño otras veces. Tras cinco días de trabajo en equipos, Anya decidió que estaban listos para un cuestionario. Proporcionó la ejercitación y puso las calificaciones durante el fin de semana. Estaba complacida y algo sorprendida con los resultados. El nivel general de comprensión del examen era alto y, lo que es más importante, ya no se encontraba con esas calificaciones que solían estar bastante por debajo del resto de la clase. ¡La mayoría de ellos habían comprendido las fracciones!

División de la clase en grupos de aprendizaje (DCGA) *Es una forma de aprendizaje cooperativo que usa equipos de aprendizaje de multi-habilidad, para enseñar formas específicas de contenido: hechos, conceptos, generalizaciones, principios, reglas académicas y habilidades.* Desarrollado por Robert Slavin (1986, 1995), es una de los métodos más populares del aprendizaje cooperativo que están actualmente en uso.

DCGA está estrechamente relacionado con el modelo de enseñanza directa que discutimos en el capítulo 6. Allí vimos que la enseñanza directa seguía cuatro pasos que eran:

- Introducción.
- Presentación.
- Práctica guiada.
- Practica independiente.

Cuando se usa el DCGA, las etapas de introducción, presentación y práctica guiada son (o pueden ser) idénticas a las de enseñanza directa, o la etapa de presentación puede hacerse con el modelo inductivo. La diferencia clave es la etapa de práctica independiente. Cuando se usa el DCGA, la práctica independiente no es independiente; en lugar de eso se hace en grupos de aprendizaje cooperativo. Discutiremos la organización de estos grupos en las secciones que siguen.

Planificar clases según el método DCGA

La planificación para emplear el método de aprendizaje cooperativo DCGA es un proceso de cinco pasos que consiste en lo siguiente:

- Planificar la enseñanza.
- Organizar grupos.
- Planificar actividades para la consolidación del equipo.
- Planificar el estudio en equipos.
- Cálculo de puntajes básicos.

Planificar la enseñanza

Como la enseñanza con DCGA se conduce usando el modelo inductivo o el modelo de enseñanza directa, la planificación de la enseñanza con DCGA es idéntica a la planificación que se realiza para usar cualquiera de esos dos modelos. La tabla 9.1. revisa la planificación para la enseñanza usando cualquiera de ellos.

Como con el modelo inductivo o el modelo de enseñanza directa, tener metas claras en
mente y preparar ejemplos de alta calidad es crucial cuando se usa DCGA.

TABLA 9.1. *Planificación de la enseñanza usando el modelo inductivo
y el modelo de enseñanza directa*

Modelo	Contenido enseñado	Pasos en la planificación
Modelo inductivo	Conceptos. Principios. Generalizaciones. Reglas académicas.	Identificación de un tema. Especificación de metas. Preparación de ejemplos.
Modelo de enseñanza directa	Habilidades. Conceptos.	Identificación de un tema. Especificación de metas. Selección de problemas y ejemplos.

Organizar grupos

Para implementar eficazmente cualquier clase de aprendizaje cooperativo, los equipos deben
organizarse con anticipación. El objetivo es crear equipos de cuatro o cinco miembros que
tengan aproximadamente las mismas habilidades y en los que estén mezclados los géneros y
grupos étnicos (Slavin, 1995). Slavin sugiere que cuatro es un grupo de tamaño ideal, pero
que los grupos de cinco también pueden ser eficaces.

Una manera de formar grupos de aprendizaje cooperativo que sean parejos en habilidad es
poner a los alumnos en una lista según su capacidad, dividirlos en cuatro y poner un estudiante de cada cuatro en cada grupo. Los alumnos pueden ser puestos en lista de acuerdo a una preprueba, como lo hizo Anya, o según calificaciones o puntajes de unidades anteriores, aunque
también puede usarse alguna combinación. La formación de grupos basándose en las listas de
alumnos está ilustrada en la tabla 9.2., con una clase de 25 alumnos, a modo de ejemplo.

TABLA 9.2. *Agrupación de los estudiantes según el nivel de calificaciones*

1 Natacha	7 Tolitha	14 Gerald	20 Cynthia
2 Lucinda	8 Marvin	15 Henrietta	21 Kevin
3 Vicki	9 Enrico	16 Lawsekia	22 Kathe
4 Jerome	10 Sara	17 Andrea	23 Ron
5 Steve	11 Eugene	18 Howard	24 David
6 Juan	12 Leroy	19 Stephan	25 Mary
	13 Julia		

Una forma común de agrupar a los estudiantes es tomar a los de calificaciones más altas de las dos primeras cuartas partes de la clase y ponerlos con los de calificaciones más bajas de la tercera y última cuarta parte. Por ejemplo, el primer grupo incluiría a Natasha, Tolitha, Stephan y Mary; y el segundo grupo, a Lucinda, Marvin, Howard y David. El sexto grupo sería de cinco miembros por la cantidad de alumnos que hay en la clase: estaría formado por Juan, Leroy, Julia, Gerald y Cynthia.

Después de la formación inicial de grupos, el docente debe controlar su conformación para ver si están equilibrados por género y grupos étnicos. Por ejemplo, el primer grupo tiene tres niñas y un niño, mientras que el segundo tiene tres niños y una niña. El docente puede cambiar arbitrariamente dos de los estudiantes para equilibrar los grupos. Es una cuestión de criterios.

Otras maneras de formar grupos son también aceptables, siempre que cumplan con el objetivo de obtener un equilibrio en el orden de calificaciones, género y grupos étnicos.

Planificar actividades para la consolidación de los equipos

La investigación indica que el mero agrupamiento no asegura la confianza y la cooperación (Scruggs y Richter, 1988). Una tarea importante en la planificación es diseñar actividades de consolidación que ayuden a los estudiantes a aprender a aceptar a los demás y a confiar en ellos. El propósito de los ejercicios de consolidación grupal es ayudar a los alumnos a presentarse, desarrollar una identidad grupal y reconocer en los otros a compañeros que pueden colaborar. Anya comenzó por pedir a cada equipo que elija un nombre. Hay algunos ejemplos adicionales de ejercicios de consolidación del grupo en la tabla 9.3.

TABLA 9.3. *Actividades de consolidación de los equipos*

Actividad	Descripción
Favoritos	Los miembros de los equipos se entrevistan entre sí acerca de sus favoritos: comida, música, hobbies, deportes, etcétera.
Biografías	Los estudiantes se entrevistan entre sí para averiguar acerca de los ambientes de cada uno.
Ocupaciones	Los alumnos hablan acerca de lo que quieren ser luego en sus vidas.
Temas más interesantes	Los alumnos se entrevistan acerca de los diferentes temas en la clase que más les interesan.

También se pueden usar muchas otras actividades de consolidación de los equipos. Algunos docentes determinan cuáles son las conductas específicas que esperan de los estudiantes ("hablar en voz baja", "hacer afirmaciones de aliento" y "escuchar cuando un compañero de equipo está hablando") y luego los premian por cumplir con ellas. Otros argumentan que el sistema de premios se opone a la auto-regulación y no debe ser usado. El asunto queda a juicio del docente. El objetivo es promover el trabajo en grupo y la cooperación, pero para alcanzarlo hace falta planificación.

Planificar el estudio en equipos

El éxito de los equipos de aprendizaje del DCGA depende de tener materiales de alta calidad que guíen las interacciones en los grupos. Cuando los docentes planifican sus clases, deben preguntarse a sí mismos: "¿Qué conceptos o habilidades específicos están aprendiendo los estudiantes y cómo puedo diseñar materiales que les permitan aprender eficazmente en sus grupos?". Es aquí donde las metas claramente especificadas son importantes. Ellos asegurarán que la enseñanza y el estudio en equipos estén de acuerdo con las metas.

Un gran número de materiales de estudio puede ser usado en equipo. En Matemáticas, como en el caso de Anya, pueden ser problemas para resolver. En Lengua pueden ser párrafos para indicar la puntuación o elaborar correcciones gramaticales. En Geografía, los ejercicios pueden requerir que los estudiantes identifiquen ciudades cercanas a coordenadas de longitud y latitud dadas.

Es importante que los materiales de estudio del grupo impliquen respuestas convergentes; es decir, respuestas que sean claramente correctas o incorrectas, como las soluciones a problemas con fracciones o párrafos con la puntuación correcta. Si el contenido no se presta a respuestas convergentes, DCGA no es el método más eficaz.

Cálculo de puntajes básicos

En una sección anterior dijimos que una de las características de los métodos de aprendizaje cooperativo descriptos en este capítulo es el concepto de igualdad de oportunidades para lograr el éxito, que significa que todos los estudiantes, más allá de su desempeño pasado, pueden esperar logros si lo intentan genuinamente.

Esta igualdad de oportunidades se cumple recompensando a los alumnos con puntos por mayoría, si su puntaje en una prueba o en un cuestionario es más alto que su puntaje básico. El puntaje básico de un alumno es el promedio de pruebas y cuestionarios pasados, o puede ser determinado sobre la base de las calificaciones del año anterior o del período anterior. La tabla 9.4. ilustra un cálculo, a modo de ejemplo, de puntajes básicos de calificaciones.

El docente debe determinar el puntaje básico de cada alumno antes de presentar la DCGA.

TABLA 9.4. *Cálculo de los puntajes según las calificaciones*[*]

A	90
A-/B+	85
B	80
B-/C+	75
C	70
C-/D+	65
D	60
F	55

Adaptado de Kagan, 1992; Slavin, 1995.

[*] Recuérdese que, en la escala de calificaciones utilizada en Estados Unidos, A es la nota superior y F, desaprobado. (N. de la E.)

Puntos de superación. Los puntos de superación son recompensados sobre la base de cómo se desempeñan los alumnos en las pruebas o los cuestionarios, comparados con los puntajes básicos. La tabla 9.5. muestra un sistema de ejemplo para recompensar los puntos de superación.

TABLA 9.5. *Recompensas a partir de puntos de superación*

Puntos de superación	Puntaje obtenido en la prueba o cuestionario
0	Debajo del puntaje básico
10	De uno a cinco puntos sobre el puntaje básico
20	De seis a diez puntos sobre el puntaje básico
30	Más de diez puntos sobre el puntaje básico o prueba perfecta (sin considerar el puntaje básico)

El sistema ilustrado es arbitrario y puede ser adaptado para cumplir con las necesidades de clases específicas. Por ejemplo, un puntaje que no esté más de cinco puntos debajo del puntaje básico puede ser recompensado de todas formas con algunos puntos de superación. Por otro lado, puede requerirse una superación de doce, quince o incluso más para ser recompensados con treinta puntos de superación. También se puede cambiar el sistema en la medida en que aumentan la confianza y las habilidades de los estudiantes. Tal vez alguien quiera comenzar por recompensar virtualmente cualquier esfuerzo -particularmente, los de los alumnos con bajo desempeño crónico- y subir los niveles en la medida en que los logros de los estudiantes aumentan. Sea cual fuera el sistema que se use para determinar los puntajes básicos, debe ser considerado y planificado con anticipación.

Antes de cerrar esta sección queremos enfatizar una cuestión. Como lo mostramos, los estudiantes pueden recibir un máximo de treinta puntos si obtienen una prueba perfecta, más allá de sus calificaciones básicas.

Esto es importante para alumnos con calificaciones altas. Por ejemplo, si un alumno tiene un promedio de 95, es imposible que mejore más de cinco puntos, por lo que el incentivo del alumno para mejorar se reduciría si la cláusula del puntaje perfecto no existiera.

Implementar clases según el método DCGA

Una vez planificada la enseñanza, identificados los miembros del grupo, programadas las actividades de consolidación y estudio del equipo y calculado los puntajes básicos, se está listo para implementar DCGA con los alumnos.

La implementación de las clases de aprendizaje cooperativo con DCGA es muy parecida a la implementación de clases con el modelo de enseñanza directa. Se presenta la clase, el contenido es explicado y los alumnos se comprometen en una práctica guiada. Luego, el equipo de estudio toma el lugar de la práctica independiente. Sin embargo, DCGA difiere del modelo de enseñanza directa en que a menudo se requiere alguna enseñanza para asegurar el paso fluido del trabajo de todo el grupo al trabajo en equipo, y ciertas partes integrales de DCGA: pruebas, puntos de superación y reconocimiento del equipo. Estas etapas están esbozadas en la tabla 9.6.

TABLA 9.6. Etapas en la implementación de DCGA

Etapa	Propósito
Enseñanza	Introducción de la clase. Explicación y modelización de los contenidos. Práctica guiada.
Transición a equipos	Todo el grupo pasa a trabajar en equipos de aprendizaje.
Estudio en grupo y monitoreo	El docente debe asegurarse de que los grupos funcionen perfectamente.
Pruebas	Retroalimentación acerca de la comprensión alcanzada. Provisión de base para recompensar con puntos de superación.
Reconocimiento de logros	Aumento en la motivación.

Etapa 1: enseñanza

Cuando se usa DCGA, la enseñanza es idéntica a la usada con el modelo de enseñanza directa. Se introduce la clase mediante la especificación de metas, presentación, explicación, modelización de las habilidades o aplicaciones de conceptos, principios, generalizaciones y reglas y se inicia una práctica guiada. La manera de enseñar de Anya ilustraba este proceso. Ella explicó detenidamente y a continuación ilustró las fracciones con los papeles, haciendo que los alumnos practicasen con guía. Cuando sintió que los alumnos comprendían de manera satisfactoria el concepto de las fracciones y los procedimientos para sumarlas, pasó al trabajo en equipos.

Etapa 2: la transición al trabajo en equipos

Los obstáculos para el funcionamiento fluido de las clases cooperativas son a menudo de tipo logístico. La investigación indica que impartir una clase general es más sencillo y manejable que trabajar en grupos pequeños. Encontramos al menos dos razones de esto (Good y Brophy, 1994). En primer lugar, en el trabajo con grandes grupos, el docente puede "manejar la clase", aumentar o disminuir el ritmo según el progreso de los estudiantes y, en segundo término, los grupos grandes permiten que el docente monitoree y trabaje sobre el aprendizaje o la resolución de problemas. Cuando se introduce por primera vez el trabajo con grupos pequeños, el docente tiene que estar muy organizado y tratar de anticipar problemas logísticos.

Para presentar por primera vez esta modalidad, debe explicarse exhaustivamente cómo funciona el aprendizaje cooperativo y los procedimientos específicos que deben seguirse para trabajar en equipo. Veamos cómo Anya ayudó a sus estudiantes a hacer la transición hacia esta modalidad:

—Muy bien, creo que sabemos muy bien lo que quieren decir las fracciones y cómo sumarlas cuando los denominadores son iguales. Ahora estamos listos para practicar. La manera en que haremos esto es asignándo a cada uno un equipo, y haciendo que cada grupo practique el nuevo contenido. Como esto es un poquito nuevo, les mostraré cómo funciona antes de pedirles que lo hagan.

—En algunos minutos voy a dividirlos en grupos. Antes de eso, quiero mostrarles como deben trabajar los equipos. ¿Tanya, Mariko, Willy pueden venir y sentarse en estos escritorios?... ¡Gracias! Así van a ser los grupos: tendrán cuatro miembros y para esta demostración yo seré el cuarto miembro. Cuando toda la clase esté dividida en equipos, le daré a cada grupo cuatro hojas con problemas para resolver, tal como lo estoy haciendo ahora.

En unos segundos entregó las hojas al grupo de demostración y tomó una para ella. Continuó así:

—Ahora Tanya y Willy forman un par y Mariko y yo formamos otro. Cada uno resuelve el problema y luego controla los resultados con su compañero. Por ejemplo, Tanya hace el problema y luego compara su respuesta con la de Willy. Mariko y yo hacemos el problema y lo comprobamos entre nosotros. Si Tanya y Willy concuerdan en sus respuestas al problema y creen comprenderlo bien, pasan al siguiente. Mariko y yo hacemos lo mismo. Si Tanya y Willy no están de acuerdo, nos preguntan a Mariko y a mí, y hacemos lo mismo con ellos. Todos discutimos el problema hasta que estemos seguros de que lo comprendemos. Bien, comencemos.

Los cuatro trabajaron en el primer problema y lo controlaron con sus compañeros. (Anya, intencionalmente, resolvió su ejercicio en forma incorrecta para ilustrar el caso.)

—No obtuve eso —dijo lo suficientemente alto como para que la clase oyera—. Por favor, explíquenmelo.

Anya habló entonces acerca de las maneras de proporcionar retroalimentación y también actuó como modelo para mostrar las formas apropiadas e inapropiadas de interactuar con sus compañeros.

—¿Qué pasa si todos tenemos respuestas diferentes? —preguntó Leanne, después de ver la demostración del proceso.

—Buena pregunta, Leanne. Si los cuatro han discutido el problema completamente y no pueden entenderse, entonces pueden preguntarme... pero recuerden —enfatizó—: pueden preguntarme solamente si los cuatro han resuelto el problema y lo han discutido con detenimiento.

Recién entonces Anya asignó a cada alumno un equipo de trabajo e hizo que comenzaran.

Cuando se introduce a los alumnos en la modalidad del aprendizaje cooperativo, las instrucciones iniciales deben ser muy detalladas. En el caso de Anya, por ejemplo, vimos que ella ilustró el proceso y actuó como modelo con un grupo antes de hacer que todos los estudiantes comenzaran en sus propios equipos.

Algunos docentes, incluso, arreglan con anticipación los escritorios del aula, sugiriendo que los pares se sienten uno junto al otro, frente a la otra pareja de su equipo. Esto evita la molestia de mover los escritorios e interrumpir la clase.

Los docentes también han encontrado útil ubicar alguna información necesaria en un afiche y dejarla en exposición como referencia, de manera que queden especificados los siguientes puntos:

- Nombres de los integrantes de cada equipo.
- Ubicación en el aula de los diferentes equipos.
- Procedimientos para intercambiar materiales.
- Cronogramas de trabajo.

Si bien al comienzo de las clases se invierte tiempo extra en cuestiones organizativas, el docente está asentando las bases para que los grupos funcionen fluidamente después.

Etapa 3: estudio en equipo y monitoreo

Mientras los alumnos realizan actividades en equipo, es necesario que los docentes monitoreen detenidamente su funcionamiento para asegurarse de que estén trabajando con fluidez. Sin embargo, es importante no intervenir demasiado pronto. Una de las metas de la enseñanza cooperativa es enseñar a los alumnos a trabajar juntos y, tal como sucede con muchos tipos de aprendizaje, este proceso no siempre es fluido. A menudo se caracteriza por sus idas y vueltas y su progreso desparejo. Una intervención apresurada puede ser realmente contraproducente, porque los alumnos necesitan tiempo y libertad para atravesar problemas grupales. Sin embargo, si los estudiantes no están trabajando juntos o si uno de sus integrantes domina o alguien no está participando, la intervención puede ser necesaria. Nuevamente, el momento de la intervención es una decisión profesional.

Lo que puede ayudar más que la intervención individual es llamar la atención acerca de grupos particularmente productivos. Veamos cómo hizo esto Anya.

—¿Alumnos, pueden prestar atención, por favor, un segundo? Sé que todos están trabajando duro, pero sólo quiero compartir una idea. El grupo "Chita" tuvo una muy buena idea para resolver sus problemas. Tienen una caja con bloques como los que habíamos usado antes y, cuando alguno de los miembros tiene problemas para resolver un problema, usan los bloques para explicar la respuesta. Escuché que uno de los miembros del grupo decía: "Seguro que puedes hacer esto. Inténtalo de nuevo". Eso es de gran ayuda y es la forma en que quiero que todos tratemos a nuestros compañeros de equipo.

Las intervenciones que se centran en prácticas positivas ayudan a los estudiantes a comprender los diferentes roles que se juegan en los grupos y proporcionan modelos positivos para otros alumnos.

Etapa 4: pruebas

Las pruebas tienen varias funciones en el método de enseñanza cooperativa DCGA. Desde el punto de vista de la evaluación tradicional, proporcionan retroalimentación al docente y a los alumnos acerca del progreso del aprendizaje. Desde una perspectiva motivacional, representan un incentivo para el trabajo y el esfuerzo. La clave para llevar a cabo la primera función –evaluación y retroalimentación– es diseñar una prueba que evalúe adecuadamente conceptos y habilidades importantes. Aquí, nuevamente, las metas claras son cruciales porque especifican cuáles son los resultados importantes del aprendizaje.

Reconocimiento de los logros

Los resultados de las pruebas y cuestionarios pueden servir también como fuertes motivadores cuando son integrados a sistemas de puntaje basados en puntos de superación. La idea básica que está detrás de un sistema de puntos de superación es que cada alumno compite sólo contra sus propios desempeños pasados. Cuando igualan desempeños anteriores, se les da un número pequeño de puntos de superación; cuando superan su desempeño pasado, los puntos de superación aumentan proporcionalmente.

Puntaje del equipo. El puntaje del equipo se basa en la superación individual de los miembros del equipo. A modo de ejemplo, consideremos el grupo compuesto por Natacha, Tolitha, Stephan y Mary. Supongamos que sus promedios y sus puntajes en el cuestionario son los siguientes:

Nombre	Promedio	Puntaje en el cuestionario
Natacha	95	96
Tolitha	88	90
Stephan	75	84
Mary	69	80

Basándonos en el sistema ilustrado en la sección de planificación de puntos de superación, Natacha recibiría diez puntos de superación y Tolitha también obtendría diez, ya que sus puntajes estaban en un rango de uno a cinco puntos sobre el puntaje básico (promedio). Comparativamente, Steve recibiría veinte puntos de superación porque su puntaje en el cuestionario está nueve puntos por arriba de su puntaje básico y Mary recibiría treinta puntos, porque su puntaje reune más de diez puntos sobre su promedio. Mary, la estudiante de menor desempeño histórico, obtuvo la mayoría de los puntos de superación. Es así como funciona la igualdad de oportunidades para obtener éxito en el método DCGA.

Si bien el uso de refuerzos como los puntos de superación es un tema controvertido, la investigación indica que el sistema tiene un efecto positivo en la motivación (Slavin, 1995). Hasta qué punto los docentes deciden usar en sus clases este sistema es una cuestión que queda a juicio profesional.

Recompensas para el equipo. Los puntajes del equipo se determinan mediante un promedio de los puntos de superación reunidos entre todos los integrantes, y luego se dan las recompensas. El siguiente es un ejemplo de un sistema de recompensas.

Criterio	Premio
(Promedio de superación)	
10	Ganadores
11	Estrellas
12	Grandes celebridades
13	Miembros de la Liga Mayor

Las recompensas para los grupos pueden tener distintos nombres o adquirir otras formas; los docentes pueden juzgar la forma exacta basándose en aquello que es atractivo para los estudiantes. Por ejemplo, se les podría pedir a "Ganadores" que se parasen y fueran aplaudidos por la clase, "Estrellas" podría obtener un certificado de felicitaciones, "Grandes celebridades" un certificado más elaborado y "Miembros de la Liga Mayor" una foto grupal en la revista que publica el colegio o el curso. Otras opciones podrían incluir prendedores, cartas a los padres, privilegios especiales y roles de liderazgo.

Se les debe recordar a los estudiantes que ni los equipos ni sus miembros están compitiendo entre sí; es cada alumno el que está compitiendo contra sus desempeños pasados. Si los individuos mejoran, todos los equipos se pueden volver "Miembros de la Liga Mayor". Se pueden cambiar los equipos periódicamente (después de cuatro o cinco semanas, por ejemplo) para permitir que los estudiantes trabajen con otros compañeros y que aquellos estudiantes que están en equipos de bajo puntaje tengan también oportunidades para obtener premios.

Evaluación diagnóstica

La evaluación de las clases con DCGA se realiza en dos niveles. El primero se relaciona con las metas de contenido de la clase y es semejante a la evaluación de la comprensión propia del modelo inductivo o del modelo de enseñanza directa. Las evaluaciones deben tener relación con las metas, la enseñanza y las actividades de trabajo en equipo. Por ejemplo, las metas de contenido de Anya eran las siguientes:

- Identificar del numerador y el denominador.
- Sumar fracciones con igual denominador.

La evaluación mediría el logro de estas metas por parte de cada alumno.

Uso de los puntos de superación en las calificaciones

Si bien son un tanto controvertidos, algunos docentes desarrollan sistemas de calificación que reflejan la superación. Por ejemplo, si un estudiante tiene de promedio 15 o más puntos de superación en pruebas y cuestionarios, sube su calificación de B– a B, o de B a B+. La decisión queda a criterio profesional. Muchos docentes sienten que es un incentivo para los estudiantes el hecho de que sus notas reflejen la superación.

Evaluación del trabajo en grupo y de la cooperación

En un segundo y más complejo nivel, la evaluación de las actividades de DCGA intenta responder a preguntas como "¿Están mejorando los alumnos en su trabajo como equipo?". Aquí la mejor fuente de información proviene de la observación de los alumnos cuando trabajan juntos. Algunas preguntas que pueden contribuir en la eficacia de esta observación son las siguientes:

- ¿Todos los miembros contribuyen?
- ¿Hay miembros dominantes?
- ¿Las mujeres y los varones contribuyen igualmente?
- ¿Se incluyen a todos los miembros de diferentes grupos étnicos y raciales?
- ¿Es la interacción grupal positiva y de apoyo?

A través de la atención constante de estas cuestiones, los docentes pueden ayudar a los individuos y a los grupos a aprender a cooperar y a trabajar juntos.

Mientras los docentes evalúan la cooperación mediante estos criterios, pueden proporcionar retroalimentación a la clase, usando grupos que funcionan fluidamente como modelos. Esto puede ser tan fácil como mencionar "Realmente me gusta la manera en que este grupo se turna para dar retroalimentación", o los estudiantes pueden hacer representaciones públicas donde demuestren cómo trabaja su equipo en la resolución de problemas. El objetivo de este proceso es ayudar a los alumnos a ser conscientes de sus interacciones y de la influencia que tienen éstas en sus propios aprendizajes y en los de los demás.

Esto completa nuestro tratamiento del tema de división de la clase en grupos de aprendizaje. Pasaremos ahora a otro método de aprendizaje cooperativo: método del rompecabezas II.

Método del rompecabezas II

Un viernes ventoso de primavera, Kevin Davis miró a través de la ventana del aula hacia afuera y dejó oír un notorio "Hmmmm". El trabajo del año había sido bueno, hasta el momento, en su materia Geografía mundial, pero no estaba muy seguro de cómo seguir. La sección siguiente del texto era América Central y Kevin había tenido algunos problemas el año anterior. Tal vez fue el tiempo -fiebre de primavera- o tal vez los alumnos estaban cansados de su viaje intelectual alrededor del mundo. Tal vez, sin embargo, había sido su manera de enseñarlo (miniexposiciones apoyadas por debates en grupos pequeños). Había probado esta estrategia el último jueves, cuando presentó una visión general de la nueva unidad, pero los estudiantes no parecían entusiasmados. Kevin sabía que tenía que intentar algo nuevo, aunque sólo fuera por cambiar y renovar energías.

Pasó parte del fin de semana buscando en sus notas y libros sobre talleres. Una idea que le rondaba era cómo hacer para que los alumnos se comprometieran activamente en el aprendizaje. Cuando pensaba acerca de esto, se le ocurría el aprendizaje cooperativo. Había intentado trabajar con equipos durante otra clase en la que había una cantidad de nombres y fechas que los alumnos debían manejar, pero no sentía que eso fuera apropiado en el caso de América Central. Realmente quería que los alumnos recordasen la ideas generales, no un montón de hechos acerca de los países de América. Decidió intentar algo diferente.

El lunes por la mañana llegó temprano, se sentó en su computadora y preparó varios trabajos. Mientras los fotocopiaba, finalizaba los planes para introducir la nueva actividad y organizar los grupos. Deseaba estar preparado.

—Alumnos —comenzó Kevin mientras se sentaban después del timbre—, intentaremos algo diferente para desarrollar nuestra próxima unidad. Decidí, amigos, hacerlos expertos en este continente y hacer que ustedes mismos se enseñen entre sí.

Hizo una pausa para estimar la reacción inicial de la clase. Por sus miradas sorprendidas, Kevin podía decir que estaban curiosos. Hasta ahora todo iba bien.

—Para hacer esto —continuó— los organicé en grupos de cuatro. Traté de formar los equipos de manera tal que fueran lo más parejos posible. Trabajaremos con estos grupos durante las próximas semanas. El trabajo en estos equipos consistirá en dos cosas. Primero, cada uno tiene que volverse un experto en una parte de cada capítulo. ¿Pueden sacar sus textos e ir al capítulo 17? Es la página 346. Les mostraré adónde quiero llegar.

Hizo una pausa mientras los estudiantes buscaban la página y luego continuó:

—Verán en la introducción que este capítulo sobre Costa Rica está dividido en cuatro secciones -la geografía física del país, su historia, su cultura y su economía-. Recuerden que hablamos acerca de estas áreas el jueves pasado. Les pediré que se vuelvan expertos en una de estas áreas y que luego enseñen el contenido a sus compañeros de grupo. Para ayudarlos en esto tengo un resumen de cada uno de estos temas en una hoja, para que tomen notas con mayor facilidad. Veamos cómo son.

Entonces, se dirigió hacia el frente y proyectó una filmina que mostraba la tabla 9.7.

—La llamaremos nuestra "hoja experta"; cuando lean el capítulo, todos tendrán una de éstas, que los ayudará a tomar notas. Invertiremos lo que queda del día de hoy y todo el día de mañana para trabajar en esto. Al comienzo de la clase del miércoles, los expertos en cada tema se reunirán para revisar notas y asegurarse de que todos tengan la información esencial. El jueves, los expertos de cada grupo, se turnarán para enseñarles los temas a los demás. Por ejemplo, si Miguel tiene historia, les enseñará a los otros miembros qué aprendió acerca de la historia de Costa Rica; luego, si Yolanda tiene cultura, aprenderá acerca de la historia de Miguel y después le enseñará acerca de la cultura de Costa Rica. El viernes, tomaremos la primer parte de la clase para revisar y reunir toda la información y, finalmente, responderemos un cuestionario sobre el capítulo. El cuestionario tendrá igual número de preguntas acerca de cada tema, entonces se encontrarán con preguntas del tema que estudiaron extensivamente y con algunas de las otras áreas. Eso significa que tendrán que aprender todo, no sólo el tema que les tocó. Registraremos puntajes para los equipos de capítulo en capítulo. Les hablaré más acerca de esto después... ¿Alguna pregunta?... Bien.

—Ahora, dejen que rápidamente revise nuestros procedimientos. Nos dividiremos en equipos en un minuto. Cuando estén agrupados, les daré una actividad que los ayudará a conocerse un poquito más. Recién entonces el grupo decidirá quién va ser el experto en cada una de las cuatro áreas. Si no les toca lo que querían esta vez, será la próxima. Rotaremos. Ahora, miren en este cuadro para saber en qué grupo están ubicados. Observen que también dice en qué parte del aula debe reunirse el grupo. ¡Comencemos!

TABLA 9.7. *Método del rompecabezas II. Hoja experta*

Geografía física
1. *Clima*
       a) Estaciones
       b) Temperaturas
       c) Lluvias
2. *Topografía*
       a) Montañas
       b) Cauces de agua
       c) Llanuras
       d) Características prominentes

Los estudiantes rápidamente se pusieron en sus grupos y entonces Kevin propuso una actividad de "consolidación del grupo" de diez minutos. Finalmente anunció:

—Creo que han hecho un buen trabajo en esta actividad, haremos más consolidación del equipo cuando continuemos con la unidad... Ahora quiero que la clase esté en silencio mientras todos leen su sección del capítulo y toman notas. Terminaremos con esto el martes y pasaremos a nuestros grupos de expertos el miércoles. Estaré cerca para ayudarlos. El jueves es el día en que los expertos enseñarán. Cada uno enseñará a los otros miembros del equipo y aprenderá de ellos acerca de sus temas. Asegúrense de tomar buenas notas con las cuales puedan estudiar para la prueba del viernes... ¿Preguntas?... Bien... Miren el pizarrón. Escribí el programa de actividades de la semana para que lo recuerden.

Estructura del método del rompecabezas II

Al igual que otras estrategias cooperativas de aprendizaje, el método del rompecabezas II deriva su eficacia del compromiso activo de los estudiantes en el trabajo de equipo. El **método del rompecabezas II** *es una forma de aprendizaje cooperativo en el cual los estudiantes, en forma individual, se vuelven expertos en secciones de un tema y las enseñan a otros.*

El método del rompecabezas II difiere de DCGA en que está basado en un concepto llamado especialización de tareas. *La* **especialización de tareas** *requiere que cada alumno asuma un rol específico para alcanzar los metas de la actividad de aprendizaje.* En el caso del método del rompecabezas II, los estudiantes se vuelven expertos en una porción particular de su tema y usan su experticia para enseñar a otros estudiantes. Kevin Davis hizo que sus estudiantes se centraran en diferentes aspectos de la geografía de un país de América Central. Luego, cuando trabajaban como equipo, cada miembro contribuía con una pieza del rompecabezas de conocimiento, de allí el nombre del método. Una clave para el éxito de este sistema es la interdependencia que genera entre los miembros del equipo; los alumnos dependen uno de otro para aprender el contenido.

El método del rompecabezas II fue desarrollado por Robert Slavin (1986) como una adaptación de la estrategia original del rompecabezas. Éste fue desarrollado por Aronson y sus compañeros (1978), para alentar a la interdependencia entre los miembros del grupo. Usaba materiales de aprendizaje diseñados especialmente para la estrategia, de manera tal que el experto era el único que tenía la información de su sección particular. Consecuentemente, los estudiantes dependían *necesariamente* de los otros para conocer la información que contenían las otras secciones de un tema.

Había dos desventajas en el método original que el método II logra superar. El mayor problema era la necesidad de trabajar con material especial, lo que exigía mucho al docente, porque debía ser preparado con antelación. El segundo problema era el hecho de que los "no expertos" no tenían acceso a toda la información. Si los estudiantes no aprendían bien de las presentaciones de los "expertos", no tenían nada en lo cual apoyarse para estudiar. El método del rompecabezas II, que usa materiales existentes al alcance de todos, se propone eliminar estos dos problemas.

Este método está diseñado para incrementar la comprensión de materiales escritos del tipo de los libros de texto, pero puede ser usado para proporcionar información de apoyo para otras estrategias (Kagan, 1992). Por ejemplo, puede ser usado para proporcionar información suplementaria para el desarrollo de asuntos controvertidos en Ciencias Sociales. Antes de una discusión acerca de la energía nuclear, por ejemplo, algunos alumnos podrían estudiar la historia, otros la tecnología y otros, las implicancias ecológicas. Antes de iniciar el tratamiento específico del tema, cada grupo presentaría aquella perspectiva en la que es experto a los otros.

Otro ejemplo puede verse en el desarrollo de una unidad sobre poesía: diferentes alumnos podrían especializarse en la rima, la métrica, el simbolismo y las vidas de los autores. Luego, al analizar diferentes problemas, cada estudiante o grupo de estudiantes contribuiría a enriquecer el aprendizaje.

Planificar clases según el método del rompecabezas II

La planificación para implementar clases con este método es similar a la planificación para DCGA. Es necesario especificar metas, preparar los materiales de aprendizaje y agrupar a los estudiantes en equipos. Además, se debe elaborar material para la evaluación diagnóstica.

Sin embargo, como el método del rompecabezas II confía en el estudio individual, no se requiere planificación para todo el grupo. Estos pasos están resumidos en la figura 9.1. En las siguientes secciones examinaremos cómo las actividades de planificación pueden ser adaptadas para cumplir las metas especiales del método del rompecabezas II.

1. Especificar metas.
2. Diseño de materiales de aprendizaje.
3. Formación de equipos de estudiantes.
4. Diseño de instrumentos de evaluación.

FIGURA 9.1. *Planificación para el método del rompecabezas II*

Especificar metas

A diferencia de DCGA, que se centra en el aprendizaje de hechos, conceptos o habilidades específicos, el método del rompecabezas II está diseñado para producir un aprendizaje efectivo de cuerpos organizados de conocimiento. Pueden ser capítulos de un texto argumentativo, de un texto literario, aspectos de una biografía o conocimientos de historia fáctica. La meta de las clases implementadas con este sistema es ayudar a los alumnos a comprender un tema usando fuentes disponibles como libros, videcasetes y otros.

Diseño de materiales de aprendizaje

Las dos tareas principales de esta parte del proceso de planificación son:

- Recolección de materiales.
- Construcción de hojas expertas que guíen el trabajo de los estudiantes.

Los materiales pueden venir de distintas fuentes: libros de texto en uso o de años anteriores, libros de la biblioteca, enciclopedias, revistas y fuentes no escritas como videocasetes o *compact discs*.

Además, los docentes deben elaborar guías de estudio que ayuden a los alumnos a centrarse en la información y en los asuntos importantes que contienen los materiales que se usarán. Estas guías pueden incluir preguntas, diagramas, grillas, cuadros y jerarquías. Kevin usó diagramas que dividían los temas clave en subcategorías. La investigación indica que las hojas expertas bien organizadas ayudan a guiar el pensamiento de los estudiantes y dan como resultado buenas exposiciones posteriores (Eggen y Kauchak, 1994).

Formación de los equipos

Para formar equipos de estudiantes, se aplican aquí las mismas consideraciones que para DCGA. Como con DCGA, los grupos deben ser equilibrados en términos de desempeño, género y conocimientos previos.

Una vez que los grupos están formados, es importante que los miembros se conozcan y que se desarrollen la identidad y cohesión grupal. Las mismas estrategias descriptas anteriormente para DCGA pueden ser utilizadas aquí.

Designación de expertos. En el método del rompecabezas II existe un factor adicional para la formación de los equipos que no existía con DCGA. Como se requiere que cada miembro del equipo desarrolle una pericia con respecto a una parte del tema, también es importante que los equipos de expertos estén mezclados de acuerdo al desempeño. Kevin permitió que los alumnos decidieran y les aseguró que si no les tocaba el tema que querían, podrían hacerlo la vez siguiente.

Los estudiantes se comprometerán más con un tema de su elección que con uno que se les imponga. Pero si sucede que los alumnos con más bajo desempeño de cada grupo son los responsables de trabajar el tema de cultura de los países centroamericanos, por ejemplo, la calidad del aprendizaje de ese segmento probablemente sufrirá. Contrariamente, en un grupo de habilidades mezcladas, en tanto todos los miembros de un grupo de expertos son responsables de comprender ese aspecto del tema, los alumnos con desempeño más bajo del grupo aprenderían de los de desempeño más alto: estarían entonces en mejor posición para enseñar a los miembros de su equipo.

Diseño de evaluaciones

Como vimos, el aprendizaje cooperativo es más eficaz cuando todos los estudiantes son responsables por él y cuando los individuos y los equipos que trabajan duro son recompensados por sus esfuerzos. Las evaluaciones eficaces pueden ayudar a cumplir con esas dos metas.

Para diseñar evaluaciones, una tabla o una grilla puede permitir asegurarnos de que todos los temas tengan el mismo peso en el cuestionario o prueba y que los ítems tengan un nivel apropiado de dificultad. La figura 9.2. muestra un ejemplo de la clase de Kevin.

Tema	**Ítems**		
	Conocimiento	*Comprensión*	*Aplicación*
Geografía física			
Historia			
Cultura			
Economía			

FIGURA 9.2. *Grilla para planificar una evaluación*

Implementar clases según el método del rompecabezas II

Este método es una estrategia que se desarrolla en cinco pasos. Empieza por la recolección de la información, sigue en el proceso de compartir la información entre los equipos y dentro de ellos y culmina en la evaluación y reconocimiento de los logros. Estas etapas están especificadas en la tabla 9.8.

TABLA 9.8. *Etapas en la implementación del método del rompecabezas II*

Etapa	**Descripción**
Recolección de información	Los estudiantes son divididos en grupos. Se asignan los temas a cada estudiante. Los "expertos" localizan la información y estudian.
Reuniones de expertos	Los "expertos" de los distintos equipos se reúnen por tema para comparar notas y depurar las presentaciones.
Presentaciones ante el equipo	Los expertos enseñan el tema a los otros miembros del equipo.
Prueba	Los estudiantes responden, en forma individual, un cuestionario sobre todos los temas.
Reconocimiento	Se reconocen en forma pública los desempeños individuales y grupales.

Recolección de la información

En la primera etapa del método del rompecabezas II, los alumnos son divididos en equipos y se les dan los temas acerca de los cuales desarrollarán su experticia. Como el método del rompecabezas II usa materiales preexistentes, la única tarea logística es asegurarse de que estén disponibles para los alumnos y tener preparadas las hojas de guía para los expertos. La primera vez que se use el método, los alumnos necesitarán ayuda para comprender la función de las "hojas expertas" en la estructuración y guía de sus esfuerzos.

A modo operativo, el estudio de los subtemas puede dejarse como tarea. Sin embargo, cuando se presenta por primera vez el método del rompecabezas, resulta de gran ayuda realizar esta actividad en clase. Esto da al docente la oportunidad de monitorear el trabajo de sus alumnos y ofrecer sugerencias a los equipos.

Reuniones de expertos

Una vez que cada alumno ha estudiado su tema, las reuniones de expertos les permiten comparar notas y clarificar áreas confusas. Debe designarse un líder de discusión para moderar la sesión y asegurarse de que todos participen activamente. Este rol puede rotar para que todos tengan la oportunidad de liderar y participar. Las hojas expertas repartidas con anticipación ayudan a estructurar esta discusión.

Presentaciones ante el equipo

Luego de las reuniones, los expertos retornan a sus grupos y se turnan para enseñar su tema al grupo: ésta es la presentación ante el equipo. Esto implica no sólo compartir el conocimiento sino que también los alienta a organizar y resumir su información. Alentar y ayudar a los expertos a organizar su información y ofrecer sugerencias para la tarea de presentarla ante el equipo puede ayudar a incrementar la eficacia del aprendizaje.

Evaluación y reconocimiento

El proceso de evaluación del desempeño individual de los alumnos y del reconocimiento del trabajo grupal puede ser similar al proceso usado con DCGA. Los estudiantes son responsables por la comprensión individual que han alcanzado. En ese sentido puede otorgárseles puntos de superación por un desempeño mejorado y utilizarse reconocimientos grupales, como certificados, cartas a los padres, nombres y fotos en la cartelera, o admitírseles ciertos privilegios.

Evaluación diagnóstica

La evaluación diagnóstica del trabajo que realizan los estudiantes en clases de este tipo debe analizar tres niveles de logro. En primer, lugar es importante saber si los grupos están funcionando fluidamente y si los estudiantes están creciendo en su habilidad para trabajar juntos. Un segundo nivel de evaluación es la capacidad de los alumnos para investigar, organizar temas y compartirlos con los demás. Por último, debemos saber si cada uno de ellos comprende el contenido que era nuestra meta de aprendizaje. Se desarrollan cada uno de estos aspectos en las secciones siguientes.

Evaluación de los procesos grupales

El fin de evaluar procesos grupales es saber si los estudiantes están aprendiendo a funcionar como miembros productivos de un equipo. Esto incluye hablar, escuchar, compartir ideas y ayudar al grupo a moverse en una dirección positiva. Las mismas preguntas acerca de las clases con DCGA se aplican también aquí. Algunas son:

- ¿Todos los miembros contribuyen?
- ¿Algunos miembros dominan?
- ¿Varones y mujeres contribuyen igualmente?
- ¿Se incluye a miembros de diferentes grupos culturales y étnicos?
- ¿Es la interacción grupal positiva y de apoyo?

A éstas, pueden agregarse preguntas acerca de si los expertos explican los contenidos claramente. Nuevamente, esto tal vez necesite ser enseñado mediante la demostración con modelos y representaciones.

Evaluación del desarrollo de la experticia

Una segunda cuestión a evaluar es el crecimiento de los alumnos como presentadores expertos y miembros de cada equipo. El método del rompecabezas II requiere de habilidades de aprendizaje sofisticadas, como tomar notas u organizarse, y de la habilidad aun más sofisticada de enseñar el contenido a otros. Estas habilidades deben ser enseñadas y monitoreadas. Una manera de enseñarlas es con el recurso de pensar en voz alta, a través del cual el docente se constituye en modelo de la habilidad, mientras habla en voz alta. Cuando los estudiantes practican en sus grupos, los docentes deben monitorear su trabajo y proporcionar retroalimentación.

Evaluación de la comprensión del contenido

En la tarea de evaluar el contenido, las metas y las grillas de evaluación (ver figura 9.2.) que fueron usadas durante el proceso de planificación ayudan a asegurar que los instrumentos de evaluación sean congruentes con las metas. Uno de los desafíos de evaluar las actividades del método del rompecabezas es construir instrumentos que desafíen a los expertos, pero que no sobrepasen a los no expertos. Una combinación de preguntas escritas con muestras del trabajo real puede ser en una evaluación eficaz.

Esto concluye nuestra discusión acerca del aprendizaje cooperativo utilizando el método del rompecabezas II. En la siguiente sección describimos la investigación grupal, una forma de aprendizaje cooperativo diseñada para enseñar a los estudiantes a conducir una investigación de temas específicos.

Investigación grupal

Hasta el momento, hemos descripto estrategias de aprendizaje cooperativo diseñadas para ayudar a los estudiantes a aprender hechos, conceptos, habilidades y cuerpos organizados de conocimiento. El aprendizaje cooperativo también puede ser usado para ayudar a los estudiantes a aprender formas de resolución de problemas y habilidades de pensamiento de nivel superior y crítico. Una estrategia de aprendizaje cooperativo llamada investigación grupal está diseñada para alcanzar esas metas. Veamos ahora cómo una docente implementa la estrategia en su clase.

Kim Herron había enseñado Ciencias durante tres años en el nivel intermedio de la E.G.B. y en general estaba contenta con su trabajo. Sentía que daba a los estudiantes un fundamento sólido para su trabajo en la escuela secundaria y polimodal, además de una comprensión general de la función de la ciencia en sus vidas. Sin embargo, no estaba tan contenta con su progreso en ayudar a los niños a "pensar". Parecían muy contentos de memorizar la información que ella les daba, en lugar de pensar por sí mismos. Kim decidió que este año sería diferente.

La Feria de Ciencias del colegio se realizaría en el término de dos meses. Ella había alentado a los alumnos para que participasen y la mayoría lo hacía, pero la calidad de los proyectos era despareja. Kim podía adivinar qué alumnos habían recibido ayuda de sus padres -lo que le parecía bien-, pero ¿qué pasaba con el resto de los estudiantes? Decidió hacer que los viernes fueran días de proyecto grupal y que esos proyectos se presentarían en la feria de mayo.

Cuando se sentó a planificar sus clases de los viernes, Kim se preguntaba:
—¿Por dónde empiezo? ¿Qué necesitan para comenzar a trabajar en sus proyectos grupales? —Después de mirar por la ventana, hacer considerable cantidad de ensayos en su bloc de hojas y revisar ocasionalmente viejos textos y ediciones para docentes, decidió hacer un ataque frontal. Primero, necesitarían alguna información acerca de buenos proyectos de ciencia -qué hicieron otros, cómo lo implementaron y cómo se prepararon los informes-.
—Eso no debe ser muy difícil —pensó—. Tengo algunos trabajos ganadores de los últimos años.

Luego, necesitarían alguna información acerca de los temas que estaban estudiando. Mientras pensaba acerca de esto, anotó algunas posibilidades para trabajar con ellas.

El viernes siguiente comenzó la clase y dijo:
—Muy bien, escuchen todos... Vamos a intentar algo diferente hoy y durante todos los viernes que quedan hasta la Feria de Ciencias, que es el 7 de mayo. Usaremos las clases de los viernes para trabajar en nuestros proyectos de Ciencia y lo haremos de una manera un poco diferente de cómo lo hacíamos en el pasado. Primero, les daré tiempo de clase para trabajar en el proyecto y espero informes semanales del progreso que hacen. Segundo, me gustaría que hicieran los proyectos en equipo, en lugar de hacerlo individualmente. Esto resultará en trabajos de mayor calidad y creo que aprenderán mucho uno de otro. Para dividirlos en grupos les pediré que escriban su nombre y algunos temas que les interese estudiar en una hoja. Reuniré toda esta información y el próximo viernes les diré qué grupo conformarán. Podremos hacer algunos cambios, pero en principio comenzarán con esos equipos.

El viernes siguiente, Kim colgó en la cartelera una lista con la formación de los equipos y la asignación de temas. Los estudiantes se congregaron alrededor y conversaban sobre eso mientras entraban al aula. Kim observaba el entusiasmo y esperaba que la actividad grupal no interfiriera con el aprendizaje.

—Bien, —pensó para sí cuando tocó el timbre— comenzamos.

Cuando la clase se calmó, Kim caminó hacia el frente del aula, hizo una breve pausa y comenzó:

—Probablemente hayan visto qué grupo y tema le tocó a cada uno cuando entraron al aula. Si no lo hicieron, luego podrán ir a ver (haciendo un gesto hacia la cartelera). Por hoy, nuestra primera tarea será conocernos con los otros miembros. Para eso, quiero que cada uno entreviste a otra persona. Ahora, cuando se distribuyan en grupos elijan a un compañero: pregúntenle por qué está interesado en el tema. También investiguen otras cosas interesantes sobre la relación de su compañero con la ciencia. Recuerden que la entrevista debe centrarse en el tema del equipo y en la ciencia en general. Primero, uno entrevista al otro y luego invierten el rol del entrevistador. Al final, cada persona hará para el grupo una breve presentación de su compañero. Tomen nota, así podrán recordar todos los puntos importantes.

Kim hizo una pausa y luego dijo:

—Antes de ponernos en grupos, hagamos una revisión rápida para asegurarnos de cuál será la responsabilidad de cada uno. ¿Qué es la primera cosa que harán en sus grupos? ¿Alysha?

—Buscar un par.

—Bien, Alysha. ¿Entonces qué?... Selena.

—¿Hacerle un reportaje a un compañero?

—Bien. ¿Y qué preguntas harán?... ¿Antonia?

—Las que están en la cartelera.

—Bien. ¿Y qué harán con la información de la entrevista? ¿Juan?

—Decírsela al grupo —respondió Juan.

—¡Excelente! —exclamó Kim—. Ahora recuerden que nuestro objetivo aquí es comenzar a conocernos para trabajar eficazmente en equipo.

—Para evitar la congestión, el grupo 1 se ubicará aquí en el frente del aula; el grupo 2, por acá; grupo 3, allá atrás; grupo 4, allí; el 5, en la esquina; el 6, aquí; grupo 7, aquí delante. Si no saben en qué grupo están, vuelvan a fijarse en la cartelera. ¿Todo listo?... Es la 1:20. Espero que lo tengan listo para la 1:40. Muy bien. Comencemos.

Kim observaba mientras los estudiantes se agrupaban. Sorprendentemente, todo era más fluido de lo que esperaba y los grupos rápidamente entraron en el ritmo de las entrevistas.

Una mano se levantó.

—¿Qué hacemos si no hay un número par de estudiantes?

—Buena pregunta, Jianna. Alumnos, si hay un número impar en el grupo por una ausencia o por otra razón, hagan las entrevistas de a tres.

La clase se ordenó de nuevo en un murmullo bajo mientras Kim caminaba alrededor de los bancos. La mayoría de los grupos estaba trabajando bien y los otros parecían necesitar sólo una advertencia suave para volver al trabajo.

A la 1:30, Kim anunció:

—Alumnos, ya tienen que estar terminadas las entrevistas y deben comenzar a comentarlas con los otros miembros del grupo. Tienen cinco minutos más y después pasaremos a otra actividad.

A la 1:35, Kim volvió a reunir a toda la clase y anunció:

—Buen trabajo, todos. Ahora estamos listos para comenzar la próxima tarea, que es tratar de comprender qué es un buen proyecto. Para ayudarnos, puse varios proyectos ganadores en diferentes lugares del aula. Quisiera que cada equipo los examinase y tratase de imaginar por qué ganaron premios. Tomen notas y hablen acerca de sus ideas con su grupo. Luego, todos juntos discutiremos lo que encontramos. ¿Está bien? ¿Preguntas?... Comencemos.

La clase pasó el resto del módulo de clase examinando los ejemplos de Kim y discutiendo los criterios para desarrollar buenos proyectos.

Cerca del final, Kim cerró la clase diciendo:

—Hicimos un buen progreso al tratar de comprender qué hace que un proyecto sea bueno. Nuestra tarea del próximo viernes será establecer las bases de uno de los componentes del que hablamos hoy, los conocimientos previos. Quiero que todos piensen acerca de la clase de información que necesitarán para sus proyectos, así nos haremos en clase preguntas significativas e hipótesis interesantes. Trataré de traer libros de referencia para que usen todos y todos tienen que traer al menos un libro acerca del tema que están estudiando. Pueden obtenerlo en la biblioteca del colegio o en una biblioteca pública. ¿Alguna pregunta?... Bien, entonces los veo el lunes, y no olviden sus libros el viernes.

Durante la semana siguiente Kim trabajó con el bibliotecario del colegio para formar una colección de libros de referencia acerca de los diferentes temas que los alumnos estaban investigando. Así armó su propia colección de libros de texto y les pidió a sus colegas que hicieran lo mismo. Para el viernes tenía más de cuarenta libros diferentes vinculados a los temas de estudio.

En el inicio del módulo de clase, pidió a sus alumnos que se ubicasen todos juntos y explicó que su meta del día era mirar los recursos disponibles y comenzar un plan de acción para sus proyectos.

Mientras los estudiantes se distribuían en sus equipos, Kim nuevamente circulaba por el aula, hablando con los alumnos y respondiendo preguntas. A menudo se sentaba con un grupo y los ayudaba a estructurar tareas, de manera que todos los miembros pudiesen colaborar y ayudarse el uno al otro en las diferentes funciones.

Durante las semanas siguientes, los estudiantes trabajaron en equipo para desarrollar sus proyectos. El tema general, como *electricidad* o *polución*, servía como marco conceptual del trabajo de cada grupo, mientras que los proyectos específicos dirigían los esfuerzos de los estudiantes durante la clase. Algunos proyectos, como los de electricidad, realmente se hacían en clase; mientras que otros, como una investigación acerca de los factores que afectan el crecimiento de las plantas, se hacían en las casas.

Durante la quinta y la sexta semana, los estudiantes comenzaron a analizar los resultados y a escribir informes. Kim ayudó, compartiendo con ellos informes de muestra y trabajando en los equipos. Kim les mostró cómo las computadoras de la escuela podían ser usadas para describir y presentar información y un buen número de grupos las usaron para escribir sus proyectos.

Durante las dos semanas siguientes, los estudiantes prepararon afiches para la cartelera en los que presentaron sus resultados a otros estudiantes. Mientras circulaban de proyecto en proyecto, evaluaban los trabajos de los demás. Al final de cada sesión, Kim tomaba quince minutos del tiempo de clase para discutir los diferentes proyectos y señalaba las virtudes de cada uno. Con esta retroalimentación, los estudiantes de cada equipo mejoraron sus presentaciones. La unidad culminó con la Feria de Ciencias, donde los alumnos presentaron sus proyectos a todo el colegio.

Mientras Kim circulaba por los pasillos de la Feria, se sentía complacida con los comentarios que escuchaba de otras personas. Los proyectos eran de mayor calidad que en los años previos, pero, lo que era más importante, Kim se sentía bien acerca del compromiso de sus alumnos con las presentaciones de sus proyectos. No estaban meramente hechos para cumplir, realmente habían comprendido las ideas contenidas y desarrolladas.

La investigación grupal: una visión general

La **investigación grupal** *es una estrategia de aprendizaje cooperativo que ubica a los estudiantes en grupos para investigar un tema dado.* Como otras estrategias de aprendizaje cooperativo, emplea la ayuda y la colaboración de los alumnos como principal vehículo para el aprendizaje. A diferencia de otras estrategias, su centro primario es la investigación de un tema específico.

La investigación grupal remite al trabajo de varios investigadores en educación. John Dewey (1916) veía la clase como un microcosmos de la sociedad. Los colegios deben enseñar a los estudiantes a trabajar juntos en proyectos significativos para que ellos puedan hacer lo mismo en la sociedad. El rol del docente en este proceso es ayudar a los alumnos a identificar y a resolver problemas significativos para ellos. La investigación grupal puede ayudar a alcanzar esta meta.

Herbert Thelen (1960) fue otro educador que influyó en el desarrollo del modelo de investigación grupal. Thelen acentuaba la importancia de la indagación activa en el aprendizaje del alumno. Sentía que el aprendizaje es más eficaz cuando incluye la búsqueda de una respuesta a una pregunta o problema. Como Dewey, Thelen sentía que la indagación es más significativa en un contexto social. La investigación grupal da la oportunidad a los estudiantes de investigar preguntas significativas junto con sus pares.

Más recientemente, Sharon y Sharon (1988) usaron los grupos de investigación para promover la cohesión social entre diferentes grupos. Estos investigadores encontraron que la investigación grupal puede ser eficaz para ayudar a los alumnos de medios diversos a aprender a trabajar juntos. Este método provee un contexto para que los estudiantes aprendan acerca de sí mismos y de los demás.

Los docentes que usan la investigación grupal deben considerar por lo menos tres metas interrelacionadas. Primero, la investigación grupal ayuda a los estudiantes a aprender cómo investigar temas sistemática y analíticamente –una meta semejante a las de los modelos de indagación general y de Suchman–. Esto realmente contribuye al desarrollo de habilidades de indagación y ayuda a alcanzar un segundo objetivo, que es la comprensión profunda del contenido. La tercera meta, y tal vez la más importante, es lograr que los estudiantes aprendan a trabajar cooperativamente hacia la solución de un problema. Ésta es una valiosa habilidad para la vida y desdichadamente los estudiantes no la practican en los colegios (Goodlad, 1984). La investigación grupal brinda a los docentes una estrategia educativa para obtener logros en el desarrollo de la indagación, el aprendizaje de contenido y el aprendizaje cooperativo.

Planificar clases según el método de investigación grupal

Planificar actividades de investigación grupal requiere considerar cinco pasos, dos de los cuales –especificación de metas y diseño de actividades de consolidación del equipo– son semejantes a aquéllos de los otros métodos de aprendizaje cooperativo. Los pasos están esquematizados en la figura 9.3.

1. Especificar metas.
2. Planificar la recolección de información.
3. Formación de los equipos.
4. Diseño de actividades de consolidación de los equipos.
5. Planificación de actividades para todo el grupo.

FIGURA 9.3. *Planificación de actividades de investigación grupal*

Especificar metas

Como lo dijimos con anterioridad, las actividades de investigación grupal están diseñadas para ayudar a los alumnos a alcanzar tres metas interrelacionadas, entre las cuales la comprensión profunda del contenido es la que aparece menos enfatizada. Si una comprensión profunda del contenido es una meta primaria, otros métodos son posiblemente más eficaces para alcanzarla. El método de investigación grupal es realmente eficaz en ayudar a los estudiantes a desarrollar habilidades de resolución de problemas y capacidades para trabajar juntos.

Planificar la recolección de información

La resolución de problemas y la indagación no existen en el vacío. Los estudiantes necesitan tener acceso a información que puedan usar para guiar sus esfuerzos. Kim planificó la recolección de información juntando textos de ciencia usados y trabajando con el bibliotecario para asegurarse de que los recursos estuvieran disponibles. Otras fuentes de información pueden ser:

- Libros de texto de otras clases o niveles.
- Libros de una biblioteca pública.
- Enciclopedias y otros libros de referencia.
- Videocasetes, CD-ROM.
- Entrevistas con profesionales vinculados al tema (doctores, ingenieros, científicos).

Para desarrollar habilidades de investigación, los docentes pueden convertir la tarea de recolección en parte esencial de la investigación; es decir, dejar librada la búsqueda de recursos a cada equipo, para que aprendan cómo acceder a la información por sí mismos

Formación de los equipos

Hay al menos tres factores a considerar en la formación de equipos para la investigación. Tal vez el más obvio sea el interés. Kim, por ejemplo, formó sus equipos basándose en el interés que los individuos expresaron por determinados temas. Un segundo factor debería ser, en la medida de lo posible, dotar a cada grupo de un número igual de alumnos con alto y bajo desempeño. Por último, los grupos deben estar equilibrados en función del género y las diferencias culturales de sus integrantes. Uno de los beneficios de todas las estrategias de aprendizaje cooperativo es que ayudan a los estudiantes con diferentes conocimientos previos a aprender a trabajar juntos. La investigación grupal ofrece oportunidades únicas de promover la cooperación y el trabajo en equipos porque es menos estructurada que otras estrategias y, consecuentemente, requiere de niveles más altos de compromiso y solidaridad. El primer paso para alcanzar estas metas es la formación de equipos cuyos miembros sean diversos.

Diseño de actividades de consolidación

La investigación grupal requiere mayor cooperación que DCGA o el método del rompecabezas II; en éstos, los roles de los estudiantes están claramente definidos. Cuando se usa la investigación grupal, los estudiantes deben trabajar juntos en tomar decisiones acerca de sus roles, que serán interdependientes. Esta interdependencia es lo que hace que las actividades de consolidación del equipo sean muy importantes.

Estas actividades pueden adquirir distintas formas. Además de las actividades de consolidación del equipo descriptas en secciones anteriores de este capítulo, los docentes pueden usar el contenido que investigan como vínculo. Por ejemplo, Kim hizo que sus estudiantes se entrevistasen acerca de los temas en los que estaban interesados, preguntándose el por qué. Esta información les sirvió de trampolín para el trabajo.

Planificación de actividades para todo el grupo

La tarea final de planificación es diseñar actividades que introducirán las metas de la investigación grupal. Esto es especialmente importante cuando se la emplea por primera vez, porque las investigaciones grupales no son muy estructuradas, por eso los alumnos deben comprender completamente el proceso, para que las investigaciones sean fluidas.

Esta introducción/orientación está diseñada para que los alumnos comprendan las metas esenciales de la actividad y la clase de productos que se espera obtener. Kim, por ejemplo, compartió y discutió los trabajos de años anteriores. En un sentido, el proceso es similar al de la adquisición de conceptos (como los vimos en el capítulo 3), donde la comprensión se alcanza principalmente mediante el uso de ejemplos.

La introducción está también diseñada para ayudar a los estudiantes a comprender los procedimientos que deben seguir para dar forma a su producto. Una visión general del proceso el primer día, una revisión periódica y recordatorios adicionales, ayudan a otorgarles comodidad y confianza en los procedimientos. También es un buen recurso enumerar pasos clave en filminas y afiches o escribirlos en el pizarrón.

Implementar actividades de investigación grupal

Al igual que la planificación, la implementación de actividades de investigación grupal conlleva cinco pasos o etapas. Estas etapas están esbozadas en la tabla 9.9. y las discutiremos en las siguientes secciones.

Tabla 9.9. *Implementación de actividades de investigación grupal*

Etapa 1	Organización de grupos e identificación de los temas.
Etapa 2	Planificación grupal.
Etapa 3	Implementación de investigación.
Etapa 4	Análisis de resultados y preparación de informes.
Etapa 5	Presentación de informes.

Etapa 1: organización de grupos e identificación de temas

La primera etapa de las clases de investigación grupal implica organizar a los estudiantes en grupos y pedirles que escojan un tema. El orden de estas dos tareas puede variar según los temas y los estudiantes. En algunos casos, el docente tal vez quiera elegir primero los temas y luego formar los grupos basándose en el interés de los alumnos; esto es lo que hizo Kim. Primero, preguntó a los estudiantes en qué temas de estudio estaban interesados, y formó los grupos basándose en estos temas. La alternativa es formar grupos y dejar que los estudiantes de cada grupo elijan su tema. Esta alternativa da a los alumnos mayor experiencia en negociar y comprometerse con la elección final.

Actividades de consolidación del equipo. Más allá de cómo se elijan los temas, es importante conducir algunas actividades de consolidación del grupo que desarrollen un sentido de cohesión y solidaridad grupal. El método de investigación grupal es una estrategia compleja, que requiere de niveles de cooperación entre miembros que no solían encontrarse en otros métodos. Para que los grupos trabajen eficazmente, los miembros deben tener relaciones de trabajo productivas y cooperativas. Kim planificó consolidación grupal cuando pidió a los alumnos que aprendieran algo acerca de sus compañeros y que lo informaran a toda la clase. También existen muchas otras actividades de consolidación del equipo y los docentes pueden elegir aquellas que mejor funcionen con sus alumnos.

Etapa 2: planificación grupal

Durante la planificación grupal, los estudiantes determinan el alcance de la investigación, evalúan recursos, planifican un curso de acción y asignan responsabilidades a diferentes miembros del equipo. En algunas configuraciones, la planificación grupal es más fácil que en otras. Ya que todos los miembros del grupo están investigando el mismo tema, la tarea más importante es decidir cómo compartir los conocimientos relacionados. Si pares o grupos de tres investigan subtemas relacionados con el proyecto total, se deben tomar decisiones para coordinar esfuerzos; esto se refiere a funciones: quién será responsable por la información referente al proyecto, quién de la recolección de datos, quién analizará la información, quién se ocupará de combinar diferentes subproyectos con el proyecto total y quién escribirá el informe. Estas tareas no están claramente definidas y parte del proceso de aprendizaje implica tomar decisiones acerca de cómo serán manejadas.

En la clase de Kim, la planificación grupal tomó varias formas. Primero, los miembros del grupo tuvieron que decidir de qué porción del proyecto total se haría responsable cada uno;

cómo se usarían los recursos y cómo se colaboraría en la recolección de datos y en la escritura del informe de resultados. Estas deliberaciones y negociaciones ("No, no quiero hacer esto, hazlo tú"; "Está bien lo haré si tú haces eso o hagámoslo los dos") conforman uno de los aspectos más valiosos del aprendizaje.

Etapa 3: implementación de la investigación

Los grupos están organizados, los temas para la investigación fueron identificados y los grupos tienen un plan para cumplir con la tarea. Los grupos están listos ahora para implementar sus planes. Ésta es usualmente la etapa más larga. Los estudiantes necesitan tiempo para diseñar procedimientos de recolección de datos, para recolectarlos efectivamente, analizarlos y evaluarlos, así como para extraer conclusiones a partir de ellos.

Puede ser difícil mantener a todos los alumnos trabajando productivamente durante esta etapa de la actividad y algunos proyectos llevan más tiempo que otros. Los informes acerca del progreso ayudan a los grupos a monitorear su progreso y ayudan al docente a coordinar esfuerzos.

Etapa 4: análisis de resultados y preparación de un informe

A medida que los estudiantes reúnen información, ésta necesita ser analizada y evaluada. Los docentes pueden colaborar con este proceso de muchas maneras. Una de ellas es centrar la atención hacia la pregunta o problema que están investigando, volviendo continuamente sobre él. En una investigación extensa, los estudiantes pueden perder el hilo del trabajo con facilidad. Una segunda manera de ayudar a los estudiantes a analizar resultados es alentarlos a compartir y a hablar acerca de lo que encontraron con otros miembros del equipo. Una tercera manera es alentar a los estudiantes para que prueben formas diferentes de presentar la información. Confeccionar cuadros, diagramas y tablas suele ayudar a ver y comprender las relaciones existentes dentro de la información que manejan. Los estudiantes de la clase de Kim trabajaron en esto con la computadora.

La forma que adoptará el informe queda a criterio del docente. Las opciones incluyen presentaciones orales, informes escritos, murales y demostraciones. Si se usan presentaciones orales, deben complementarse con un informe escrito u otro producto material. La escritura o armado de un informe implica aprender a presentar claramente sus ideas y su trabajo.

Etapa 5: presentación del informe

Esta etapa del proyecto tiene dos metas. La primera es diseminar la información; la segunda es ayudar a los estudiantes a aprender cómo puede presentarse la información en forma clara e interesante. El formato para estas presentaciones puede variar. Proponemos algunas opciones:

- Presentaciones orales para toda la clase.
- Presentaciones orales para pequeños grupos.
- Presentaciones formadas por afiches y láminas.
- Demostraciones.
- Presentaciones contenidas en videocasetes.
- Estaciones o centros de aprendizaje.

La tarea de los alumnos en esta etapa del método es ir más allá de la información en sí, considerar al público y crear una presentación que sea informativa e interesante. Nuevamente, ésta es una habilidad útil para la vida y que no se encuentra con frecuencia en las clases tradicionales.

Evaluación diagnóstica

La evaluación de una actividad de investigación grupal debe centrarse en cada una de las metas que se pueden alcanzar con el método. Examinémoslas una por una.

Evaluación del proceso de indagación

Una meta de las actividades de investigación grupal es que los alumnos aprendan acerca del proceso de indagación (sus metas, sus procedimientos y sus productos finales). Se debe alentar a los alumnos para que reflejen el proceso y evalúen su propio desempeño en cada una de las áreas. Una escala o lista como la que muestra la figura 9.4. pueden ser una herramienta valiosa para guiar actividades de autoevaluación.

La escala puede ayudar a los estudiantes a dejar indicados los procesos que usan y a aprender a ser analíticos. Asimismo puede estimular la discusión entre los miembros del grupo, porque provee un marco de referencia concreto.

	Necesita trabajo	Regular	Bien	Muy bien	Excelente
Problema enunciado con claridad	1	2	3	4	5
Hipótesis enunciadas con claridad	1	2	3	4	5
Hipótesis conectadas con el problema	1	2	3	4	5
Control de variables	1	2	3	4	5
Recolección de datos apropiados para la hipótesis	1	2	3	4	5
Datos analizados claramente	1	2	3	4	5
Instrumento evaluativo	1	2	3	4	5

FIGURA 9.4. *Escala para la evaluación del proceso de indagación*

Evaluación del trabajo grupal

Un segundo objetivo a ser evaluado en las investigaciones grupales es la eficacia del grupo y la efectividad del trabajo grupal. El docente puede ayudar en el proceso proveyendo retroalimentación útil a medida que progresa la investigación. El docente también puede ayudar, discutiendo el tipo de conductas que permiten construir grupos eficaces. Las escalas también pueden ayudar a los estudiantes a aprender a centrarse en habilidades importantes. La figura 9.5. proporciona un ejemplo.

	Pocas veces				**Siempre**
Los miembros del equipo se escuchaban entre sí.	1	2	3	4	5
Los miembros del equipo compartían la información y las ideas.	1	2	3	4	5
Los miembros del equipo se ayudaban mutuamente en la clarificación de las ideas.	1	2	3	4	5
Los miembros del equipo se hacían preguntas para reflexionar juntos.	1	2	3	4	5
Los miembros del equipo retroalimentaban el proceso de aprendizaje de los otros.	1	2	3	4	5

FIGURA 9.5. *Escala para evaluar la eficacia grupal*

Las escalas pueden ser usadas como base para ayudar a los alumnos a comprender cuán efectivamente funcionan los grupos, a proveer retroalimentación o a tomar decisiones respecto de la composición del grupo. A veces ayudan a decidir sobre la intervención en algún grupo. Como mínimo sirven de recordatorio, tanto para los docentes como para los estudiantes, de que una meta importante de la investigación grupal es aprender a trabajar juntos.

Evaluación de la comprensión del contenido

La comprensión del contenido es el tercer aspecto de la investigación grupal que debe ser evaluado. El docente quiere saber si los alumnos comprenden sus proyectos en forma individual y los fundamentos conceptuales sobre los cuales están basados. Son buenos recursos de evaluación los siguientes: el informe mismo, preguntas específicas para que los estudiantes expliquen el proyecto que desarrollan y las presentaciones orales o las entrevistas.

Resumen

El aprendizaje cooperativo es un enfoque del aprendizaje que hace que los alumnos trabajen juntos para alcanzar una meta común. Existen varias estrategias de aprendizaje cooperativo y tres de ellas fueron discutidas en este capítulo. Todas tienen como principios que las guían la construcción de metas grupales, la responsabilidad individual en la tarea y la igualdad de oportunidades para el logro del éxito. Que los estudiantes aprendan a trabajar juntos eficazmente es la meta dominante de todas estas estrategias. La división de la clase en grupos de aprendizaje (DCGA) hace que cuatro o cinco alumnos trabajen juntos hacia la comprensión y automatización de conceptos y habilidades. Estrechamente relacionado con el modelo de enseñanza directa, DCGA usa el trabajo en equipo en lugar de la práctica independiente. Los estudiantes compiten con sus desempeños pasados para ganar puntos de superación, que contribuyen a obtener recompensas para todo el equipo.

El método del rompecabezas II, diseñado para ayudar a los estudiantes a comprender cuerpos organizados de conocimiento, desarrolla alumnos expertos que por turnos enseñan a sus compañeros de equipo. Los miembros del grupo desarrollan una comprensión profunda del contenido cuando los otros comparten su experticia en subtemas. Con el método del rompecabezas II, también pueden usarse puntos de superación y premios para el equipo –como con DCGA– para promover actividades exitosas y reconocer los logros de los equipos.

La investigación grupal, el método más complejo y difícil de definir de los tres, pide a los grupos que colaboren en problemas de indagación. Cuando se usa este método, la definición de problemas, el establecimiento de hipótesis, la recolección de datos y la evaluación de las hipótesis es semejante a los procesos usados en el modelo de indagación general y en el de Suchman. La investigación grupal difiere de otros métodos de indagación por el énfasis que pone en el trabajo grupal, la colaboración, la negociación y en la confección de informes orales y escritos que resumen el trabajo del grupo.

Conceptos importantes

Aprendizaje cooperativo (p. 295)
División de la clase en grupos
  de aprendizaje (DCGA) (p. 304)
Especialización de tareas (p.316)

Igualdad de oportunidades
  para el logro del éxito (p. 298)
Investigación grupal (p. 325)
Metas grupales (p. 297)
Método del rompecabezas II (p. 316)

Ejercicios

1. Examine los casos introductorios del capítulo (Isabel Ortega, Jim Felton y Jesse Kantor). ¿Qué método cooperativo usaba cada uno? Argumente con información específica de los casos.

2. Analice la siguiente lista de metas y decida qué método de aprendizaje cooperativo resultaría apropiado para cada una.
a) Un docente de tercer año quería que sus estudiantes aprendieran las reglas de la multiplicación.

b) Un docente de Estudios Sociales de la escuela secundaria quería enseñar a sus alumnos el análisis de hechos sociales. Como era un año electoral, eligió el tema del voto y pidió a cada grupo que diseñase un proyecto en torno a él.

c) Un docente de Lengua comparaba a Faulkner, Fitzgerald y Hemingway, esperando que sus estudiantes comprendieran las semejanzas y las diferencias entre ellos.

d) Un docente de Ciencias del polimodal estudiaba el problema de la polución. Dividió a sus alumnos en equipos y pidió a cada uno de ellos que investigase acerca de la polución en el aire y en el agua o la polución generada por residuos sólidos en sus áreas geográficas.

e) Un docente de cuarto año quería desarrollar las habilidades investigativas de sus alumnos. Eligió el tema de las mascotas y le pidió a cada grupo que diseñase e implementara un proyecto sobre él.

f) Un docente de Higiene y Salud quería que sus alumnos supieran cuáles eran y cómo se complementaban los cuatro principales grupos de alimentos.

g) Un docente de Estudios Sociales quería que sus estudiantes supiesen los nombres de los Estados del país, junto con sus capitales.

3. Analice la clase de DCGA que impartió Anya Lozano e identifique en ella los siguientes componentes del aprendizaje cooperativo:
a) Metas grupales.
b) Responsabilidad individual.
c) Igualdad de oportunidades para el logro del éxito.

4. Un docente de Matemática se preparaba para dividir a sus alumnos de álgebra básica en grupos de aprendizaje. Los promedios de los exámenes pasados eran los siguientes:

Juan	97	Juanita	81
Bettina	94	Henry	80
Sheri	93	Lisa	79
Akeem	90	Joan	77
Kim	87	Pat	75
Heather	84	Alonza	72
Peter	83	May	70
Marcia	82	Ted	69

a) Quiere formar equipos de cuatro personas. ¿Cómo se compondrían éstos?
b) ¿Qué otros factores además de los puntajes básicos podría considerar el docente?

5. En la introducción al capítulo, la eficacia del aprendizaje cooperativo fue explicada desde varias perspectivas. Con la información de la clase de DCGA que impartió Anya Lozano, provea ejemplos acerca de cómo fueron ilustradas las siguientes perspectivas teóricas.
a) Conductismo.
b) Explicaciones sociales.
c) Teoría del desarrollo.
d) Elaboración cognitiva.

Preguntas para la discusión

1. ¿Cómo están los siguientes componentes esenciales del aprendizaje cooperativo -metas grupales, responsabilidad individual e igualdad de oportunidades para el logro del éxito- contenidos en:
   a) DCGA?
   b) Método del rompecabezas II?
   c) Investigación grupal?
2. Identifique al menos tres semejanzas entre los métodos DCGA, rompecabezas II y la investigación grupal. Identifique al menos dos diferencias.
3. ¿Cuál de los tres métodos de aprendizaje cooperativo presentados es más sencillo de implementar? ¿Cuál puede resultar más difícil? ¿Por qué? Desde la perspectiva del desarrollo de los estudiantes, ¿qué sugeriría esto acerca del orden de su implementación?
4. Los investigadores encontraron que el aprendizaje cooperativo es una manera eficaz de quebrar barreras entre diferentes grupos étnicos. ¿Cuál de los siguientes elementos es más importante para alcanzar esa meta? Explique.
   a) Metas grupales.
   b) Responsabilidad individual.
   c) Igualdad de oportunidades para el logro del éxito.
5. ¿En qué se asemeja el argumento de la "elaboración cognitiva" que sustenta el aprendizaje cooperativo con la teoría del desarrollo? ¿En qué se diferencian?
6. ¿Cuál de los tres métodos de aprendizaje cooperativo es más ampliamente aplicable a diferentes niveles y diferentes áreas de contenido? ¿Por qué? ¿Cuál es menos aplicable? Explique su respuesta.
7. ¿En qué resulta similar la evaluación para los tres métodos de aprendizaje cooperativo? ¿En qué se diferencia? ¿Cómo se corresponden estas diferencias con las diferentes metas de cada método?
8. ¿Con cuál de los otros modelos del libro se relacionan más estrechamente los tres métodos de aprendizaje cooperativo? Explique su respuesta.

10. Adaptación de la enseñanza para mejorar la eficacia

Modelos de enseñanza: adaptaciones
  Examinar las metas
  Sintetizar los modelos
  Modelos y metas: una conexión crucial

Enseñar con experticia: más allá de los modelos de enseñanza

Ahora hemos finalizado la mayor parte del libro. En el capítulo 1, donde discutimos la investigación sobre la eficacia del docente, ampliamos la discusión para enfatizar la enseñanza para la comprensión y acentuamos el hecho de que enseñar contenidos y enseñar habilidades de pensamiento requiere estrategias diferentes de enseñanza. Estos factores condujeron la discusión hacia el enfoque de los "modelos".

Los modelos de enseñanza que este libro presenta se centraron en el procesamiento de la información: las maneras en que las personas reúnen y organizan datos para formar patrones, explicar y predecir eventos a partir de sus experiencias. El procesamiento de la información se desarrolló en respuesta a la insatisfacción respecto de la concepción del aprendizaje. La teoría del procesamiento de la información parte del supuesto de que los alumnos construyen activamente su propio entendimiento del mundo, en lugar de recibir pasivamente las concepciones e ideas de sus docentes o de otras autoridades.

El capítulo 2 presentó las habilidades esenciales que conforman las bases para la eficacia docente. Las estrategias para enseñar habilidades de pensamiento de nivel superior y crítico se construyen sobre estas bases y contribuyen a la adquisición de una comprensión profunda del contenido.

Desde el capítulo 3 hasta el 9 se trataron e ilustraron modelos específicos, cada uno de ellos diseñado para ayudar a los estudiantes a alcanzar objetivos específicos de contenido, a medida que desarrollan sus habilidades de pensamiento de nivel superior y crítico. En el mundo real, sin embargo, los docentes enfrentan gran número de situaciones; se requiere de ellos la capacidad de flexibilizar y adaptar sus formas de enseñar. Este capítulo tiene por propósito ilustrar ese rasgo profesional, que representa una etapa más avanzada en la experticia docente.

Este capítulo propone los siguientes objetivos:

- Identificar el modelo más eficaz para alcanzar metas específicas.
- Identificar semejanzas y diferencias entre los modelos.
- Identificar los elementos de cada uno que se presenten en un ejemplo de clase.
- Adaptar elementos de cada modelo para alcanzar objetivos particulares.

Para comenzar nuestra discusión, veamos a un docente que adaptó los modelos para satisfacer las necesidades de sus alumnos.

Marita Eng debía comenzar una unidad acerca de los animales marinos con sus alumnos de quinto año de la E.G.B. Proyectó invertir alrededor de una semana y media para concluir. Un lunes, entonces, presentó la unidad mostrando una lámina con el esquema que está a continuación.

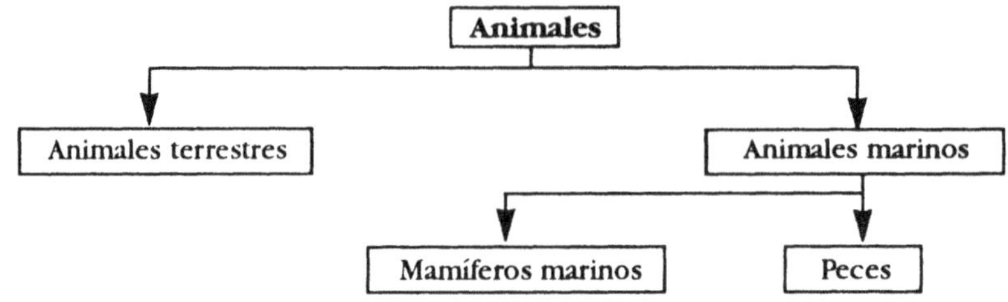

Empezó de la siguiente manera:

—Chicos, esto es lo que estaremos viendo los próximos días... Ahora veamos el esquema. ¿Quién explica qué nos muestra?

—...Pareciera que... los mamíferos de mar... y los peces fueran ambos... clases de animales que viven en el mar —propuso Brad, dubitativo.

—Bien Brad —sonrió Marita—. Esta clase de esquema, nos dice que, como vemos aquí —señalando el esquema—, los mamíferos marinos y los peces son clases de animales que viven en el mar... También nos dice que los animales de tierra y los animales marinos son clases genéricas de animales .

Continuó: —Hoy vamos a ver este video, y necesitaremos ser muy buenos observadores. A continuación pensaremos un poco para sacar conclusiones basadas en lo que veamos. Entonces, nuestro objetivo de hoy es aprender a sacar conclusiones correctas. Ahora, ¿qué hace que una conclusión sea buena?...

—...

—¿Qué dijimos que haríamos al ver el video?

—Ser buenos observadores —dijo Cal.

—Bien, exactamente —sonrió Marita—. ¿Entonces, cómo se relacionan nuestras observaciones con nuestras conclusiones?

—...Usamos las observaciones para que nos ayuden con las conclusiones —dijo Ken después de pensar la pregunta por unos segundos.

—Bien hecho, Ken. Eso está bien. Basaremos nuestras conclusiones en nuestras observaciones... Ése es nuestro objetivo de hoy.

Luego, Marita empezó la transmisión del video que mostraba un número de escenas cortas de ballenas y delfines, como un delfín bebé tomando la leche de su madre, un bebé ballena naciendo y una ballena emergiendo y "soplando" (exhalando). Tras unos pocos minutos, paró la transmisión de la cinta y pidió a los estudiantes que dijeran qué habían visto.

—Un pequeño delfín amamantado por su madre —dijo Brenda.

—Animales que saltan en el agua de tanto en tanto —agregó André.

—Sí, y soplan agua —interpuso Steve.

—¿Qué creen que es soplar agua? —preguntó Marita.

—...

Marita colocó su cabeza hacia atrás y sopló aire por la nariz, hacia el techo.

—¿Respirar? —dos niños preguntaron simultáneamente.

Marita sonrió.

—¿Qué creen?... ¿Tiene sentido?

—No creo —Andrew sacudió la cabeza—. Eso implicaría que sus narices están en la parte de arriba de sus cabezas.

—... ¿Por qué no? —Janine se encogió de hombros después de pensarlo—. Podría estar allí. Respiramos hacia arriba cuando estamos acostados de espaldas.

Marita observaba mientras los estudiantes debatían por algunos minutos acerca de la ubicación de las narices de los animales. Finalmente acordaron, algunos a desgano, que era posible.

Wayne entonces interpuso:

—Estos animales parecen peces, pero resulta que respiran y sus crías nacen como perros, gatos y todos esos, así que no pueden ser peces.

—¿Qué deben ser entonces?—preguntó Marita.

—... ¿Mamíferos? —Letitia respondió despacio, con un tono de pregunta.

—¿Cómo lo sabes? —sondeó Marita.

—... Si respiran aire,... y les dan de mamar a sus crías... y nacen como perros y... deben ser mamíferos.

—Muy bien pensado —Marita movía el brazo y asentía—. Recuerden que dijimos que practicaríamos cómo sacar conclusiones. Lo que Letitia hizo recién es un ejemplo de eso. Lo hicieron muy bien, todos.

Después, Marita mostró otro fragmento de video y reanudaron la discusión sobre lo observado. Continuó de esta manera hasta el final de la clase.

El martes comenzó la clase así:

—Ayer hablamos acerca de los mamíferos que viven en el mar, una clase de animal marino. Veamos de nuevo nuestro esquema —continuó mientras señalaba "animales marinos" en el esquema jerárquico.

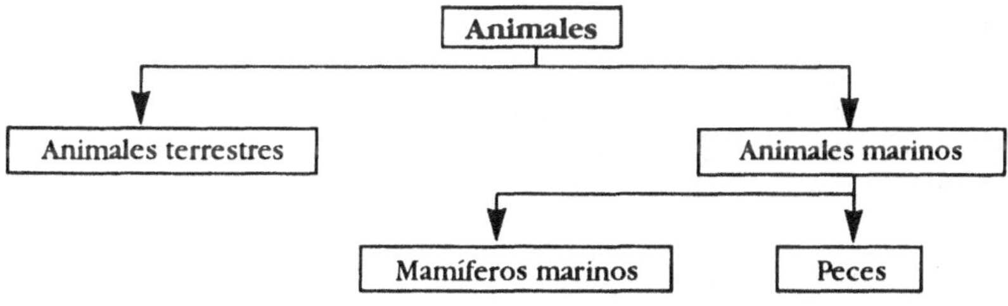

—¿Qué averiguamos acerca de ellos?

La clase pasó varios minutos escuchando algunas observaciones y las conclusiones que habían obtenido el día anterior. Marita concluyó la revisión diciendo:

—Ahora tengan en mente lo que sabemos acerca de mamíferos marinos, mientras hablamos acerca los peces, de otra clase de animal marino... Todos sabemos algo acerca de los peces. Por ejemplo, sabemos que los peces son animales de sangre fría, que respiran a través de branquias y que usualmente ponen huevos para tener crías —remarcó, señalando nuevamente el esquema inicial.

—Miremos en las peceras —continuó, dirigiendo su atención a dos grandes peceras que había en el aula—. Comparemos estos peces con los mamíferos de los que hablamos ayer —sugirió—. ¿En qué se parecen y en qué se diferencian?

Los estudiantes hicieron varias observaciones, identificaron las branquias en algunos peces y mencionaron que éstos no subían a la superficie para "soplar".

Marita continuó la actividad mostrando ilustraciones de otros peces. Los estudiantes examinaron las figuras, comparándolas con los peces que tenían en el aula y con las ballenas y delfines que habían visto en el video. Así trabajaron hasta el momento del recreo.

Al comenzar la clase del miércoles, Marita revisó las actividades del lunes y del martes. Comenzó preguntando cuáles eran las diferencias entre los peces y los mamíferos marinos.

—Creo que es difícil diferenciarlos a menos que los mires muy cerca —comentó Sharon.

—Los peces pueden estar debajo del agua todo el tiempo, pero los mamíferos tienen que subir a la superficie para respirar —agregó Maurice.

—Se parecen mucho. Tienen aletas... a los costados y colas —dijo Raid.

—¿Por qué suponen que los mamíferos marinos y los peces se parecen tanto cuando realmente son muy diferentes? —Marita preguntó luego.

—...

—Bueno, ¿qué sabemos acerca de dónde viven?

—Ambos viven en el agua —Tim se encogió de hombros.

—Bien, Tim —sonrió Marita. ¿Qué más?

—...

—Bueno, voy a mostrarles algunas imágenes. Quiero que piensen qué tienen en común.

Mostró entonces una foto de un pastizal africano con gacelas y antílopes; una foto de la selva donde se veían chimpancés y otra con orangutanes.

Los alumnos miraron detenidamente las ilustraciones, sólo entonces Juanita, tentativamente, sugirió:

—Los animales que habitan una misma clase de lugar, se parecen.

—¿Qué quieres decir? —preguntó Marita.

—Que el antílope y la...

—Gacela —sugirió Marita.

—La gacela... y el antílope... —Juanita continuó— bueno... se parecen... Fíjense que tienen piernas largas y todo eso... y las ballenas y los peces en el agua se parecen también.

—¿Qué piensa el resto? —sonrió Marita.

—Sí, los chimpancés y esos otros se parecen, también —agregó Emilio, mientras señalaba las fotos de los chimpancés y los orangutanes— y ambos viven en la selva.

—¿Alguien más? —alentó Marita.

Todo el grupo acordó que lo que habían sugerido Juanita y Emilio parecía tener sentido, entonces Marita preguntó:

—¿Cómo llamamos al lugar donde viven los animales?

—...Su medio —sugirió Sandy tras unos segundos.

—Bien. Sí, se llama *medio* —respondió Marita y escribió el término en el pizarrón... —y aquí tenemos tres medios diferentes: el océano, los pastizales y la selva.

—Ahora —dijo Marita con énfasis, inclinándose hacia delante—. Veamos si podemos describir una relación entre los animales y su medio... Piénsenlo por algunos segundos, y que alguien lo intente.

—...Los animales que están en el mismo medio se parecen —sugirió Tina.

—¿Qué opinan todos? ¿Los animales que están en el mismo medio se parecen?

Algunos de los miembros de la clase acordaron que sí señalando los ejemplos que ya habían analizado. Otros estuvieron en desacuerdo y notaron que existe una amplia variedad de animales que viviendo en las llanuras son bien diferentes del antílope y de la gacela. Finalmente concluyeron que los animales poseen características que les permiten sobrevivir en sus medios.

—Estuvimos hablando acerca de las capacidades de los animales para adaptarse a sus medios —dijo Marita, retomando el hilo de la clase—. Luego veremos que las plantas también se adaptan, pero será un poco más adelante.

A continuación, Marita pidió a los alumnos que resumieran qué habían aprendido y analizado durante la clase y la dio por terminada.

Para comenzar la clase del jueves, Marita inició la revisión pidiendo a los alumnos que ofrecieran ejemplos adicionales de adaptación animal y luego continuó diciendo:

—En realidad, hay dos clases de peces: los que tienen huesos posteriores como los nuestros y otros con huesos posteriores más blandos.

Volvió al diagrama original y agregó estas categorías debajo de "peces", de manera que quedó de la siguiente manera:

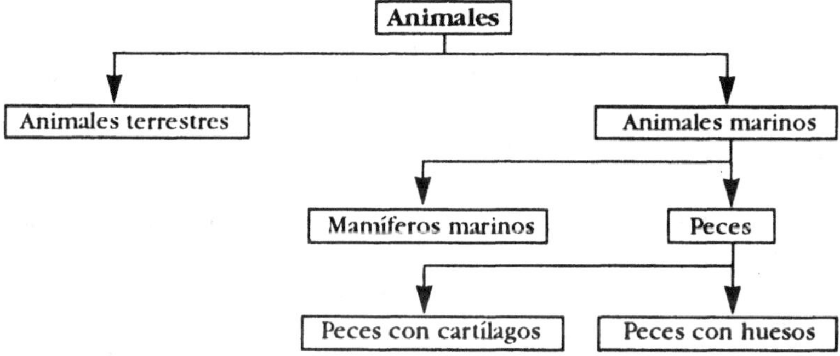

—Hoy vamos a cambiar un poquito la rutina —continuó Marita—. Con este cuadro y con algunos materiales que traje, reuniremos información acerca de estas dos clases de peces.

Entonces presentó la siguiente grilla a los estudiantes:

	Ejemplos	Abertura branquial	Cubierta	Dientes	Sistema circulatorio	Reproducción
Peces con huesos						
Peces con cartílagos						

—Hoy trabajaremos juntos en grupos e iremos a la biblioteca, donde encontrarán algunos libros, videos e información en CD-ROM que pueden usar. Para comenzar, quiero que se dividan en parejas porque cada una reunirá información acerca de los diferentes aspectos que se mencionan en la grilla.

Marita asignó a una pareja la tarea de encontrar peces con huesos; a otra, la búsqueda de información acerca de la abertura branquial; a una tercera, la información sobre "la cubierta" de los peces con huesos y así sucesivamente, hasta que cada una de las doce celdas de la grilla estuvieron a cargo de una pareja. (Como tenía 26 alumnos en la clase, dos equipos trabajaban en tríos.)

Todo el grupo fue entonces a la biblioteca y pasó el resto de la clase del jueves reuniendo información. Terminaron el viernes, momento en que volvieron al aula y anotaron lo que habían investigado en una gran hoja de papel.

El lunes, Marita usó varios minutos para revisar lo que habían hecho la semana anterior. Comenzó por el tratamiento de la información que se había volcado en el cuadro mural, y pidió a los alumnos que dijeran las semejanzas y las diferencias entre los peces con huesos y los peces con cartílagos, explicando sus respuestas siempre que fuera posible. La discusión continuó durante el resto de la clase.

El martes, Marita revisó nuevamente el trabajo de los seis días anteriores y pidió a los alumnos que volvieran a examinar las dos peceras.

—¿Qué notan? —preguntó.

Los estudiantes hicieron varios comentarios y finalmente Joan preguntó:

—¿Por qué los peces que están a la izquierda en la pecera se mueven tan despacio, mientras que los otros actúan como lo hacen siempre?

—Ésa es una buena pregunta, Joan —respondió Marita—. Veamos si podemos averiguar por qué.

—Los peces no están en las peceras en las que están siempre y no pueden adaptarse —dijo Gerald con una gran sonrisa—. ¿Ve lo que aprendí la semana pasada, Sra. Eng?

—Muy bien, Gerald —sonrió Marita—. ¿Cómo podemos averiguar si eso es verdad?

Después de varios segundos, Gabriella sugirió:

—Ubiquémoslas de nuevo como estaban antes.

—Sí, buena idea —respondieron varios alumnos, entonces la clase decidió seguir la sugerencia de Gabriella.

Mientras esperaban para ver si cambiaba la actitud de los peces, la clase discutía algunas posibilidades.

—¿Qué pasaría si los peces comienzan a comportarse como lo hacían antes? ¿Eso qué nos diría? —interrogó Marita.

Los estudiantes propusieron algunas ideas, las discutieron y Marita iba guiándolos con nuevas preguntas.

En ese momento:

—Ya sé, ya sé —Javier saltó entusiasmado—. Aprendimos esta semana que los peces tenían sangre fría y el agua está tan fría que los peces no se mueven mucho.

Esto condujo a otra investigación. La clase midió la temperatura del agua en las peceras y contaron el número de veces que se movían las branquias a diferentes temperaturas del agua. A medida que los estudiantes reunían la información, Marita la registraba en el pizarrón. Así continuaron trabajando durante el resto del módulo de clase.

El miércoles, Marita guió a los alumnos para que hicieran un resumen de toda la unidad, examinando sus conocimientos sobre mamíferos y peces (considerando aquellos con huesos y con cartílagos), el proceso de adaptación y la forma en que el medio afecta la conducta de los animales. Pidió a los alumnos que comparasen la conducta que tienen los peces en diferentes temperaturas del agua, con las conductas que tenían ellos mismos en invierno y en verano. Esto condujo a una discusión acerca las diferentes maneras de vestirse y a una comparación ente animales de sangre fría y de sangre caliente.

Marita luego recordó a los estudiantes que al día siguiente continuarían con su discusión acerca de la adaptación.

En este estudio de caso vemos cómo una docente usó todos o partes de varios modelos diferentes para cumplir las metas de una unidad. En algunos casos, como en la clase de Sue Grant acerca de la Ley de Charles (capítulo 3) o en la clase de Tim Hardaway sobre la suma de números de dos dígitos (capítulo 6), se usa exclusivamente un modelo (Sue usa el modelo inductivo y Tim usa el de enseñanza directa). A menudo, sin embargo, las metas docentes no son tan estrechas y específicas como lo eran las de Sue o las de Tim. Por eso, los docentes eficaces adaptan los modelos o usan partes de ellos para ayudar a sus alumnos a aprender de la mejor manera. Éste es un uso totalmente apropiado de los modelos y es así como Marita los aplicó para desarrollar su unidad sobre animales marinos. Veremos en la próxima sección cómo combinó y adaptó los modelos.

Modelos de enseñanza: adaptaciones

Examinar las metas

Para comenzar nuestra discusión, pensemos acerca de las metas de Marita, que eran las siguientes:

- Saber que existen mamíferos que viven en el mar.
- Comprender cómo se adaptan los animales a su medio.
- Comprender cuáles son las diferencias entre los peces que tienen huesos y los que tienen cartílagos.
- Desarrollar habilidades de pensamiento crítico y de nivel superior.

Además, las preguntas de los estudiantes condujeron a la indagación sobre la conducta de los peces. Los estudiantes formularon hipótesis, reunieron información y extrajeron conclusiones acerca de la relación entre conducta y medio ambiente. No lo sabemos con precisión, pero la indagación parecía ser más espontánea que conducida por una meta predeterminada que Marita hubiera considerado en su planificación. Fue su experticia lo que le permitió capitalizar las preguntas de los estudiantes y transformarlas en una excelente experiencia de aprendizaje.

Veamos ahora algunos de los elementos específicos de la estructura de la clase que impartió Marita.

Ella comenzó presentando un esquema jerárquico que organizaba la información para los estudiantes. Luego propuso un breve debate acerca de la taxonomía implicada en el esquema. La información y el debate funcionaron en forma combinada como un organizador avanzado para el contenido que seguía. Si bien su "organizador" no tenía las características de los organizadores avanzados que Corkill (1992) identificó, esta adaptación de Marita fue de todas formas eficaz. En este sentido, ella comenzó la unidad con el modelo de exposición y discusión. El contenido que necesitaba desarrollar era un cuerpo organizado de conocimiento (conocimiento acerca de mamíferos marinos, peces con huesos y con cartílagos, el concepto de adaptación y la influencia del medio ambiente en la conducta).

En la primera clase de la unidad, Marita mostró el videocasete acerca de mamíferos marinos, siguiendo el modelo inductivo. El video proporcionaba los ejemplos y ella lo detenía periódicamente para permitir a los alumnos hacer observaciones y sacar conclusiones, guiando la discusión de acuerdo con la estructura del modelo inductivo. A través de su tarea llegaron a la conclusión de que los mamíferos pueden vivir tanto en el mar como en la tierra.

Veamos nuevamente parte de la discusión que se generó en clase.

BRENDA: Un pequeño delfín amamantado por su madre.

ANDRÉ: Animales que saltan en el agua de vez en cuando.

STEVE: Sí, y soplan agua.

MARITA: ¿Qué creen que es soplar agua? (Después Marita colocó su cabeza hacia atrás y sopló aire por la nariz, hacia el techo)

NIÑOS: ¿Respirar?

MARITA: ¿Qué creen?... ¿Tiene sentido?

ANDREW: No creo. Eso implicaría que sus narices están en la parte de arriba de sus cabezas.

JANINE: ¿Por qué no? Respiramos hacia arriba cuando estamos acostados de espalda.

WAYNE: Estos animales parecen peces pero resulta que respiran y sus crías nacen como los perros y los gatos, así que no pueden ser peces. (Esto se extrajo luego de la discusión acerca de la ubicación de las narices de los animales.)

MARITA: ¿Qué deben ser, entonces?

LETITIA: ¿Mamíferos?

MARITA: ¿Cómo lo sabes?

LETITIA: Si respiran aire,... y dan de mamar a sus crías,... y nacen como perros y... deben ser mamíferos.

Marita guió a sus alumnos habilidosamente para que discutieran sus observaciones. Ella usó la perspectiva constructivista del aprendizaje para comprometer activamente a sus alumnos, y condujo la clase en el contexto general del modelo de exposición y discusión. Su clase fue una hibridación, una adaptación hábil de los dos modelos, a fin de que la ayudasen a cumplir con sus metas. A través del modelo de exposición y discusión armó la estructura necesaria para enfocar la unidad, ordenando sus contenidos en un cuerpo organizado de conocimiento. El modelo inductivo fue eficaz para la primera clase porque permitió desarrollar el concepto de *mamífero marino*.

Marita comenzó la segunda clase de la unidad el día martes, realizando otra "mini" exposición y discusión, adaptando nuevamente un organizador avanzado, comprendido por el esquema jerárquico y la afirmación que reformulaba los conceptos: "Sabemos que los peces son animales de sangre fría que respiran a través de branquias y que usualmente ponen huevos para tener crías".

Una vez provisto el organizador, pasó nuevamente a un procedimiento inductivo, ya que hizo que los estudiantes comparasen los peces con mamíferos marinos indicando semejanzas y diferencias. Este proceso continuó la clase siguiente, cuando ella usó las observaciones y conclusiones de los estudiantes para conducirlos hacia el concepto de *adaptación*. Gran parte de sus clases del martes y del miércoles se desarrollaron a través del modelo inductivo.

El jueves, Marita pasó a trabajar con el modelo integrativo y adaptó recursos de la enseñanza cooperativa. Proporcionó el esqueleto de una grilla y les pidió a los alumnos que se agruparan de a dos para recolectar la información necesaria para completarla. Si bien ella pudo –y tal vez debió– haber pedido a los estudiantes que sugirieran las categorías que debían investigar con respecto de los peces, eligió seleccionarlas ella misma; éste es otro ejemplo de decisión profesional.

Después de que los estudiantes reunieron los datos, Marita usó el modelo integrativo para guiar el análisis de los estudiantes. Buscaron semejanzas y diferencias entre los peces con huesos y con cartílagos y construyeron explicaciones. El análisis de los contenidos específicos de la unidad les llevó desde el viernes de la primera semana hasta el lunes de la segunda.

Marita había planificado retornar el martes a la discusión acerca de las diferentes clases de peces, pero ese día surgió una pregunta a partir de las observaciones de los estudiantes. Veamos nuevamente cómo procedió la clase.

> JOAN: ¿Por qué los peces que están a la izquierda en la pecera se mueven tan despacio, mientras que los otros actúan como lo hacen siempre?
> MARITA: Ésa es una buena pregunta, Joan. Veamos si podemos averiguar por qué.
> GERALD: Los peces no están en las peceras en las que están siempre y no se pueden adaptar. ¿Ve lo que aprendí la semana pasada, Sra. Eng?
> MARITA: Bien, Gerald. ¿Cómo podemos averiguar si eso es verdad?
> GABRIELLA: Ubiquémoslas de nuevo como estaban antes.

La pregunta de Joan proporcionó la oportunidad para desarrollar una clase de indagación. Marita, que estaba alerta, capitalizó esta oportunidad pidiendo a los alumnos que intentasen imaginar una respuesta. Gerald propuso una hipótesis y Gabriela sugirió una manera para recolectar la información que permitiese probarla. Todo el proceso comenzó espontáneamente a partir de una pregunta de Joan.

> Mientras los estudiantes esperaban para observar cambios en la conducta de los peces, Javier intervino:
> —Ya sé, ya sé —saltó entusiasmado—. Aprendimos esta semana que los peces tenían sangre fría y el agua está tan fría que los peces no se mueven mucho.

Lo que señaló Javier era esencialmente una hipótesis alternativa que condujo a un cambio en la investigación.

Los estudiantes trabajaron entonces sobre la hipótesis de Javier, midiendo la temperatura del agua y estudiando los movimientos branquiales de cada pez. Si bien se puede criticar a Marita el abandono de la investigación inicial sin siquiera una discusión, mostró tener mucha habilidad para adaptar su forma de enseñar al pensamiento de los alumnos. Esto concuerda con las sugerencias del constructivismo; entonces, mientras discutíamos el constructivismo como base del modelo inductivo, vimos que también sirve como marco conceptual para otros modelos.

Sintetizar los modelos

Del análisis que hicimos sobre el estudio de caso y de nuestra discusión, vemos cómo los docentes eficaces combinan y adaptan los modelos para que los ayuden a cumplir diferentes metas y que existen muchas semejanzas en modelos que parecen ser muy diferentes. También vemos que modelos aparentemente basados en diferentes marcos teóricos son altamente compatibles desde el punto de vista de la enseñanza. Por ejemplo, Marita pidió a sus alumnos que hicieran una gran cantidad de comparaciones, contrastes y relaciones entre la nueva y la vieja información. Estos procesos, que aparecieron en el contexto de clases inductivas e integrativas, son virtualmente iguales a la etapa de integración del modelo de exposición y discusión.

Del mismo modo, si bien el modelo de exposición y discusión y el modelo inductivo parecen ser muy diferentes, Marita encontró que es posible compatibilizarlos. Con el modelo de exposición y discusión estableció un marco conceptual y luego usó el modelo inductivo para enseñar conceptos específicos, como los mamíferos marinos y la adaptación. De esta manera, la combinación y adaptación de modelos de enseñanza sintetizan una enseñanza eficaz.

Modelos y metas: una conexión crucial

Vemos entonces que la clave para las decisiones de los docentes en cuanto al uso de los modelos es una detenida consideración de las metas propuestas. Marita eligió comenzar su unidad con el modelo de exposición y discusión porque sus objetivos se centraban en la comprensión de cuerpos organizados de conocimiento. Pasó al modelo inductivo cuando sus metas fueron la comprensión de conceptos, como *mamíferos marinos* o *adaptaciones*, y pasó al modelo integrativo cuando quiso que los estudiantes comprendieran las diferencias entre peces con huesos y peces con cartílagos. En el ejemplo final, su objetivo no era que los alumnos adquirieran meramente los conceptos sino que comprendieran cuerpos organizados de conocimiento acerca de cada uno. Pudo haber elegido el modelo de exposición y discusión para este segmento de la unidad, pero eligió el modelo integrativo porque daba a sus alumnos mayor oportunidad para practicar el pensamiento de nivel superior y crítico, una de las metas de la unidad.

Cuando surgió la pregunta para la indagación, Marita capitalizó la oportunidad agregando una meta adicional que no había estado en la planificación original. A menudo aparecen en las clases metas "incidentales". El hecho de que Marita haya podido transformarlas en una experiencia de aprendizaje para sus alumnos es una demostración de su pericia como docente.

Vemos que Marita no utilizó el modelo de enseñanza directa o el modelo de adquisición de conceptos. Tomó esa decisión porque las metas de la clase no apuntaban a enseñar una habilidad, que podría haber sido enseñada eficazmente a través de un modelo de enseñanza directa; tampoco incluían el refuerzo de conceptos que los alumnos comprendieran sólo parcialmente, meta que podría haber alcanzado a través del modelo de adquisición de conceptos. En su unidad, la meta de producir un desarrollo en las habilidades de indagación se alcanzó eficazmente con el modelo de indagación. Ésta es la mejor manera de usar los modelos: elegir el más apropiado a cada situación y cumplir con las metas propuestas.

Enseñar con experticia: más allá de los modelos de enseñanza

En esta sección final intentaremos ubicar los modelos –completos o en parte– desde la perspectiva de la enseñanza en general. Para ello, discutiremos algunos principios básicos sobre los cuales se apoyan los modelos. Para poner éstos en perspectiva, queremos retornar a una observación que hicimos en el capítulo 1. Allí dijimos:

> un modelo de enseñanza no sustituye las habilidades básicas de enseñanza. Un modelo no puede tomar el lugar de las cualidades fundamentales en un docente, como el conocimiento de los temas, creatividad y sensibilidad con las personas. En lugar de eso, es una herramienta para ayudar a los buenos docentes a enseñar mejor, hacer su enseñanza más sistemática y eficaz. Los modelos proveen la flexibilidad suficiente para permitir que los docentes usen su propia creatividad [...] Como un proyecto, un modelo es un diseño para enseñar, con el que el docente usa toda su habilidad y agudeza.

Esta cita es un recordatorio de que los modelos descriptos en este libro no son soluciones para todos los problemas que un docente puede enfrentar cuando trata de ayudar a los alumnos a aprender; tampoco son mágicos. Deben ser usados por docentes inteligentes y sensibles, con ideas claras acerca de lo que van a enseñar; no se los puede seguir mecánicamente de acuerdo a un formato establecido. Pueden ayudar al docente a mejorar las experiencias de sus alumnos con el aprendizaje, pero no pueden, por sí mismos, mejorar un mal clima de aprendizaje.

Los modelos que discutimos son eficaces porque se basan en principios fundamentales de enseñanza que van más allá de los modelos mismos. Estos principios fueron ilustrados a lo largo de todo el texto. Por ejemplo, la ejemplificación es fundamental para que el alumno aprenda cualquier abstracción (concepto, principio, generalización o regla). Tratamos de ser coherentes con este principio e ilustramos cada idea del libro con uno o más ejemplos. Los estudios de casos que usamos para presentar cada capítulo sirven a este mismo fin; son ejemplos que ilustran los conceptos del capítulo. Los conceptos, en muchos casos, son abstractos y sofisticados, pero de cualquier manera son conceptos, por eso requieren ejemplos. En realidad, su complejidad y abstracción hacen que la necesidad de ejemplos sea mayor que con conceptos más simples y concretos. El tema aquí es que el uso de ejemplos, con o sin los pasos estructurados de un modelo, incrementa el aprendizaje.

Otro principio subyacente a los modelos es la importancia de tener las metas claras y mantener un orden en la enseñanza. Si los docentes no saben claramente lo que están tratando de alcanzar, no podrán elegir estrategias de enseñanza adecuadas ni podrán determinar si están cumpliendo o no con sus objetivos. Los modelos tienen un orden; cada parte está diseñada para cumplir con objetivos específicos. Sin embargo, la manera de enseñar de Marita Eng nos recuerda que los modelos no sustituyen la habilidad básica de enseñar. Las metas para la unidad fueron establecidas de antemano, pero cuando le fue posible, capitalizó oportunidades para comprometer a los estudiantes en el pensamiento crítico y en la indagación. Su flexibilidad, tanto en el uso de los modelos como en su enfoque total de la enseñanza, muestra los modelos como herramientas para mejorar su desempeño como docente, no como remedios para todo problema de enseñanza.

Hemos tratado de demostrar la relación entre la planificación, la implementación y la evaluación del aprendizaje presentando estas tres etapas para cada modelo. Además, hemos tratado de ser coherentes con este enfoque, usando metas para comunicar nuestra planificación, enseñando según esas metas y midiendo su alcance en el lector, al final de cada sección. En ese sentido, hemos hecho el esfuerzo de "practicar lo que predicamos".

Hemos hecho un esfuerzo de ser coherentes con lo que sugerimos. Hemos alentado a los docentes para que adapten los modelos a sus necesidades particulares, usando partes de ellos cuando sea pertinente. Nuestra presentación del desarrollo de la unidad de Marita Eng ilustra este esfuerzo.

Además de las técnicas específicas discutidas en este texto, hay otra capacidad que esperamos haber desarrollado en el lector: la habilidad de reconocer y capitalizar las oportunidades para alentar a los alumnos a practicar el pensamiento de nivel superior y crítico. Esto significa sacar provecho de las oportunidades siempre que surjan, como lo hizo Marita. Mediante este procesamiento de la información, los alumnos no sólo adquieren una comprensión profunda de los temas que estudian, sino que también adquieren la habilidad de incrementar y refinar por sí mismos esta comprensión. Para ilustrar esto, ofrecemos un ejemplo más.

Un docente está dando una clase acerca de animales prehistóricos extintos. Mostró a los estudiantes ilustraciones de un libro y leyó lo que decía debajo de ellas. Los siguientes son dos de los ejemplos que presentó.

BRONTOTERIO

BRONTOSAURIO

Al leer las descripciones a los niños, les dijo que el nombre *brontoterio* significaba "bestia del trueno" y el nombre *brontosaurio* significaba "lagarto del trueno". El docente alerta capitalizó la oportunidad de comprometer a los estudiantes en una actividad simple de pensamiento. Les pidió que notaran qué tenían en común los dos nombres y que recordaran sus significados. Con algo de apuntalamiento, los alumnos generalizaron que el prefijo *bronto* significaba "trueno".

Lo importante aquí es que el docente no estaba usando uno de los modelos específicos, sino que capturó la esencia de la observación y la generalización en lo que resultó una "mini" clase inductiva. Este proceso completo probablemente llevó menos de dos minutos, pero los alumnos tuvieron una importante experiencia de aprendizaje. En esta actividad simple, tuvieron la oportunidad de practicar pensamiento de nivel superior mediante la observación y la generalización acerca del prefijo *bronto*. Si los docentes capitalizan esas oportunidades cuando surgen, pueden ayudar mucho a que sus alumnos desarrollen tanto el pensamiento como una comprensión profunda de los temas que estudian, aunque no usen los modelos en clases estructuradas en torno a ellos. Tal vez, lo más importante es que, a su vez, los estudiantes desarrollan la habilidad de buscar relaciones por sí mismos; es así como se hacen más responsables por su propio aprendizaje. Ésta es la esencia de la "auto-regulación", que es fundamental en la enseñanza como en el aprendizaje.

Obviamente, no es particularmente importante que los estudiantes sepan el significado de *bronto*. Sin embargo, la habilidad que adquieren al analizar palabras y relaciones, y la idea de que el mundo tiene sentido, tal vez sea lo mejor que se lleven del colegio.

Como otro ejemplo, veamos a una docente de primer año, Bette Washington, que les cuenta un cuento a sus alumnos.

> En el cuento, aparece la palabra *disolver*.
> —¿Qué es *disolver*, Sra. Washington? —pregunta Calvin.
> Tras varios intentos vanos de explicar el concepto, la Sra. Washington intenta un nuevo enfoque. (Habría que pensar por un segundo cómo explicar verbalmente este concepto a un niño de seis años.) Fue al frente del aula, tomó un vaso, le puso agua y luego un sobrecito de azúcar que tenía en el escritorio.
> —¿Qué ven aquí? —preguntó mientras mezclaba el azúcar.
> —El azúcar se fue —respondió Andrew.
> —Bien, Andrew —sonrió la Sra. Washington—. ¿A dónde se fue?
> —...
> —¿Qué posibilidades hay?
> —En el agua —respondió Karen encogiéndose de hombros.
> —¿Alguna otra posibilidad? —preguntó Bette.
> —¿Puede ser el aire? —sugirió Delmar.
> —¿Qué creen que es lo más probable? —sondeó Bette.
> Después de discutirlo (y de probar el agua), los estudiantes concluyeron que el azúcar se había ido en el agua.
> Finalmente dijo:
> —Eso es disolverse. Decimos que el azúcar se disolvió en el agua.

Bette Washington también demostró pericia y creatividad en su manera de enseñar. Se dio cuenta de que para conceptos abstractos, las palabras son a menudo insuficientes; los estudiantes comprendían mejor si veían un ejemplo concreto y tangible. La creatividad de Bette estaba en su habilidad de crear un ejemplo "en el momento". Su experticia se vio en el hecho de que no mostró meramente algo a los estudiantes diciéndoles qué se suponía que tenían que ver. Guió su comprensión de una manera orientada a la enseñanza constructivista.

Veamos otro ejemplo: un docente de Literatura estadounidense pidió a los estudiantes que leyeran biografías de autores y fragmentos de sus obras. Seleccionó diferentes períodos de la historia de ese país y luego guió un análisis detallado en el cual se comparaban autores de períodos similares, empezando por aquellos posteriores a la Guerra Civil. Este grupo fue comparado luego con autores que escribieron alrededor de 1920. En todos los casos, las obras de los autores estaban relacionadas con sus biografías. De este análisis, los estudiantes concluyeron que los trabajos de un artista están influidos tanto por su biografía como por el contexto en el cual transcurrió su vida. El docente logró esto mediante el sólo uso de un libro de texto y comprometió a los estudiantes en una actividad creativa, que requería todo el pensamiento crítico y de nivel superior de una clase altamente organizada del modelo integrativo.

Los docentes que aparecen en estos ejemplos ilustran lo mejor que los modelos ofrecen en términos del desarrollo del pensamiento de nivel superior y del pensamiento crítico por parte de los alumnos, y de la ayuda que se les puede ofrecer a éstos para que adquieran una comprensión profunda del contenido. Ya sea que los docentes pidan a los estudiantes que observen, que identifiquen tendencias, que comparen y predigan, en todos los casos están capturando la esencia de los modelos, más allá de que usen o no todos los elementos de un modelo particular. Al hacer eso, demuestran su experticia como docentes y contribuyen a que los alumnos aprendan más. Esperamos que el estudio de este texto haya contribuido al desarrollo de esa experticia en nuestros lectores.

Resumen

Los docentes eficaces adaptan y combinan conscientemente los modelos de enseñanza para cumplir mejor con sus metas. Si bien están estructurados de manera diferente, los modelos pueden ser usados a menudo en combinación. Por ejemplo, se puede introducir una unidad con el modelo de exposición y discusión y luego enseñar temas específicos con el modelo inductivo.

La elección del modelo depende de la meta del docente. Las metas que implican conceptos, principios, generalizaciones y reglas se enseñan muy bien con el modelo inductivo; las metas que tienen que ver con cuerpos organizados de conocimiento pueden enseñarse con el modelo integrativo o con el modelo de exposición y discusión; las metas vinculadas con habilidades se enseñan eficazmente con el modelo de enseñanza directa; y las metas de indagación, con la indagación general o con la de Suchman.

Los docentes expertos capitalizan las oportunidades de promover tanto el pensamiento como la comprensión profunda de los contenidos. Al hacer eso, a menudo dictan "mini" clases que incluyen dos o más modelos. Una comprensión profunda de los modelos aumenta la probabilidad de que los docentes capitalicen estas oportunidades.

Preguntas para la discusión

1. Compare y contraste cada uno de los modelos. Identifique las semejanzas y las diferencias en dos o más de ellos.
2. Compare los fundamentos teóricos de cada uno de los modelos. ¿cuáles son sus semejanzas y diferencias?
3. En el ámbito de la educación se le está prestando mucha atención al constructivismo. Aparte del modelo inductivo, que se basa directamente en él, ¿cuáles de los modelos que presentamos tienen orientación constructivista? ¿De qué manera cada uno de los modelos pude hacerse constructivista?
4. ¿Qué modelos son más eficaces para promover el pensamiento de nivel superior y el pensamiento crítico? ¿Cuáles son los menos eficaces? Argumente su respuesta con ejemplos.
5. El modelo de enseñanza directa ha sido criticado por ser muy conductista en su orientación. ¿Están justificadas esas críticas? ¿En qué circunstancias podrían justificarse? ¿En qué circunstancias carecerían de justificación?
6. ¿Qué modelos requieren las habilidades de enseñanza más sofisticadas? ¿Cuáles requieren habilidades menos sofisticadas? Nuevamente, fundamente su respuesta con ejemplos.

Respuestas de los ejercicios

Capítulo 2

1. La opción *a* es la más válida. Las dos ideas presentadas en este fragmento son tecnología y tiempo. La opción *b* meramente discute la tecnología en los Estados Unidos de América; la opción *c* no tiene en cuenta el nivel de tecnología y la opción *d* es esencialmente errónea, ya que pierde de vista la idea central del fragmento, que es la relación entre tecnología y tiempo.

2. La opción *b* es más válida. Al responder el ítem 1, usted demostró conductas de pensamiento crítico: las afirmaciones ya existían. Evaluó cada una con la información específica proporcionada por el fragmento y la elección realizada fue el resultado de esa evaluación.

3. No se puede dar una respuesta precisa, pero una aproximación razonable sería entre 35.000 y 50.000.

4. La opción *c* es la elección más válida. Usted llegó a una conclusión específica (predicción), sobre la base de un patrón general.

5. La elección *a* es la más válida. Para hacer la predicción, usted tuvo que identificar un patrón. Éste mostraba población alta, en general, en los años 1930 y 1935; baja en 1940 y 1945; nuevamente alta en 1950 y 1955, etc. La última información que tenemos es de 1990. Si el patrón continúa, la población permanecería alta en 1995, y debería bajar nuevamente en el 2000.

Capítulo 3

1. La enseñanza que no es activa tiende a confiar, para la enseñanza, en materiales como hojas de ejercicio y otras tareas de escritorio en lugar de que el docente conduzca actividades de aprendizaje. El trabajo de escritorio y el trabajo para el hogar son eficaces para reforzar el aprendizaje de los alumnos, pero no como actividades de aprendizaje inicial.

2. El comentario de Judy Nelson ("Cuando hayamos terminado, seremos tan buenos en esto que podremos ubicar con precisión cualquier ciudad del mundo. Tengan eso en mente hoy cuando trabajemos") es un intento de que los alumnos tengan expectativas positivas.

3. a. Generalización
   b. Regla
   c. Generalización
   d. Principio

4. a. Inmigración y economía
   b. Morfología del verbo
   c. Tipo de dieta y nivel de colesterol
   d. Polaridad y atracción

5. a. Pueden usarse breves estudios de casos para ilustrar esta generalización. El siguiente
      podría ser un ejemplo:

Enrique Rodríguez llegó a su casa exhausto después de un largo día en el campo. El tercer año
de sequía había destruido prácticamente su pequeña granja en el norte de México, y ahora apenas si podía cultivar suficiente grano para alimentar a su familia de cinco personas.
   —Debemos hacer algo —dijo su mujer preocupada mientras estaban sentados tranquila-
mente una tarde—. Los niños tienen hambre.
   —Iré a la ciudad —dijo finalmente Enrique con decisión—. Conseguiré los papeles y ve-
ré si podemos ir al norte de la frontera para encontrar un trabajo mejor.

Casos como éste ilustran la relación entre inmigración y economía y puede ser usado eficazmente con el modelo inductivo. Una alternativa sería presentar cuadros con datos históricos que mostraran la relación entre inmigración y economía.

   b. Oraciones en el contexto de un fragmento serían ejemplos ideales. Algunas de ellas
      estarían escritas de manera que los sujetos y los verbos concordaran en número, y
      otras tendrían sujetos y verbos que no concordaran. El docente entonces guiaría a los
      estudiantes para que identificaran las diferencias.
   c. Al igual que con las generalizaciones relacionadas con la inmigración y la economía,
      algunos casos breves en los que se describan personas y sus dietas, junto con sus ta-
      sas de colesterol, serían buenas elecciones para ejemplos. También pueden usarse
      cuadros o gráficos que muestren esta relación.
   d. Para ilustrar este principio, el docente puede hacer que los estudiantes experimen-
      ten con imanes reales, y llamarles la atención acerca del hecho de que algunos están
      rotulados con una S y otros con una N.

6. El siguiente puede ser un análisis de concepto:

Definición	Un cuadrilátero con lados opuestos de la misma medida y todos los ángulos de 90°
Características	Lados opuestos de la misma medida, ángulos de 90°
Ejemplos	
Concepto supraordenado	Cuadrilátero, paralelogramo
Concepto subordinado	Cuadrado
Concepto coordinado	Rombo

7. a. El fragmento de Jim Rooney era una forma de realia.

   b. La pelota de playa de Judy Nelson era un modelo.

   c. Los mapas son también formas de modelos. Generalmente no se los piensa así, pero permiten visualizar lo que es demasiado vasto para ser observado directamente.

   d. Los globos de Sue Grant eran una forma de realia.

   e. Los dibujos de Sue Grant eran modelos.

   f. Las oraciones de Dawn Adams eran una forma de realia.

8. a. La pregunta,"¿Qué notan acerca de los dos pedazos de papel?" es la mejor opción, porque es de respuesta más abierta y es menos convergente. Permite que el docente llame a diferentes alumnos muy rápidamente, lo que promueve el compromiso y una distribución equitativa. La pregunta también asegura que los estudiantes puedan contestarla y permite al docente realizar un diagnóstico informal de los conocimientos previos de los alumnos.

   Una pregunta que pide que los alumnos comparen los papeles, como "Miren los dos pedazos de papel y díganos en qué son iguales y en qué son diferentes", también sería buena. Tiene final abierto y proporciona múltiples oportunidades de respuesta.

   b. La pregunta "¿Cómo se comparan los dos papeles ahora?" es la mejor elección. Mediante sus observaciones, los estudiantes reconocerán rápidamente que el número de bloques pequeños es igual para los dos. El docente, entonces, puede guiarlos para que vean que el mismo número está sombreado.

9. a. La introducción a la clase comenzó en el párrafo 1, donde Tony les dijo a los estudiantes que quería que observaran y compararan las palabras.

   La etapa con final abierto comenzó en el párrafo 2, cuando escribió las palabras en el pizarrón y luego les pidió a los estudiantes que las observaran y describieran en el párrafo 3. (Tanto 2 como 3 serían respuestas apropiadas.)

La etapa de convergencia comenzó alrededor del párrafo 19, cuando Tony pidió a los estudiantes que compararan las dos primeras columnas con las dos últimas. (También sería apropiado sugerir que la etapa convergente comenzó en el párrafo 21, cuando Tony hizo una pregunta más específica.)

El cierre comenzó alrededor del párrafo 46, cuando Tony pidió a los estudiantes que relacionaran la información que habían encontrado. En el párrafo 51 comenzó a guiarlos para que enunciaran la regla específica.

La etapa de aplicación comenzó en el párrafo 54, cuando Tony pidió a los alumnos que le propusieran una palabra y le agregaran *-ing*, para formar el gerundio.

b. Las preguntas de Tony en los párrafos 3, 5, 7, 9, 13, 15 y 16 tenían todas final abierto y solicitaban observación y descripción. La pregunta en el párrafo 19 también tenía final abierto pero en este caso solicitaba una comparación. Las preguntas de los párrafos 25 y 35 –aunque eran parte de la etapa convergente– también tenían final abierto.

c. Una secuencia de apuntalamiento comenzó en el párrafo 25, cuando Tony le pidió a Roy que comparara los sonidos de las vocales y Roy no respondió. La secuencia continuó con la respuesta de Roy en el párrafo 28. (Nótese que una vez que Tony logró provocar una respuesta aceptable de Roy, pasó a hacerle la siguiente pregunta a otro alumno. En este momento, el docente tiene puede continuar con el mismo estudiante o preguntarle a otro.)

Una segunda secuencia comenzó en el párrafo 37, cuando Kareem no pudo responder.

d. Tony pidió una repetición en el párrafo 42.

e. Los dos procesos más usados fueron la observación y la comparación. Los estudiantes también generalizaron cuando formularon la regla. Luego aplicaron ésta cuando realizaron ejercicios escritos.

10. a. El docente usó *un* ejemplo. El agua y el aceite en la balanza demostraron que el agua era más densa, y el aceite en el agua demostró que el aceite flotaba. Las dos cosas juntas sirvieron para ilustrar la relación 10.

b. Los ejemplos eran una forma de *realia*.

c. El docente tendría que haber apuntalado las respuestas de los alumnos para que reconocieran que los volúmenes eran iguales, que la masa del agua era mayor (porque esa parte de la balanza cayó) y por eso el agua era más densa. Los estudiantes habrían visto rápidamente que el aceite flota en el agua y el docente tendría que haber colaborado apuntalándolos para que enunciaran el principio.

d. El docente podría discutir acerca del problema de limpiar los derrames de aceite, como ejemplo de aplicación.

Capítulo 4

1. Las metas *c* y *e* no podrían ser enseñadas adecuadamente con el modelo de adquisición de conceptos. Consideremos cada una.

c) Un docente que quiere que los alumnos sepan por qué dos latas de café ruedan a distintas velocidades en un plano inclinado tiene un propósito que requiere una explicación. Las explicaciones incluyen los conceptos pero son más amplias que los conceptos en sí. Entonces no se las puede enseñar apropiadamente con el modelo de adquisición de conceptos. El tema podría ser enseñado con el modelo de indagación, que está descripto en el capítulo 7.

e) Un docente de literatura que quiere que sus estudiantes sepan el período durante el cual E. A. Poe escribió, tiene un objetivo que solicita información fáctica; es decir, "Poe escribió en la primera mitad del siglo xix", es un hecho. Los hechos no son enseñados como un objetivo de contenido en una actividad de adquisición de conceptos.

Todas las otras metas implican el aprendizaje de un concepto.

2. Consideremos ahora secuencias de ejemplos para los conceptos *gerundio*, *blando* y *fluidos mezclables*.

    a. Para el concepto *gerundio*, la secuencia podría ser así: (Los ejemplos positivos están en letra cursiva. Las oraciones que no están en cursiva son ejemplos negativos.)

La cacería es un deporte popular en muchos lugares del país. *Una parte importante de la cacería se realiza caminando* y los cazadores hacen gran cantidad de ejercicio. *Susan y Jimmy estaban cazando juntos. De pronto, vieron a otro cazador siguiendo un ciervo fuera del bosque.* Su perro de caza, Ginger, saltó de la camioneta y comenzó a perseguirlos. Apartarse del camino no era una buena idea, pero es lo que Jimmy hizo en ese momento. Más tarde, Jimmy contempló con disgusto su guardabarros abollado.

Obviamente, hay muchas maneras de preparar una secuencia de ejemplos para la adquisición del concepto *gerundio*. Esta secuencia muestra sólo una posibilidad. Sin embargo, ilustra acerca de la forma de presentar el tema en el contexto de un fragmento corto, en lugar de hacerlo mediante una lista de oraciones desconectadas. Lo importante es que cada uno de los ejemplos positivos contiene un gerundio, mientras que los ejemplos negativos no.

    b. La siguiente podría ser una secuencia de ejemplos para el concepto *blando*:

      1. Un pedazo de tejido esponja. (S)
      2. Un pedazo de papel de lija. (N)
      3. Piel de gamuza. (S)
      4. Pañal. (S)
      5. Vaso de vidrio. (N)
      6. Pelota de esponja. (S)
      7. Auto de juguete. (N)
      8. Pañuelos de papel. (S)
      9. Trozo de tiza. (N)

Los ejemplos positivos pueden indicarse con caritas sonrientes, signos *más* o la palabra 'sí'. Observe nuevamente que los ejemplos positivos y negativos no siempre están alternados. No hay ninguna regla que diga que todo 'sí' debe estar seguido por un 'no', o viceversa. Tanto el número de ejemplos como el orden en que aparezacan depende del juicio del docente.

c. La siguiente podría ser una secuencia apropiada para enseñar fluidos mezclables (*miscibles*). Note que deben usarse fluidos reales, para que los ejemplos sean más eficaces. El uso de fluidos reales (una forma de utilizar *realia*) permitiría que los alumnos observaran directamente las características del concepto. Si esto no fuera posible, lo más eficaz, como ejemplo, sería una combinación entre fluidos reales y modelos. La forma menos eficaz sería usar solamente palabras. La siguiente es una secuencia posible:

1. Agua y alcohol. (S)
2. Alcohol y aceite de cocina. (N)
3. Benceno y gasolina. (S)
4. Agua y aceite de cocina. (N)
5. Benceno y alcohol. (N)
6. Agua y ácido clorhídrico. (S)
7. Aceite y ácido sulfúrico. (N)
8. Agua y aceite para motores. (N)
9. Benceno y tolueno. (S)
10. Vinagre y agua. (S)
11. Hidrógeno y oxígeno. (S)

En algunos casos –agua, aceite de cocina, alcohol, gasolina, aceite para lubricar motores y vinagre–, los líquidos reales son fáciles de obtener y deben ser utilizados. Para otros, los modelos son una solución razonable. El modelo podría representar las diferentes cantidades de los elementos respectivos y podría mostrar los procesos de mezclado. En situaciones como ésta, lo más común es usar las palabras, un modelo sería ampliamente superior.

3. Los ejemplos y las secuencias serán en gran medida individuales, según los conocimientos previos y la experiencia. Controle sus respuestas con un compañero o con su profesor. Tenga en cuenta, cuando diseñe la secuencia, que todos los ejemplos positivos deben ilustrar el concepto y que eso no puede hacerse con ninguno de los negativos. Use también su imaginación y trate de diseñar la secuencia de manera inteligente para promover el desarrollo de las habilidades de pensamiento crítico de los estudiantes.

4. a. Los ejemplos del concepto en la anécdota son:

Ovejero alemán	Zorro
Collie	Lobo
Sabueso	

Los otros ejemplos citados en la anécdota, como gato siamés, eran ejemplos negativos. Los ejemplos negativos clarifican el concepto, mostrando lo que no es, mientras que los ejemplos positivos muestran las características del concepto.

b. Las características citadas en la anécdota son:

Cuatro patas	Dientes prominentes
Ladran	Pelo

Observe que ninguno de estos atributos es suficiente, por sí mismo, para describir el concepto; sin embargo, juntos proveen una descripción adecuada para los propósitos del docente.

c. Las hipótesis que los estudiantes sugirieron eran:

3. "Es un animal".
4. "Podría ser una mascota".
5. "Creo que es un mamífero"
6. "Creo que es *perros*"
12. "Tal vez sea la familia de los perros"

d. La secuencia de Michele fue presentada de la siguiente manera:

1. Ovejero alemán (S)
2. Roble (N)
3. Collie (S)
4. Magnolia (N)
5. Sabueso (N)
6. Gato siamés (N)
7. Zorro (S)
8. Leopardo (N)
9. Lobo (S)

Considere una segunda secuencia parcial.

1. Ovejero alemán (S)
2. Gato siamés (N)
3. Lobo (S)
4. Leopardo (N)

La secuencia que usó Michele dio a los estudiantes muchas oportunidades más para practicar sus habilidades de pensamiento que la que se presenta aquí en segundo término, porque los primeros ejemplos que usó eran más generales y permitían hipótesis variadas. En la segunda secuencia, el primer ejemplo negativo (gato siamés), eliminaría *animal* o *mascota* como hipótesis iniciales; y *lobo* (el segundo ejemplo positivo) haría que los alumnos posiblemente identificaran inmediatamente el concepto. La primera secuencia, en cambio, admitía muchas hipótesis, que fueron depuradas sucesivamente hasta que el concepto fue identificado.

e. Michele pudo haber enriquecido el trabajo de los estudiantes mediante la inclusión de ejemplos positivos (como *chacal* o *coyote*), para ampliar el concepto.

f. Michel presentó los ejemplos por pares, en lugar de uno solo por vez. Esto no es importante y demuestra la flexibilidad del procedimiento. El único argumento en contra de esta práctica es que podría aumentar la carga cognitiva en alumnos pequeños o sin experiencia, hasta el punto de que tuvieran dificultad en el procesamiento de la información.

g. En varias partes (por ejemplo: líneas 9 y 10) de la clase en que los alumnos se ofrecieron voluntariamente, se hace explícita la lógica que está detrás de las respuestas.

Michele hizo un esfuerzo consciente para alentar esto cuando le pidió a Phylis que explicara su hipótesis en la línea 4.

Capítulo 5

1. Etapa 1: la identificación de semejanzas es parte de la etapa 1.

2. Etapa 1: el docente continúa pidiendo semejanzas.

3. PJ: dar un ejemplo sobre la base de la información de la grilla proporciona evidencias para la afirmación anterior.

4. Etapa 3: el docente pide a los estudiantes que consideren diferentes condiciones y sugiere los resultados de esas condiciones, lo que alienta al razonamiento hipotético.

5. PJ: al preguntar "¿Qué te hace decir eso?", el docente les pide a los estudiantes que justifiquen su pensamiento.

6. Etapa 1: al pedir semejanzas y diferencias, el docente retorna a la etapa 1.

7. PJ : preguntar "¿Qué te hace decir eso?" es otra forma de requerir que los estudiantes justifiquen su pensamiento.

8. Etapa 2: "¿Por qué suponen que el idealismo aparece como tema?"

9. Etapa 4: la descripción de patrones generales cerca del final de la clase es una forma de resumir, usada para llegar al cierre.

10. Etapa 4: el docente continúa pidiéndoles a los estudiantes que formulen oraciones para resumir.

11. PJ: nuevamente, el docente pide a un alumno que justifique su idea con un ejemplo.

12. Ofrecemos los siguientes ejemplos como ilustraciones, aunque no son éstas las únicas respuestas posibles, tampoco las mejores.

    Etapa 1:
    a. Mira los diámetros de los planetas. ¿Qué notas?
       Los diámetros de Júpiter, Saturno, Urano y Neptuno son mucho mayores que los de los otros planetas.
    b. ¿Cómo se comparan las densidades de los planetas con sus diámetros?
       Los planetas con diámetros grandes tienen baja densidad, comparados con los otros.

Etapa 2:

a. ¿Por qué crees que los planetas con diámetros extensos tienen baja densidad?

Están compuestos de materiales que no son muy densos, como gases.

b. ¿Por qué crees que la temperatura de Mercurio varía tanto: de 300° a 800°?

Rota muy lentamente sobre su eje, por eso un lado se expone al Sol durante mucho tiempo y se calienta mucho, mientras que el otro lado no se expone al Sol por un tiempo prolongado y se enfría mucho.

c. Se cree generalmente que la Tierra es el único planeta del sistema solar que tiene vida tal como la conocemos. ¿Por qué será?

Es el único planeta con agua.

Es el único planeta que tiene una temperatura promedio en la cual se puede vivir, excepto Marte.

d. A pesar de su gran diámetro, la gravedad de Saturno no es muy superior a la de la Tierra. ¿Por qué?

La densidad de Saturno es muy baja, por eso su gravedad es más baja de lo esperado para su tamaño.

Etapa 3:

a. Supongamos que Mercurio rotara sobre su propio eje mucho más rápido de lo que lo hace en el presente. ¿Cómo afectaría eso la posibilidad de que tuviese vida?

No tendría vida de cualquier manera. No tiene atmósfera. Está cerca del Sol, por eso seguiría siendo muy cálido. No tiene agua.

b. Supongamos que Saturno fuese un planeta sólido como la Tierra. ¿Cómo afectaría eso su gravedad?

Su gravedad sería mucho mayor a la actual.

Etapa 4:

a. ¿Qué clases de descripciones generales podemos hacer acerca de los planetas en el sistema solar?

Los planetas con diámetros grandes tienen generalmente densidades y masas bajas, por eso sus gravedades son más bajas que lo esperable para su gran tamaño.

Cuanto más alejados están los planetas del Sol, más fríos son.

Cuanto más alejados están los planetas del Sol, más años tienen.

Todos los planetas rotan sobre sus propios ejes.

Todos los planetas, menos Mercurio y Venus, tienen al menos una luna.

Capítulo 6

Los ejercicios 1 y 2 no tienen respuestas bien definidas y quedan a juicio del profesional. La solución está presentada no como la respuesta "correcta", sino como información diseñada para estimular su consideración y análisis del material de esta sección. Tenga esto en cuenta cuando lea la solución de los ejercicios 1 y 2.

1. Las opciones a (números primos), c (cuadrado), d (escala mayor) y f (gerundio), son todos conceptos y pueden ser adecuadamente enseñados con el modelo de enseñanza di-

recta. La opción b (simplificación de expresiones aritméticas, siguiendo la regla "multiplicar y dividir de izquierda a derecha y luego sumar y restar de izquierda a derecha") es una habilidad, y también es apropiada para el modelo de enseñanza directa. La opción e (comprender que en las sustancias que no se mezclan, los materiales menos densos flotan en los materiales más densos) es un principio, y el modelo puede ser modificado para enseñarlo eficazmente. La elección g (identificación de las relaciones entre la economía y la geografía previas a la Segunda Guerra Mundial) es un cuerpo organizado de conocimientos. Un modelo como el integrativo, descripto en el capítulo 5, sería más apropiado para enseñarlo. La razón por la cual el modelo de enseñanza directa sería menos apropiado es que el contenido descripto en la meta no puede ser ilustrado con ejemplos, como es el caso de las habilidades, conceptos, generalizaciones, principios y reglas académicas. Por eso, la enseñanza del tema requiere una forma diferente de organización y presentación.

2. Las respuestas a este ítem varían ampliamente. Elija el tema y discuta los ejemplos con su orientador o con un colega. Los criterios para dar buenos ejemplos son los mismos, tanto para el modelo de enseñanza directa, para el modelo inductivo o para el de adqusición de conceptos.

3. a. Las cuatro etapas del modelo de enseñanza directa aparecieron en la clase de las siguientes maneras.
   - Introducción: La introducción a la clase ocurrió cuando Kathe unió el concepto de *antónimo* con el concepto supraordenado de *pares de palabras* y con el concepto coordinado *de sinónimo*, que habían aprendido con anterioridad. Observe que la introducción no contiene ningún componente motivacional.
   - Presentación: Esta etapa de la clase ocurrió cuando Kathe definió el concepto y lo ilustró con ejemplos.
   - Práctica guiada: La práctica guiada se produjo cuando Kathe presentó ejemplos positivos y negativos del concepto y pidió a los alumnos que dieran sus propios ejemplos.
   - Práctica independiente: En la etapa final del modelo, los alumnos trabajaron en ejercicios que contenían ejemplos adicionales de antónimos.
   b. La forma más eficaz de evaluación sería que los alumnos escribieran un párrafo en el cual estuviera insertado un número específico de antónimos.
   c. El problema primario con la clase era que el concepto *antónimos* fue presentado fuera de contexto. Una manera mejor de presentar ejemplos sería tenerlos insertados en el contexto de un fragmento.

Capítulo 7

1. a. El modelo de exposición y discusión fue usado en la planificación de dos metas relacionadas. La primera era organizar una unidad de estudio acerca de la comunicación, y la segunda era organizar la clase acerca de las partes del discurso.
   b. Hay dos organizadores avanzados en la anécdota. El primero fue usado para organizar la unidad acerca de la comunicación y fue una definición ("comunicación es la

transmisión de información en dos sentidos, la que generalmente ocurre a través del lenguaje"). El segundo organizador avanzado fue una analogía que comparaba las partes del discurso con ladrillos y fue usado para organizar la clase sobre ese tema.

c. La organización de la unidad y de la clase pueden ser diagramadas de la siguiente manera:

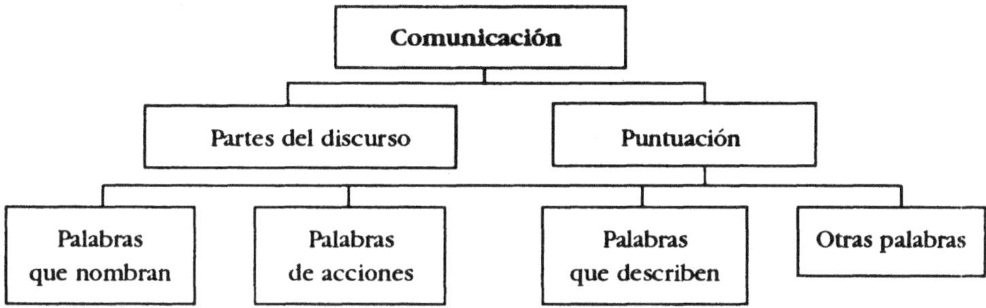

2. a. Hay tres organizadores avanzados mencionados en la clase. La línea 3 contenía una analogía y las líneas 8 y 14 contenían otras descripciones.

b. El siguiente sería un esquema jerárquico del contenido presentado.

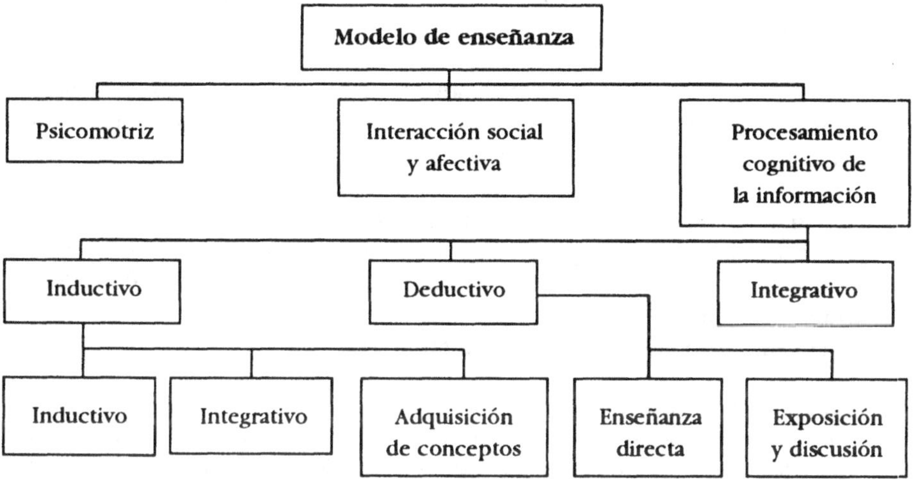

c. La integración tuvo lugar en las líneas 11 y 12, donde los modelos integrativo y de exposición y discusión fueron comparados y contrastados.

Capítulo 8

1. El siguiente es un breve análisis de cada meta:

a. Esta meta implica la enseñanza de información fáctica y no es propicio para la indagación.

b. El docente de Ciencias que quería que los estudiantes supieran la diferencia entre los procesos de observación e inferencia, en realidad quería que sus estudiantes aprendieran conceptos. Éstos pueden ser enseñados con el modelo de adquisición de conceptos o con el inductivo.

c. La meta de un docente de Educación Artística que desea que sus alumnos sepan por qué el trabajo de Van Gogh cambió a lo largo de su producción, requiere una explicación y es apropiada para la indagación.

d. Un docente de Matemática que quiere que los alumnos comprendan el cierre, nuevamente tiene una meta que es, esencialmente, el aprendizaje de un concepto y por eso son más apropiados los modelos diseñados para estos fines.

e. Esta meta es apropiada para la indagación. Sin embargo, preguntarles simplemente a los alumnos por qué se forma el rocío no delimitaría suficientemente el fenómeno, tampoco les daría información concreta con la cual trabajar. Una de las funciones del relato de un hecho es centrar la atención de los alumnos en una porción específica del medio ambiente. Un relato de hechos más apropiado para la indagación de Suchman sería:

El señor Anderson salió de su casa lunes por la mañana y descubrió que el parabrisas de su auto estaba mojado. Antes de ir a trabajar, secó todas las ventanillas con una toalla. El martes a la mañana, cuando se preparaba para ir a trabajar, notó que las ventanas del auto estaban totalmente secas. ¿Por qué estaban mojadas el lunes y secas el martes?

Al explicar este fenómeno, los estudiantes, estarían explicando en realidad las condiciones para la formación del rocío. Esta descripción les delimita el enfoque y les permite centrarse directamente en el problema.

2. a. El siguiente podría ser un hecho que el docente presentaría: Podría tocar selecciones de sonidos considerados música y selecciones de sonidos considerados ruido. Después de hacerlas oír, el docente diría algo así como: "¿Por qué se considera que la primera selección es música y la segunda ruido?".

b. El cuento "La lotería" narra el siguiente hecho:

La señora Jones era una típica ama de casa en la ciudad de Stevensville. Estaba casada con un ciudadano respetable, era la madre de tres hijos, actuaba en grupos cívicos e iba a la iglesia regularmente. Sin embargo, el sábado 17 de junio, el día del picnic anual comunitario, fue llevada a un lado y apedreada hasta morir por el resto de la gente de la ciudad. Ella no había hecho nada para merecer esta ejecución, y fue llevada a cabo por la mayoría de los habitantes de la ciudad en presencia del resto de los ciudadanos, quienes no hicieron nada para impedirlo.

c. La descripción del hecho por parte del docente podría ser la siguiente:

Hiroshima una ciudad de aproximadamente 250.000 personas, estaba ubicada al final de la isla principal de la cadena japonesa. Hiroshima no era la ciudad más grande, tampoco era la ciudad con la mayoría de las provisiones militares. No era el centro cultural de Japón. No obstante, fue elegida como blanco para tirar la primera bomba atómica en la Segunda Guerra Mundial. ¿Por qué fue elegida Hiroshima como blanco cuando otros lugares parecerían más propicios?

d. Una descripción del hecho podría ser:

Antes de la elección presidencial de 1948, que enfrentó a Truman contra Dewey, las encuestas públicas favorecían a Dewey por un amplio margen. De hecho, en la noche de la elección, los titulares de un diario prominente informaron la victoria de Dewey. De acuerdo con las encuestas preelectorales, Dewey era más popular, el pueblo sentía que estaba mejor calificado para la presidencia, tenía personas influyentes de su lado. Sin embargo, cuando se hizo el escrutinio final, Truman ganó ampliamente. ¿Cómo pudo ocurrir esto?

e. El docente presenta el siguiente hecho:

Coloca dos cubetas de líquido incoloro (agua y alcohol) en una mesa de demostraciones, para que los niños observen. El docente, luego, pone un cubo de hielo dentro de cada una de las cubetas. El cubo de hielo flota en uno de los fluidos y se hunde en el otro. Los dos fluidos parecen ser iguales, y los cubos de hielo son iguales o casi idénticos. El docente podría preguntar por qué el objeto flota en uno de los fluidos y se hunde en el otro.

f. En este caso, el docente podría mostrarles a los alumnos reproducciones de pinturas aparentemente similares. Podrían ser parecidas en estilo, color y marco. El docente podría decir lo siguiente: "La pintura de la derecha fue vendida en cinco mil dólares, mientras que la pintura de la izquierda fue vendida en veinticinco dólares. ¿Si las pinturas parecen semejantes, por qué una vale mucho más que otra?

3. a. Este hecho tiene todas las características que requiere un problema adecuado de indagación y probablemente sea el mejor diseñado de los tres. Plantea un problema que debe ser resuelto, les proporciona a los alumnos puntos de partida para que reúnan datos, e incluso es lo suficientemente limitado como para dar lugar al proceso de indagación.

b. La inadecuación de este problema reside en que, en realidad, fue diseñado para enseñar el concepto de coloración protectora, más que con el fin de dar una explicación. También es general, es decir, no bien focalizado, ya que no muestra ninguna discordancia aparente.

c. Este problema es esencialmente apropiado para una actividad de indagación. Podría mejorarse haciendo aparecer discordancia y focalizándolo. Por ejemplo, el hecho podría ser descripto de la siguiente manera:

Jim y Susan son dos estudiantes en la clase de Lengua, del primer año del polimodal. Ambos escribieron un ensayo sobre el mismo tema, y la extensión de los trabajos era prácticamente igual. Además, ambos los habían presentado tipeados. Sin embargo, Susan obtuvo una A, mientras que Jim obtuvo una C. ¿Por qué hubo una diferencia tan grande en sus notas?

Este hecho focaliza el problema y aumenta los rasgos discordantes. Además, la información que se ofrece facilita el proceso de reunión de datos y estimula la curiosidad de los alumnos para que busquen una explicación para la discordancia que se muestra.

4. a. Las acciones de la señora Stanley sugieren que la clase fue planificada con anterioridad. Tenía una meta de contenido (que los alumnos comprendieran los factores que originaron la forma que tienen los diarios en la actualidad) y llevó a clase los materiales necesarios.
   b. Los estudiantes usaron fuentes primarias de datos para cumplir con sus propósitos. Una fuente secundaria alternativa hubiera sido un libro de texto.
   c. 1. La identificación del problema comenzó cuando los estudiantes compararon los diferentes diarios. Esta etapa del modelo concluyó cuando la docente escribió en el pizarrón: "¿Qué factores influyeron en el tamaño y la composición del diario?".
      2. La formulación de hipótesis tuvo lugar cuando los estudiantes aportaron sus ideas (deportes, publicidad) acerca de los factores que afectaban a los diarios y cuando la señora Stanley las escribió en el pizarrón.
      3. La recolección de datos tuvo lugar en grupos pequeños en los que analizaron un diario en particular.
      4. El análisis de datos recién comenzaba cuando se acabó el tiempo. Éste es un problema común en las clases de indagación y los docentes deben, simplemente, adaptarse. Después de examinar las hipótesis, los estudiantes generalizarían para incluir otros ejemplos.

5. La pregunta a) sería inapropiada para medir las habilidades de procesamiento, porque abarca principalmente contenidos que ya fueron discutidos en clase. En consecuencia, lo que aquí se mide es el recuerdo de la información más que las habilidades de procesamiento. Un factor importante para medir éstas es que la información sea presentada por primera vez, es decir, se les pide a los estudiantes que analicen problemas no discutidos previamente. Si el problema no es conocido previamente, se mide la habilidad de análisis de los alumnos. Si, en cambio, ya ha sido discutido, entonces se mide el recuerdo o la comprensión del contenido, más que las habilidades de procesamiento.
   La pregunta (b) es apropiada y mide directamente la habilidad de los estudiantes para relacionar explicaciones y datos. La pregunta pudo haber estado descripta más específicamente, para proveer mejores instrucciones a los alumnos. Por ejemplo, el ítem ilustrado con las dos ciudades es más claro y más específico. Sin embargo, se le recuerda nuevamente al lector que la explicación y los datos en relación con las ciudades no deben ser conocidos por los alumnos; de lo contrario, el docente estaría midiendo el recuerdo de un contenido visto con anterioridad.
   La pregunta (c) también es apropiada y mide la habilidad de los alumnos para desarrollar una explicación con la información que analizaron. Combinar las preguntas (b) y (c) sería excelente para medir las habilidades de procesamiento de los estudiantes.

6. Las siguientes preguntas necesitarían ser reformuladas.
   a. La pregunta no se puede responder por sí o por no; por lo tanto es inapropiada.

c. Esta pregunta puede responderse por sí o por no, pero la respuesta no puede obtenerse mediante la observación. Responder sí o no requiere que el docente haga una inferencia, e impide las inferencias de los alumnos.

e. Esta pregunta no puede responderse mediante la observación. La pregunta podría ser reformulada de la siguiente manera: "¿Jean hace más de cinco horas de ejercicio por semana?" o "¿Jean hace más ejercicio que Pat?". Ambas preguntas se pueden responder mediante la observación y permitirían inferir si Jean hace suficiente ejercicio.

7. a. El problema que necesita explicación es por qué Joan criticó a otra docente.

b/d. La primera hipótesis para explicar este fenómeno sugería que Joan tenía problemas matrimoniales. Sin embargo, esta hipótesis no estaba sustentada por los datos, que indicaban que Joan estaba feliz tanto en casa como en el colegio. Una vez que rechazaron esta hipótesis, formaron otra, que sugería que la fatiga era la causa de la conducta de Joan. Los datos parecían apoyar esta hipótesis, pero el lector observará que no se llegó a ningún cierre formal.

e. Los ítems de datos podrían ser:

"hizo un comentario sarcástico acerca de su marido ayer a la mañana"; "Tiene dos cursos en la universidad. Además es la coordinadora de área..."; "La semana pasada habló de lo feliz que estaba y de lo bien que marcahaban las cosas"; "Contó que dormía un promedio de cinco horas diarias".

Capítulo 9

1. Isabel Ortega usó el modelo DCGA. El contenido en el que se centró era convergente, los estudiantes practicaban deletreándose las palabras unos a otros y eran evaluados con un cuestionario semanal.

Jim Felton usó investigación grupal, para ayudar a sus alumnos a aprender acerca de nutrición. Para eso, los dividió en equipos, hizo responsable a cada equipo de la investigación de diferentes temas y les pidió que cada equipo informara acerca de lo que encontró.

Jesse Kantor usó el método del rompecabezas II para ayudar a sus alumnos a aprender acerca de los anfibios. Diferentes miembros de cada equipo eran responsables de diferentes temas (por ejemplo: sistema circulatorio), estos "expertos" entonces les enseñaron a los otros miembros del grupo y todos fueron evaluados con un cuestionario que incluía todos los temas.

2. a. El conocimiento de las reglas de la multiplicación es información convergente, y se enseña mejor con el modelo DCGA.

b. El análisis de cuestiones sociales sugiere que el docente está interesado en el proceso y no sólo en el contenido. El diseño de un proyecto de investigación acerca del voto sería mejor enseñado con el modelo de investigación grupal.

c. Esta meta está orientada hacia el contenido e implica el aprendizaje de grandes cuerpos de información interconectada, en lugar de pequeñas partes de información inconexas. En consecuencia, este objetivo se podría enseñar mejor con el método del rompecabezas II.

d. El estudio de la polución con proyectos grupales se podría enseñar mejor mediante la investigación grupal.

e. Ayudar a los estudiantes a aprender a investigar un tema se podría enseñar mejor mediante la investigación grupal.

f. Conocer y comprender los cuatro principales grupos alimentarios sugiere que el docente no sólo quería que sus alumnos comprendieran hechos básicos sobre la nutrición, sino también la interconexión entre los hechos. Esto sugiere el método del rompecabezas II.

g. Saber los nombres de las capitales de los Estados implica el aprendizaje de hechos. Los hechos son enseñados mejor con el modelo DCGA.

3. a. Las metas grupales fueron sugeridas cuando Anya dijo: "...en lugar de trabajar solos con nuestras hojas de práctica, trabajaremos sobre ellas en grupo". También fueron sugeridos cuando dijo: "...cuando hagamos el cuestionario, cada equipo será calificado sobre la base de cuánto mejoraron sus miembros".

b. La responsabilidad individual fue sugerida cuando Anya dijo: "...el puntaje de sus equipos dependerá de si les ha ido bien a todos los miembros, no sólo a algunos.

c. Anya se refirió a la igualdad de oportunidades para el éxito cuando discutió acerca de los puntos de superación y explicó "Entonces, los miembros del grupo con puntajes más bajos al comienzo, pueden reunir más puntos si mejoran más que otros miembros del equipo".

4. a. Una manera de formar los equipos es dividir todo el grupo en cuartas partes, en función de su desempeño. Cada cuarto estaría formado por un alumno de alto desempeño, uno de bajo, y dos de desempeño medio. Al hacer esto, el primer grupo estaría compuesto por Juan, Ted, Kim y Joan; el segundo grupo estaría compuesto por Bettina, May, Heather y Lisa, etcétera.

b. Otros factores que deben considerarse son el género, la etnia y la habilidad para trabajar en grupo. Por ejemplo, observe que el segundo grupo está formado sólo por mujeres. Si una de las metas del docente era enseñar a los niños y a las niñas a trabajar juntos cooperativamente, entonces sería deseable que estuvieran mejor mezclados.

5. a. Una explicación conductista de la eficacia del aprendizaje cooperativo se centra en las recompensas grupales. El modelo DCGA hace esto poniendo a los alumnos en un equipo y recompensando a los miembros individuales por el desempeño grupal.

b. Las explicaciones sociales acerca de la eficacia del aprendizaje cooperativo se centran en la motivación intrínseca para trabajar juntos en un grupo. Anya intentó asegurar el funcionamiento eficaz del grupo mediante el monitoreo y destacando, como ejemplo, las prácticas de grupos que funcionaban fluidamente.

c. La teoría del desarrollo explica la eficacia del aprendizaje cooperativo mediante la demostración con modelos y la interacción entre los alumnos menos avanzados con sus pares más avanzados. Anya sacó provecho de esta situación y alentó a los miembros de los grupos para que se explicaran unos a otros sus estrategias para resolver problemas.

d. Las explicaciones acerca de la elaboración cognitiva también se centran en las explicaciones que los alumnos se dan unos a otros, pero enfatizan más los procesos internos que tienen lugar en el alumno que explica. Al tener que lidiar con el hecho de exponer ideas de forma comprensible, los alumnos desarrollan una mejor comprensión. Esto les pasa comúnmente a los docentes, que se dan cuenta de que el proceso de enseñar un tema los ayuda a desarrollar una comprensión más rica y más profunda de él.

REFERENCIAS BIBLIOGRÁFICAS

AMERICAN ASSOCIATION FOR THE ADVANCEMENT OF SCIENCE, (1989), *Science for All Americans*, Washington D.C.: American Association for the Advancement of Science.

ANDERSON, J. (1990), *Cognitive Psychology and its implications*, 3ª ed., Nueva York: Freeman.

ANDERSON, L., N. BRUBAKER, J. ALLEMAN-BROOKS y G. DUFFY (1984), *Making Seatwork Work* (documento de investigación núm. 142). East Lansing: Michigan University, Institute for Research on Teaching.

ANDERSON, L., N. BRUBAKER, J. ALLEMAN-BROOKS y G. DUFFY (1985), "A Qualitative Study of Seatwork in First Grade Classrooms" en *The Elementary School Journal*, núm. 86, pp. 123-140.

ANDERSON, L., C. EVERTSON y J. BROPHY (1979), "An experimental Study of Effective Teaching in First Grade Reading Groups" en *The Elementary School Journal*, núm.79, pp. 193-223.

ANDERSON, R. (1959), "Learning in Discussions: A Resume/ The Authoritarian-Democratic Studies" en *Harvard Educational Review*, núm.29, pp. 201-216.

ARONSON, E., N. BLANEY, C. STEPHAN, J. SIKES y M. SNAPP (1978), *The Jigsaw Classroom*, Beverly Hills, California: Sage.

ATKINSON, J. (1983), *Personality, Motivation and Action*, Nueva York: Praeger.

AUSUBEL, D. (1963), *The Psychology of Meaningful Verbal Learning*, Nueva York: Grune y Stratton.

AUSUBEL, D. (1968), *Educational Psychology: A Cognitive View*, Nueva York: Holt, Rinehart y Winston.

AUSUBEL D. (1978), "In Defense of Advance Organizers: A Reply to the Critics" en *Review of Educational Research*, núm. 48, pp. 251-257.

BABAD, E., F. BERNIERI y R. ROSENTHAL (1991), "Students as Judges of Teacher's Verbal and Nonverbal Behavior" en *American Educational Research Journal*, vol. 28, núm. 1, pp. 211-234.

BANDURA, A. (1986), *Social Fundations of Thought and Action: A Social Cognitive Theory*, Englewoods Cliffs, Nueva Jersey: Prentice-Hall.

BANDURA, A. (1989), "Social Cognitive Theory", en R. Vasta (ed.), *Annals of Child Development*, vol. 6, Greenwich, Connecticutt: JAI Press, pp. 1-60.

BARTLETT, F. (1932), *Remembering*, Londres: Cambridge University Press.

BECK, I. y M. McKEOWN (1993), *Why Textbooks can Baffle Students Learning*, vol.1, núm. 1, University of Pittsburgh: Learning Research Development Center, pp. 2-4.

BENNETT, S. (1978), "Recent Research on Teaching: A Dream, a Belief and a Model" en *British Journal of Educational Psychology*, núm. 48, pp. 27-147.

BERK, L. (1994), *Child Development*, 3ª ed., Boston: Allyn y Bacon.

BERLINER, D. (abril, 1995), *Effective Teaching*, trabajo presentado en el encuentro del Florida Educational Research and Development Council, Pensacola, Florida.

BERLYNE, D. (1966), "Curiosity and Exploration", *Science*, núm.153, pp. 25-33.

BEYER, B (1983), "Common Sense about Teaching Thinking Skills" en *Educational Leadership*, núm. 41, pp. 44-49.

BEYER, B. (1984), "Improving Thinking Skills–Practical Approaches", en *Phi Delta Kappan*, núm. 65, pp. 556-560.

BLOOM, B. (1986), "Automacity" en *Educational Leadership*, núm. 43, pp. 70-77.

BLUMENFELD, P. (1992), "Classroom Learning and Motivation: Clarifying and Expanding Goal Theory" en *Journal of Educational Psychology*, vol. 84, vol. 3, pp. 272-281.

BLUMENFELD, P., P. PINTRICH y V. L. HAMILTON (1987), "Teacher Talk and Students' Reasoning about Morals, Conventions and Achievement" en *Child Development*, núm. 58, pp.1389-1401.

BOYER, E. (1983), *High School: A Report on Secondary Education in America*, Nueva York: Harper y Row.

BRANSFORD, J. (1993), "Who Ya Gonna Call? Thoughts about Teaching Problem Solving", en P. Hallinger, K, Leatherwood y J. Murphy (comps.), *Cognitive Perspectives on Educational Leadership*, Nueva York: Teachers College Press, pp. 171-191.

BRANSFORD, J., S. GOLDMAN y N. VYE (1991), "Making a Difference in People's Abilities to Think: Reflections on a Decade of Work and Some Hopes for the Future" en L. Okagaki y R. Sternberg (comps.), *Directors of Development*, Hillsdale, NJ: Erlbaum, pp. 147-180.

BROOKS, J. y M. BROOKS (1993), *In Search of Understanding: The case for Constructivist Classrooms*, Alexandria, Virginia: Association for Supervision and Curriculum Development.

BROPHY, J. (1986), "Research Linking Teacher Behavior to Student Achievement: Potential Implications for Instruction of Chapter 1 Students" en B. Williams, P. Richmond y B. Mason (comps.), *Designs for Compensatory Education Conference Proceedings and Papers*, Washington, DC: Research and Development Center for Teacher Education, pp. IV-121-IV-179.

BROPHY, J. (1987), "On Motivating Students" en D. Berliner y B. B. Rosenshine (comps.), *Talks to Teachers*, Nueva York: Random House, pp. 201-245.

BROPHY, J. (1992), "Probing the Subtleties of Subject-Matter Teaching" en *Educational Leadership*, núm. 49, pp.4-8.

BROPHY J. y C. EVERTSON (1974), *Texas Teacher Effectiveness Project: Final Report* (informe de investigación núm. 74-4), Austin: Texas University, Research and Development Center for Teacher Education.

BROPHY, J. y C. EVERTSON (1976), *Learning from Teaching: A Developmental Perspective*, Boston: Allyn y Bacon.

BROPHY, J. y T. GOOD (1986), "Teacher Behavior and Student Achievement", en M. Wittrock (comp.), *Handbook of Research on Teaching*, 3ª ed., Nueva York: Macmillan, pp. 328-375

BROWN, A. (1988), "Motivation to Learn and Understand: On Taking Charge of One's Own Learning", en *Cognition and Instruction*, núm. 5, pp. 311-321.

BROWN, A. y J. Campione (1990), "Interactive Learning Environments and the Teaching of Science and Mathematics" en M. Gardner, J. Greeno, F. Reif, A. Schoenfeld, A. DiSessa y E. Stage (comps.), *Toward a Scientific Practice of Science Education*, Hillsdale, Nueva Jersey: Erlbaum, pp. 111-139.

BROWN, A. y A. PALINCSAR (1985), *Reciprocal Teaching and Comprehension Strategies: A Natural History of One Program for Enhancing Learning* (informe núm. 334), Champaign-Urbana: University of Illinois Center for Reading.

BROWN J., A. COLLINS y P. DUGUID (1989), "Situated Cognition and the Culture of Learning" en *Educational Researcher*, núm.18, pp. 32-42.

BROWN S., J. FAUVEL y R. FINNEGAN (comps.) (1981), *Conceptions of Inquiry*, Nueva York: Methuen.

BRUNER, J., J. GOODNOW y G. AUSTIN (1956), *A Study of Thinking*, Nueva York: John Wiley and Sons.

CARLSEN, W. (abril, 1987), *Why do you ask? The Effects of Science Teacher Subject-Matter Knowledge on Teacher Questioning and Classroom Discourse*, trabajo presentado en la reunión anual de The American Educational Research Association, Washington DC.

CASE, R. (1978), "Intellectual Development from Birth to Adulthood: A Neo-Piagetian Interpretation", en R. Siegler (comp.), *Children's Thinking: What Develops?*, Hillsdale, Nueva Jersey: Erlbaum, pp. 37-71.

CHAMPAGNE, A., L. KLOPFER, C. SOLOMON y A. CAHN (1980), *Interactions of Students' Knowledge with Their Comprehension and Design of Science Experiments*, Pittsburgh: Pittsburgh University, Learning Research and Development Center, pp. 188-950.

CHI, M. (1983), *Interactive Roles of Knowledge and Strategies in the Development of Organized Sorting and Recall*, Pittsburgh: Pittsburgh University, Learning Research and Development Center.

CHI, M. y R. GLASER (1983), *Problem-Solving Abilities*, Pittsburgh: Pittsburgh University, Learning Research and Development Center.

CLARK, C. M. y P. L. PETERSON (1986), "Teachers' Thought Processes" en M. C. Wittrock (comp.), *Handbook of Research on Teaching*, 3ª ed, Nueva York: Macmillan.

CLARK, W. (1942), *The Oxbow Incident*, Nueva York: The Press of the Readers Club.

CLEMENTS, D. y M. BATTISTA (1990), "Constructivist Learning and Teaching" en *Arithmetic Teacher*, núm. 38, pp. 34-35.

COHEN, S. (1987), "Instructional Alignment: Searching for a Magic Bullet" en *Educational Researcher*, vol. 16, núm. 8, pp. 16-20.

COKER, H., C. LORENTZ y J. COKER (1980, abril), *Teacher Behavior and Student Outcomes in the Georgia Study*, trabajo presentado en la reunión anual de The American Educational Research Association, Boston.

COKER, H., D. MEDLEY y R. SOAR (1980), "How valid are expert opinions about Effectiveness Teaching?" en *Phi Delta Kappan*, núm. 62, pp. 131-134, 149.

COLEMAN, J., E. CAMPBELL, D. HOBSON, J. McPARTLAND, A. MOOD, F. WEINFIELD y R. YORK (1966), *Equality of Educational Opportunity*, Washington, D.C.: Department of Health, Education and Welfare.

COLLINS, M. (1978), "Effects of Enthusiasm Training on Preservice Elementary Teachers" en *Journal of Teacher Education*, vol. 29, núm. 1, pp. 53-57.

CORKILL, A. (1992), "Advance Organizers: Facilitators of Recall" en *Educational Psychology Review*, núm. 4, pp. 33-67.

CORNBLETH, C. (1985), "Critical Thinking and Cognitive Processes" en W. Stanley (comp.), *Review of Research in Social Studies Education 1976-1983*, Washington D.C.: National Council for the Social Studies, pp. 12-64.

CORNO, L. y R. SNOW (1986), "Adapting Teaching to Individual Differences among Learners" en M. Wittrock (comp.), *Third Handbook of Research on Teaching*, Nueva York: Macmillan.

CRONBACH, L. y R. SNOW (comps.) (1977), *Aptitudes and Instructional Methods*, Nueva York: Irvington/Naiburg.

CROOKS, T. (1988), "The Impact of Classroom Evaluation Practices on Students", en *Review of Educational Research*, núm. 58, pp. 438-481.

CRUICKSHANK, D. (1985), "Applying Research on Teacher Clarity" en *Journal of Teacher Education*, vol. 35, núm. 2, pp. 44-48.

Cuban, L. (1984), *How Teachers Taught: Constancy and Change in American Classrooms, 1890-1980,* White Plains, Nueva York: Longman.

Cushner, K., A. Mclelland y P. Safford (1992), *Human Diversity in Education*, Nueva York: McGraw-Hill.

Deci, E (1981), *Psychology of Self-Determination*, Lexington, Massachusetts: Heath.

Dempster, F. (1991), "Synthesis of Research on Reviews and Tests" en *Educational Leadership*, vol. 48, núm. 7, pp. 71-76.

De Ture, L. (1985), *Acquisition of Wait Time: Training Techniques and Related Teaching Behaviors: Modeling Protocols*, Cincinnati, Ohio: National Science Teachers Association.

Dewey, J. (1916), *Democracy in Education*, Nueva York: Macmillan.

Dinnel, D. y J. Glover (1985), "Advance Organizers: Encoding Manipulations" en *Journal of Educational Psychology*, núm. 77, pp. 514-521.

Doyle, W. (1983), "Academic Work" *Review of Educational Research*, núm. 53, pp. 159-199.

Driver, R. (1983), *The Pupil as Scientist?*, Milton Keynes, Inglaterra: Open University Press.

Duffy, G., L. Roehler, M. Meloth y L. Vavrus (abril, 1985), *Conceptualizing Instructional Explanation*, trabajo presentado en la reunión anual de The American Educational Research Association, Chicago.

Dunkin, M. y B. Biddle (1974), *The Study of Teaching*, Nueva York: Holt, Rinehart y Winston.

Eggen, P., D. Kauchak y S. Kirk (1978), "Hierarchical Cues and the Learning of Concepts from Prose Materials" en *Journal of Experimental Education*, núm. 46, pp. 7-10.

Eggen, P. y D. Kauchak (1994), *Educational Psychology: Classroom Connections*, 2ª ed., Columbus, Ohio: Merrill.

Eggen, P y S. Mc Donald (1987, abril), *Student Misconceptions of Physical Science Concepts: Implications for Science Instruction*, trabajo presentado en la reunión anual de The National Association for Research in Science Teaching, Washington, D.C.

Emmer, E., C. Evertson y J. Brophy (1979), "Stability of Teacher Effects in Junior High Classrooms" en *American Educational Research Journal*, núm. 16, pp. 71-75.

Evertson, C., (1987), "Managing Classrooms: A Framework for Teachers" en D. Berliner y B. Rosenshine (comp.), *Talks to Teachers*, Nueva York: Random House, pp. 54-74.

Evertson, C., C. Anderson, L. Anderson y J. Brophy (1980), "Relationship between Classroom Behaviors and Student Outcomes in Junior High Mathematics and English Classes" en *American Educational Research Journal*, núm. 17, pp. 43-60.

Farnham-Diggory, S. (1972), *Cognitive Processes in Education: A Psychological Preparation for Teaching and Curriculum Development*, Nueva York: Harper y Row.

Feldman, K. (1972), *The Effects of Number of Positive and Negative Instances and Concept Definition on the Learning of Mathematical Concepts*, trabajo presentado en el encuentro de The American Educational Research, en *Review of Educational Research*, núm. 50, pp. 33-67.

Flavell, J. (1985), *Cognitive Development*, 2ª ed., Englewood Cliffs, Nueva Jersey: Prentice-Hall, Inc.

Frayer, D. (1970), *Effect of Number of Instances and Emphasis of Relevant Attribute Values on Mastery of Geometric Concepts by Fourth and Sixth Grade Children* (informe técnico, núm. 116), University of Wisconsin, Madison: Research and Development Center for Cognitive Learning.

GAGE, N. (1985), *Hard Gains in the Soft Sciences*, Bloomington, Indiana: Phi Delta Kappa.

GAGE, N. y D. BERLINER (1992), *Educational Psychology*, 5ª ed., Boston: Houghton-Mifflin.

GAGE, N. y R. GIACONIA (1981), "Teaching Practices and Student Achievement: Causal Connections" en *New York University Education Quarterly*, núm. 12, pp. 2-9.

GAGNE, E., C. YEKOVICH y F. YEKOVICH (1993), *The Cognitive Psychology of School Learning*, 2ª ed., Nueva York: HarperCollins.

GALL, M. (1984), "Synthesis of Research on Teachers' Questioning" en *Educational Leadership*, vol. 42, núm. 3, pp. 40-47.

GOOD, T. (1979), "Teacher Effectiveness in the Elementary School" en *Journal of Teacher Education*, vol. 30, núm. 2, pp. 52-64.

GOOD, T. (1983), "Research on Classroom Teaching" en L. Shulman y G. Sykes (comps.), *Handbook of Teaching and Policy*, Nueva York: Longman, pp. 42-80.

GOOD, T. (1987), "Teacher expectations" en D. Berliner y B. Rosenshine (comps.), *Talks to Teachers*, Nueva York: Random House, pp. 159-200.

GOOD, T. y J. BROPHY (1986), "School Effects" en M. Wittrock (comp.), *Third Handbook of Research on Teaching*, Nueva York: Macmillan, pp. 570-604.

GOOD, T y J. BROPHY (1994), *Looking in Classrooms*, 6ª ed., Nueva York: Harper Collins.

GOOD, T. y D. GROUWS (1979), "The Missouri Mathematics Effectiveness Project: An Experimental Study in Fourth Grade Classrooms" en *Journal of Educational Psychology*, núm. 71, pp. 355-362.

GOOD, T., D. GROUWS y H. EBMEIER (1983), *Active Mathematics Teaching*, Nueva York: Longman.

GOODLAD, J. (1984), *A Place Called School*, Nueva York: McGraw Hill.

GROSSMAN, P., S. WILSON y L. SHULMAN (1989), "Teachers of Substance: Subject Matter Knowledge for Teaching" en M. Reynolds (comp.), *Knowledge Base for the Beginning Teacher*, Elmsford, Nueva York: Pergamon Press, pp. 23-36.

HARRIS, D. y P. EGGEN (abril, 1993), *The Impact of Experience on Conceptions of Expertise: A Comparison of the Thinking of Veteran, First-Year and Preservice Teachers*, trabajo presentado en la reunión anual de The American Educational Research Association, Atlanta.

HUNTER, M. (1984), "Knowing, Teaching and Supervising" en P. Hosford (comp.), *Using What we Know about Teaching*, Alexandria, Virginia: Association for Supervision and Curriculum Development.

JENCKS, C., M. SMITH, H. ACLAND, M. BANE, D. COHEN, H. GINTIS, B. HEYNS y S. MICHELSON (1972), *Inequality: A Reassessment of the Effect of Family and Schooling in America*, Nueva York: Basic Books.

JOYCE, B y M. Weil (1972), *Models of Teaching*, Englewood Cliffs, Nueva Jersey Prentice-Hall.

JOHNSON, D. y F. JOHNSON (1991), *Learning Together and Alone*, 3ª ed., Englewoods Cliffs, Nueva Jersey: Prentice-Hall.

KAGAN, S. (1992), *Cooperative Learning*, San Juan Capistrano, California: Resources for Teacher.

KAGAN, D. (1992), "Professional Growth among Preservice and Beginning Teachers" en *Review of Educational Research*, núm. 62, pp. 129-169.

KAGAN, J. (1972), "Motives and Development" en *Journal of Personality and Social Psychology*, núm. 22, pp. 51-66.

KAGAN, S. (1986), "Cooperative Learning and Sociocultural Factors in Schooling" en *Beyond Language: Social and Cultural Factors in Schooling Language Minority Students*, Los Angeles, California State University: Evaluation, Dissemination and Achievement Center, pp. 231-298.

KAUCHAK, D. y P. EGGEN (1993), *Learning and Teaching: Research Based Methods*, 2ª ed., Needham Heights, MA: Allyn y Bacon.

KEISLAR, E. y L. SHULMAN (comps.) (1966), *Learning by Discovery: A Critical Appraisal*, Chicago: Rand McNally.

KERMAN, S. (1979), "Teacher Expectations and Student Achievement" en *Phi Delta Kappan*, núm. 60, pp. 70-72.

KLAUER, K. (1984), "Intentional and Incidental Learning with Instructional Texts: A Meta-Analysis for 1970-1980" en *American Educational Research Journal*, núm. 21, pp. 323-339.

KLAUSMEIER, H. (1985), *Educational Psychology*, 5ª ed., Nueva York: Harper y Row.

LANGER, J., L. BARTOLOME, O. VASQUEZ y T. LUCAS (1990), "Meaning Construction in School Literacy Tasks: A Study of Bilingual Students" en *American Educational Research Journal*, núm. 27, pp. 427-471.

MACHADO, L. (1980), *The Right to be Intelligent*, Oxford, Inglaterra: Pergamon Press.

MAEHR, M. (abril, 1992), *Transforming the School Culture to Enhance Motivation*, trabajo presentado en la reunión anual de The American Educational Research Association, San Francisco.

MARSHAL, H. (1992), "Seeing, Redefining and Supporting Student Learning" en H. Marshall (comp.), *Redefining Student Learning: Roots of Educational Change*, pp. 1-32, Norwood, Nueva Jersey: Ablex.

MAYER, R. (1983), "Can you Repeat This? Qualitative Effects of Repetition and Advance Organizers from Science Prose" en *Journal of Educational Psychology*, núm.75, pp.40-49.

MAYER, R. (1984), "Aids to Text Comprehension" en *Educational Psychologist*, núm.19, pp.30-42.

MAYER, R. (1987), *Educational Psychology: A Cognitive Approach*, Boston: Little Brown.

McCOLLUM, J. (1978), *Ah Hah! The Inquiry Process of Generating and Testing Knowledge*, Santa Mónica, California: Goodyear.

McGREAL, T. (noviembre, 1985), *Characteristics of Effective Teaching*, trabajo presentado en First Annual Intensive Training Symposium, Clearwater, Florida.

McKEACHIE, W. y J. KULIK (1975), "Effective College Teaching" en F. Kerlinger (comp.), *Review of Research in Education*, vol. 3, Washington DC, American Educational Research Association.

McLEISH, J. (1976), "The Lecture Method" en N. L. Gage (comp.), *The Psychology of Teaching Methods: Seventy-Fifth Yearbook of the National Society for the Study of Education*, pp. 397, 401, Chicago: Chicago University Press.

MORINE-DERSHIMER, G. (1983), "Instructional Strategy and the Creation of Classroom Status" en *American Educational Research Journal*, núm. 20, pp. 645-661.

MORINE-DERSHIMER, G. (1985), *Talking, Listening and Learning in Elementary Classrooms*, Nueva York: Longman.

MORINE-DERSHIMER, G. y C. VALLANCE (1976), *Teacher Planning (Beginning Teacher Evaluation Study, Special Report C)*, San Francisco: Far West Laboratory.

MURDOCK, B. (1992), "Serial Organization in a Distributed Memory Model" en A, Healy, S. Kosslyn y R. Shiffrin (comps.), *From Learning Theory to Connectionist Theory*, vol. 1, Hillsdale, Nueva Jersey: Erlbaum, pp. 201-227.

MURPHY, J., M. WEIL y T. McGREAL (1986), "The Basic Practice Model of Instruction" en *The Elementary School Journal*, núm. 87, pp. 83-95.

MURRAY, H. (1983), "Low Inference Classroom Teaching Behavior and Student Ratings of College Teaching Effectiveness" en *Journal of Educational Psychology*, núm.75, pp. 138-149.

NICKERSON, R. (1986), "Why teach thinking?" en J. Baron y R. Sternberg (comps.), *Teaching Thinking Skills: Theory and Practice*, Nueva York: W. H. Freeman, pp. 27-38.

NICKERSON, R. (1988), "On Improving Thinking Through Instruction" en E. Rothkopf (comp.), Review of Research in Education, Washington DC: American Educational Research Association, pp. 3-57.

NORRIS, S. y R. ENNIS (1989), *Evaluating Critical Thinking*, Pacific Grove, California: Midwest Publications.

O' KEEFE, P. y M. JOHNSTON (abril, 1987), *Teachers' Abilities to Understand the Perspectives of Students: A Case Study of two Teachers*, trabajo presentado en la reunión anual de American Educational Research Association, Washington DC.

PERKINS, D. (1992), *Smart Schools*, Nueva York: The Free Press.

PERKINS, D. y T. BLYTHE (1994), "Putting understanding Up Front" en *Educational Leadership*, núm. 51, pp. 4-7.

PETERSON, P., R. MARX y C. CLARK (1978), "Teacher Planning, Teacher Behavior and Student Achievement" en *American Educational Research Journal*, núm. 15, pp. 417-432.

PETERSON, P. y H. WALBERG (1979), *Research on Teaching*, Berkeley, California: McCutchan.

PORTER, A. y J. BROPHY (1988), "Synthesis of Research on Good Teaching: Insights from the Work of the Institute for Research on Teaching" en *Educational Leadership*, vol. 45, núm. 8, pp. 74-85.

PRATTON, J. y L. HALES (1986), "The Effects of Active Participation on Student Learning" en *Journal of Educational Research*, núm.79, pp. 210-215.

PRAWAT, R. (1992), "From individual Differences to Learning Communities–Our Changing Focus" en *Educational Leadership*, núm.49, pp. 9-13.

PRESSEISEN, B. (1986), *Critical Thinking and Thinking Skills: State of the Art Definitions and Practice in Public Schools*, Filadelfia: Research for Better Schools.

RAFFINI, J. (1993), *Winners without Losers: Structures and Strategies for Increasing Student Motivation to Learn*, Boston: Allyn y Bacon.

RESNICK, L. y L KLOPFER (1989), "Toward the Thinking Curriculum: An Overview" en L. Renick y L. Klopfer (comps.), *Toward the Thinking Curriculum: Current Cognitive Research*, pp. 1-18, Alexandria, Virginia: Association for Supervision and Curriculum Development. Hay edición en español: L. Resnick y L. Klopfer (1998), *Currículum y Cognición*, Buenos Aires, Aique.

ROBINSON, E., E. WILSON y S. ROBINSON (1981), "The Effects of Perceived Levels of Warmth and Empathy on Student Achievement" en *Reading Improvement*, núm. 18, pp. 313-318.

ROSENSHINE, B. (1979), "Content, Time and Direct Instruction" en P. Peterson y H. Walberg (comps.), *Research on Teaching: Concepts, Findings and Implications*, Berkeley, California: McCutchan, pp. 28-56.

ROSENSHINE, B. (1986), "Synthesis of Research on Explicit Teaching" en *Educational Leadership*, vol. 43, núm. 7, pp. 60-69.

ROSENSHINE, B. y R. STEVENS (1986), "Teaching Functions" en M. Wittrock (comp.), *Handbook of Research on Teaching*, 3ª ed., Nueva York: Macmillan, pp. 376-391.

ROTH, K. y C. ANDERSON (1991), "Promoting Conceptual Change Learning from Science Textbooks" en P. Ramsden (comp.), *Improving Learning: New Perspectives*, Londres: Kogen Page.

ROWE, M. (1974), "Relation of Wait Time and Rewards to the Development of Languaje, Logic and Fate Control: Part 1–Wait Time" en *Journal of Research in Science Teaching*, núm.11, pp. 81-94.

ROWE, M. (1986), "Wait Time: Slowing Down May Be a Way of Speeding Up" en *Journal of Teacher Education*, vol. 37, núm. 1, pp. 43-50.

RUMELHART, D. (1980), "Schemata: The Building Blocks of Cognition" en R. Spiro, B. Bruce y W. Brewer (comps.), *Theoretical Issues in Reading Comprehension*, Hillsdale, Nueva Jersey: Erlbaum.

RUMELHART, D. y D. NORMAN (1981), "Analogical Processes in Learning" en J. Anderson (comp.), *Cognitive Skills and Their Acquisition*, Hillsdale, Nueva Jersey: Erlbaum, pp. 335-359.

RUMELHART, D. y A. ORTONY (1977), "The Representation of Knowledge in Memory" en R. Anderson, R. Spurus y W. Montague (comps.), *Schooling and the Acquisition of Knowledge*, Hillsdale, Nueva Jersey: Erlbaum.

RUTTER, M., B. MAUGHAN, P. MORTIMORE, J. OUSTON y A. SMITH (1979), *Fifteen Thousand Hours*, Cambridge, Massachusetts: Harvard University Press.

SCHWARTZ, B. y D. REISBERG (1991), *Learning and Memory*, Nueva York: Norton.

SCRUGGS, T y L. RICHTER (1988), "Tutoring Learning Disabled Students: A Critical Review" en *Learning Disability Quarterly*, vol.11, núm. 3, pp. 274-287.

SHARON, S., P. KUSSELL, R. HERTZ-LAZARAWITZ, Y. BEJARANO, S. RAVIS e Y. SHARON (1984), *Cooperative Learning in the Classroom: Research in Desegregated Schools*, Hillsdale, Nueva Jersey: Erlbaum.

SHARON, S. y H. SHARON (1988), *Language and Learning in the Cooperative Classroom*, Nueva York: Springer-Verlag.

SHULMAN, L. (1986), "Paradigms and Research Programs in the Study of Teaching: A Contemporary Perspective" en M. Wittrock (comp.), *Handbook of Research on Teaching*, 3ª ed., Nueva York: Macmillan, pp. 3-36.

SLAVIN, R. (1980), "Cooperative Learning" *Review of Educational Research*, núm. 50, pp. 317-343.

SLAVIN, R. (1986), *Using Student Team Learning*, 3ª ed., Baltimore, Maryland: The Johns Hopkins University, Center for Research on Elementary and Middle School.

SLAVIN, R. (1989), "Cooperative Learning and Student Achievement: Six Theoretical Perspectives" en M. Maehr y C. Ames (comps.), *Advances in Motivation*, vol. 6, Greenwich: Connecticut, JAI Press.

SLAVIN, R. (1990), *Cooperative Learning: Theory Research and Practice*, Englewood Cliffs, Nueva Jersey: Prentice- Hall.

SLAVIN, R., KARWEIT, N. y N. MADDEN (comps.) (1989), *Effective Programs for Students at Risk*, Boston: Allyn y Bacon.

SMITH, F. (1975), *Comprehension and Learning*, Nueva York: Holt, Rinehart y Winston.

SMITH, L. y M. COTTEN (1980), "Effect of Lesson Vagueness and Discontinuity on Student Achievement and Attitude" en *Journal of Educational Psychology*, núm.72, pp. 670-675.

SNYDER, S., L. BUSHUR, P. HOEKSEMA, M. OLSON, S. CLARK y J. SNYDER (abril, 1991), *The Effect on Instructional Clarity and Concept Structure on Students' Achievement and Perception*, trabajo presentado en la reunión anual de The American Educational Research Association, Chicago.

SOAR, R. S. y R. M. SOAR (1978), *Setting Variables Classroom Interaction, and Multiple Pupil Outcomes (convenio Nº 60432)*, Washington DC, National Institute of Education.

STALLINGS, J. (comp.) (1983), *Findings from the Research on Teaching: What we Have Learn*, The Vanderbilt University: Peabody Center for Effective Teaching.

STALLINGS, J., M. NEEDELS y N. STAYROOK (1979), *How to Change the Process of Teaching Basic Reading Skills in Secondary Schools*, Menlo Park, California: SRI International.

STEINBERG, R. (1985), "Critical Thinking: Its Nature, Measurement and Improvement" en F. Link (comp.), *Essays on the Intellect*, Alexandria, Virginia: Association for Supervision and Curriculum Development.

STEVENS, R. y R. SLAVIN (1991), "When Cooperative Learning Improves the Achievement of Students with Mild Disabilities: A response to Tateyama-Sniezec" en *Exceptional Children*, vol. 57, núm 3, pp. 276-280.

STIPEK, D. (1993), *Motivation to Learn: From Theory to Practice*, 2ª ed., Needham Heights, Massachusetts: Allyn y Bacon.

SUCHMAN, R. (1996a), *Inquiry Development Program: Developing Inquiry*, Chicago: Science Research Associates.

SUCHMAN, R. (1966b), *Teacher's Guide: Inquiry Development Program in Physical Science*, Chicago: Science Research Associates.

TABA, H. (1965), "Techniques of Inservice Training" en *Social Education*, núm. 29, pp. 44-60.

TABA, H. (1966), *Teaching Strategies and Cognitive Functioning in Elementary School Children* (proyecto núm. 2404), Washington, DC: U.S.O.E. (United States Office of Education)

TABA, H. (1967), *Teachers Handbook to Elementary Social Studies*, Reading, Massachusetts: Addison-Wesley.

TENNYSON, R. (1978), *Content Structure and Instructional Control Strategies in Concept Acquisition*, trabajo presentado en el encuentro de American Psychological Association, Toronto.

TENNYSON, R. y M. COCCHIARELLA (1986), "An Empirically Based Instructional Design Theory for Teaching Concepts" en *Review of Educational Research*, núm. 56, pp. 40-71.

THELEN, H. (1960), *Education and the Human Quest*, Nueva York: Harper y Row.

TOBIN, K. (1983), "Management of Time in Classrooms" en B. Fraser (comp.), *Classroom Management*, Perth, Australia: WAIT Press, pp. 22-35.

VAN PATTEN, J., C. CHAO y C. M. REIGELUTH (1986), "A Review of Strategies for Sequencing and Synthesizing Instruction" en *Review of Educational Research*, núm. 56, pp. 437-471.

VILLEGAS, A. (1991), *Culturally responsive Pedagogy for the 1990s and Beyond*, Princeton, Nueva Jersey: Educational Testing Service.

VITO, R. y J. CONNELL (abril, 1988), *A Longitudinal Study of At-Risk High School Students: A Theory Based Description and Intervention*, trabajo presentado en la reunión anual de The American Educational Research Association, Nueva Orleans.

VOSS, J. (1986), "Problem-Solving and the Educational Process" en R. Glaser y A. Lesgold (comps.), *Handbook of Psychology and Education*, Hillsdale, Nueva Jersey: Erlbaum.

VYGOTSKY, L. (1978), *Mind in Society: The Development of Higher Psychological Processes* (M. Cole, V. John-Steiner, S. Scribner y E. Souberman comp. y trad.), Cambridge, Massachusetts: Harvard University Press.

WERTSCH, J. (1991), *Voices of the Mind: A Sociocultural Approach to Mediated Action*, Cambridge, Massachusetts: Harvard University Press.

WHITE, R. (1959), "Motivation Reconsidered: The Concept of Competence" en *Psychological Review*, núm. 66, 297-333.

WITTROCK, M. (1986), "Students' Thought Processes" en M. Wittrock (comp.), *Handbook of Research on Teaching*, 3ª ed., pp. 297-314, Nueva York: Macmillan.

WLODKOWSKI, R. (1984), *Motivation and Teaching: A Practical Guide*, Washington DC: The National Education Association.

WLODKOWSKI, R. y J. JAYNES (1990), *Eager to Learn: Helping Children Become Motivated and Love Learning*, San Fransisco: Jossey-Bass.

GLOSARIO

Alineamiento de la enseñanza: La congruencia, o coincidencia, entre las metas y las actividades de aprendizaje.

Análisis de tareas: El proceso de descomponer una habilidad en sus partes constitutivas.

Análisis del concepto: El proceso de describir un concepto por sus características y conceptos relacionados. Se completa con la definición y los ejemplos.

Andamiaje: Apoyo en la enseñanza que ayuda a los alumnos a realizar habilidades nuevas.

Aprendizaje memorístico: Una forma de aprendizaje que enfatiza la memorización de ítems específicos de información, en lugar de explorar relaciones entre los temas.

Aprendizaje por observación: Los cambios en la conducta, el pensamiento o las emociones que resultan de la observación de la conducta de otra persona (un modelo).

Aprendizaje verbal significativo: La adquisición de ideas que están conectadas con otras.

Apuntalamiento: Cualquier pregunta o directiva docente que tiene por objeto obtener información correcta de una respuesta incorrecta o incompleta del alumno.

Automatización: El proceso de sobreaprender información y habilidades hasta el punto de necesitar un mínimo esfuerzo mental para acceder al conocimiento o utilizar las habilidades.

Auto-regulación: El uso consciente que hace un individuo de ciertas estrategias mentales con el fin de mejorar el pensamiento y el aprendizaje.

Calidez: Las habilidades de los docentes para demostrar que se preocupan por los alumnos como personas.

Características: Los rasgos que definen un concepto.

Cierre: Una forma de revisión que en general se da al final de la clase.

Clase expositiva: Una forma de enseñanza en la que los estudiantes reciben pasivamente una información organizada previamente por los docentes.

Codificación: El proceso de formar representaciones en la memoria a largo plazo.

Concepto supraordenado: Una categoría o clase mayor en la cual el concepto está incluido.

Conceptos coordinados: Conceptos con características definidas, todos miembros de una clase o categoría mayor.

Conceptos subordinados: Conceptos o conjuntos de conceptos en relación de dependencia con otro.

Conceptos: Categorías, clases de objetos, hechos o ideas con características comunes.

Conocimiento generativo: Conocimiento que puede ser usado para interpretar nuevas situaciones, resolver problemas, razonar y aprender.

Constructivismo: Una visión del aprendizaje. Sostiene que los alumnos desarrollan su propia comprensión acerca del funcionamiento del mundo, en lugar de adquirir la que otros (usualmente, los docentes) entregan en forma previamente organizada.

Definición: Un enunciado que incluye el nombre del concepto que se define, sus características y un concepto supraordenado.

Demostración con modelos: La presentación de conductas que son imitadas por otros.

Discurso conectado: Enseñanza temáticamente dirigida que conduce a un punto específico.

Distribución equitativa: Un patrón para realizar preguntas por el cual todos los estudiantes son llamados a participar en clase tan equitativamente como sea posible.

División de la clase en grupos de aprendizaje (DCGA): Un método de aprendizaje cooperativo diseñado para enseñar hechos, conceptos y habilidades básicos mediante el uso de equipos de aprendizaje de multihabilidad.

Ejemplos: Casos que ilustran un concepto.

Empatía: La capacidad de un individuo para comprender cómo se sienten otras personas o "de dónde vienen" o cuáles podrían ser sus puntos de vista.

Énfasis: Señales que alertan a los estudiantes acerca de la información importante de una clase. Se expresan mediante la conducta verbal y la repetición.

Enseñanza activa: Un enfoque positivo y proactivo de la enseñanza, en el que los docentes están directamente comprometidos en guiar el aprendizaje, proveyendo ejemplos y representaciones, haciendo preguntas, guiando discusiones y monitoreando el progreso de los estudiantes.

Especialización de tareas: Un componente dentro del método del rompecabezas II que requiere que diferentes estudiantes tengan roles especializados para alcanzar las metas de una actividad de aprendizaje.

Esquema: Conocimiento almacenado en las memorias de las personas, ordenado como conjuntos de ideas, relaciones y procedimientos interconectados.

Estructura social: Se refiere al clima de clase necesario para que tenga lugar el aprendizaje, y a los roles que docente y alumnos deben cumplir.

Estudiantes en riesgo: Estudiantes que tienen grandes probabilidades de fracasar en el completamiento de su educación o en el desarrollo de las habilidades necesarias para sobrevivir en la sociedad actual.

Expectativas docentes: Las inferencias que hacen los docentes respecto del desempeño académico, conducta y actitudes futuras de los estudiantes.

Foco introductorio: El conjunto de acciones iniciales que ha sido diseñado para atraer la atención de los estudiantes y mantenerlos interesados desde el principio de la clase.

Foco sensorial: El uso de estímulos (objetos concretos, figuras, modelos, filminas e información escrita en el pizarrón) para sostener la atención.

Foco: Materiales y técnicas de enseñanza que tienen la función de atraer y sostener la atención durante la actividad de aprendizaje.

Frecuencia de preguntas: El número de preguntas que los docentes hacen durante las actividades de aprendizaje.

Fuentes de datos primarios: Observaciones directas que se realizan sobre los hechos estudiados.

Fuentes de datos secundarios: Interpretaciones que han hecho otros individuos de fuentes de datos primarios. Ésta es la información que se encuentra en libros de texto, enciclopedias y otros materiales de referencia.

Generalizaciones: Relaciones entre conceptos; a través de ellas se describen patrones sin tener en cuenta las excepciones.

Habilidades esenciales de enseñanza: Las actitudes, habilidades y estrategias docentes decisivas y necesarias para promover el aprendizaje de los alumnos.

Habilidades: Operaciones cognitivas con tres características esenciales: (1) tienen un conjunto específico de procedimientos identificables; (2) pueden ser ilustradas con un número amplio y variado de ejemplos; (3) se desarrollan mediante la práctica.

Hipótesis: Una respuesta tentativa a una pregunta o problema, que puede ser verificada con el análisis de datos.

Igualdad de oportunidades para lograr el éxito: Un concepto propio del aprendizaje cooperativo. Sugiere que todos los estudiantes honestos con la tarea del aprendizaje, pueden esperar ser recompensados por sus esfuerzos más allá de su habilidad o de sus conocimientos previos.

Indagación de Suchman: Una forma de indagación en la cual los datos son reunidos en un escenario simulado a través de un proceso de preguntas de los alumnos.

Indagación: El proceso de responder preguntas y resolver problemas basándose en hechos y observaciones.

Integración: En clases donde se implementa el modelo de exposición y discusión, el proceso de vincular información nueva con aprendizajes previos, reuniendo simultáneamente los segmentos del conocimiento recién adquirido.

Intervención espontánea: Respuesta que un estudiante da antes de ser llamado por el docente.

Investigación grupal: Un método del aprendizaje cooperativo a través del cual se agrupa a un pequeño número de alumnos para que investiguen un tema dado.

Investigación sobre la eficacia docente: Una descripción de aquellos patrones de la conducta del docente que influyen en el aprendizaje del estudiante.

Marco conceptual: Una red de ideas organizada e interconectada almacenada en la memoria.

Memoria de largo plazo: El almacenamiento que se da en forma permanente dentro de la memoria y pasa a integrar nuestros sistemas personales de procesamiento de la información.

Memoria operativa: El segmento de la memoria en el cual se da el procesamiento consciente.

Metacognición: La conciencia de nuestros procesos cognitivos y la capacidad de ejercer control sobre ellos.

Metas grupales: Incentivos propios del modelo de aprendizaje cooperativo que ayudan a crear un espíritu de equipo impulsando a los alumnos a colaborar entre sí.

Método del rompecabezas II: Una forma de aprendizaje cooperativo que propone que cada alumno se vuelva experto en una subsección del tema general y sea capaz de enseñarla a otros.

Modelizaciones: Representaciones que permiten visualizar lo que no puede observarse directamente (como el modelo de un átomo).

Modelo de enseñanza directa: Una estrategia centrada en el docente que usa principalmente explicaciones y modelización. Combina éstas con práctica y retroalimentación para lograr el aprendizaje de conceptos y habilidades.

Modelo general de indagación: Una estrategia de enseñanza diseñada para enseñar cómo investigar problemas y preguntas basándose en hechos y observaciones. El modelo de indagación se implementa en cinco etapas: (1) identificación del problema o pregunta, (2) formulación de hipótesis, (3) reunión de datos, (4) evaluación de las hipótesis, (5) generalización.

Modelos de aprendizaje cooperativo: Un grupo de estrategias de enseñanza que comprometen activamente a los estudiantes en trabajos de equipo hacia una meta común.

Modelos de enseñanza: Estrategias prescriptivas de enseñanza diseñadas para cumplir objetivos particulares.

Monitoreo de la comprensión: El proceso de evaluar informalmente la comprensión que un estudiante alcanzó en clases de exposición y discusión.

Monitoreo: El proceso de observar constantemente las conductas verbales y no verbales de los estudiantes en busca de evidencias de progreso en el aprendizaje.

Movilización: Se utiliza en educación para indicar una reacción física o psicológica frente al entorno.

Organizadores avanzados: Afirmaciones verbales que, dadas al comienzo de la clase, proveen una visión previa del nuevo material. Su función es estructurarlo, conectándolo además con los esquemas preexistentes de los estudiantes.

Pensamiento crítico: El proceso de evaluar conclusiones basándose en la evidencia.

Pensamiento de nivel superior: El proceso de formar conclusiones basadas en la evidencia.

Pensamiento en voz alta: Intentos de verbalización de estrategias cognitivas internas.

Principios: Relaciones entre conceptos; son aceptadas como verdaderas o válidas para todos los casos conocidos.

Procesamiento de la información: La manera en que las personas reúnen y organizan la información del entorno. Su función es formar patrones internos útiles para explicar y predecir hechos.

Procesos cognitivos básicos: Constituyentes básicos del pensamiento. "Herramientas" para pensar.

Prototipo: Un caso que representa "la mejor ilustración" de un concepto.

Regla académica: Es una relación entre conceptos derivada arbitrariamente por las personas.

Responsabilidad individual: Un principio propio del aprendizaje cooperativo, que requiere que cada miembro de un grupo de aprendizaje cooperativo demuestre su pericia en los conceptos y habilidades que se enseña.

Retroalimentación: Información sobre la conducta actual que puede ser usada por quien la recibe para mejorar su desempeño futuro.

Revisión: El proceso de resumir trabajo anterior para establecer una conexión entre lo que se aprendió y los conocimientos siguientes.

Señal de transición: Una afirmación verbal que comunica que una idea finaliza y otra comienza.

Significatividad: Establecimiento de vínculos o asociaciones entre una idea y otras.

Teoría de los esquemas: Una visión teórica de la construcción del conocimiento. Sostiene que la información que las personas almacenan en la memoria se ordena en forma red de ideas organizadas e interconectadas.

Terminología precisa (uso de): Utilización de definiciones claras. Eliminación de los términos vagos en las explicaciones docentes y en las respuestas que dan los estudiantes.

Tiempo de espera: El período de silencio anterior o posterior a la respuesta de un alumno.

Transferencia: La capacidad de aplicar una habilidad o conocimiento aprendido en una situación particular, a una situación diferente.

Zona de desarrollo próximo: Una etapa del aprendizaje en la cual el estudiante no puede resolver un problema o realizar una habilidad, pero puede hacerlo con la ayuda del docente.

ÍNDICE ANALÍTICO

ÍNDICE

Se terminó de imprimir en el mes de septiembre de 2000
en los Talleres Gráficos Nuevo Offset
Viel 1444, Capital Federal
Tirada: 1.000 ejemplares